經 [지날 경]

營 [경영할 영]

學 [배울 학]

BUSINESS MANAGEMENT

경영학

문제로 끝내기

공인회계사 경영지도사 공인노무사 가맹거래사 공무원(7급)

PREFACE

경영학은 회사의 전반적인 경영에 대하여 연구하는 학문으로 조직관리, 인사관리, 회계, 재무 등 다양한 분야를 학습합니다. 이러한 경영학은 정책 결정자 및 경제·경영인, 전문직 종사자에게 반드시 필요한 소양이자 학문적 토대라 할 수 있으며, 이것은 다수의 자격시험 및 임용시험에서 경영학을 시험과목으로 채택하고 있는 이유이기도 합니다.

「2022 경영학 문제로 끝내기」는 공인회계사, 경영지도사, 공인노무사, 가맹거래사, 국가직 공무원 7급, 서울시 공무원 7급 등 경영학 과목이 포함된 시험을 준비하는 수험생들을 위한 기출문제집입니다. 본서는 주요 기출문제 및 관련 이론으로 구성되어 있으며, 실제 시험에 출제되었던 기출문제와 상세한 해설을 수록하여 짧은 기간에 효율적으로 시험에 대비할 수 있도록 하였습니다.

「2022 경영학 문제로 끝내기」의 특징은 다음과 같습니다.

첫째 핵심요약 이론을 통해 각 단원의 주요 내용을 학습할 수 있도록 하였습니다.

둘째 최대한 유사문제들끼리 묶어 유사한 문제 유형을 반복 학습할 수 있도록 하였습니다.

셋째 상세한 해설을 통해 추가로 기본서를 참고하지 않고 학습할 수 있도록 하였으며, 자세한 학습내용이 필요한 부분은 〈참고〉를 통해 심도있는 학습을 할 수 있도록 구성하였습니다.

넷째 각 문제별 기출표시를 통해 해당 문제의 출처를 확인할 수 있도록 구성하였습니다.

아무쪼록 본서가 수험생들에게 합격의 지름길을 제시하는 안내서가 될 것을 확신하면서, 본서로 공부하는 모든 수험생들에게 행운이 함께하기를 기원합니다.

편저자 일동

이 책의 **구성과 특징**

1 핵심요약

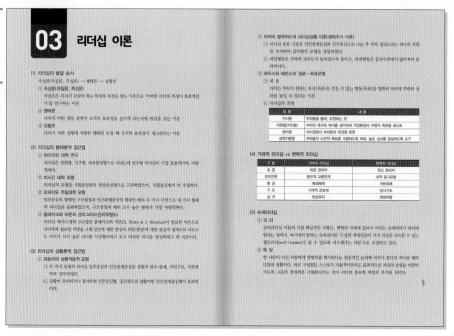

➡ 문제풀이 전 기출문제와 관련된 핵심이론을 학습하도록 구성

2 다양한 기출문제

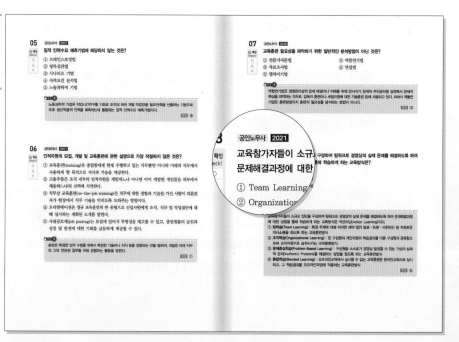

➡ 공인회계사, 경영지도사, 공인노무사 등 다양한 기출문제 수록

3

상세한 해설

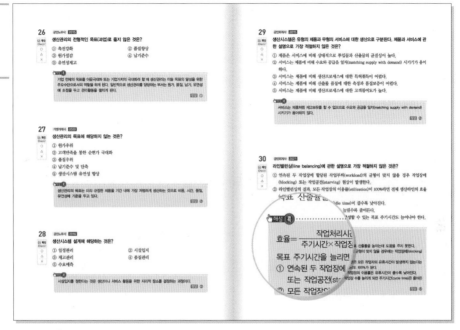

➡ 문제풀이에 도움을 주는 상세한 해설

4

참고 & 도표

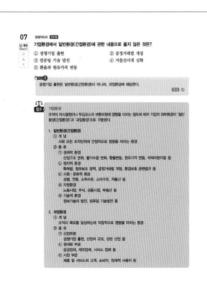

➡ 심화학습에 도움이 되는 참고와 문제풀이에 도움이 되는 도표 수록

이 책의 **차례**

2022

경영학

문제로 끝내기

경영학 문제로 끝내기

CHAPTER 1

경영학의 기초

01 기업형태와 기업집중

(1) 기업의 주요 법률형태

① 사기업 : 영리추구를 목적으로 민간인이 출자한 기업

② 공기업 : 영리추구를 목적으로 하지 않는 국가, 지방자치단체가 출자한 기업

③ 합명회사(Ordinary partnership) : 회사 채무를 직접적으로 연대하여 무한책임을 지는 2인 이상 사원으로 구성된 회사

④ 합자회사(Limited partnership) : 회사채권자에 대해 직접적으로 연대하여 무한책임을 지는 1인 이상의 사원과 직접적으로 연대하여 유한책임을 지는 1인 이상의 사원으로 구성된 이원적 회사

⑤ 유한회사(Private company) : 간접적으로 유한책임을 지는 1인 이상의 사원으로 구성된 회사

⑥ 유한책임회사 : 회사채권자에 대해 간접적으로 유한책임을 지는 사원으로 구성된 회사

⑦ 주식회사 : 주식의 인수가액 한도로 출자의무를 갖는 회사

(2) 기업집중의 형태

① 카르텔(Cartel)

㉠ 동종 또는 유사기업간 협정, 카르텔 협정 등에 의해 성립되며, 가맹기업은 이러한 협정에 의해 일부 활동에 대해 제약을 받지만 경제적·법률적인 독립성은 잃지 않는다.

㉡ 가맹기업의 자유의사에 의해 결성되지만, 국가에 의해 강제적으로 결성되는 경우도 있다.

㉢ 카르텔은 국민경제 발전의 저해, 경제의 비효율화 등에 미치는 폐해가 크므로 각국에서는 이를 금지 및 규제하고 있다.

② 신디케이트(Syndicate)

㉠ 동일한 시장내 여러 기업이 출자해서 공동판매회사를 설립하여, 이를 통해 일원적으로 판매하는 조직을 의미한다.

㉡ 참가기업의 경우 생산 면에서 독립성을 유지하지만, 판매는 공동판매회사를 통해 이루어진다.

③ 트러스트(Trust)

㉠ 카르텔보다 강한 기업집중의 형태로, 시장독점을 위해 각 기업체가 개개의 독립성을 상실하고 결합하는 것을 의미한다.

㉡ 고전적 트러스트 외 기업합동의 형태로는 기존 여러 기업의 주식 중 지배 가능한 주식을 매수함으로써 지배권을 집중화하는 지주회사 형식, 기존 여러 기업이 일단 해산한 후 자산을 새로 설립된 기업에 계승시키는 통합형식 또는 어떠한 기업이 타기업을 흡수·병합하는 형식 등이 있다.

④ 콤비나트(Kombinat)

　　㉠ 일정 수의 유사한 규모의 기업들이 원재료 및 신기술의 활용을 목적으로 사실상의 제휴를
　　　하기 위해 근접한 지역에서 대등한 관계로 결성하는 수평적인 기업집단을 의미한다.

　　㉡ 국내의 경우 공업단지가 이와 비슷한 형태이다.

⑤ 콘글로머릿(Conglomerate)

　　㉠ 생산 공정 또는 판매과정 등의 분야에서 상호간 관련이 없는 다양한 이종 기업을 합병하거
　　　나 매수해서 하나의 거대한 기업체를 형성하는 기업결합 형태를 의미한다.

　　㉡ 이를 구성하는 목적으로는 경영의 다각화, 경기변동에 의한 위험분산, 이윤의 증대, 외형
　　　상의 성장, 조직의 개선 등이 있다.

⑥ 콘체른(Concern)

　　㉠ 법률적으로 독립성을 유지하면서 경제적으로는 불대등한 관계의 서로 관련된 복수 기업들
　　　의 기업결합 형태를 의미한다.

　　㉡ 본래는 거대독점자본인 금융기관의 존재형태 및 기업소유 형태와 깊은 관련이 있으나,
　　　국내 및 일본에서는 기업형태상 콘체른에 속하는 기업집단을 동족적 집단이라는 의미에서
　　　재벌이라고 한다.

(3) 합자회사

① 의 의

2개 이상의 기업이 공동으로 출자하여 공동으로 경영을 하는 결합 형태로, 통상적으로 합작
회사는 공동출자액에 의해 공동손익을 분담해서 1개 또는 복수의 특정 사업을 대상으로 설립
한다.

② 특 징

공동목적성, 기업목적성, 단일목적성, 공동계산성, 일시적 목적성 등

(4) 다국적 기업

① 의 의

통상적으로 2개국 또는 그 이상의 국가에서 직접적으로 기업 활동을 전개하는 모든 기업체로,
특정국가의 이익을 초월하여 범세계적인 시야에서 경영활동을 수행한다.

② 특 징

경영활동의 세계지향성, 기업조직구조의 분권화, 기업소유권의 다국적성, 인적 구성의 다국
적성, 국제협력체제의 실행, 이윤의 현지기업에 대한 재투자를 들 수 있다.

01

경영지도사 2020

☑ 확인
Check!

○
△
✕

주식회사에 관한 설명으로 옳지 않은 것은?

① 다수의 출자자로부터 대규모 자본조달이 용이하다.
② 소유와 경영의 인적 통합이 이루어진다.
③ 주주총회는 최고의사결정기구이다.
④ 주주의 유한책임을 전제로 한다.
⑤ 자본의 증권화 제도를 통하여 자유롭게 소유권을 이전할 수 있다.

> 해설 콕 ....
>
> 주식회사는 소유와 경영이 분리된 형태이다.
>
> 정답 ②

⚖ 참고 **주식회사의 특징**

- **앞유한책임제도** : 자신이 출자한 한도 내에서만 회사 자본 위험에 책임을 진다.
- **자본의 증권화** : 경영자는 영구적으로 자본이 고정되기를 원하고 투자자는 언제든 자본을 매매하기를 원하는 욕구 모두 충족이 가능하다.
- **소유와 경영의 분리** : 주식회사는 자본의 증권화로 주식의 분산이 많이 이루어져 소액주주들은 현실적으로 의사결정 권한을 행사하는데 어려움이 있다.

02

국가직 7급 2017

☑ 확인
Check!

○
△
✕

주식회사(Corporation)에 대한 설명으로 옳지 않은 것은?

① 주주는 회사에 대해 개인적으로 출자한 금액한도에서 책임을 진다.
② 주식매매를 통하여 소유권 이전이 가능하다.
③ 전문지식을 가진 전문경영인에게 경영권을 위임하여 소유와 경영을 분리할 수 있다.
④ 주주의 수에 제한이 있어 복잡한 지배구조를 방지할 수 있다.

> 해설 콕 ....
>
> 주식회사(Corporation)는 주주의 수에 제한이 없으며, 주주의 수가 많기 때문에 주주들이 직접 경영하기 힘들어 이사회를 도입하고 있다.
>
> 정답 ④

03

국가직 7급 2018

☑ 확인
Check!

○
△
×

기업의 형태에 대한 설명으로 옳지 않은 것은?

① 합명회사는 출자액 한도 내에서 유한책임을 지는 사원만으로 구성된다.

② 합자회사는 연대무한책임을 지는 무한책임사원과 출자액 한도 내에서 유한책임을 지는 유한책임사원으로 구성된다.

③ 협동조합은 농민, 중소기업인, 소비자들이 자신들의 경제적 권익을 보호하기 위하여 공동으로 출자하여 조직된다.

④ 주식회사는 주주와 분리된 법적인 지위를 갖는다.

 해설 콕 ....

합명회사는 직접 · 연대 · 무한책임을 지는 2인 이상의 사원으로 구성된다.

정답 ①

04

서울시 7급 2018

☑ 확인
Check!

○
△
×

주식회사의 특징으로 가장 옳은 것은?

① 경영자는 부채에 대해 무한책임을 진다.

② 기업의 이해관계자 집단과 이해조정의 문제가 생기지 않는다.

③ 지분의 유가증권화를 인정하지 않는다.

④ 소유와 경영이 분리되면서 대리인 문제가 발생한다.

 해설 콕 ....

① 경영자는 부채에 대해 유한책임을 진다.
② 기업의 이해관계자 집단과 이해조정의 문제 해결에 힘써야 한다.
③ 지분인 주식은 유가증권으로 발행된다.

정답 ④

05

서울시 7급 2018

☑ 확인
Check!

○
△
×

경영자 분류에 대한 설명으로 가장 옳지 않은 것은?

① 소유경영자는 전문경영자에 비해 단기적 이익에 집중한다.

② 전문경영자는 출자 여부와는 관계없이 기업을 경영하는 사람이다.

③ 소유경영자는 출자와 경영 기능을 동시에 담당한다.

④ 경영자를 계층에 따라 일선(현장)경영자, 중간경영자, 최고경영자로 분류할 수 있다.

소유경영자는 전문경영자에 비해 장기적 이익에 집중한다.

정답 ①

06

경영지도사 2016

☑ 확인
Check!
○
△
×

주식회사의 특징에 관한 설명으로 옳은 것은?

① 자본의 증권화로 소유권 이전이 불가능하다.
② 주주는 무한책임을 진다.
③ 소유와 경영의 분리가 불가능하다.
④ 인적 결합 형태로 법적 규제가 약하다.
⑤ 자본조달이 용이하고, 과세대상 이익에 대해서는 법인세를 납부한다.

해설 콕

① 자본의 증권화로 소유권 이전이 가능하다.
② 주주는 유한책임을 진다.
③ 소유와 경영의 분리가 가능하다.
④ 물적 결합 형태로 법적 규제가 강하다.

정답 ⑤

07

경영지도사 2015

☑ 확인
Check!
○
△
×

무한책임사원과 유한책임사원으로 구성되는 기업 형태는?

① 합명회사　　　　　② 합자회사
③ 유한회사　　　　　④ 주식회사
⑤ 민법상의 조합

해설 콕

합자회사는 1인 이상의 무한책임사원과 1인 이상의 유한책임사원으로 구성되어 있다.
① **합명회사** : 2인 이상의 무한책임사원으로 구성
③ **유한회사** : 1인 이상의 유한책임사원으로 구성
④ **주식회사** : 1인 이상의 유한책임사원으로 구성
⑤ **민법상의 조합** : 2인 이상이 서로 출자하여 공동사업을 경영할 것을 약정함으로써 성립

정답 ②

08

☑ 확인
Check!

○
△
×

다음의 특성에 해당되는 기업집중형태는?

> • 주식소유, 금융적 방법 등에 의한 결합
> • 외형상으로 독립성이 유지되지만 실질적으로는 종속관계
> • 모회사와 자회사형태로 존재

① 카르텔(Cartel)　　　　　　　　② 콤비나트(Combinat)

③ 트러스트(Trust)　　　　　　　　④ 콘체른(Concern)

⑤ 디베스티처(Divestiture)

🖐 해설 **콕**

콘체른(Concern)은 법률적으로 독립하고 있는 몇 개의 기업이 출자 등의 자본적 연휴를 기초로 하는 지배·종속관계하에 결합된 기업집중형태로, 모회사와 자회사의 형태로 존재하고, 경제적·법률적 독립성이 유지되는 동종업종간 연합체인 카르텔과 달리 법률적 독립성만이 유지되는 이종종업종간 연합체라는 점이 특징이다.

① 카르텔(Cartel)은 동종·유사업종의 기업들이 법적·경제적 독립성을 유지한 채 협정을 통해 수평적으로 결합하는 기업집중형태이다.

② 콤비나트(Combinat)는 유사업종의 기업들이 재료나 기술의 활용을 목적으로 근접지역에서 대등한 관계로 결합하는 수평적 기업집중형태로, 콤비나트의 결과 대규모 공업단지가 형성되는데, 우리나라에서는 주로 화학산업에서 많이 나타난다.

③ 트러스트(Trust)는 기업합동이라고도 하며, 동일한 사업부문에서 자본의 결합을 축으로 한 독점적 기업집중형태로, 주목적인 시장독점을 위해 결합과정에서 각 기업이 독립성을 상실하므로 카르텔보다 결합력이 강하고, 콘체른보다 시장에 미치는 영향이 크다. 우리나라의 '재벌'은 트러스트에 해당한다.

⑤ 디베스티처(Divestiture)는 기업의 구조조정과정에서 경영성과가 부진한 생산부문을 타사에 매각함으로써 기업의 채산성을 개선하고 경쟁력을 강화하는 기업집중형태로, 기업 전체를 타사에 매각하는 흡수합병과는 다르다는 특징이 있다.

정답 ④

09

☑ 확인
Check!

○
△
×

동종 또는 유사업종의 기업간 독립성을 유지하면서 상호경쟁을 배제하는 것은?

① 카르텔(Cartel)　　　　　　　　② 인수합병(M & A)

③ 트러스트(Trust)　　　　　　　　④ 오픈숍(Open shop)

⑤ 클로즈드숍(Closed shop)

🖐 해설 **콕**

카르텔(Cartel)은 동종 또는 유사기업간 협정, 카르텔 협정 등에 의해 성립되며, 가맹기업은 이러한 협정에 의해 일부 활동에 대해 제약을 받지만 경제적·법률적인 독립성은 잃지 않는다.

정답 ①

안심Touch

10

경영지도사 2020

상호관련이 없는 이종 기업의 주식을 집중 매입하여 합병함으로써 기업 규모를 확대시켜 대기업의 이점을 추구하려는 다각적 합병은?

① 콤비나트(combinat)
② 다국적 기업(multinational corporation)
③ 조인트벤처(joint venture)
④ 콘글로머릿(conglomerate)
⑤ 카르텔(cartel)

생산 공정 또는 판매과정 등의 분야에서 상호간 관련이 없는 다양한 이종 기업을 합병하거나 매수해서 하나의 거대한 기업체를 형성하는 기업결합 형태를 콘글로머릿(conglomerate)이라 한다.
① **콤비나트(combinat)** : 일정 수의 유사한 규모의 기업들이 원재료 및 신기술의 활용을 목적으로 사실상의 제휴를 하기 위해 근접한 지역에서 대등한 관계로 결성하는 수평적인 기업집단
② **다국적 기업(multinational corporation)** : 설비나 자산을 둘 이상의 나라에 두고 운영하는 기업
③ **조인트벤처(joint venture)** : 2인 이상 투자자 또는 기업이 서로의 이익을 위해서 공동으로 투자하고 이익분배와 손실부담을 하는 형태
⑤ **카르텔(cartel)** : 동종 또는 유사업종의 기업들이 법적, 경제적 독립성을 유지하면서 협정을 통해 수평적으로 결합하는 형태

정답 ④

11

경영지도사 2016

동종 또는 유사기업간의 수평적 · 수직적 결합이 아닌 이종기업간의 결합을 통해 이점을 추구하는 기업집중은?

① 카르텔(Cartel)
② 트러스트(Trust)
③ 콘체른(Konzern)
④ 콘글로머릿(Conglomerate)
⑤ 조인트벤처(Joint venture)

콘글로머릿(Conglomerate)은 생산 공정 또는 판매과정 등의 분야에서 상호간 관련이 없는 다양한 이종 기업을 합병하거나 매수해서 하나의 거대한 기업체를 형성하는 기업결합 형태를 의미한다.

정답 ④

12

경영지도사 2017

☑ 확인
Check!
○
△
×

담합의 한 형태로 동종 상품을 생산하는 기업들이 가격이나 생산량, 출하량 등을 협정하여 경쟁을 피하고 이윤을 확보하려는 기업결합의 행태는?

① 콘체른(Concern)
② 트러스트(Trust)
③ 카르텔(Cartel)
④ 콘글로머릿(Conglomerate)
⑤ 디베스티처(Divestiture)

해설 콕

카르텔(Cartel)은 동종 또는 유사기업간 협정, 카르텔 협정 등에 의해 성립된다.

정답 ③

13

경영지도사 2018

☑ 확인
Check!
○
△
×

카르텔에 관한 설명으로 옳지 않은 것은?

① 동종 또는 유사업종 기업 간에 수평적으로 맺는 협정이다.
② 참여기업들은 법률적, 경제적으로 완전히 독립되어 협정에 구속력이 없다.
③ 공동판매기관을 설립하여 협정에 참여한 기업의 생산품 판매를 규제하기도 한다.
④ 아웃사이더가 많을수록 협정의 영향력이 커진다.
⑤ 일반적으로 카르텔은 공정경쟁을 저해하기 때문에 법률로 금지하고 있다.

해설 콕

협정에 참여하지 않는 아웃사이더가 많을수록 아웃사이더들의 통제가 힘들어져 협정의 영향력은 감소한다.

정답 ④

14

경영지도사 2018

☑ 확인
Check!
○
△
×

울산석유화학단지와 같이 여러 개의 생산부문이 유기적으로 결합된 다각적 결합공장 혹은 공장집단은?

① 트러스트(Trust)
② 콘체른(Concern)
③ 콤비나트(Kombinat)
④ 콘글로머릿(Conglomerate)
⑤ 조인트벤처(Joint venture)

해설 콕

콤비나트(Kombinat)는 일정 수의 유사한 규모의 기업들이 원재료 및 신기술의 활용을 목적으로 사실상의 제휴를 하기 위해 근접한 지역에서 대등한 관계로 결성하는 수평적인 기업집단을 의미한다.

정답 ③

15 경영지도사 2019

시장지배를 목적으로 동일한 생산단계에 속한 기업들이 하나의 자본에 결합하는 기업집중형태는?

① 카르텔(Cartel)

② 콤비나트(Kombinat)

③ 콘체른(Concern)

④ 조인트벤처(Joint venture)

⑤ 트러스트(Trust)

해설 콕

트러스트(Trust)는 카르텔보다 강한 기업집중의 형태로, 시장독점을 위해 각 기업체가 개개의 독립성을 상실하고 결합하는 것을 의미한다.

정답 ⑤

16 공인노무사 2018

동종 또는 유사업종의 기업들이 법적, 경제적 독립성을 유지하면서 협정을 통해 수평적으로 결합하는 형태는?

① 지주회사(Holding company)　　② 카르텔(Cartel)

③ 콘글로머릿(Conglomerate)　　④ 트러스트(Trust)

⑤ 콘체른(Concern)

해설 콕

동종 또는 유사업종의 기업들이 법적, 경제적 독립성을 유지하면서 협정을 통해 수평적으로 결합하는 형태는 카르텔(Cartel)이다.

① 지주회사(Holding company) : 다른 회사의 주식을 소유함으로써 사업활동을 지배하는 것을 주된 사업으로 하는 회사

③ 콘글로머릿(Conglomerate) : 복합기업, 다종기업이라고도 하며, 서로 업종이 다른 이종기업 간의 결합에 의한 기업형태

④ 트러스트(Trust) : 동일산업 부문에서의 자본의 결합을 축으로 한 독점적 기업결합

⑤ 콘체른(Concern) : 법률적으로 독립하고 있는 몇 개의 기업이 출자 등의 자본적 연휴를 기초로 하는 지배·종속 관계에 의해 형성되는 기업결합체

정답 ②

17

국가직 7급 2020

지주회사(holding company)에 대한 설명으로 옳지 않은 것은?

① 지주회사는 다른 기업의 주식 소유를 통해 다른 기업을 경영상 지배하려는 목적으로 이루어지는 대규모의 기업집중(industrial concentration) 가운데 하나이다.

② 순수지주회사는 독자적인 사업부문 없이 전략수립, 재무 등 자회사의 경영활동을 총지휘하는 본부기능만 담당한다.

③ 금융지주회사는 은행, 증권회사, 보험회사 등 업종이 다른 금융회사를 자회사로 두는 대형 금융회사들이 주로 채택하고 있다.

④ 지주회사의 레버리지 효과는 자회사를 지배하는데 필요한 소유주식의 비율이 높을수록 더욱 커진다.

 해설 콕 ········

지주회사의 레버리지 효과는 자회사를 지배하는데 필요한 소유주식의 비율이 낮을수록 더욱 커진다.

정답 ④

 참고 | **레버리지 효과**

레버리지 효과란 빌린돈을 지렛대 삼아 이익을 발생시킨다는 것으로 차입한 자본을 투자하여 이익을 발생시키는 것을 말한다.

18

국가직 7급 2019

참가기업의 독립성과 결합 정도에 따른 기업집중 형태에 대한 설명으로 옳지 않은 것은?

① 카르텔(Cartel or Kartell)은 과당경쟁을 제한하면서 시장을 지배하기 위한 목적으로 각 기업이 경제적 독립성을 유지하면서 법률적으로 통합한 형태이다.

② 트러스트(Trust)는 시장독점을 위해 각 기업이 법률적·경제적 독립성을 포기하고 새로운 기업으로 결합한 형태이다.

③ 콘글로머릿(Cnglomerate)은 기업규모 확대를 위해 다른 업종이나 기업간 주식매입을 통해 결합한 형태이다.

④ 콘체른(Concern or Konzern)은 각 기업이 법률적 독립성을 유지하면서 주식소유 및 자금대여와 같은 금융적 방법에 의해 결합한 형태이다.

해설 콕 ········

카르텔(Cartel or Kartell)은 법률적으로 통합한 형태가 아니라, 시장을 지배하기 위해 기업들이 단합을 시도하는 것이다.

정답 ①

02 기업윤리와 호손 실험

(1) 기업의 사회적 책임
① 의 의
기업도 사회의 구성원이므로 소속된 사회에 대한 책임이 있다는 주장
② 사회적 책임이 요구되는 이유
㉠ 구성원들 사이의 상호의존성 심화
㉡ 완전경쟁이 이루어지지 않는 시장
㉢ 외부불경제
㉣ 기업의 대형화로 인한 기업의 영향력 증대
③ 종 류
경제적 책임, 법적 책임, 윤리적 책임, 자선적 책임

(2) 기업윤리
① 의 의
기업의 구성원들이 지켜야하는 도덕적 원칙 또는 가치
② 중요성
㉠ 기업이 사회적으로 정당성을 획득하는 기반이 된다.
㉡ 장기적으로 기업의 경영성 증대 효과를 준다.
㉢ 조직 구성원들에게 윤리적 성취감을 줌으로써 자아형성에 도움을 준다.

(3) 호손 실험
호손 실험은 원래 노동자의 생산성이 임금, 작업시간, 노동환경 등 물적 요인과 인적 요인에 영향을 받는다고 가설을 설정하고 실험을 시작하였다. 그러나 실험의 결과는 초기에 생각한 물적 요인이나 인적 요인보다는 상사·동료와의 관계, 집단내 분위기, 비공식집단 등 인간관계에 큰 영향을 받는 것으로 확인되었다.

(4) 호손 실험으로 인한 영향
① 이 실험으로 인해 인간에 대한 관심을 높이는 계기가 되었다.
② 인간의 감정, 배경, 욕구, 태도, 사회적 관계 등이 효과적인 경영에 상당히 중요함을 인식하게 되었다.
③ 구성원들 상호간 관계에서 이루어지는 사회적인 관계가 '비공식조직'을 만들고, 이는 공식조직만큼이나 생산성에 영향을 미친다는 사실을 인식하게 되었다.

01

국가직 7급 2015

기업의 사회적 책임(CRS ; Corporate Social Responsibility)의 내용으로 옳지 않은 것은?

① 기업의 유지 및 발전에 대한 책임
② 기업의 후계자 육성에 대한 책임
③ 기업의 주주 부(Wealth)의 극대화에 대한 책임
④ 기업의 다양한 이해 조정에 대한 책임

> 해설 콕
>
> 기업의 주주 부(Wealth)의 극대화에 대한 책임은 기업의 사회적 책임(CRS ; Corporate Social Responsibility)이라기 보다는 경영자의 운영 목적이라고 할 수 있다.
> 사회적 책임(CRS ; Corporate Social Responsibility)은 단편적인 목적이 아닌 주주, 시민단체, 종업원 등 여러 이해관계자들의 목적하는 바를 충족시키고자 한다.
>
> 정답 ③

02

국가직 7급 2017

기업의 이해관계자에 대한 기업의 사회적 책임(CSR ; Corporate Social Responsibility)이 잘못 연결된 것은?

① 종업원에 대한 책임 – 안전한 작업환경 제공, 적절한 노동의 대가 지불
② 사회에 대한 책임 – 새로운 부(Wealth)의 창출, 환경보호, 사회정의 촉진
③ 고객에 대한 책임 – 가치 있는 제품 및 서비스 공급, 고객만족
④ 투자자에 대한 책임 – 내부자거래(Insider Trading)로 주주의 부(Wealth) 극대화, 사회적 투자

> 해설 콕
>
> 내부자거래는 불법적으로 수익을 얻는 행위로 투자자가 해서는 안 되며, 사회적 투자로 볼 수도 없다.
>
> 정답 ④

03

☑ 확인
Check!

○
△
×

기업전략에서 고려하는 지속가능성(sustainability)에 대한 설명으로 가장 옳은 것은?

① 지속가능 기업전략에서는 이해관계자와 관계없이 주주의 이익을 우선시한다.
② 지속가능성 평가 기준의 일종인 삼중선(triple bottom lines)은 기업의 경제, 사회, 정부 차원의 책무를 강조한다.
③ 사회적 책임이 포함된 기업전략을 수립하는 것에 대해 모든 기업이 동의한다.
④ 기업의 이익을 넘어 사회의 이익을 제공할 수 있는 전략을 수립한다.

 해설 콕

① 지속가능 기업전략에서는 주주 이익뿐만 아니라 투자자, 고객, 정부 등 모두의 이익을 중시한다.
② 지속가능성 평가 기준의 일종인 삼중선(triple bottom lines)은 경제, 환경, 사회적 가치를 고려하는 것을 말한다.
③ 사회적 책임이 포함된 기업전략을 수립하는 것에 대해 모든 기업이 동의하지는 않는다.

정답 ④

04

☑ 확인
Check!

○
△
×

기업윤리의 접근법 중 최대다수의 최대행복 제공을 목표로 하는 접근법은?

① 공리적 접근   ② 상대적 접근
③ 도덕권리적 접근   ④ 정의적 접근
⑤ 의무론적 접근

해설 콕

기업윤리의 접근법 중 최대다수의 최대행복 제공을 목표로 하는 접근법은 공리적 접근이다.
② **상대주의 접근(윤리적 상대주의 접근)** : 개개인마다 서로 다른 사회·문화적 환경을 경험했기 때문에 서로 다른 윤리적 기준을 가진다는 접근
③ **도덕권리적 접근** : 의사결정이 인간의 기본권 기준에 따라 이루어져야 한다는 접근
④ **정의적 접근(사회적 정의 접근)** : 공정성, 공평성, 형평성을 전제로 모든 사람은 동등하고 공평하게 취급되어야 한다는 접근
⑤ **의무론적 접근** : 윤리적으로 지켜야 할 의무를 반드시 따라야 한다는 접근

정답 ①

05

☑ 확인
Check!
○
△
×

윤리적 의사결정 기준 중 공리주의 접근법에 관한 설명이 아닌 것은?

① 최대 다수의 최대 행복을 지향한다.

② 금전적 측정이 곤란한 경우에는 비용 – 효익 분석을 적용할 수 없다.

③ 다수집단에 속한 사람들의 권리가 소수집단에 속한 사람들의 권리에 우선한다.

④ 이익극대화, 능률성 추구를 정당한 것으로 본다.

⑤ 결정 또는 행동이 정당성, 공정성, 공평성의 원칙을 전제로 한다.

해설 콕

결정 또는 행동이 정당성, 공정성, 공평성의 원칙을 전제로 하는 것은 정의적 접근법에 해당한다.

정답 ⑤

06

☑ 확인
Check!
○
△
×

기업의 사회적 책임이 요구되는 이유로 옳지 않은 것은?

① 외부경제효과

② 시장의 불완전성

③ 환경요인간의 상호의존성 심화

④ 기업영향력의 증대

⑤ 공유가치 창출의 필요성

해설 콕

외부경제가 아닌 외부불경제가 사회적 책임이 요구되는 이유이다.

정답 ①

07

☑ 확인
Check!
○
△
×

기업경영과 관련하여 윤리적 이슈에 해당하지 않는 것은?

① 횡 령

② 불공정 행위

③ 환경파괴

④ 수익성 제고

⑤ 안전불감

해설 콕

기업이 수익성을 제고하는 것이 옳고 그름의 문제라고 볼 수 없다. 따라서 수익성 제고는 기업경영과 관련한 윤리적 이슈에 해당하지 않는다.

정답 ④

08 경영지도사 2017

☑확인 Check!
○
△
×

드러커(P. Drucker)가 제안한 기업의 사회적 책임의 내용에 해당하지 않는 것은?

① 경제적 책임(economic responsibility)
② 법적 책임(legal responsibility)
③ 기술적 책임(technological responsibility)
④ 윤리적 책임(ethical responsibility)
⑤ 자선적 책임(discretionary responsibility)

👉해설 콕

기술적 책임(technological responsibility)은 드러커(P. Drucker)가 제안한 기업의 사회적 책임에 해당하지 않는다.

정답 ③

참고 기업의 사회적 책임

- **경제적 책임(economic responsibility)** : 기업이 사회적으로 필요한 서비스를 판매하고 수익성을 창출하는 책임
- **법적 책임(legal responsibility)** : 기업의 운영이 공정한 규칙 속에서 이루어져야 할 책임
- **윤리적 책임(ethical responsibility)** : 기업의 이해관계나 가치기준에 합당한 행동을 해야 할 책임
- **자선적 책임(discretionary responsibility)** : 기업이 자발적으로 사회적 도움이 필요한 곳에 봉사를 수행해야 할 책임

09 공인노무사 2021

☑확인 Check!
○
△
×

캐롤(B.A. Carrol)의 피라미드모형에서 제시된 기업의 사회적 책임의 단계로 옳은 것은?

① 경제적 책임 → 법적 책임 → 윤리적 책임 → 자선적 책임
② 경제적 책임 → 윤리적 책임 → 법적 책임 → 자선적 책임
③ 경제적 책임 → 자선적 책임 → 윤리적 책임 → 법적 책임
④ 경제적 책임 → 법적 책임 → 자선적 책임 → 윤리적 책임
⑤ 경제적 책임 → 윤리적 책임 → 자선적 책임 → 법적 책임

👉해설 콕

캐롤은 기업의 사회적 책임을 4가지로 분류하였는데, 제1의 책임인 경제적 책임을 가장 하위단계에 배치시키고, 그 위로 법적 책임, 윤리적 책임, 자선적 책임을 쌓아 피라미드구조로 나타내었다. 다만, 피라미드구조라 하여 각 단계의 책임들 간에 우선순위가 있는 것은 아니고, 4가지 책임 모두를 동시에 충족하여야 한다고 주장하였다.

정답 ①

10

공인노무사 2020

기업의 사회적 책임 중에서 제1의 책임에 해당하는 것은?

① 법적 책임
② 경제적 책임
③ 윤리적 책임
④ 자선적 책임
⑤ 환경적 책임

기업의 사회적 책임은 경제적 책임, 법적 책임, 윤리적 책임, 자선적 책임 등으로 구분되며, 이중 제1의 책임은 경제적 책임이다.

정답 ②

11

경영지도사 2018

사회적 책임에 대한 기업의 대응전략에 해당하지 않는 것은?

① 방해전략(obstructive strategy)
② 공격전략(offensive strategy)
③ 방어전략(defensive strategy)
④ 행동전략(proactive strategy)
⑤ 적응전략(accommodative strategy)

공격전략(offensive strategy)은 사회적 책임에 대한 기업의 대응전략에 해당하지 않는다.

정답 ②

 참고

사회적 책임에 대한 기업의 대응전략 4가지
- **방해전략(obstructive strategy)** : 사회적 책임 수행은 신경쓰지 않고 잘못한 행동으로 고발을 당해도 부정하며 기업의 수익성 창출에만 집착한다.
- **방어전략(defensive strategy)** : 소극적으로 법이 요구하는 최소한의 규정만 준수하며 잘못한 일이 밝혀지면 변명하며 정당화시키려 한다.
- **행동전략(proactive strategy)** : 미리 예방적, 적극적, 자발적으로 사회적 책임을 이행한다.
- **적응전략(accommodative strategy)** : 압력이 크면 도의적 책임을 인정하며 책임을 실천하지만, 압력이 크지 않거나 작을 때에는 미리 적극적으로 사회적 책임을 이행하지 않는다.

12

경영지도사 2020

☑ 확인
Check!
○
△
✕

호손(Hawthorne) 연구의 내용으로 옳은 것은?

① 생산성과 표준화된 작업조건은 직접적인 관련이 있다.
② 작업자들의 행동이 관찰되거나 특별한 관심의 대상이 되는 것은 생산성과 관련이 없다.
③ 임금, 노동시간 등 근로조건의 기술적, 경제적 측면에 초점을 두었다.
④ 비공식조직을 지배하는 감정의 논리가 생산성에 영향을 미친다.
⑤ 공식조직의 업무체계 강화는 생산성의 향상으로 이어진다.

해설 콕 ···

③·④·⑤ 호손(Hawthorne) 연구에 의하면 노동자의 생산성은 물적요인이나 인적요인보다는 상사·
　　 동료와의 관계, 집단내 분위기, 비공식집단 등 인간관계에 큰 영향을 받는 것으로 확인하였다.
① 생산성과 표준화된 작업조건은 테일러의 과학적 관리론과 관련이 있다.
② 작업자들의 행동이 관찰되거나 특별한 관심의 대상이 되는 것도 생산성과 관련이 있다.

정답 ④

13

경영지도사 2019

☑ 확인
Check!
○
△
✕

호손(Hawthorne) 연구에 관한 설명으로 옳지 않은 것은?

① 인간이 조직에서 중요한 요소의 하나라는 사실을 강조하였다.
② 개인과 집단의 사회적·심리적 요소가 조직성과에 영향을 미친다는 사실을 인식하였다.
③ 비공식조직이 조직성과에 영향을 미치는 것을 확인하였다.
④ 작업의 과학화, 객관화, 분업화의 중요성을 강조하였다.
⑤ 매슬로우(A. Maslow) 등이 주도한 인간관계운동의 출현을 가져왔다.

해설 콕 ···

작업의 과학화, 객관화, 분업화의 중요성을 강조는 테일러의 과학적 관리론에 대한 내용이다.

정답 ④

14

공인노무사 2017

☑ 확인
Check!
○
△
✕

호손 실험(Hawthorne experiment)의 순서가 바르게 나열된 것은?

| ㄱ. 면접실험 | ㄴ. 조명실험 |
| ㄷ. 배전기 전선작업실 관찰 | ㄹ. 계전기 조립실험 |

① ㄱ → ㄴ → ㄷ → ㄹ   ② ㄱ → ㄹ → ㄷ → ㄴ

③ ㄴ → ㄹ → ㄱ → ㄷ   ④ ㄴ → ㄹ → ㄷ → ㄱ

⑤ ㄹ → ㄱ → ㄷ → ㄴ

해설 콕 ....

ㄴ. 조명실험 → ㄹ. 계전기 조립실험 → ㄱ. 면접실험 → ㄷ. 배전기 전선작업실 관찰

정답 ③

15

경영지도사 2018

☑ 확인
Check!
○
△
✕

호손(Hawthorne) 실험과 관련한 설명으로 옳은 것은?

① 작업자는 임금 등 경제적 요인에 의해서 동기화 된다.
② 작업자의 생산성은 작업환경 및 작업시간과 밀접한 연관이 있다.
③ 명확한 업무설계와 조직설계가 생산성 향상의 주요 요인이다.
④ 공식조직에 비해 비공식조직은 성과에 영향을 주지 않는다.
⑤ 작업자는 단지 관심을 기울여주기만 해도 성과가 개선된다.

해설 콕 ....

호손(Hawthorne) 실험은 심리적 요인에 근거한 실험으로 작업자에 대한 관심이 생산성 향상에 영향을 끼친다는 것을 입증하였다.

정답 ⑤

03 경영이론

(1) 테일러의 과학적 관리론

① 개 요

하루의 작업량을 시간연구 및 동작연구, 작업연구를 통해 하루의 표준작업량을 설정하고, 할당된 과업을 초과달성한 근로자에게는 높은 임금률을 적용하고, 그렇지 못한 근로자에게는 낮은 임금률을 적용함으로써 생산의 능률을 꾀하려는 방법이다.

② 주요 내용

㉠ 시간 및 동작연구 : 종업원들의 하루 작업량(표준작업)을 과학적으로 하기 위해 시간연구·동작연구를 하였다.

㉡ 차별 성과급제 : 작업량을 달성한 사람에게는 높은 임금을 주고, 그렇지 못한 사람에게는 낮은 임금을 적용하는 등의 능률증진을 꾀하였다.

㉢ 종업원 선발 및 교육 : 과학적 관리론에 부합하는 근로자에 대한 선발방식 및 교육훈련방식을 마련하였다.

㉣ 직능식제도와 직장제도 : 공장의 조직을 기존의 군대식에서 직능식으로 바꾸고, 직장제도를 끌어들여 종업원들과 운영자가 서로의 직책에 따라 업무하여 일을 하고, 협력할 수 있게 하였다.

(2) 포드 시스템

① 개 요

유동작업을 기반으로 하는 새로운 생산관리 방식으로 포드는 자동차 공장에 컨베이어 시스템을 도입하여 대량생산을 통한 원가를 절감하였다.

② 포드의 3S

부품의 표준화(Standardization), 제품의 단순화(Simplification), 작업의 전문화(Specialization)

(3) 막스 베버의 관료조직론

① 베버의 관료제 이론은 권한구조에 대한 이론에 기반을 두고 있다.

② 막스 베버는 권한의 유형을 카리스마적 권한, 전통적 권한, 합리적·법적 권한으로 구분하고, 이 중 합리적·법적 권한에 기반한 관료제 모형이 근대사회의 대규모 조직을 설명하는데 가장 적절하다고 보았다.

(4) 버나드의 조직이론

① 경영자의 기능에서 기업조직을 협동체계로 파악한다.

② 대외적·전체적·동태적 관점에서 새롭게 접근하여, 비교적 균형 잡힌 이론을 제시한다.

③ 기업조직은 협동시스템으로서의 공헌의욕, 공통목적, 의사소통이 잘 이루어져야 한다.

④ 결합된 협동노력에는 개인적 의사결정과 조직적 의사결정이 있으며, 이 두 가지가 균형을 이루어야 한다.

(5) 사이먼의 조직이론

① 개 요

　㉠ 사이먼은 '관리행동'에서 조직내 전문화, 커뮤니케이션, 의사결정 등에 중점을 두고 논의를 전개한다.

　㉡ 기업조직은 경제학에서 가정하고 있는 객관적 또는 초합리적인 의사결정을 할 수 없고, 현실적인 제약 하에서 제한된 의사결정을 한다.

② 현실적으로 합리성이 달성될 수 없는 이유

　㉠ 객관적인 합리성의 경우 가능한 한 전체 대안의 열거를 요구하지만, 현실적으로는 그 중에서 일부밖에 열거할 수 없다.

　㉡ 객관적인 합리성은 전체 대안의 결과에 대한 완전한 지식을 요구하나, 현실적으로 우리의 지식은 언제나 단편적이고 불완전하다.

　㉢ 어떤 결과에 대한 지식이 완전하더라도 우리는 동시에 그 모두를 완전한 형태로 평가할 수는 없다.

③ 제한된 합리성

　㉠ 현실적으로 모든 대안을 알 수는 없다.

　㉡ 모든 대체행동의 각 결과에 대한 완전한 지식을 가질 수 없다.

　㉢ 결과에 대한 지식이 완전하다고 하더라도 평가체제가 변화할 수 있고 평가에 있어서의 정확성과 일관성을 유지할 수 없다. 이처럼 현실적 의미에서 합리성은 '제한된 합리성'에 불과하며, 이러한 제한된 합리성밖에 달성할 수 없는 현실의 인간을 '관리인'이라 하고, 객관적인 합리성을 달성할 수 있는 '경제인'과 구별하였다.

공인노무사 2019

☑ 확인
Check!
○
△
×

테일러(F. W. Taylor)의 과학적 관리법에 관한 설명으로 옳지 않은 것은?

① 시간 및 동작연구
② 기능적 직장제도
③ 집단중심의 보상
④ 과업에 적합한 종업원 선발과 훈련 강조
⑤ 고임금 저노무비 지향

🖑 해설 콕

테일러(F. W. Taylor)의 과학적 관리법은 종업원 개인이 달성한 성과에 따라 임금을 차별하였다.

정답 ③

⚖ 참고

과학적 관리법의 원칙
• 차별 성과급제
• 기능식 직장제도
• 시간연구와 동작연구
• 기획부제도의 설치
• 작업지시표 제도
• 과학적 선발 · 훈련 · 배치

02

경영지도사 2020

☑ 확인
Check!
○
△
×

테일러(F. Taylor)의 과학적 관리법(Scientific Management)에 관한 설명으로 옳지 않은 것은?

① 작업방식의 과학적 연구
② 과학적인 근로자 선발 및 훈련
③ 관리활동의 통합
④ 차별적 성과급제
⑤ 합리적 경제인을 가정

🖑 해설 콕

테일러(F. Taylor)의 과학적 관리법(Scientific Management)은 작업을 전문화하고 전문화된 작업장마다 직장을 두어 관리하는 기능식 직장제도의 특성을 가지고 있다.

정답 ③

03

경영지도사 2016

☑ 확인
Check!
○
△
✕

테일러(F. Taylor)의 과학적 관리법의 내용으로 옳지 않은 것은?

① 차별적 성과급제 적용
② 시간 및 동작연구를 통해 과업 결정
③ 조명 및 계전기조립실험 실시
④ 수행활동의 기능별 분업
⑤ 근로자를 과학적으로 선발하여 교육

🖐해설 콕 ....

조명 및 계전기조립실험 실시는 호손 실험에 대한 내용이다.

정답 ③

04

경영지도사 2015

☑ 확인
Check!
○
△
✕

테일러(F. Taylor)의 과학적 관리에서 활용된 방법이 아닌 것은?

① 차별적 성과급제
② 작업도구의 표준화
③ 직무에 적합한 작업자 선발과 훈련
④ 권한과 책임의 원칙
⑤ 시간·동작 연구

🖐해설 콕 ....

권한과 책임의 원칙은 페이욜(H. Fayol)의 일반관리 원칙 내용이다.

정답 ④

05

공인노무사 2015

☑ 확인
Check!
○
△
✕

테일러(F. Taylor)의 과학적 관리의 특징으로 옳지 않은 것은?

① 과업관리
② 작업지도표 제도
③ 차별적 성과급제
④ 기능식 직장제도
⑤ 컨베이어 시스템

🖐해설 콕 ....

컨베이어 시스템은 모든 작업을 단순작업으로 분해하여 분해된 작업의 소요시간을 거의 동일하게 하여 일정한 속도로 이동하는 컨베이어로 전체 공정을 연결하여 작업을 수행하는 것으로 포드(H. Ford)가 주장한 것이다.

정답 ⑤

06

공인회계사 2017

테일러(Taylor)의 과학적 관리법과 포드(Ford)의 이동컨베이어 시스템에 관한 설명으로 가장 적절하지 않은 것은?

① 과학적 관리법은 전사적 품질경영(TQM)에서 시작된 것으로, 개별 과업뿐 아니라 전체 생산시스템의 능률 및 품질향상에 기여하였다.

② 과학적 관리법은 방임관리를 지양하고 고임금·저노무비용의 실현을 시도하였다.

③ 과학적 관리법의 주요 내용인 과업관리의 방법으로는 작업의 표준화, 작업조건의 표준화, 차별적 성과급제 등이 있다.

④ 이동컨베이어 시스템은 컨베이어에 의해 작업자와 전체 생산시스템의 속도를 동시화함으로써 능률 향상을 시도하였다.

⑤ 이동컨베이어 시스템을 효율적으로 이용하기 위해 장비의 전문화, 작업의 단순화, 부품의 표준화 등이 제시되었다.

해설 콕

일반적으로 테일러의 과학적 관리법은 전사적 품질경영(TQM)에서 시작된 것으로 보지 않는다.

정답 ①

07

서울시 7급 2020

테일러(Taylor)의 과학적 관리론에 대한 설명으로 가장 옳지 않은 것은?

① 미국의 남북전쟁 시기 이후 공업화 과정에서 대두된 표류관리(drifting management) 방식에 의한 문제를 극복하기 위한 직무관리 체계이다.

② 노동 과정에 이동조립법에 의한 유동작업방식을 도입함으로써 기업의 공익적 역할을 추구한다.

③ 작업의 비효율성을 해결하기 위해 시간연구와 동작연구에 의한 표준작업량을 도출하여 이를 생산성 향상 과정에 이용한다.

④ 작업 지시표(instruction card)를 도입함으로써 이후 간트 차트(Gantt chart) 개발의 기반이 되었다.

해설 콕

노동 과정에 이동조립법에 의한 유동작업방식을 도입함으로써 기업의 공익적 역할을 추구한 것은 포드 시스템이다.

정답 ②

08 경영지도사 2020

포드(H. Ford)는 기업의 목적을 사회 대중에 대한 봉사로 보고 포디즘(Fordism)을 주장하였는데 포디즘의 기본원리로 옳은 것은?

① 고가격 고임금
② 저가격 고임금
③ 고가격 저임금
④ 저가격 최저임금
⑤ 고가격 최저임금

> 해설 콕 ·····························
>
> 포드(Ford)는 저가격 고임금의 원칙을 주장하였다.
>
> 정답 ②

09 공인노무사 2017

경영이론의 주창자와 그 내용이 옳지 않은 것은?

① 테일러(Taylor) : 차별적 성과급제
② 메이요(Mayo) : 비공식 조직의 중시
③ 페이욜(Fayol) : 권한과 책임의 원칙
④ 포드(Ford) : 고임금 고가격의 원칙
⑤ 베버(Weber) : 규칙과 절차의 중시

> 해설 콕 ·····························
>
> 포드(Ford)는 고임금 저가격의 원칙을 주장하였다.
>
> 정답 ④

10 경영지도사 2017

포드 시스템에 관한 설명으로 옳지 않은 것은?

① 이동조립 생산방식
② 차별적 성과급제도
③ 대량생산방식
④ 생산의 표준화
⑤ 동시관리

> 해설 콕 ·····························
>
> 차별적 성과급제도는 테일러의 과학적 관리론에 대한 내용이다.
>
> 정답 ②

11

가맹거래사 2020

생산의 표준화와 이동조립법(conveyor belt)을 도입하여 생산성을 높이고 경영을 합리화하고자 하는 관리기법은?

① 테일러 시스템
② 포드 시스템
③ 간트 차트의 통계적 품질관리
④ 메어나드의 동작연구
⑤ 길브레스의 방법연구

해설 콕

자동차 공장에 컨베이어 시스템을 도입하여 대량생산을 통한 원가를 절감한 관리기법은 포드 시스템이다.

정답 ②

12

경영지도사 2015

페이욜(H. Fayol)이 제시한 경영활동(관리자가 해야 할 의무) 5요소로 옳지 않은 것은?

① 통 제   ② 실 행
③ 지휘(명령)   ④ 조 정
⑤ 조 직

해설 콕

페이욜(H. Fayol)이 제시한 경영활동(관리자가 해야 할 의무) 5요소는 계획, 조직, 지휘(명령), 조정, 통제이다.

정답 ②

13

경영지도사 2020

페이욜(H. Fayol)이 관리이론에서 주장한 경영관리의 14개 기본원칙에 해당하지 않는 것은?

① 업무의 분화
② 명령의 일원화
③ 방향의 단일화
④ 기술적 훈련, 역량 그리고 전문성에 근거한 선발
⑤ 개인보다 조직 이해의 우선

해설 콕

페이율(H. Fayol)이 제시한 경영조직의 일반원칙은 분업화, 권한과 책임, 규율, 명령통일(명령 일원화), 지휘통일(지휘 방향의 단일화), 조직목표 우선, 공정보상, 집권화, 계층화, 질서와 순서, 공정, 고용보장, 자율권 부여, 협동심 부여 등 14가지이다.

정답 ④

---

14 공인노무사 2021

☑ 확인
Check!
○
△
✕

페이율(H. Fayol)의 일반적 관리원칙에 해당하지 않는 것은?

① 지휘의 통일성
② 직무의 분업화
③ 보상의 공정성
④ 조직의 분권화
⑤ 권한과 책임의 일치

해설 콕

페이율(H. Fayol)의 일반적 관리원칙은 조직의 분권화가 아닌 조직의 집권화이다.

정답 ④

---

15 서울시 7급 2020

☑ 확인
Check!
○
△
✕

페이율(Fayol)의 관리이론에 대한 설명으로 가장 옳지 않은 것은?

① 페이율은 관리원칙이 일반 조직에 적용될 수 있다고 주장한다.
② 개인의 이익과 목표를 먼저 달성하여 조직의 최종적인 이익을 높일 수 있음을 주장한다.
③ 관리자가 피관리자에게 공정한 보상과 대우를 해야 한다고 주장한다.
④ 분업을 통한 전문화의 원칙을 주장한다.

해설 콕

페이율(Fayol)의 관리이론은 개인보다는 조직의 이익을 더 중요시한다. 따라서 개인의 이익과 목표를 먼저 달성하여야 한다는 내용은 옳지 않다.

정답 ②

16

☑ 확인
Check!
○
△
×

〈보기〉의 경영이론에 대한 설명 중 옳은 것을 모두 고른 것은?

〈보기〉
ㄱ. 테일러(Taylor)의 과학적 관리이론에서 과업관리 목표는 '높은 임금과 높은 노무비의 원리'
　이다.
ㄴ. 포드 시스템(Ford system)은 생산의 표준화를 전제로 한다.
ㄷ. 페이욜(Fayol)의 관리이론 중 생산, 제작, 가공활동은 관리활동에 해당한다.
ㄹ. 메이요(Mayo)의 호손 연구(Hawthorne Studies)에 의하면 화폐적 자극은 생산성에 영향을
　미치지 않는다.

① ㄱ, ㄴ
② ㄱ, ㄹ
③ ㄴ, ㄷ
④ ㄴ, ㄹ

🖐 해설 콕

ㄱ. (×) 테일러(Taylor)의 과학적 관리이론에서 과업관리 목표는 '높은 임금과 낮은 노무비의 원리'이다.
ㄷ. (×) 페이욜(Fayol)의 관리이론 중 생산, 제작, 가공활동은 기술활동에 해당한다.

정답 ④

17

☑ 확인
Check!
○
△
×

막스 베버(Max Weber)가 제시한 관료제이론의 주요 내용이 아닌 것은?

① 규정에 따른 직무배정과 직무수행
② 능력과 과업에 따른 선발과 승진
③ 상황적합적 관리
④ 계층에 의한 관리
⑤ 규칙과 문서에 의한 관리

🖐 해설 콕

관료제는 규제 및 표준화된 운용절차의 일관된 시스템에 의해 운영 및 관리된다.

정답 ③

참고 | 막스 베버(Max Weber) 관료제의 특징
• 안정적이면서 명확한 권한계층
• 태도 및 대인관계의 비개인성
• 과업전문화에 기반한 체계적인 노동의 분화
• 규제 및 표준화된 운용절차의 일관된 시스템
• 관리자는 생산수단의 소유자가 아님
• 문서로 된 규칙, 의사결정, 광범위한 파일
• 기술적인 능력에 의한 승진을 기반으로 한 평생의 경력관리

18

경영지도사 2018

베버(M. Weber)의 이상적인 관료제의 특징으로 옳지 않은 것은?

① 분업화와 전문화

② 명확한 권한 체계

③ 문서화된 공식적 규칙과 절차

④ 전문적 자격에 근거한 공식적인 선발

⑤ 개인별 특성을 고려한 관리

> **해설 콕** ⋯⋯⋯⋯⋯⋯⋯⋯⋯⋯⋯⋯⋯⋯⋯⋯⋯⋯⋯⋯⋯⋯⋯⋯⋯⋯⋯⋯⋯
>
> 관료제의 특징으로는 분업, 권한계층, 공식적 채용, 공식적 규칙과 절차, 비개인성, 경력지향, 문서화 등으로 개인별 특성을 고려한 관리는 관료제의 특징이 아니다.
>
> 정답 ⑤

19

경영지도사 2017

관료제이론의 주요 내용과 거리가 먼 것은?

① 합법적 직무배정과 직무수행

② 직무의 전문성과 능력에 의한 고용

③ 계층에 의한 관리

④ 규칙과 문서에 의한 경영관리

⑤ 신속한 의사결정

> **해설 콕** ⋯⋯⋯⋯⋯⋯⋯⋯⋯⋯⋯⋯⋯⋯⋯⋯⋯⋯⋯⋯⋯⋯⋯⋯⋯⋯⋯⋯⋯
>
> 관료제는 의사결정이 신속하지 못하다. 왜냐하면 하위계층은 스스로 의사결정을 하지 못하고 상위계층에 통제를 받으며 결재를 받아야 하기에 의사결정의 속도는 느리다.
>
> 정답 ⑤

20

경영지도사 2015

막스 베버(M. Weber)가 제시한 이상적 관료조직의 원칙으로 옳지 않은 것은?

① 분업과 전문화   ② 공식적인 규칙과 절차

③ 비개인성   ④ 연공에 의한 승진

⑤ 공과 사의 명확한 구분

> **해설 콕**
>
> 막스 베버(M. Weber)가 제시한 이상적 관료조직은 관료제이다. 관료제의 원칙으로는 분업, 권한계층, 공식적 채용, 공식적 규칙과 절차, 비개인성, 경력지향, 문서화 등으로, 연공에 의한 승진은 관료제 원칙이 아니다.
>
> **정답** ④

21

경영지도사 2016

막스 베버(M. Weber)가 제시한 관료제의 특성에 해당되지 않는 것은?

① 상위직급과 하위직급 간의 수평적 의사소통

② 문서로 정해진 규칙과 절차에 따른 과업의 수행

③ 기능적 전문화에 기초한 체계적인 업무의 분화

④ 직무는 전문화되고, 훈련받은 자에 의한 직무의 수행

⑤ 안정적이고 명확한 권한계층

> **해설 콕**
>
> 막스 베버(M. Weber)가 제시한 관료제는 상위직급과 하위직급 간의 수직적 의사소통을 강조한다.
>
> **정답** ①

22

경영지도사 2015

인간관계론에 관한 설명으로 옳지 않은 것은?

① 비용의 논리를 추구한다.

② 비공식 집단을 강조한다.

③ 사회적 인간관과 연관이 있다.

④ 만족이 생산성 향상을 가져온다고 생각한다.

⑤ 감정의 논리에 치중하는 경향이 있다.

> **해설 콕**
>
> 인간관계론은 비용보다는 정서적·심리적 요인을 중시한다.
>
> **정답** ①

23

공인노무사 2016

☑ 확인
Check!
○
△
×

인간관계론에 해당하는 내용은?

① 기획업무와 집행업무를 분리시킴으로써 계획과 통제의 개념 확립
② 시간 및 동작 연구를 통하여 표준 과업량 설정
③ 자연발생적으로 형성된 비공식 조직의 존재 인식
④ 과업에 적합한 근로자 선발 및 교육훈련 방법 고안
⑤ 전문기능별 책임자가 작업에 대한 분업적 지도 수행

 해설 콕

인간관계론은 조직을 개인, 비공식 집단 및 집단 상호간의 관계로 되는 사회체제로 인식한다.

정답 ③

24

국가직 7급 2020

☑ 확인
Check!
○
△
×

경영이론에 대한 설명으로 옳은 것만을 모두 고르면?

ㄱ. 과학적 관리란 경영현상에 대한 체계적인 관찰, 실험 또는 판단에 의해 도출된 표준을 근거로 사업 또는 업무를 수행하는 관리방식이다.
ㄴ. 과학적 관리법은 '조직 없는 인간' 이론이라는 비판을 받기도 하고, 인간관계론은 '인간 없는 조직' 이론이라는 비판을 받기도 한다.
ㄷ. 경영과학(management science)은 수학적인 모델에 기초를 두고 과학적인 접근방법을 이용하여 조직 내 경영 관리상의 문제들을 해결하려는 것이다.
ㄹ. 시스템이론에 따르면 전체는 상호 관련된 부분들의 집합(set)이고, 단순한 집합 이상의 의미를 갖지 않는다.

① ㄱ, ㄴ
② ㄱ, ㄷ
③ ㄴ, ㄷ
④ ㄷ, ㄹ

해설 콕

ㄴ. (×) 과학적 관리법은 '인간 없는 조직' 이론이라는 비판을 받으며, 인간관계론은 '조직 없는 인간' 이론이라는 비판을 받는다.
ㄹ. (×) 시스템이론에 따르면 전체는 상호 관련된 부분들의 집합(set)으로 단순한 집합 이상의 의미를 지니고 있다.

정답 ②

안심Touch

25

경영이론에 관한 설명으로 옳지 않은 것은?

① 시스템이론은 인간행동의 영향 요소간 복잡한 상호작용의 중요성을 강조한다.
② 상황적합이론은 경영에 유일 최선의 방법은 없고, 모든 조직에 일률적으로 보편적 경영원칙을 적용할 수는 없다고 주장한다.
③ 욕구단계설에서 사람이 충족시키고자 하는 욕구는 낮은 수준에서 높은 수준으로 올라간다.
④ 계량경영은 경영의사결정에 계량적 기법의 적용을 강조한다.
⑤ 관료적 조직론에 의하면 생산성은 작업자들의 사회적, 심리적 조건이나 감독방식에 의존한다.

해설 콕

인간관계론에 의하면 생산성은 작업자들의 사회적, 심리적 조건이나 감독방식에 의존한다.

정답 ⑤

26

경영이론에 관한 설명으로 옳지 않은 것은?

① 과학적 관리이론은 생산성과 효율성을 강조하였다.
② 자원기반이론은 기업의 활용 가능한 핵심자원에 초점을 두었다.
③ 인간관계이론은 행동과학이론의 주장을 반박하며, 인간을 다양한 욕구를 가진 존재로서 파악하였다.
④ 시스템이론은 전체 시스템의 관점에서 조직을 연구하는 것이 중요하다고 하였다.
⑤ 상황이론은 조직구조 및 경영기법이 환경에 따라 변해야 한다고 하였다.

해설 콕

인간관계이론은 전통적 관리에서 중시한 물리적 요인 외 정서적 · 심리적 요인에 영향을 받는다고 주장하였다. 인간관계이론은 후에 정교한 연구로 행동과학이론으로 이어진다.

정답 ③

27

상황이론(contingency theory)의 특징으로 옳지 않은 것은?

① 객관적 결과의 중시
② 조직의 환경적응 중시
③ 조직을 분석단위로 하는 분석
④ 계량적 분석 중시
⑤ 중범위이론 지향

해설 콕

상황이론(contingency theory)은 모든 상황에 적용 가능한 경영이론보다는 상황에 따라 경영방식을 달리 적용해야 한다는 이론이다. 계량적 분석을 중시하는 것은 상황이론이 아닌 계량경영학의 특징이다.

정답 ④

28

경영지도사 2019

버나드(C. Barnard)와 사이먼(H. Simon)이 주장한 이론은?

① 과학적 관리법
② 관료제
③ 상황이론
④ 의사결정이론
⑤ 경영과학

해설 콕

의사결정이론에 버나드(C. Barnard)의 협동체계론과 사이먼(H. Simon)의 의사결정론이 있다.

정답 ④

29

경영지도사 2020

버나드(C. Barnard)가 주장한 조직이론에 해당하는 설명이 아닌 것은?

① 조직은 여러 하부·상부시스템들과 연결된 복합시스템이다.

② 조직의 구성원은 경제적 보상을 최대화하기 위하여 생산을 극대화시킨다.

③ 조직은 외부환경(투자자, 협력업체, 소비자)과도 좋은 관계를 유지해야 한다.

④ 조직의 명령은 구성원이 수용할 때 공헌으로 이어진다.

⑤ 조직 구성원들은 서로 상호작용하면서 협동한다.

조직 구성원의 경제적 유인으로 생산량을 극화시키고자 한 이론은 테일러의 과학적 관리론이다.

정답 ②

 참고 버나드(C. Barnard)의 조직이론

• 경영자의 기능에서 기업조직을 협동체계로 파악한다.

• 대외적·전체적·동태적 관점에서 새롭게 접근하여, 비교적 균형 잡힌 이론을 제시한다.

• 기업조직은 협동시스템으로서의 공헌의욕, 공통목적, 의사소통이 잘 이루어져야 한다.

• 결합된 협동노력에는 개인적 의사결정과 조직적 의사결정이 있으며, 이 두 가지가 균형을 이루어야 한다.

30

국가직 7급 2016

경영이론에 대한 설명으로 옳은 것은?

① 테일러(F. Taylor)의 과학적 관리론에서는 고정적 성과급제를 통한 조직관리를 강조하였다.

② 페이욜(H. Fayol)은 중요한 관리활동으로 계획수립, 조직화, 지휘, 조정, 통제 등을 제시하였다.

③ 버나드(C. Barnard)의 학습조직이론에서는 인간을 제한된 합리성을 갖는 의사결정자로 보았다.

④ 호손 실험을 계기로 활발하게 전개된 인간관계론은 공식적 작업집단만이 작업자의 생산성에 큰 영향을 미친다고 주장하였다.

해설 콕

① 테일러(F. Taylor)의 과학적 관리론에 의하면 성과에 따라 차등 지급하는 차별 성과급제를 강조하였다.

③ 사이먼(H. A. Simon)이 인간을 제한된 합리성을 갖는 의사결정자로 보았다.

④ 호손 실험을 계기로 활발하게 전개된 인간관계론에서 영향을 미치는 요소로는 종업원의 심리상태와 비공식적 조직이라고 주장하였다.

정답 ②

31

경영지도사 2017

경영자의 역할을 대인적 역할, 정보적 역할, 의사결정적 역할로 설명한 학자는?

① 민츠버그(H. Mintzberg)

② 쿤츠(H. Koontz)

③ 포터(M. E. Porter)

④ 드러커(P. F. Drucker)

⑤ 페이욜(H. Fayol)

해설 콕

민츠버그(H. Mintzberg)는 경영자의 역할을 대인적 역할, 정보적 역할, 의사결정적 역할로 구분하였다. 쿤츠와 페이욜은 경영관리 과정을 계획하고, 조직하고, 지휘하고, 조정하고, 통제한다는 다섯가지로 설명하였다.

정답 ①

32

경영지도사 2018

경영이론의 발전과정에서 연구자들과 연구내용의 연결이 옳지 않은 것은?

① 길브레스부부(F. B. & L. M. Gilbreth) - 동작연구

② 페이욜(H. Fayol) - 동작연구

③ 메이요(E. Mayo) - 관리자의 의무

④ 맥그리거(D. McGregor) - X · Y 이론

⑤ 아지리스(C. Argyris) - 상황이론

해설 콕

아지리스(C. Argyris)는 미성숙 - 성숙 이론을 연구하였다.

정답 ⑤

참고 아지리스(C. Argyris)의 미성숙 - 성숙·이론

1. 개 념

아지리스(C. Argyris)는 공식조직 전략에 초점을 맞춘 관리전략은 미성숙상태라고 비판하면서 인간은 '미성숙'에서 '성숙'의 단계로 발전한다는 이론

2. 미성숙인 vs 성숙인

미성숙인	성숙인
수동적 활동	능동적 활동
의존적 활동	독립적 활동
단기적 안목	장기적 안목
자아의식 결여	자아의 의식과 통제

33 서울시 7급 2017

☑ 확인
Check!
○
△
×

카츠(R. L. Katz)가 제안한 경영자 또는 관리자로서 갖춰야 할 관리기술 중 최고경영자 계층에서 특히 중요시되는 것은?

① 운영적 기술(operational skill)
② 개념적 기술(conceptual skill)
③ 인간관계적 기술(human skill)
④ 전문적 기술(technical skill)

카츠(R. L. Katz)가 제안한 경영자 또는 관리자로서 갖춰야 할 관리기술 중 최고경영자 계층에서 중요시하는 것은 개념적 기술, 중간층이 중요시 하는 것은 인간관계적 기술, 하위층이 중요시 하는 것은 전문적기술이다.

정답 ②

04 포터(M. E. Porter)의 경쟁전략

(1) 의 의

신규업체 진출 위협, 공급업체 협상력, 동종기업간 경쟁, 고객 협상력, 대체재 출현 위협 등 다섯 가지 경쟁요인을 통해 기업, 산업의 현황 및 미래를 분석하는 기법이다. 5가지 경쟁요인을 통해서 기업, 산업의 수익률이 결정된다고 보며, 기업의 경영전략을 수립하는데 활용된다.

(2) 가치사슬 모형

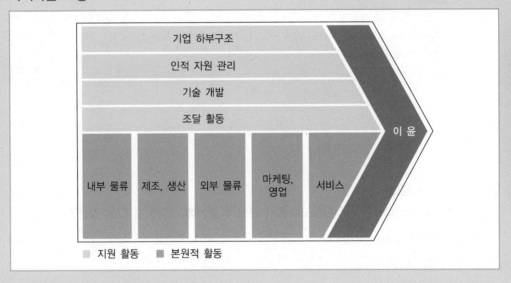

(3) 포터(Michael Porter)의 5가지 경쟁요인

신규업체 진출 위협	신규진입 기업들이 시장에 보다 안정적으로 진입하기 위해서는 진입장벽을 넘어야 한다.
공급업체 협상력	원자재 공급업체의 영향력이 크면 수익성이 낮아진다. 예 OPEC - 산유국의 교섭력을 높이려는 카르텔
동종기업간 경쟁	경쟁이 치열할수록 수익성은 떨어진다. 경쟁은 기업간 제품 차별화가 없고 퇴각 장벽이 높은 경우 치열해진다.
고객 협상력	구매자의 영향력이 크면 수익성이 낮아진다. 대량구매나 구매자의 수익성이 낮으면 강력한 교섭력을 가진다. 예 엘리베이터 제조업체와 건설업체
대체재 출현 위협	대체재가 많을수록 높은 가격을 받을 수 있는 가능성이 낮아진다.

01

☑ 확인
Check!
○
△
✕

다음에서 공통으로 설명하는 경영개념은?

- 원재료 유입에서 최종 소비자에게 완제품 전달까지 각 단계에서 가치를 부가하는 일련의 조직적 작업 활동이다.
- 기업의 원가 또는 차별화 우위를 형성할 수 있는 요소들을 파악하여 경재우위 원천을 찾을 수 있다.

① benchmarking　　　　② division of labor
③ just in time　　　　　④ reengineering
⑤ value chain

해설 콕 ┈┈┈┈┈┈┈┈┈┈┈┈┈┈┈┈┈┈┈┈┈┈┈┈┈┈┈┈┈┈┈┈┈

포터의 가치사슬 모형은 자사와 경쟁사를 비교하기 위해 기업의 본원적 활동 5가지와 지원 활동 4가지로 기업의 가치 활동을 분석하는 것으로 기업의 가치사슬 분석을 통해 원가우위와 차별화 우위의 원천을 찾을 수 있다.

정답 ⑤

02

☑ 확인
Check!
○
△
✕

포터(M. Porter)의 가치사슬모델에서 본원적 활동에 해당하지 않은 것은?

① 운영·제조　　　　　② 입고·출고
③ 고객서비스　　　　　④ 영업·마케팅
⑤ 인적자원관리

해설 콕 ┈┈┈┈┈┈┈┈┈┈┈┈┈┈┈┈┈┈┈┈┈┈┈┈┈┈┈┈┈┈┈┈┈

포터는 기업의 가치 창출 활동을 본원적 활동(Primary Activities)과 지원 활동(Support Activities)의 2가지 범주로 구분하고 있다.
- **본원적 활동(Primary Activities)** : 물류투입(IL, Inbound Logistics), 운영/생산(OP, Operations), 물류산출(OL, Outbound Logistics), 마케팅 및 영업(M & S, Marketing & Sales), 서비스(Services) 활동
- **지원 활동(Support Activities)** : 회사 인프라(Firm Infrastructure), 인적자원관리(HRM), 기술개발(Technology Development), 법률자문

정답 ⑤

03 공인노무사 2020

포터(M. Porter)의 가치사슬(Value Chain)모델에서 본원적 활동(Primary Activities)에 해당하는 것은?

① 인적자원관리
② 서비스
③ 기술개발
④ 기획·재무
⑤ 법률자문

 해설 콕 ....

포터(M. Porter)의 가치사슬(Value Chain)모델
- **본원적 활동(Primary Activities)** : 내부물류 활동, 생산 활동, 외부물류 활동, 마케팅 및 영업 활동, 서비스 활동
- **지원 활동(Support Activities)** : 기획·재무 활동, 인적자원관리(HRM), 기술개발 활동, 구매 활동, 법률자문

정답 ②

04 경영지도사 2015 2018

포터(M. E. Porter)가 제시한 가치사슬(Value Chain)에서 본원적 활동 부문(Primary Activities)에 해당하지 않는 것은?

① 구매 활동
② 생산 활동
③ 인적자원관리 활동
④ 물류 활동
⑤ 서비스 활동

 해설 콕 ....

인적자원관리 활동은 지원 활동에 해당한다.

정답 ③

05

국가직 7급 2020

가치사슬(value chain)에 대한 설명으로 옳지 않은 것은?

① 가치사슬이란 기업이 가치 있는 제품 또는 서비스를 시장에 제공하기 위해 수행해야 할 일련의 활동을 의미한다.

② 주활동(primary activities)은 기업이 투입물을 산출물로 변환시키면서 직접 가치를 증가시키는 활동을 의미한다.

③ 가치사슬의 수평축을 따라 기업이 수행하는 각 활동은 가치를 점진적으로 증가시키고, 비용을 점진적으로 감소시킨다.

④ 보조활동(supporting activities)에는 연구개발, 인적자원관리, 회계와 재무 등의 활동들이 포함된다.

가치사슬의 수평축을 따라 기업이 수행하는 각 활동은 가치를 점진적으로 증가시킨다. 그런데 가치의 증가가 비용을 점진적으로 감소시킨다고 할 수 없다.

정답 ③

06

경영지도사 2020

포터(M. Porter)의 경쟁우위의 유형과 경쟁의 범위를 기준으로 한 본원적 전략(generic strategy)에 해당하는 유형을 모두 고른 것은?

> ㄱ. 비용우위 전략
> ㄴ. 안정 전략
> ㄷ. 차별화 전략
> ㄹ. 집중화 전략
> ㅁ. 방어 전략

① ㄱ, ㄴ, ㄷ 　　　　② ㄱ, ㄴ, ㅁ
③ ㄱ, ㄷ, ㄹ 　　　　④ ㄴ, ㄷ, ㄹ
⑤ ㄴ, ㄹ, ㅁ

포터(M. Porter)의 경쟁우위의 유형과 경쟁의 범위를 기준으로 한 본원적 전략(generic strategy)은 원가우위(비용우위) 전략, 차별화 전략, 집중화 전략이다.

정답 ③

07 경영지도사 2017

☑ 확인
Check!
○
△
✕

포터(M. Porter)의 산업구조분석기법에 관한 설명으로 옳지 않은 것은?

① 산업구조의 이해를 통하여 산업 전체의 수익률의 높고 낮음을 효과적으로 설명해 줄 수 있다.
② 각 개별기업의 구체적인 경쟁전략을 다루지 못한다.
③ 산업의 구조적 특성을 자사에게 유리한 방향으로 바꾸는 것도 기업의 노력으로 가능하게 할 수 있다.
④ 각 개별산업의 추세를 살펴봄으로써 그 산업의 미래의 수익성을 예측할 수 있다.
⑤ 동태적으로 변하는 산업구조를 고려하는 동태적 모형이다.

산업구조가 정태적 모형으로 동태적으로 변화하는 산업구조를 고려하지 못했다는 점에서 포터(M. Porter)의 산업구조분석기법은 비판을 받고 있다.

정답 ⑤

08 경영지도사 2015

☑ 확인
Check!
○
△
✕

본원적 경쟁전략의 하나인 원가우위 전략에서 원가의 차이를 발생시키는 요인이 아닌 것은?

① 학습 및 경험곡선 효과
② 경비에 대한 엄격한 통제
③ 적정규모의 설비
④ 디자인의 차별화
⑤ 규모의 경제

기업이 경쟁기업보다 낮은 원가로 재화를 생산하거나 서비스를 제공이 가능하도록 하는 요인이 원가우위 전략에서 원가의 차이를 발생시키는 요인이다. 디자인 차별화는 원가를 절감시키는 요인이라기보다는 제품의 차별화를 가져오는 차별화 전략의 요인이라 할 수 있다.

정답 ④

09 경영지도사 2016

☑ 확인
Check!
○
△
✕

마이클 포터(M. Porter)가 산업환경분석을 위해 사용한 5가지 경쟁요인에 해당되지 않는 것은?

① 대체재의 위협
② 신규진입 위협
③ 구매자의 교섭력
④ 공급자의 교섭력
⑤ 노조와의 교섭력

안심Touch

10 경영지도사 2015

포터(M. E. Porter)의 산업분석모형에서 그 산업의 경쟁력을 결정하는 5가지 요소가 아닌
것은?

① 차별화   ② 잠재적 진입자

③ 대체재   ④ 경쟁사

⑤ 공급자

 해설 콕 ....

마이클 포터(M. Porter)가 산업분석모형에서 사용한 5가지 경쟁요인은 대체재의 위협, 신규집입 위협(잠
재적 경쟁자의 진입위협), 구매자의 교섭력, 공급자의 교섭력, 기존 기업 간의 경쟁 등 5가지이다.

정답 ①

11 서울시 7급 2016

포터(Michael Porter)는 기업의 환경에서 경쟁적 우위를 확보하는데 위협이 되는 요소를 5
가지로 파악하여 다섯 가지의 힘(5 forces)이라고 명명하였다. 이 요소에 해당하지 않는 것
은?

① 혁신의 위협(threat of innovation)

② 기존 기업 간의 경쟁(threat of rivalry)

③ 대체재의 위협(threat of substitutes)

④ 신규 진입자의 위협(threat of entry)

해설 콕 ....

포터의 산업구조모형에서 제시한 다섯 가지 힘은 기존 기업 간의 경쟁, 대체재의 위협, 신규 진입자의
위협, 구매자의 교섭력, 공급자의 교섭력이다.

정답 ①

12

가맹거래사 2018

마이클 포터(M. Porter)의 산업구조분석에서 산업의 수익률을 결정하는 5가지 경쟁적인 세력이 아닌 것은?

① 기존 기업들 간의 경쟁
② 잠재적 진입자의 위협
③ 구매자의 교섭력
④ 원가우위 경쟁
⑤ 공급자의 교섭력

> 해설 콘
>
> 마이클 포터(M. Porter)가 산업구조분석을 위해 사용한 5가지 경쟁요인은 대체재의 위협, 잠재적 진입자의 위협(잠재적 경쟁자의 진입위협), 구매자의 교섭력, 공급자의 교섭력, 기존 기업 간의 경쟁 등 5가지이다.
>
> 정답 ④

13

국가직 7급 2018

마이클 포터(M. E. Porter)의 산업구조분석(5-forces Model)에 대한 설명으로 옳지 않은 것은?

① 퇴출장벽(Exit Barrier)이 높을수록 가격경쟁이 치열해져 시장의 매력도가 낮아진다.
② 구매자의 공급자 전환비용(Switching Cost)이 높을수록 구매자의 교섭력이 높아져 시장의 매력도가 낮아진다.
③ 진입장벽(Entry Barrier)이 높을수록 새로운 경쟁자의 진입이 어려워져 시장의 매력도가 높아진다.
④ 대체재가 많을수록 대체재의 존재 때문에 가격을 높이기가 어려워져 시장의 매력도가 낮아진다.

> 해설 콘
>
> 구매자의 공급자 전환비용(Switching Cost)이 높다면 구매자는 쉽게 공급자를 바꾸기 힘들기 때문에 구매자의 교섭력은 낮아지게 된다.
>
> 정답 ②

14

경영지도사 2019

☑ 확인
Check!

○
△
×

포터(M. Porter)의 산업구조분석모형(five forces model)에 관한 설명으로 옳은 것은?

① 잠재경쟁자의 진입위험이 높으면 산업의 전반적인 수익률은 낮아진다.
② 산업내 기존 기업 간의 경쟁정도가 높으면 산업의 전반적인 수익률은 높아진다.
③ 구매자의 교섭력이 낮으면 산업의 전반적인 수익률은 낮아진다.
④ 공급자의 교섭력이 높으면 산업의 전반적인 수익률은 높아진다.
⑤ 산업의 제품에 대한 대체재의 출현가능성이 낮으면 산업의 전반적인 수익률은 낮아진다.

해설 콕

잠재경쟁자의 진입위험이 높다는 것은 경쟁기업이 많아지기 쉽다는 의미가 되므로 경쟁기업이 많으면 산업의 전반적인 수익률은 낮아진다.
② 산업내 기존 기업 간의 경쟁정도가 높으면 판매율 상승을 위해 가격하락이 발생하므로 산업의 전반적인 수익률은 낮아진다.
③ 구매자의 교섭력이 낮으면 판매자 높은 가격으로 물건 판매가 가능하므로 산업의 전반적인 수익률은 높아진다.
④ 공급자의 교섭력이 높으면 원재료와 노동력의 가치가 상승하므로 산업의 전반적인 수익률은 낮아진다.
⑤ 산업의 제품에 대한 대체재의 출현가능성이 낮으면 시장점유율 하락의 요인 없기에 산업의 전반적인 수익률은 높아진다.

정답 ①

15

공인회계사 2017

☑ 확인
Check!

○
△
×

다음 중 가장 적절하지 않은 설명은?

① 교차 라이센싱(cross-licensing)은 기업들이 필요한 기술을 서로 주고받는 제휴 형태로서, 합작투자(joint venture)에 비해 자원 및 위험의 공유정도가 낮다.
② 포터(Porter)의 가치사슬 분석에 의하면 기업활동은 주활동과 보조활동으로 구분되는데, 기술개발은 보조활동에 해당한다.
③ 자동차 생산회사가 생산에 필요한 강판을 안정적으로 확보하기 위해 철강회사를 인수하는 것은 후방통합(backward integration)의 예이다.
④ 경영전략을 기업전략, 사업전략, 기능전략으로 구분할 때, 포터(Porter)가 제시한 본원적 전략 중의 하나인 차별화(differentiation)는 기업전략에 해당한다.
⑤ BCG 매트릭스에서 상대적 시장점유율은 높지만 시장성장률이 낮은 사업군을 자금 젖소(cash cow)라고 한다.

해설 콕

경영전략을 기업전략, 사업전략, 기능전략으로 구분할 때, 포터(Porter)가 제시한 본원적 전략 중의 하나인 차별화(differentiation)는 사업전략에 해당한다.

정답 ④

16

가맹거래사 2019

☑확인 Check!
○
△
✕

포터(M. Porter)의 비용우위(cost leadership) 전략을 실행하는 방법이 아닌 것은?

① 제품품질의 차별화
② 효율적인 규모의 설비투자
③ 간접비의 효율적인 통제
④ 경험곡선효과에 의한 원가의 감소
⑤ 저비용국가에서 생산

해설 콕

비용우위(cost leadership) 전략을 실행하기 위해서는 원가를 낮추거나 효율적인 생산방식이어야 한다. 제품품질의 차별화는 제품의 차별화를 통해 기업이 경쟁우위를 달성하는 것을 목표로 하는 차별화 전략이다.

정답 ①

17

공인노무사 2018

☑확인 Check!
○
△
✕

포터(M. Porter)의 경쟁전략 유형에 해당하는 것은?

① 차별화(differentiation) 전략
② 블루오션(blue ocean) 전략
③ 방어자(defender) 전략
④ 반응자(reactor) 전략
⑤ 분석자(analyzer) 전략

해설 콕

포터(M. Porter)의 경쟁전략 유형은 원가우위 전략, 차별화 전략, 집중화 전략(원가우위 집중화 전략, 차별화 집중화 전략)이다.

정답 ①

18

경영지도사 2018

☑확인 Check!
○
△
✕

기업 전체 차원에서 수립되는 기본 전략(grand strategy)의 유형이 아닌 것은?

① 집중화 전략
② 안정 전략
③ 축소 전략
④ 방어 전략
⑤ 성장 전략

해설 콕

집중화 전략은 사업부 수준의 경영 전략에 해당한다.

정답 ①

안심Touch

05 BCG 매트릭스

(1) 별(Star) 사업부

① 시장성장률도 높고 상대적 시장점유율도 높은 경우에 해당하는 사업이다.
② 이 사업부의 제품들은 제품수명주기 상에서 성장기에 속한다.
③ 이에 속한 사업부를 가진 기업은 시장내 선도기업의 지위를 유지하고 성장해가는 시장의 수
   용에 대처하고, 여러 경쟁기업들의 도전에 극복하기 위해 역시 자금의 유출이 필요하다.
④ 별 사업부에 속한 기업들이 효율적으로 잘 운영된다면 이들은 향후 Cash Cow가 된다.

(2) 현금젖소(Cash Cow) 사업부

① 시장성장률은 낮지만 높은 상대적 시장점유율을 유지하고 있다. 이 사업부는 제품수명주기
   상에서 성숙기에 속하는 사업부이다.
② 이에 속한 사업은 많은 이익을 시장으로부터 창출해낸다. 그 이유는 시장의 성장률이 둔화되
   었기 때문에 그만큼 새로운 설비투자 등과 같은 신규 자금의 투입이 필요 없고, 시장 내에
   선도 기업에 해당되므로 규모의 경제와 높은 생산성을 누리기 때문이다.
③ Cash Cow에서 산출되는 이익은 전체 기업의 차원에서 상대적으로 많은 현금을 필요로 하는
   Star나 Question Mark, Dog의 영역에 속한 사업으로 자원이 배분된다.

(3) 물음표(Question Mark) 사업부

① 다른 말로 '문제아'라고도 한다.
② 이 사업부는 시장성장률은 높으나, 상대적 시장점유율이 낮은 사업이다.
③ 이 사업부의 제품들은 제품수명주기 상에서 도입기에 속하는 사업부이다.
④ 시장에 처음으로 제품을 출시하지 않은 대부분의 사업부들이 출발하는 지점이 물음표이며,
   신규로 시작하는 사업이기 때문에 기존의 선도 기업을 비롯한 여러 경쟁기업에 대항하기 위
   해 새로운 자금의 투자를 상당량 필요로 한다.
⑤ 기업이 자금을 투입할 것인가 또는 사업부를 철수해야 할 것인가를 결정해야 하기 때문에
   Question Mark라고 불리고 있다.
⑥ 한 기업에게 물음표에 해당하는 사업부가 여러 개이면, 그에 해당되는 모든 사업부에 자금을
   지원하는 것보다 전략적으로 소수의 사업부에 집중적 투자하는 것이 효과적이라 할 수 있다.

(4) 개(Dog) 사업부

① 시장성장률도 낮고 시장점유율도 낮은 사업부이다.

② 제품수명주기 상에서 쇠퇴기에 속하는 사업이다.

③ 낮은 시장성장률 때문에 그다지 많은 자금의 소요를 필요로 하지는 않지만, 사업활동에 있어서 얻는 이익도 매우 적은 사업이다.

④ 이 사업에 속한 시장의 성장률이 향후 다시 고성장을 할 가능성이 있는지 또는 시장 내에서 자사의 지위나 점유율이 높아질 가능성은 없는지 검토해보고, 이 영역에 속한 사업들을 계속 유지할 것인가 아니면 축소 내지 철수할 것인가를 결정해야 한다.

01

BCG 성장 – 점유율 매트릭스에서 미래의 성장가능성은 낮으나, 현재의 상대적 시장점유율이 높아서 기업의 현금흐름 창출에 기여하는 사업부는?

① 스타(star)   ② 현금젖소(cash cow)

③ 블루오션(blue ocean)   ④ 개(dog)

⑤ 물음표(question mark)

> 해설 콕 ···
>
> 시장의 성장률이 낮고 상대적 점유율이 높은 사업부는 현금젖소(cash cow)이다.
>
> 정답 ②

참고 ● BCG 매트릭스

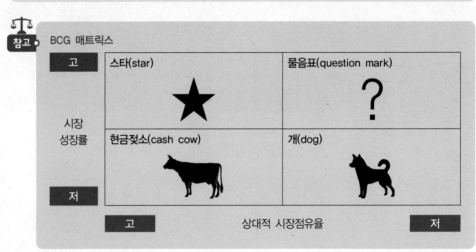

02

BCG 매트릭스에 관한 설명으로 옳지 않은 것은?

① 별(star)에 해당하는 사업은 성장전략을 추구하는 것이 바람직하다.

② 개(dog)에 해당하는 사업은 철수전략이나 회수전략이 바람직하다.

③ 현금젖소(cash cow)에 해당하는 사업은 현재의 시장지위를 유지하고 강화하는 전략이 바람직하다.

④ 물음표(question mark)에 해당하는 사업이 경쟁우위를 가질 수 있다고 판단되면 성장전략과 과감한 투자가 바람직하다.

⑤ 사업 포트폴리오의 성공적인 순환경로는 현금젖소 → 별 → 물음표 → 개다.

> 해설 콕 ···
>
> 사업 포트폴리오의 성공적인 순환경로는 물음표 → 별 → 현금젖소 → 개다.
>
> 정답 ⑤

참고 BCG 매트릭스 영역의 수익, 현금흐름, 전략

시장 성장률	**고**	**스타(star)** • 수익 : 높고 안정적 • 현금흐름 : 중립적 • 전략 : 성장을 위한 지속적 투자	**물음표(question mark)** • 수익 : 낮고 불안정함 • 현금흐름 : 마이너스 • 전략 : 사업을 확대하여 별(star)로 이동거나 사업을 철수
		현금젖소(cash cow) • 수익 : 높고 안정적 • 현금흐름 : 높고 안정적 • 전략 : 현상을 유지	**개(dog)** • 수익 : 낮고 불안정 • 현금흐름 : 중립적 또는 마이너스 • 전략 : 철수
	저		
		고 상대적 시장점유율 **저**	

03

가맹거래사 2020

☑ 확인
Check!
○
△
×

BCG 매트릭스 중 다음에서 설명하는 사업단위는?

> • 낮은 시장점유율과 낮은 시장성장률을 나타낸다.
> • 현금을 창출하지만 이익이 아주 적거나 손실이 발생한다.
> • 시장전망이 밝지 않아 가능한 빨리 철수하는 것이 바람직하다.

① star

② question mark

③ pig

④ dog

⑤ cash cow

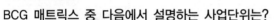

해설 콕
시장성장률도 낮고 시장점유율도 낮은 사업부는 개(Dog) 사업부이다.
개(Dog) 사업부는 수익은 낮고 불안정하며, 시장전망이 밝지 않아 가능한 빨리 철수하는 것이 바람직한 상태이다.

정답 ④

04

경영지도사 2017

☑ 확인
Check!
○
△
×

BCG(Boston Consulting Group) 매트릭스 전략에 사용된 두 가지 기준은?

① 시장성숙도, 시장점유율
② 시장점유율, 시장성장률
③ 시장성장률, 시장세분화
④ 시장세분화, 후방통합도
⑤ 후방통합도, 전방통합도

 해설 콕 ·····

BCG(Boston Consulting Group) 매트릭스는 상대적 시장점유율과 시장성장률을 기초로 하여 만들어진다.

정답 ②

05

경영지도사 2019

☑ 확인
Check!
○
△
×

BCG 매트릭스에 관한 설명으로 옳지 않은 것을 모두 고른 것은?

> ㄱ. 개(dog)는 시장의 성장률이 높고 점유율이 낮은 사업을 말한다.
> ㄴ. 별(star)은 시장의 성장률이 높고 점유율이 높은 사업을 말한다.
> ㄷ. 현금젖소(cash cows)는 시장의 성장률은 낮지만 점유율은 높은 사업을 말한다.

① ㄱ   ② ㄴ
③ ㄱ, ㄷ   ④ ㄴ, ㄷ
⑤ ㄱ, ㄴ, ㄷ

해설 콕 ·····

ㄱ. (×) 개(dog)는 시장의 성장률과 상대적 시장점유율 모두 낮은 사업을 말한다.

정답 ①

06

공인노무사 2016

☑ 확인
Check!

○
△
✕

BCG의 성장 – 점유율 매트릭스에서 시장성장률은 낮고 상대적 시장점유율이 높은 영역은?

① Dog

② Star

③ Cash Cow

④ Problem Child

⑤ Question Mark

🖐 해설 콕 ···

BCG 매트릭스는 기업이 사업에 대한 전략을 결정할 때 시장점유율과 시장성장률을 고려한다고 가정하고, 이 두 가지 요소를 기준으로 기업의 사업을 별(Star)사업, 현금젖소(Cash Cow)사업, 물음표(Question Mark)사업, 개(Dog)사업으로 나누었다. 현금젖소(Cash Cow)는 시장성장률은 낮지만 높은 상대적 시장점유율을 유지하고 있는 영역으로, 제품수명주기 상에서 성숙기에 속하는 영역이다.

정답 ③

07

공인노무사 2016

☑ 확인
Check!

○
△
✕

보스턴 컨설팅 그룹(BCG)의 사업 포트폴리오 매트릭스에 관한 설명으로 옳은 것은?

① 산업의 매력도와 사업의 강점을 기준으로 분류한다.

② 물음표(question mark)에 속해 있는 사업단위는 투자가 필요하나 성장가능성은 낮다.

③ 개(dog)에 속해 있는 사업단위는 확대전략이 필수적이다.

④ 별(star)에 속해 있는 사업단위는 철수나 매각이 필수적이다.

⑤ 자금젖소(cash cow)에 속해 있는 사업단위는 수익이 높고 안정적이다.

🖐 해설 콕 ···

① 상대적 시장점유율과 시장의 성장률을 기준으로 구분한다.
② 물음표(question mark)에 속해 있는 사업단위는 상대적으로 높은 시장성장률을 가지나, 시장점유율이 낮다.
③ 개(dog)에 속해 있는 사업단위는 시장성장률과 시장점유율이 모두 낮아 철수가 요구된다.
④ 별(star)에 속해 있는 사업단위는 상대적으로 높은 시장점유율과 시장성장률을 가졌으며, 성공사업을 의미한다.

정답 ⑤

08

경영전략에 관한 설명으로 가장 적절한 것은?

① 보스톤 컨설팅 그룹(BCG)의 사업포트폴리오 매트릭스에서 문제아(problem child, question marks)의 경우에 자금을 투입하기도 한다.

② 관련다각화 전략을 사용하면 반드시 규모의 경제(economy of scale)가 실현된다.

③ 포터(Porter)의 가치사슬(value chain) 모형에 의하면 본원적 활동(primary activities)에는 기획, 구매, 물류, 생산, 판매, 유통, 사후관리가 포함된다.

④ 포터(Porter)의 산업구조분석 모형에 의하면 구매자의 교섭력이 강하고, 공급자의 교섭력이 약하며, 대체재가 적을수록 수익성이 높아진다.

⑤ 보스톤 컨설팅 그룹(BCG)의 사업포트폴리오 매트릭스에서 상대적 시장점유율이 1보다 크다는 것은 시장점유율이 50% 이상이라는 것을 의미한다.

> **해설 콕** ·······
>
> 보스톤 컨설팅 그룹(BCG)의 사업포트폴리오 매트릭스에서 문제아(problem child, question marks)의 경우에 자금을 투입하여 경쟁력을 강화하는 확대전략이 사용되기도 한다.
> ② 관련다각화 전략은 범위의 경제를 목표로 한다. 규모의 경제는 확장주의 전략을 통해 실현된다.
> ③ 포터(Porter)의 가치사슬(value chain) 모형에 의하면 기획은 본원적 활동이 아닌 지원활동에 포함된다.
> ④ 포터(Porter)의 산업구조분석 모형에 의하면 구매자의 교섭력이 강할수록 수익성이 낮아진다.
> ⑤ 상대적 시장점유율이 1보다 크다는 사실은 해당 사업부의 시장점유율이 1위라는 의미이다. 시장점유율이 1위라고 해서 항상 시장점유율이 50% 이상이라 할 수 없다.
>
> 정답 ①

09

보스톤 컨설팅 그룹에서 개발한 BCG 매트릭스에서 상대적 시장점유율이 높고 시장성장률이 낮은 경우와 상대적 시장점유율이 낮고 시장성장률이 높은 경우를 각각 어떤 사업 분야로 분류하는가?

① 자금젖소(cash cow)와 물음표(question mark)

② 자금젖소(cash cow)와 별(star)

③ 물음표(question mark)와 별(star)

④ 물음표(question mark)와 개(dog)

> **해설 콕** ·······
>
> • 상대적 시장점유율이 높고 시장성장률이 낮은 경우 : 자금젖소(cash cow)
> • 상대적 시장점유율이 낮고 시장성장률이 높은 경우 : 물음표(question mark)
>
> 정답 ①

10

국가직 7급 2017

다음 BCG(Boston Consulting Group) 매트릭스에 대한 설명으로 옳은 것으로만 묶은 것은?

ㄱ. 시장성장률이 높다는 것은 그 시장에 속한 사업부의 매력도가 높다는 것을 의미한다.
ㄴ. 매트릭스 상에서 원의 크기는 전체 시장규모를 의미한다.
ㄷ. 유망한 신규사업에 대한 투자재원으로 활용되는 사업부는 현금젖소(Cash Cow) 사업으로 분류된다.
ㄹ. 상대적 시장점유율은 시장리더기업의 경우 항상 1.0이 넘으며, 나머지 기업은 1.0이 되지 않는다.

① ㄱ, ㄴ
② ㄱ, ㄷ
③ ㄴ, ㄹ
④ ㄷ, ㄹ

> **해설 콕** ....
> ㄱ. (×) 시장성장률이 높다는 것은 해당 사업부가 속한 시장의 매력도가 높다는 것을 의미한다.
> ㄴ. (×) 매트릭스 상에서 원의 크기는 매출액을 의미한다.
>
> 정답 ④

11

공인노무사 2021

GE/맥킨지 매트릭스(GE/McKinsey Matrix)에서 전략적 사업부를 분류하기 위한 두 기준은?

① 산업매력도 – 사업단위 위치(경쟁력)
② 시장성장률 – 시장점유율
③ 산업매력도 – 시장성장률
④ 사업단위 위치(경쟁력) – 시장점유율
⑤ 시장점유율 – 가격경쟁력

> **해설 콕** ....
> 기업의 포트폴리오를 평가함에 있어 BCG 매트릭스는 시장성장률과 상대적 시장점유율을 고려하는 반면, GE/맥킨지 매트릭스는 보다 다양한 요소를 감안하여 시장매력도(산업매력도)와 사업단위 경쟁력(사업단위 위치 또는 사업강도)을 고려한다.
>
> 정답 ①

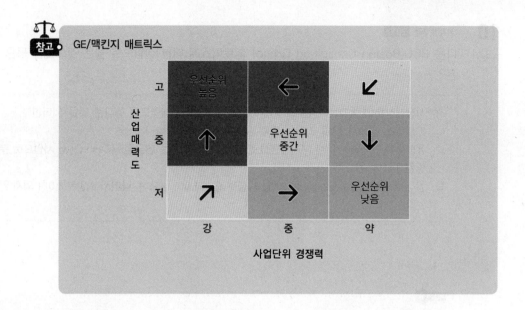

참고 GE/맥킨지 매트릭스

산업매력도 / 고 · 중 · 저

우선순위 높음

우선순위 중간

우선순위 낮음

강 · 중 · 약

사업단위 경쟁력

06 측정지표, 경영의 요소, 경영마인드, 경영기법

(1) 측정지표

- 수익성 $= \dfrac{\text{이 익}}{\text{투자된 자본}}$

- 생산성 $= \dfrac{\text{산출량}}{\text{투입량}}$

- 노동생산성 $= \dfrac{\text{산출량}}{\text{노동투입량}}$

- 자본생산성 $= \dfrac{\text{산출량}}{\text{자본투입량}}$

(2) 경영마인드 vs 행정마인드

경영마인드	행정마인드
효과성과 효율성을 추구하는 것	형평성과 일관성을 추구하는 것
현실에 도전	현재 상황에 대한 수긍
개혁을 통한 창조	현재 상태 유지에 치중
미래의 결과에 치중	현실의 결과에 치중

(3) 경영혁신의 기법

벤치마킹	• 지속적 개선을 위한 기업 내부의 활동과 기능, 관리능력을 외부기업과의 비교를 통해 평가 하는 것(C. McNair) • 최고의 성과를 얻기 위하여 최고의 실제 사례를 찾는 과정(R. Camp)
전사적 품질경영	고객만족을 목표로 전사적인 참여를 통하여 조직내 업무프로세스와 시스템을 지속적으로 개선시키고자 하는 통합적인 기법
리엔지니어링	비용, 품질, 서비스, 속도와 같은 기업의 핵심적 성과 면에 있어서의 극적인(Dramatic) 향상을 얻기 위해 기업의 프로세스(Process)를 기본적(Fundamental)으로 다시 생각하고 근본적(Radical)으로 재설계하는 것
다운사이징	조직의 효율성을 향상시키기 위해 의도적으로 조직 내의 인력, 계층, 작업, 직무, 부서 등의 규모를 축소시키는 기법
리스트럭처링	조직경쟁력 강화를 위한 전략경영의 차원에서 기존 사업단위의 축소, 통폐합 및 확대 여부와 신규 사업에 진입 여부, 주력사업의 선정 등에 관한 결정과 함께 이러한 사업들을 어떻게 연계하여 통합할 것인지를 결정하는 복잡하고 다차원적인 전략기획의 방법

01

서울시 7급 2017

☑ 확인 Check! ○ △ ✕

어떤 기업이 지난 달 8천만 원의 매출을 달성하였는데, 직원 10명이 지난 달에 각각 160시간 씩 근무했고, 장비 5대가 지난 달에 각각 300시간씩 운용되었다. 이 기업의 지난 달 노동생산성으로 올바른 것은?(단, 소수점 첫째 자리에서 반올림한다)

① 10,000원/시간
② 22,222원/시간
③ 40,000원/시간
④ 50,000원/시간

 해설 콕

$$노동생산성 = \frac{산출량}{노동투입량} = \frac{8천만원}{10명 \times 160시간/명} = 50,000원/시간$$

정답 ④

02

경영지도사 2018

☑ 확인 Check! ○ △ ✕

경영의 효율성(efficiency)에 관한 설명으로 옳지 않은 것은?

① 투입량에 대한 산출량의 비율이다.
② 조직목표의 달성정도와 관련이 있는 개념이다.
③ 자원의 낭비 없이 일을 올바르게 수행하는 것(doing thing right)을 의미한다.
④ 최소한의 자원 투입으로 최대한의 산출을 얻는 것을 지향한다.
⑤ 효율성이 높아도 목표를 달성하지 못하는 경우가 있다.

 해설 콕

조직목표의 달성정도는 효율성에 대한 내용이라기 보다는 효과성에 대한 내용이라 할 수 있다.

정답 ②

03

국가직 7급 2016

☑ 확인
Check!
○
△
×

어떤 기업이 매출목표 달성을 위해 신기술을 도입하였다. 그 결과 전년 대비 생산량이 증가하고 생산원가는 감소하였으나, 제품이 소비자의 관심을 끌지 못하여 매출목표를 달성하지 못하였다. 신기술 도입의 효과성과 효율성에 대한 설명으로 적절한 것은?

① 효과적이고 효율적이다.
② 효과적이지 않지만 효율적이다.
③ 효과적이지만 효율적이지 않다.
④ 효과적이지 않고 효율적이지 않다.

해설 콕

효율성은 성과와 목표 달성을 위해 소요된 투입량 대비 결과물로서 신기술 도입으로 생산원가가 감소하였기에 효율적이라 할 수 있지만, 소비자의 관심을 끌지 못해 매출목표를 달성하지 못했기 때문에 효과적이라 할 수는 없다.

정답 ②

04

경영지도사 2016

☑ 확인
Check!
○
△
×

경영마인드(business mind)에 관한 설명으로 옳지 않은 것은?

① 경영마인드에는 고객중심, 가치극대화, 경쟁우위 마인드를 포함한다.
② 고객중심 마인드는 고객에게 제공되는 일체의 물리적·심리적 행동이 최상의 고객만족을 가져다주는 것을 추구한다.
③ 가치극대화 마인드는 효율적인 방법으로 자원을 투입하여 최대의 산출이 발생하도록 추구한다.
④ 경쟁우위 마인드는 경쟁우위를 확보하기 위해 기술력이나 경영능력을 갖추는 것을 중시한다.
⑤ 경영마인드는 형평성과 일관성을 추구한다.

해설 콕

형평성과 일관성을 추구하는 것은 행정마인드이다. 경영마인드는 외부 환경 변화에 맞추어 변화가 이루어진다.

정답 ⑤

05

지속가능경영을 구성하는 세 가지 요소는?

ㄱ. 대내적 공정성   ㄴ. 대외적 공헌성
ㄷ. 경제적 수익성   ㄹ. 환경적 건전성
ㅁ. 사회적 책임성

① ㄱ, ㄴ, ㄹ   ② ㄱ, ㄴ, ㅁ
③ ㄱ, ㄷ, ㄹ   ④ ㄱ, ㄷ, ㅁ
⑤ ㄷ, ㄹ, ㅁ

> 지속가능경영을 구성하는 세 가지 요소는 경제적 수익성, 환경적 건전성, 사회적 책임성이다.
>
> **정답** ⑤

06

외부주주와 경영진, 주주와 채권자 등 위임관계에서 발생하는 감시비용, 확증비용, 잔여손실 등과 관련된 비용은?

① 매몰비용   ② 대리인비용
③ 학습비용   ④ 기회비용
⑤ 고객비용

> 외부주주와 경영진, 주주와 채권자 등 위임관계에서 발생하는 감시비용, 확증비용, 잔여손실 등과 관련된 비용은 대리인비용이다.
>
> **정답** ②

 참고 매몰비용과 기회비용
• 매몰비용은 이미 발생한 비용으로 투자안의 현금흐름 추정시 고려하지 않는다.
• 기회비용은 다른 용도로 사용시 얻을 수 있는 최대금액이다.

07

시스템이론 관점에서 경영의 투입요소와 산출요소를 구분할 때, 산출요소인 것은?

① 노 동　　　　　　　　② 자 본
③ 전 략　　　　　　　　④ 정 보
⑤ 제 품

- **투입요소** : 자본, 인적자원(노동), 전략, 정보
- **산출요소** : 제품/서비스, 재무적 성과, 비재무적 성과

정답 ⑤

08

경영지도사 2015

주식회사의 대리인 문제에서 발생하는 감시비용에 포함되지 않는 것은?

① 성과급　　　　　　　　② 사외이사
③ 잔여손실　　　　　　　④ 주식옵션
⑤ 외부회계감사

잔여손실은 기업의 최적 의사결정을 하지 않아 생기는 기업가치 손실로 감시비용에 포함되지 않는다.

정답 ③

09

경영지도사 2017

기업이 어떤 일을 하는지, 기업이 제품이나 서비스를 어떻게 전달하는지에 대한 개념적 설명을 기업이 부를 창출하는 방법과 함께 묘사한 것은?

① 비즈니스 생태계(business ecosystem)
② 비즈니스 동인(business driver)
③ 비즈니스 모델(business model)
④ 비즈니스 성과관리(business performance management)
⑤ 비즈니스 인텔리전스(business intelligence)

해설 콕

비즈니스 모델(business model)은 기업이 고객의 관심을 어떻게 유발하는지, 수익 창출을 위해 어떻게 해야 하는지에 대한 설명이다.

① 비즈니스 생태계(business ecosystem)는 기업과 그 주변의 다른 관계자들 사이에서 상호 의존적인 네트워크 시스템이다.

② 비즈니스 동인(business driver)은 사업을 추진하는 이유나 원인이다.

④ 비즈니스 성과관리(business performance management)는 기업이 정한 목표를 얼마나 달성했는지 평가이다.

⑤ 비즈니스 인텔리전스(business intelligence)는 기업이 경영하는데 필요한 정보시스템이다.

정답 ③

---

10 경영지도사 2018

☑ 확인
Check!

○
△
✕

사업구조 재구축을 통해 기업의 미래 지향적인 비전을 달성하고자 하는 경영기법은?

① 가치공학(value engineering)
② 리엔지니어링(reengineering)
③ 리스트럭처링(restructuring)
④ 벤치마킹(benchmarking)
⑤ 아웃소싱(outsourcing)

해설 콕

리스트럭처링(restructuring)은 한 기업이 여러 사업을 보유하고 있는 경우, 미래 변화를 예측하여 사업구조를 개혁하는 것으로 사업구조 재구축을 통한 미래 지향적 경영기법이다.

① 가치공학(value engineering)은 고객의 요구를 충족시키면서 원가절감과 제품의 성능향상을 이루는 것을 말한다.

② 리엔지니어링(reengineering)은 기업의 체질 및 구조와 경영방식을 근본적으로 재설계하여 경쟁력을 확보하고자 하는 경영기법이다.

④ 벤치마킹(benchmarking)은 경영혁신 프로그램으로 해당 분야의 최고 경영 비결을 찾아내어 자사에 적용하는 생산성 향상 방법의 구체적 사안을 다루는 방법이다.

⑤ 아웃소싱(outsourcing)은 기업의 비핵심 업무를 다른 기업에 위탁하는 것을 말한다.

정답 ③

11

경영지도사 2020

계획화(planning)의 단점이 아닌 것은?

① 시간과 비용의 수반
② 의사결정의 지연
③ 미래 지향적 사고
④ 경직성 유발
⑤ 동태적 환경에서의 한계

해설 콕 ......
미래 지향적 사고는 계획화(planning)의 장점에 해당한다.

정답 ③

12

경영지도사 2020

경영관리 과정상 통제(controlling)의 목적에 해당하는 것을 모두 고른 것은?

> ㄱ. 기회의 발견
> ㄴ. 오류와 실수의 발견
> ㄷ. 비용감소와 생산성 향상
> ㄹ. 환경의 변화와 불확실성에의 대처

① ㄱ, ㄴ
② ㄷ, ㄹ
③ ㄱ, ㄷ, ㄹ
④ ㄴ, ㄷ, ㄹ
⑤ ㄱ, ㄴ, ㄷ, ㄹ

해설 콕 ......
ㄱ·ㄹ. (O) 통제를 통해 급변하는 환경에 능동적으로 대처함으로써 새로운 기회를 발견하게 된다.
ㄴ. (O) 통제를 통해 오류와 실수를 발견하고 이를 수정하는 과정을 거치게 된다.
ㄷ. (O) 통제를 통해 불필요한 기능 및 작업을 수정함으로써 비용감소와 생산성 향상에 도움을 준다.

정답 ⑤

CHAPTER 2

조직관리

01 조직의 기초이론

(1) 기계적 조직 vs 유기적 조직

기계적 조직	유기적 조직
계층제	분화된 채널
좁은 직무 범위	넓은 직무 범위
분명한 책임 관계	모호한 책임 관계
금전적 동기부여	복합적 동기부여

(2) 민츠버그 조직 유형

① 단순구조

전략상층부와 업무핵심층으로만 구성되어 있는 조직으로서, 사업의 초기단계에서 많이 나타나는 형태이다(가장 단순하며, 의사소통이 원활함).

② 기계적 관료제

기업규모가 어느 정도 대규모화됨에 따라 점차 그 기능에 따라 조직을 구성하게 되고, 테크노스트럭쳐와 지원 스탭이 구분되어 업무 핵심층에 대한 정보와 조언, 지원을 담당하는 형태이다.

③ 전문적 관료제

기능에 따라 조직이 형성된 것은 기계적 관료제의 특성과 같지만 여기서는 업무핵심층이 주로 전문직들이라는 것이 특징이다(병원이라든지, 대학 등으로 의사나 교수 등이 핵심 업무층을 담당).

④ 사업부제

기능조직이 점차 대규모화됨에 따라 제품이나 지역, 고객 등을 대상으로 해서 조직을 분할하고, 이를 독립채산제로 운영하는 방법으로, 기능조직과 같은 형태를 취하고 있으며, 회사내 회사라고 볼 수 있다.

⑤ 애드호크라시

임시조직 또는 특별조직이라고 할 수 있으며, 평상시에는 조직이 일정한 형태로 움직이다가 특별한 일이나 사건이 발생하면 그것을 담당할 수 있도록 조직을 재빨리 구성하여 업무 처리가 이루어지는 형태이다. 업무처리가 완성되면 나머지 부문은 다시 사라지고 원래의 형태로 되돌아가는 조직으로 변화에 대한 적응성이 높은 것이 특징이다(예 재해대책본부).

(3) 매트릭스 조직

① 기존의 조직체계에서 특정 사업(프로젝트)을 수행하거나 특정 업무가 하나의 조직단위에 국한되지 않고 각 조직 단위에 관계되는 경우 이렇게 관계된 조직의 단위로부터 대표자를 선정해 새로운 조직체를 형성하는 조직형태이다.

② 조직의 구성원이 원래 속해 있던 종적계열과 함께 횡적계열이나 프로젝트 팀의 일원으로 속해 동시에 임무를 수행하는 조직형태로, 결국 한 구성원이 동시에 두 개의 팀에 속하게 된다. 매트릭스 조직의 특징은 계층원리와 명령일원화 원리의 불적용, 라인·스탭 구조의 불일치, 프로젝트 임수 완수 후 원래 속한 조직업무로의 복귀 등이 있다.

③ 신축성 및 균형적 의사결정권을 동시에 부여함으로써 경영을 동태화시키는 순기능도 있지만, 조직의 복잡성이 증대된다는 역기능도 가지고 있다.

(4) 네트워크 조직

① 조직 자체기능은 핵심역량 위주로 합리화하고, 그 외의 기능은 외부와 계약관계로 수행하는 조직형태이다.

② 환경변화에 신축적이고 신속한 대응이 가능하다는 장점을 가지고 있다.

③ 외부기관에 대한 통제가 어렵고, 대리인 문제 발생 가능성이 높으며, 조정과 감시비용이 크다는 단점을 가지고 있다.

(5) 기능별 조직과 사업부제 조직 비교

구 분	기능별 조직	사업부제 조직
장 점	• 전문성 제고 • 기능내 규모의 경제(∵ 중복과 낭비 예방) • 부서내 의사소통과 조정이 유리(∵ 업무처리 신속성 大) • 종업원 능력향상에 기여	• 성과책임 소재가 분명(∵ 성과관리체제가 유리) • 환경변화에 신속히 대응 • 의사결정의 합리화 • 조직구성원들의 목표관이 기능별 조직보다 더 포괄적
단 점	• 부서간 조정이 어려움 • 책임소재 모호 • 환경변화에 둔감 • 의사결정이 고위관리자에게 집중 • 조직원의 동기부여에 어려움(∵ 일상적인 업무)	• 전문성 제고에 불리 • 자원의 중복과 낭비 발생 • 부서간 조정이 어려움(but 부서내 조정은 유리) • 제품 라인간 통합과 표준화에 어려움

01

조직구조와 조직문화에 관한 설명으로 가장 적절하지 않은 것은?

① 조직문화에 영향을 미치는 중요한 요소로 조직체 환경, 기본가치, 중심인물, 의례와 예식, 문화망 등을 들 수 있다.

② 조직사회화는 조직문화를 정착시키기 위해 조직에서 활용되는 핵심 매커니즘으로 새로운 구성원을 내부 구성원으로 변화시키는 활동을 말한다.

③ 유기적 조직에서는 실력과 능력이 존중되고 조직체에 대한 자발적 몰입이 중요시된다.

④ 조직이 강한 조직문화를 가지고 있으면 높은 조직몰입으로 이직률이 낮아질 것이며, 구성원들은 조직의 정책과 비전실현에 더욱 동조하게 될 것이다.

⑤ 분권적 조직은 기능중심의 전문성 확대와 일관성 있는 통제를 통하여 조직의 능률과 합리성을 증대시킬 수 있다.

> 분권적 조직은 기능중심도 아니고 각 조직별 여건을 고려해야 하기 때문에 일관성 있는 통제를 하기도 힘들다.
>
> 정답 ⑤

02

조직이론에 관한 설명으로 옳은 것은?

① 폐쇄합리적 조직이론은 환경과의 관련성 속에서 제기되는 위협과 기회를 최대한 고려한다.

② 폐쇄사회적 조직이론은 조직구조의 복잡성, 조직구성원의 참여 등을 강조하여 공식적 구조에 관심을 보인다.

③ 개방합리적 조직이론을 따르는 챈들러(Chandler)는 시장경쟁 환경에서 '전략은 구조를 따른다'는 명제를 제시하였다.

④ 시스템적 조직이론 접근법에 따르면 조직은 환경에 개방적인 존재이므로 생존을 위해서 환경과 적절한 관계를 유지해야 한다.

⑤ 개방사회적 조직이론은 조직의 목표달성을 위해서 생존이 중요하므로 공식성과 합리성만을 중점적으로 다룬다.

> **스콧(Scott)의 조직이론의 분류**
> • **폐쇄합리적 조직이론** : 조직을 외부환경과 단절된 폐쇄체제로 보면서 구성원들의 합리적 사고와 행동을 가정하는 이론
> • **폐쇄자연적(폐쇄사회적) 조직이론** : 조직을 외부환경과 단절된 폐쇄체제로 보면서 구성원들의 인간적 문제에 중점을 두는 이론
> • **개방합리적 조직이론** : 환경에 적합한 조직구조 설계에 초점을 두는 이론
> • **개방자연적(개방사회적) 조직이론** : 환경의 중요성과 조직의 생존이나 구성원들의 비합리적 동기측면을 강조하는 이론
>
> 정답 ④

03

경영지도사 2015

조직구조를 설계할 때 고려하는 상황변수가 아닌 것은?

① 전략(Strategy)

② 제품(Product)

③ 기술(Technology)

④ 환경(Environment)

⑤ 규모(Size)

 해설 콕 ···

조직구조를 설계할 때 고려하는 상황변수는 전략(Strategy), 기술(Technology), 환경(Environment), 규모(Size)이다.

정답 ②

04

경영지도사 2015

기계적 조직구조의 특징이 아닌 것은?

① 많은 규칙

② 집중화된 의사결정

③ 경직된 위계질서

④ 비공식적 커뮤니케이션

⑤ 계층적 구조(Tall structure)

 해설 콕 ···

기계적 조직구조는 공식적인 커뮤니케이션을 통해 의사전달이 이루어진다. 비공식 커뮤니케이션은 유기적 조직구조의 특성이다.

정답 ④

05

☑ 확인
Check!
○
△
✕

전통적 직무설계와 관련 없는 것은?

① 분 업
② 과학적 관리
③ 전문화
④ 표준화
⑤ 직무순환

👆해설 콕 ....

아담스미스의 분업과 이를 기초로 한 테일러의 과학적 관리는 작업과정을 표준화시켜 노동효율성의 제고를 강조한 직무전문화를 추구하였는데, 이는 가장 대표적인 전통적 직무설계로서 많은 문제점을 야기하였고, 이를 보완하기 위해 직무순환이나 직무확대와 같은 과도기적 직무설계가 등장하였다.

정답 ⑤

06

☑ 확인
Check!
○
△
✕

전통적 조직형태에 해당하는 것은?

① 사내벤처분사 조직
② 역피라미드형 조직
③ 라인스탭 조직
④ 가상조직
⑤ 글로벌 네트워크 조직

👆해설 콕 ....

전통적 조직형태는 변화가 적고 안정적인 환경에서 적합한 구조로 기능식 조직, 사업부제 조직, 라인스탭 조직 등이 있다.

정답 ③

07

경영지도사 2018

기업환경에서 일반환경(간접환경)에 관한 내용으로 옳지 않은 것은?

① 경쟁기업 출현   ② 공정거래법 개정

③ 컴퓨팅 기술 발전   ④ 저출산시대 심화

⑤ 환율과 원유가격 변동

해설 콕 ·····

경쟁기업 출현은 일반환경(간접환경)이 아니라, 과업환경에 해당한다.

정답 ①

참고 기업환경

조직의 의사결정이나 투입요소의 변환과정에 영향을 미치는 정도에 따라 기업의 외부환경이 '일반환경(간접환경)'과 '과업환경'으로 구분된다.

1. **일반환경(간접환경)**
   ① 개 념
   사회 모든 조직단위에 간접적으로 영향을 미치는 환경
   ② 종 류
   ㉠ 경제적 환경
   산업구조 변화, 물가수준 변화, 환율변동, 원유가격 변동, 국제자본이동 등
   ㉡ 정치적 환경
   특허법, 정부보조 정책, 공정거래법 개정, 환경보호 관련법규 등
   ㉢ 사회·문화적 환경
   성별, 연령, 소득수준, 소비구조, 저출산 등
   ㉣ 자원환경
   노동시장, 주식, 금융시장, 부동산 등
   ㉤ 기술적 환경
   정보기술의 발전, 컴퓨팅 기술발전 등

2. **과업환경**
   ① 개 념
   조직이 목표를 달성하는데 직접적으로 영향을 미치는 환경
   ② 종 류
   ㉠ 산업부문
   경쟁기업 출현, 산업의 규모, 관련 산업 등
   ㉡ 원재료 부문
   공급업체, 제조업체, 서비스 업체 등
   ㉢ 시장 부문
   제품 및 서비스의 고객, 소비자, 잠재적 사용자 등

08

경영지도사 2020

☑ 확인
Check!

○
△
✕

기업의 외부환경을 일반환경과 과업환경으로 구분할 때 과업환경에 해당하는 것은?

① 경제적 환경

② 정치적·법적 환경

③ 인구통계적 환경

④ 사회·문화적 환경

⑤ 경쟁자 환경

해설 콕 ··

과업환경은 조직이 목표를 달성하는데 직접적으로 영향을 미치는 환경으로 경쟁자 환경이 과업환경에 해당한다.

정답 ⑤

09

경영지도사 2019

☑ 확인
Check!

○
△
✕

조직화 과정의 올바른 순서는?

ㄱ. 과업들을 유사한 것끼리 그룹화

ㄴ. 조직구조가 생성되면 개인과 부문의 직무를 조정

ㄷ. 조직의 사명과 목표를 설정

ㄹ. 직무를 개인에게 할당

ㅁ. 조직의 사명과 목표를 달성하기 위한 작업 활동들을 과업들로 세분화

① ㄱ → ㄷ → ㅁ → ㄴ → ㄹ

② ㄷ → ㅁ → ㄱ → ㄹ → ㄴ

③ ㄷ → ㅁ → ㄹ → ㄴ → ㄱ

④ ㅁ → ㄷ → ㄱ → ㄹ → ㄴ

⑤ ㅁ → ㄷ → ㄴ → ㄹ → ㄱ

해설 콕 ··

조직화 과정의 순서는 목표의 설정 → 과업의 세분화 → 과업의 그룹화 → 직무의 할당 → 직무의 조정 순이다.

〈출처〉'글로벌시대의 경영학개론' 유필화 등(2018)

정답 ②

10

조직구조와 조직설계에 관한 연구를 설명한 것으로 옳지 않은 것은?

① 민츠버그(Mintzberg)의 연구에 의하면 조직 구성원의 기능을 5가지의 기본적 부문으로 구분하고, 조직의 상황별로 다르게 나타나는 기본적 부문의 우세함에 따라 조직구조를 5가지 유형으로 분류한다.

② 톰슨(Thompson)의 연구에 의하면 과업 수행을 위하여 다른 부서와의 의존적 관계에 따라 상호의존성을 3가지로 분류하였는데, 이 중에서 가장 낮은 상호의존성을 중개형이라고 한다.

③ 번즈와 스타커(Burns and Stalker)의 연구에 의하면 조직의 환경이 안정적일수록 기계적 구조가 형성되고 가변적일수록 유기적 구조가 형성되는데, 기계적 구조가 유기적 구조보다 낮은 분화와 높은 분권화의 특성을 보인다.

④ 페로우(Perrow)의 연구에 의하면 비일상적 기술은 과업의 다양성이 높고 분석가능성이 낮은 업무에 적합하고, 분권화와 자율화가 요구된다.

해설 콕

기계적 구조가 유기적 구조보다 분화와 분권화 모두 높은 특성을 보인다.

정답 ③

11

조직설계에서 기능조직의 특징에 대한 설명으로 가장 옳지 않은 것은?

① 각 기능별 규모의 경제를 획득할 수 있다.

② 각 기능별 기술개발이 용이하다.

③ 내적 효율성 향상이 가능하다.

④ 다품종 생산에 효과적이다.

해설 콕

기능조직은 소품종 생산에 효과적이다. 다품종 생산은 유기적 조직에서 효과적이다.

정답 ④

12

가맹거래사 2016

조직설계 요소 중 통제범위와 관련된 설명으로 옳지 않은 것은?

① 과업이 복잡할수록 통제범위는 좁아진다.
② 관리자가 스탭으로부터 업무상 조언과 지원을 많이 받을수록 통제의 범위가 좁아진다.
③ 관리자가 작업자에게 권한과 책임을 위임할수록 통제범위는 넓어진다.
④ 작업자와 관리자의 상호작용 및 피드백이 많이 필요할수록 통제범위는 좁아진다.
⑤ 작업자가 잘 훈련되고 작업동기가 높을수록 통제범위는 넓어진다.

👆해설 콕 ....

통제의 범위는 경영자가 효율적으로 관리할 수 있는 종업원수로서, 관리자가 스탭으로부터 업무상 조언과 지원을 많이 받게 되면 관리자가 관리 가능한 종업원의 수가 증가하게 되므로 통제범위는 넓어지게 된다.

정답 ②

13

경영지도사 2015

동일한 제품이나 지역, 고객, 업무과정을 중심으로 조직을 분화하여 만든 부문별 조직(사업부제 조직)의 장점으로 옳지 않은 것은?

① 책임소재가 명확하다.
② 기능부서간의 조정이 보다 쉽다.
③ 환경변화에 대해 유연하게 대처할 수 있다.
④ 특정한 제품, 지역, 고객에게 특화된 영업을 할 수 있다.
⑤ 자원의 효율적인 활용으로 규모의 경제를 기할 수 있다.

👆해설 콕 ....

생산라인의 중복으로 규모의 경제를 실현하기 어렵다는 것이 사업부제 조직의 단점이다.

정답 ⑤

14

가맹거래사 2016

매트릭스(Matrix) 조직에 관한 설명으로 옳지 않은 것은?

① 기술의 전문성과 제품 혁신을 동시에 추구하는 조직에 적합한 구조이다.
② 인적자원을 유연하게 공유하거나 활용할 수 있다.
③ 구성원들은 두 명의 상관에게 보고를 해야 한다.
④ 전통적인 수직적 계층 구조에 수평적인 팀을 공식화하여 양자 간의 균형을 추구한다.
⑤ 역할 분담, 권력 균형, 갈등 조정 등이 쉬워 효율적인 조직 운영이 가능하다.

> **해설 콕** ....
> 매트릭스 조직은 이중권한체계로 혼란과 갈등이 발생하기 쉽고, 기능식 조직과 사업부제 조직 간의 갈등
> 해결에 많은 시간과 노력이 소요된다.
>
> 정답 ⑤

15

서울시 7급 2020

조직 형태 중 매트릭스 조직에 대한 설명으로 가장 옳지 않은 것은?

① 매트릭스 조직은 프로젝트 조직과 직능식 조직의 장점을 포함한다.
② 매트릭스 조직의 구성원은 수평 및 수직적 명령체계에 모두 속할 가능성이 있다.
③ 라인 조직에 비해 명령체계에 의한 혼선과 갈등을 줄일 수 있다는 장점이 있다.
④ 매트릭스 조직의 기업은 동시에 다양한 프로젝트를 수행할 수 있다.

> **해설 콕** ....
> 매트릭스 조직은 라인 조직에 비해 명령체계에 의한 혼선과 갈등이 발생할 가능성이 높다는 단점이 있다.
>
> 정답 ③

16

매트릭스 조직의 장점에 해당하지 않는 것은?

① 구성원들간 갈등 해결 용이
② 환경 불확실성에 신속한 대응
③ 인적 자원의 유연한 활용
④ 제품다양성 확보
⑤ 구성원들의 역량 향상기회 제공

매트릭스 조직은 기능부서와 사업부서 간의 갈등이 발생할 가능성이 높은 단점이 있다.

정답 ①

17

국가직 7급 2015

조직에서 권한 분배시 고려해야 할 원칙이 아닌 것은?

① 명령통일의 원칙
② 방향일원화의 원칙
③ 책임과 권한의 균형 원칙
④ 명령계층화의 원칙

조직에서 권한 분배시 고려해야 할 원칙에 방향일원화의 원칙은 포함되지 않는다.

정답 ②

18

경영지도사 2016

명령통일의 원칙이 무시되며, 개인이 두 상급자의 지시를 받고 보고를 하는 조직으로 동태적이고 복잡한 환경에 적합한 조직구조는?

① 사업부제 조직
② 팀 조직
③ 네트워크 조직
④ 매트릭스 조직
⑤ 기능식 조직

매트릭스 조직은 기능식 조직과 사업부제 조직이 결합된 형태로 기능식 조직의 통제권한은 수직적이며, 사업부제 조직의 권한은 수평적인 이원적 권한체계 조직이다.

정답 ④

19

경영지도사 **2020**

확인
Check!

○
△
×

조직 내에는 꼭 필요한 핵심 기능을 보유하고 그 외의 기능들은 상황에 따라 다른 조직을 활용함으로써 조직의 유연성을 확보하고자 하는 조직구조는?

① 매트릭스 조직
② 라인-스탭 조직
③ 사업부제 조직
④ 네트워크 조직
⑤ 라인 조직

> 해설 콕
>
> 네트워크 조직(network organization)은 조직 내부에서 수행하던 기능들을 계약을 통하여 조직 외부에서 수행하도록 설계된 조직이다.
>
> 정답 ④

20

경영지도사 **2018**

확인
Check!

○
△
×

조직구조의 유형에 관한 설명으로 옳지 않은 것은?

① 매트릭스 조직(matrix organization)은 전통적 기능식 조직에 프로젝트 조직을 덧붙인 조직이다.
② 프로젝트 팀 조직(project team organization)은 조직 내의 여러 하위 단위의 결합된 노력이 필요한 특정과업(프로젝트)을 수행하기 위하여 형성된 임시적 조직이다.
③ 자유형 조직(free-from organization)은 조직이 생존하기 위하여 필요하면 끊임없이 형태를 변화시키는 아메바와 같은 조직이다.
④ 네트워크 조직(network organization)은 조직 외부에서 수행하던 기능들을 계약을 통하여 조직 내부에서 수행하도록 설계된 조직이다.
⑤ 팀 조직(team organization)은 팀장 중심으로 팀의 자율성과 팀원간의 유기적 관계를 유지하면서 팀의 목표를 추구해 나가는 슬림화된 수평적 조직이다.

> 해설 콕
>
> 네트워크 조직(network organization)은 조직 내부에서 수행하던 기능들을 계약을 통하여 조직 외부에서 수행하도록 설계된 조직이다.
>
> 정답 ④

안심Touch

21

경영지도사 2019

사업별 조직구조의 강점이 아닌 것은?

① 분권화된 의사결정
② 기능부서간 원활한 조정
③ 불안정한 환경에서 신속한 변화에 적합
④ 명확한 책임소재를 통한 고객만족 향상
⑤ 제품 라인간 통합과 표준화 강화

> **해설 콕** ....
> 사업별 조직구조는 산출물에 기반한 조직구조로 각각 제품별 통합과 표준화가 어렵다.
>
> 정답 ⑤

참고 사업별 조직구조(사업구조)의 장·단점

장 점	단 점
• 부서내 기능간 조정이 용이 • 환경변화에 신축적으로 대응이 가능 • 명확한 책임소재를 통한 고객만족 향상 • 기능부서간 원활한 조정이 가능 • 분권화된 의사결정	• 제품 라인간 통합과 표준화 어려움 • 부서간 조정이 어려움 • 규모의 경제 실현 어려움 • 기술적 전문지식과 기술발전에 불리

22

경영지도사 2020

사업부별 조직구조에 관한 설명으로 옳지 않은 것은?

① 오늘날 대부분의 다국적 기업들이 채택하고 있다.
② 각 사업부는 독립적인 수익단위 및 비용단위로 운영된다.
③ 성과에 대한 책임 소재가 불분명하다.
④ 시장변화 또는 소비자 욕구변화에 비교적 빠르게 대처할 수 있다.
⑤ 사업부문별로 권한과 책임이 부여된다.

> **해설 콕** ....
> 사업부별 조직구조는 성과에 대한 책임 소재가 분명한다.
>
> 정답 ③

23

경영지도사 2020

분권적 권한(decentralized authority)에 관한 설명으로 옳지 않은 것은?

☑ 확인
Check!
○
△
✕

① 종업원들에게 더 많은 권한위임이 발생한다.

② 의사결정이 신속하다.

③ 소비자에 대한 반응이 늦다.

④ 분배과정이 복잡하다.

⑤ 최고경영진의 통제가 약하다.

👉해설 콕 ....

분권적 권한(decentralized authority)은 소비자에 대한 반응이 빠르다.

정답 ③

24

경영지도사 2019

현대적 직무설계방안이 아닌 것은?

☑ 확인
Check!
○
△
✕

① 직무순환　　　　　　　　　　② 직무확대

③ 직무전문화　　　　　　　　　④ 직무충실화

⑤ 준자율적 작업집단

👉해설 콕 ....

직무전문화는 전통적 직무설계 방법이다.

정답 ③

25

서울시 7급 2020

개인의 직무를 수직적으로 확장시키는 것에 해당하는 것은?

☑ 확인
Check!
○
△
✕

① 직무충실(job enrichment)

② 직무확장(job enlargement)

③ 직무순환(job rotation)

④ 준자율적 작업집단(semi-autonomous workgroup)

👉해설 콕 ....

구 분	개인대상	집단대상
수평적	직무확장	직무교차
수직적	직무충실	준자율적 작업집단

정답 ①

26

공인회계사 2017

확인 Check!
○
△
×

조직구조에 관한 설명 중 적절하지 않은 것만을 모두 선택한 것은?

> a. 기능별 구조(functional structure)에서는 기능부서간 협력과 의사소통이 원활해지는 장점이 있다.
> b. 글로벌기업 한국지사의 영업담당 팀장이 한국지사장과 본사 영업담당 임원에게 동시에 보고하는 체계는 네트워크 조직(network organization)의 특징을 보여준다.
> c. 단순 구조(simple structure)에서는 수평적 분화와 수직적 분화는 낮으나, 공식화 정도는 높다.

① a   ② c
③ a, c   ④ b, c
⑤ a, b, c

해설 콕
a. (×) 기능별 구조(functional structure)에서는 기능부서간 협력과 의사소통이 원활하지 못한다.
b. (×) 글로벌기업 한국지사의 영업담당 팀장이 한국지사장과 본사 영업담당 임원에게 동시에 보고하는 체계는 명령일원화 원칙이 지켜지지 않는 매트릭스 조직의 특징이다.
c. (×) 단순 구조(simple structure)에서는 수평적 분화, 수직적 분화, 공식화 모두 낮다.

정답 ⑤

27

공인회계사 2018

확인 Check!
○
△
×

조직구조와 조직설계에 관한 설명으로 가장 적절하지 않은 것은?

① 통제의 범위(span of control)는 부문간의 협업에 필요한 업무 담당자의 자율권을 보장해 줄 수 있도록 하는 부서별 권한과 책임의 범위이다.
② 부문별 조직(divisional structure)은 시장과 고객의 요구에 대응 할 수 있으나, 각 사업부 내에서 규모의 경제를 달성하기가 쉽지 않다.
③ 조직에서 의사결정권한이 조직내 특정 부서나 개인에게 집중되어 있는 정도를 보고 해당 조직의 집권화(centralization) 정도를 알 수 있다.
④ 기능별 조직(functional structure)은 기능별 전문성을 확보할 수 있으나, 기능부서들 간의 조정이 어렵고 시장의 변화에 즉각적으로 대응하기가 쉽지 않다.
⑤ 매트릭스 조직(matrix structure)은 이중적인 보고체계로 인하여 보고담당자가 역할갈등을 느낄 수 있고 업무에 혼선이 생길 수 있다.

해설 콕
경영자 한명이 효율적으로 직접 감독할 수 있는 종업원의 수를 통제의 범위(span of control)라 한다.

정답 ①

경영지도사 **2015**

민츠버그(H. Mintzberg)가 제시한 조직의 5가지 부문이 아닌 것은?

① 최고경영층 · 전략경영부문(Strategic apex)

② 일반지원부문(Supporting staff)

③ 중간계층부문(Middle line)

④ 전문 · 기술지원부문(Technostructure)

⑤ 사회적 네트워크부문(Social network)

 해설 콕 ···

민츠버그(H. Mintzberg)는 최고관리층(전략부문), 중간계층(중간라인부문), 작업계층(핵심운영부문), 전문 · 기술부문(기술구조부문), 지원부문(지원스탭부문) 5가지로 나누었다.

정답 ⑤

29

경영지도사 **2018**

민츠버그(H. Mintzberg)의 10가지 경영자의 역할에 해당하지 않는 것은?

① 섭외자 역할(liaison role)

② 정보탐색자 역할(monitor role)

③ 조직설계자 역할(organizer role)

④ 분쟁조정자 역할(disturbance role)

⑤ 자원배분자 역할(resource allocator role)

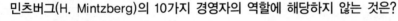

 해설 콕 ···

민츠버그(H. Mintzberg)의 10가지 경영자의 역할	
대인관계 역할	조직의 대표자 역할, 구성원 리더 역할, 섭외자 역할
정보제공 역할	정보탐색자 역할, 정보보급자 역할, 대변인 역할
의사결정 역할	기업가 역할, 분쟁조정자 역할, 자원배분자 역할, 협상자 역할

정답 ③

30

☑ 확인
Check!
○
△
✕

조직구조에 관한 설명으로 가장 적절하지 않은 것은?

① 공식화(formalization)의 정도는 조직내 규정과 규칙, 절차와 제도, 직무 내용 등이 문서화되어 있는 정도를 통해 알 수 있다.

② 번즈(Burns)와 스토커(Stalker)에 따르면 기계적 조직(mechanistic structure)은 유기적 조직(organic structure)에 비하여 집권화와 전문화의 정도가 높다.

③ 수평적 조직(horizontal structure)은 고객의 요구에 빠르게 대응할 수 있고 협력을 증진시킬 수 있다.

④ 민츠버그(Mintzberg)에 따르면 애드호크라시(adhocracy)는 기계적 관료제(machine bureaucracy)보다 공식화와 집권화의 정도가 높다.

⑤ 네트워크 조직(network structure)은 공장과 제조시설에 대한 대규모 투자가 없어도 사업이 가능하다.

 해설 콕

민츠버그(Mintzberg)에 따르면 애드호크라시(adhocracy)는 유기적 조직의 성격으로 기계적 관료제(machine bureaucracy)보다 공식화와 집권화의 정도가 낮다.

정답 ④

31

☑ 확인
Check!
○
△
✕

인간은 인지능력의 한계로 제한된 합리성을 가지게 된다고 주장한 학자는?

① 마이클 포터(M. Porter)

② 허버트 사이먼(H. Simon)

③ 헨리 페이욜(H. Fayol)

④ 존 내쉬(J. Nash)

⑤ 엘톤 메이요(E. Mayo)

 해설 콕

인간은 인지능력의 한계로 제한된 합리성을 가지게 된다고 주장한 학자는 허버트 사이먼(H. Simon)이다.

정답 ②

32

서울시 7급 2020

정보 수집과 분석에 대한 인간의 능력 한계로 인하여 객관적인 효용의 극대화가 아닌 충분히 만족스럽다고 판단되는 차선의 대안 중 하나를 선택한다는 관점을 가진 의사결정 모형은?

① 정치적 의사결정 모형
② 합리적 의사결정 모형
③ 직관적 의사결정 모형
④ 제한된 합리성 모형

> **해설 콕**
>
> 인간두뇌의 한계와 정보부족 등으로 인해 완전한 합리성은 불가능하므로 제한된 합리성에 근거하여 의사결정을 한다.
>
> 정답 ④

33

경영지도사 2020

사이먼(H. Simon)이 주장한 의사결정의 제한된 합리성 모델(bounded rationality model)의 내용에 해당하지 않는 것은?

① 규범적 모델
② 단순화 전략의 사용
③ 불완전하고 부정확한 정보사용
④ 만족해(satisficing solution)를 선택
⑤ 모든 가능한 대안을 고려하지 못함

> **해설 콕**
>
> 규범적 모델은 브룸과 예튼의 규범적 의사결정 모형에 대한 내용이다.
>
> 정답 ①

34

허버트 사이먼(Herbert Simon)이 주장한 제한된 합리성(bounded rationality)에 대한 설명으로 옳지 않은 것은?

① 과학적 관리법을 추종하며 절대적 합리성만을 추구하는 경영자들이 '경제인'이라면 제한된 합리성 내에서 현실적으로 의사결정을 하는 경영자들은 '관리인'이다.

② 제한된 합리성 때문에 사람들은 '만족하기에 충분한' 또는 '최소한의 필요조건을 충족시키는' 선택을 한다.

③ 조직이 겪는 상황은 무정부 상태와 같이 불확실하며, 이러한 상황에서 인간의 의사결정은 비합리적으로 이루어진다.

④ 문제해결의 대안을 선택할 때 최선책을 찾으려고 하지 않고, 설정해 놓은 적절한 기준을 통과하는 대안 중에서 먼저 발견되는 것을 선택한다.

 해설 콕

제한된 합리성 상황에서의 의사결정은 비합리적이라 할 수 없다.

 정답 ③

35

인간두뇌의 한계와 정보부족 등으로 인해 완전한 합리성은 불가능하므로 제한된 합리성에 근거하여 의사결정을 하게 된다는 모형은?

① 경제인모형
② 만족모형
③ 점증모형
④ 최적모형
⑤ 혼합모형

 해설 콕

인간두뇌의 한계와 정보부족 등으로 인해 완전한 합리성은 불가능하므로 제한된 합리성에 근거하여 의사결정을 하게 된다는 모형은 만족모형에 대한 설명이다.

① 경제인모형은 완전한 합리성을 전제로 의사결정을 한다는 모형이다.

③ 점증모형은 기존의 의사결정에 약간의 수정된 의사결정을 하는 모형이다.

④ 최적모형은 경제적 합리성과 직관·판단력·창의력을 중심으로 초합리성을 고려한 의사결정모형이다.

⑤ 혼합모형은 합리모형과 점증모형을 절충한 모형이다.

 정답 ②

36

경영지도사 2017

☑ 확인
Check!
○
△
✕

마일즈(R. Miles)와 스노우(C. Snow)가 제시한 환경적합적 대응전략으로만 구성되어 있는 것은?

① 전방통합형 전략, 후방통합형 전략, 차별화 전략
② 집중화 전략, 방어형 전략, 반응형 전략
③ 원가우위 전략, 차별화 전략, 집중화 전략
④ 차별화 전략, 반응형 전략, 후방통합형 전략
⑤ 공격형 전략, 방어형 전략, 분석형 전략

해설 콕

마일즈(R. Miles)와 스노우(C. Snow)가 제시한 환경적합적 대응전략으로는 공격형 전략, 방어형 전략, 집중화 전략이 있다.

정답 ⑤

참고 | 마일즈(R. Miles)와 스노우(C. Snow)의 전략분류

전략	목표	환경	구조적 특징	전반적 조직구조
방어형	안정성과 효율성	안정적 환경	• 높은 수준의 통제 • 높은 분업화 • 높은 공식화 • 높은 집권화	기계적
분석형	안정성과 유연성	변화하는 환경	• 중간 정도의 집권화 • 현재 사업에 대해서는 높은 통제 • 신사업에 대해서는 느슨한 통제	중 간
탐색형 (공격형)	유연성	역동적 환경	• 느슨한 구조 • 낮은 분업화 • 낮은 공식화 • 낮은 집권화	유기적

〈출처〉 Stephen P. Robbins, Organization Theory, 3rd ed., 1990

안심Touch

37

☑ 확인
Check!
○
△
✕

다음 주장에 해당하는 이론은?

> ㄱ. 조직의 생존을 위해 이해관계자들로부터 정당성을 얻는 것이 중요하다.
> ㄴ. 동일 산업 내의 조직형태 및 경영관행 등이 유사성을 보이는 것은 조직들이 서로 모방하기 때문이다.

① 대리인 이론　　　　　　　　　② 제도화 이론
③ 자원의존 이론　　　　　　　　④ 조직군생태학 이론
⑤ 협력적 네트워크 이론

해설 콕

제도화 이론은 대부분의 조직은 기술적 환경뿐만 아니라 제도적 환경을 갖고 있으며, 사회문화적 규범이나 가치체계 등의 제도적 환경과 부합되는 형태 및 구조를 적응해야 하는 압력을 받는다는 이론이다. 따라서 제도화 이론에 의하면 조직의 합리성과 효율성보다는 정당성이 생존의 기초가 된다고 주장한다.
① 대리인 이론은 기업과 관련된 이해관계자들의 문제는 기업 내의 계약관계에 의하여 이루어진다는 이론이다.
③ 자원의존 이론은 자원을 획득하고 유지할 수 있는 능력을 조직생존의 핵심요인으로 보는 이론이다.
④ 조직군생태학 이론은 환경에 따른 조직들의 형태와 그 존재 및 소멸 이유를 설명하는 이론이다.
⑤ 협력적 네트워크 이론은 여러 상이한 기업이 서로 협력하여 자원을 공유하고 win-win하는 조직간 관계를 보는 이론이다.

정답 ②

38

☑ 확인
Check!
○
△
✕

다음에서 설명하는 조직이론은?

> • 조직의 환경요인들은 상호의존적인 관계를 형성하여야 한다.
> • 조직 생존의 핵심적인 요인은 자원을 획득하고 유지할 수 있는 능력이다.
> • 조직은 자율성과 독립성을 유지하기 위하여 환경에 대한 영향력을 행사해야 한다.

① 제도화 이론　　　　　　　　　② 자원의존 이론
③ 조직군생태학 이론　　　　　　④ 거래비용 이론
⑤ 학습조직 이론

39

가맹거래사 2015

☑ 확인
Check!
○
△
✕

거시조직 이론에 관한 설명으로 옳지 않은 것은?

① 시장과 위계 이론은 거래비용 개념을 도입하여 조직유형이 왜 효율적인가를 구체적으로 제시한다.
② 전략적 선택 이론은 경영자가 자원을 획득하고 유지할 수 있는 능력을 조직생존의 핵심요인으로 파악한다.
③ 조직군생태학 이론은 생물학의 적자생존론을 도입하여 조직이 생존하기 위해서는 조직 내부구조적 요인이 외부환경요인에 따라야 한다.
④ 구조적 상황 이론은 개방시스템 관점과 인간관계적 분석에 바탕을 둔 이론으로 조직의 경영활동이 상황에 적합하여야 한다.
⑤ 공동체생태학 이론은 사회생태학적 접근방법을 활용한 것으로 조직은 구성원들의 노력에 의해 환경에 능동적으로 대응할 수 있다.

40

서울시 7급 2018

퀸(Quinn)과 카메론(Cameron)이 제안한 조직수명주기 모형의 각 단계를 순서대로 나열한 것으로 가장 옳은 것은?

① 창업 단계 – 집단공동체 단계 – 정교화 단계 – 공식화 단계

② 창업 단계 – 집단공동체 단계 – 공식화 단계 – 정교화 단계

③ 집단공동체 단계 – 창업 단계 – 정교화 단계 – 공식화 단계

④ 집단공동체 단계 – 창업 단계 – 공식화 단계 – 정교화 단계

퀸(Quinn)과 카메론(Cameron)이 제안한 조직수명주기 모형의 각 단계는 창업 단계 – 집단공동체 단계 – 공식화 단계 – 정교화 단계이다.

정답 ②

41

공인회계사 2016

조직에서의 기술에 관한 설명으로 가장 적절하지 않은 것은?

① 페로우(Perrow)에 따르면 장인(craft) 기술을 사용하는 부서는 과업의 다양성이 낮으며 발생하는 문제가 비일상적이고 문제의 분석가능성이 낮다.

② 톰슨(Thompson)에 따르면 집합적(pooled) 상호의존성은 집약형 기술을 사용하여 부서간 상호조정의 필요성이 높고 표준화, 규정, 절차보다는 팀웍이 중요하다.

③ 우드워드(Woodward)에 따르면 연속공정생산기술은 산출물에 대한 예측가능성이 높고 기술의 복잡성이 높다.

④ 페로우에 따르면 공학적(engineering) 기술을 사용하는 부서는 과업의 다양성이 높고 잘 짜여진 공식과 기법에 의해서 문제의 분석가능성이 높다.

⑤ 페로우에 따르면 비일상적(nonroutine) 기술을 사용하는 부서는 과업의 다양성이 높고 문제의 분석가능성이 낮다.

톰슨(Thompson)에 따르면 교호적 상호의존성은 집약형 기술을 사용하여 부서 간 상호조정의 필요성이 높고 표준화, 규정, 절차보다는 팀웍이 중요하다.

정답 ②

참고 톰슨(Thompson)의 기술분류에 따른 상호의존성과 조정 형태

기 술	상호의존성	의사전달의 빈도	조정 형태
중개적 기술	집합적 상호의존성	낮 음	표준화, 규칙, 절차
연계형 기술	연속적 상호의존성	중 간	계획, 스케줄, 피드백
집약적 기술	교호적 상호의존성	높 음	상호조정, 팀웍, 부서간 회의, 수평적 의사전달 등

페로우(Perrow)의 기술분류와 조직구조

		과업다양성	
		소수의 예외적 상황	다수의 예외적 상황
분석가능성	불가능	장인(craft) 기술	비일상적(nonroutine) 기술
	가능	일상적(routine) 기술	공학적(engineering) 기술

42

공인노무사 2020

페로우(C. Perrow)가 제시한 기술분류 기준으로 옳은 것을 모두 고른 것은?

ㄱ. 기술복잡성	ㄴ. 과업다양성
ㄷ. 상호의존성	ㄹ. 과업정체성
ㅁ. 문제분석가능성	

① ㄱ, ㄴ   ② ㄴ, ㄹ

③ ㄴ, ㅁ   ④ ㄷ, ㅁ

⑤ ㄱ, ㄷ, ㄹ

해설 콕 ....

페로우(C. Perrow)는 과업다양성과 문제분석가능성을 기준으로 장인(craft) 기술, 비일상적(nonroutine) 기술, 일상적(routine) 기술, 공학적(engineering) 기술 4가지로 분류하였다.

정답 ③

02 동기부여 이론

(1) 동기부여

① 의 의

동기부여란 조직의 목표를 향해서 조직구성원을 지휘, 감독하고 도전의식을 불어넣는 일이다. 또한 인간의 행동을 활성화시키고 행동의 방향을 설정하거나 어떤 목표를 지향하도록 하며, 인간의 행동을 유지시키거나 지속시키는 역할을 수행하도록 하는 것이다.

② 구 분

구 분	내 용	대표적 이론
내용 이론	인간행동의 원동력은 '무엇'이며, 사람들이 무엇을 원하고 필요로 하는지 연구하는 이론	• 매슬로우(A. Maslow)의 욕구계층제 이론 • 알더퍼(C. Alderfer)의 ERG 이론 • 허즈버그(F. Herzberg)의 2요인 이론 • 맥클레랜드(D. C. McClelland)의 성취동기 이론 • 맥그리거(D. McGregor)의 X · Y 이론 • 아지리스(C. Argyris)의 미성숙 - 성숙 이론
과정 이론	동기부여가 '어떤 과정'을 통해 일어나는가에 관한 이론	• 브룸(V. Vroom)의 기대 이론 • 아담스(J. S. Adams)의 공정성 이론 • 로크(E. A. Locke)의 목표설정 이론 • 데시(E. Deci)의 인지평가 이론 • 포터(L. Porter)와 롤러(E. Lawler)의 동기유발 모형(EPRS 모형)

(2) 내용이론

① A. H. Maslow의 욕구계층 이론

㉠ 개인의 욕구는 다섯 종류의 기본적 욕구로 구분되며, 그 강도와 충족에 있어서 계층적 구조를 형성하고 있다. 가장 저층의 욕구가 가장 먼저 동기를 자극하며, 이것이 충족되면 다음 욕구가 중요해진다.

㉡ 고차원의 욕구일수록 내적인 보상에 의해 충족되고, 저차원의 욕구일수록 외적인 보상에 의해 충족된다. 중간차원적 욕구는 내·외적인 보상에 의해 충족된다.

② C. P. Alderfer의 ERG 이론

인간의 욕구를 중요도 순으로 계층화했다는 점에서는 매슬로우(A. Maslow)의 욕구단계설과 동일하게 정의하지만, 그 단계를 5개에서 3개로 줄여 제시하였다는 점과 직접조직 현장에 들어가 연구를 실행했다는 점에서 차이를 보인다.

③ D. G. McClelland의 성취동기 이론
  ⊙ 인간은 성취욕구, 소속(친교)욕구, 권력(지배)욕구가 있는데, 개인 및 사회의 발전은 성취욕구와 밀접한 상관관계를 갖는다는 이론이다.
  ⓒ 높은 성취동기의 사람들로 구성된 조직이나 사회의 경제 발전이 빠르며 성취동기가 높은 사람들은 좀 더 훌륭한 경영자로서 성공한다고 주장한다. 특히 한 나라의 경제 성장은 그 사회구성원의 성취욕구의 함수라고 주장한다.
④ F. Herzberg의 2요인 이론
  ⊙ 2요인 이론은 인간의 욕구가 단계별(욕구단계설, ERG 이론)로 계층을 이루는 것이 아니라 부정적 행동을 방지하는 요인과 긍정적 행동을 유발하는 요인이라는 별개의 요인으로 이루어져 있고, 이 중 긍정적 행동을 유발하는 요인만이 동기부여 요인으로 작용한다는 이론이다.
  ⓒ 위생요인이 충족되는 것은 단지 직무불만족 요인을 제거하는 것일 뿐이며, 직무만족에 영향을 주려면 동기요인을 강화해야 한다고 주장하였다. 이것은 우선 위생요인을 충족하고, 그에 멈추지 말고 동기유발 요인을 충족시켜야 한다는 결론에 이른다.

(3) 과정이론

① V. H. Vroom의 기대 이론
  브룸은 "모티베이션(동기)의 정도는 행위의 결과에 대한 매력의 정도(유의성)와 결과의 가능성(기대감) 그리고 성과에 대한 보상 가능성(수단성)의 함수에 의해 결정된다"고 주장하였다. 즉 인간은 자신의 행동과정에서 여러 대안 중 자신이 원하는 결과를 가져올 행동을 선택한다는 것이다.
② J. S. Adams의 공정성 이론
  아담스는 투입과 산출의 비교가 동기부여에 영향을 미친다고 제안하였다. 자신의 투입 대 산출의 비율이 타인의 그것과 비교하여 같으면 공정하다고 느끼며 조직과 공정한 관계가 이루어졌다고 생각하지만, 작거나 크면 불공정성을 지각하게 되어 불쾌감과 긴장감을 느끼며 불공정성 회복을 위해 행동하게 된다는 이론이다.
③ E. A. Locke의 목표설정 이론
  인간이 합리적으로 행동한다는 기본적인 가정에 기초하여, 개인이 의식적으로 얻으려고 설정한 목표가 동기와 행동에 영향을 미친다는 이론이다.

CHAPTER 2 조직관리

01

☑ 확인
Check!

○
△
✕

동기부여의 내용 이론에 해당하는 것을 모두 고른 것은?

> ㄱ. A. Maslow의 욕구단계 이론
> ㄴ. C. Alderfer의 ERG 이론
> ㄷ. V. Vroom의 기대 이론
> ㄹ. J. Adams의 공정성 이론
> ㅁ. F. Herzberg의 2요인 이론

① ㄱ, ㄷ   ② ㄱ, ㄹ

③ ㄱ, ㄴ, ㅁ   ④ ㄴ, ㄷ, ㄹ

⑤ ㄴ, ㄷ, ㅁ

해설 콕

- **내용 이론** : A. Maslow의 욕구단계 이론, C. Alderfer의 ERG 이론, F. Herzberg의 2요인 이론
- **과정 이론** : V. Vroom의 기대 이론, J. Adams의 공정성 이론

정답 ③

02

☑ 확인
Check!

○
△
✕

동기부여의 과정 이론에 해당하는 것은?

① 허즈버그(F. Herzberg)의 2요인 이론

② 맥클레란드(D. McClelland)의 성취동기 이론

③ 앨더퍼(C. Alderfer)의 ERG 이론

④ 허시(P. Hersey)의 수명주기 이론

⑤ 아담스(J. Adams)의 공정성 이론

해설 콕

아담스(J. Adams)의 공정성 이론은 과정 이론에 해당한다.
① 허즈버그(F. Herzberg)의 2요인 이론 : 내용 이론
② 맥클레란드(D. McClelland)의 성취동기 이론 : 내용 이론
③ 앨더퍼(C. Alderfer)의 ERG 이론 : 내용 이론
④ 허시(P. Hersey)의 수명주기 이론 : 리더십 이론

정답 ⑤

03

가맹거래사 2018

☑ 확인
Check!
○
△
×

동기부여의 과정 이론에 속하는 이론은?

① 매슬로우의 욕구단계 이론

② 로크의 목표설정 이론

③ 알더퍼의 ERG 이론

④ 맥그리거의 X・Y 이론

⑤ 허즈버그의 2요인 이론

 해설 **콕**
....

로크의 목표설정 이론은 과정 이론이고, 나머지 보기는 내용 이론이다.

정답 ②

04

경영지도사 2019

☑ 확인
Check!
○
△
×

모티베이션 이론 중 과정 이론으로만 묶인 것은?

① 욕구단계론, 성취동기 이론

② 공정성 이론, 목표설정 이론

③ ERG 이론, 기대 이론

④ ERG 이론, 2요인 이론

⑤ 성취동기 이론, 욕구단계론

해설 **콕**
....

공정성 이론, 목표설정 이론 모두 과정 이론이다.
① 욕구단계론, 성취동기 이론 모두 내용 이론이다.
③ ERG 이론, 기대 이론 모두 내용 이론이다.
④ ERG 이론, 2요인 이론 모두 내용 이론이다.
⑤ 성취동기 이론, 욕구단계론 모두 내용 이론이다.

정답 ②

05 경영지도사 2016

☑ 확인
Check!
○
△
✗

동기부여 이론 중 과정 이론에 해당하는 것은?

① 브룸(V. Vroom)의 기대 이론
② 매슬로우(A. Maslow)의 욕구단계 이론
③ 아지리스(C. Argyris)의 성숙·미성숙 이론
④ 허즈버그(F. Herzberg)의 2요인 이론
⑤ 맥그리거(D. McGregor)의 X·Y 이론

> 브룸(V. Vroom)의 기대 이론은 과정 이론이고, 나머지 보기는 내용 이론이다.
>
> 정답 ①

06 공인노무사 2016

☑ 확인
Check!
○
△
✗

매슬로우(A. H. Maslow)가 제시한 욕구단계 이론의 내용이 아닌 것은?

① 권한위임에 대한 욕구　　　　② 신체적 안전에 대한 욕구
③ 소속감이나 애정에 대한 욕구　④ 의식주에 대한 욕구
⑤ 존경받고 싶은 욕구

> 매슬로우의 5단계 욕구
> • **1단계** : 생리적 욕구(Physiological Needs)
> • **2단계** : 안전의 욕구(Safety Needs)
> • **3단계** : 소속감과 애정의 욕구(Belongingness and Love Needs)
> • **4단계** : 존경의 욕구(Esteem Needs)
> • **5단계** : 자아실현의 욕구(Self-Actualization Needs)
>
> 정답 ①

07

경영지도사 2015

매슬로우(A. Maslow)의 욕구단계설에 포함되는 욕구가 아닌 것은?

① 생리적 욕구(Psychological needs)

② 자아존중의 욕구(Self-esteem needs)

③ 안전의 욕구(Safety needs)

④ 자아실현의 욕구(Self-actualization needs)

⑤ 행복의 욕구(Happiness needs)

 해설 콕

매슬로우(A. Maslow)의 욕구단계설에서 욕구는 생리적 욕구, 안전의 욕구, 사회적 욕구, 자아존중의 욕구, 자아실현의 욕구 순으로 순차적으로 유발된다.

정답 ⑤

08

공인노무사 2019

매슬로우(A. H. Maslow)의 욕구단계 이론에 관한 설명으로 옳지 않은 것은?

① 최하위 단계의 욕구는 생리적 욕구이다.

② 최상위 단계의 욕구는 자아실현 욕구이다.

③ 욕구계층을 5단계로 설명하고 있다.

④ 다른 사람으로부터 인정과 존경을 받고자 하는 욕구는 성장욕구에 속한다.

⑤ 하위단계의 욕구가 충족되어야 상위단계의 욕구를 충족시키기 위한 동기부여가 된다.

해설 콕

매슬로우(A. H. Maslow)의 욕구단계 이론 중 다른 사람으로부터 인정과 존경을 받고자 하는 욕구는 존경 욕구이다.

정답 ④

09 경영지도사 2019

☑ 확인
Check!
○
△
×

매슬로우(A. Maslow)의 욕구단계 이론과 알더퍼(C. Alderfer)의 ERG 이론에 관한 설명으로 옳지 않은 것은?

① 욕구단계 이론과 ERG 이론은 하위욕구가 충족되면 상위욕구를 추구한다고 보는 공통점이 있다.
② ERG 이론에서는 욕구의 좌절 – 퇴행 과정도 일어난다.
③ 욕구단계 이론에서 자아실현의 욕구는 ERG 이론에서 성장욕구에 해당한다.
④ 욕구단계 이론에서는 한 시점에 낮은 단계와 높은 단계의 욕구가 동시에 발생한다.
⑤ 욕구단계 이론에서 생리적 욕구는 ERG 이론에서 존재욕구에 해당한다.

매슬로우(A. Maslow)의 욕구단계 이론은 하위 단계의 욕구가 어느 정도 충족이 되면 다음 단계 욕구가 유발된다.

정답 ④

10 가맹거래사 2020

☑ 확인
Check!
○
△
×

매슬로우(A. Maslow)의 욕구단계 이론에 관한 설명으로 옳지 않은 것은?

① 상위단계의 욕구 충족이 좌절되면 그보다 하위단계의 욕구를 충족시키려 한다.
② 하위단계욕구가 충족되었을 때, 상위단계욕구가 발생하게 된다.
③ 욕구결핍상태가 발생하게 되면 그 욕구를 충족시키기 위해 노력하게 된다.
④ 인간의 욕구는 일련의 단계 내지 중요성에 따라 계층별로 배열할 수 있다.
⑤ 계층상 가장 상위단계의 욕구는 자아실현의 욕구이다.

상위단계의 욕구 충족이 좌절되면 그보다 하위단계의 욕구를 충족시키려하는 것은 앨더퍼의 ERG 이론이다.

정답 ①

11

국가직 7급 2016

직무만족 및 불만족에 대한 설명으로 옳은 것은?

① 직무불만족을 증가시키는 개인적 성향은 긍정적 정서와 긍정적 자기평가이다.

② 역할 모호성, 역할 갈등, 역할 과다를 경험한 사람들의 직무만족이 높다.

③ 직무만족이란 직무를 통해 그 가치를 느끼고 업무 성취감을 느끼는 긍정적 감정 상태를 말한다.

④ 종업원과 상사 사이의 공유된 가치관은 직무만족을 감소시킨다.

 해설 콕 ....

① 직무불만족을 증가시키는 개인적 성향은 부정적 정서와 부정적 자기평가이다.
② 역할 모호성, 역할 갈등, 역할 과다를 경험한 사람들의 직무만족은 낮다.
④ 종업원과 상사 사이의 공유된 가치관은 직무만족을 증가시킨다.

정답 ③

12

가맹거래사 2016

허즈버그(F. Hertzberg)가 제시한 2요인(two-factor) 이론을 따르는 경영자가 종업원들의 동기를 유발시키기 위한 방안으로 옳지 않은 것은?

① 좋은 성과를 낸 종업원을 표창한다.

② 종업원이 하고 있는 업무가 매우 중요함을 강조한다.

③ 좋은 성과를 낸 종업원에게 더 많은 급여를 지급한다.

④ 좋은 성과를 낸 종업원을 승진시킨다.

⑤ 좋은 성과를 낸 종업원에게 자기 계발의 기회를 제공한다.

해설 콕 ....

허즈버그(F. Hertzberg)가 제시한 2요인(two-factor) 이론에서 급여는 위생요인으로 불만족을 줄여주는 효과가 있다.

정답 ③

13

경영지도사 2017

허즈버그(F. Herzberg)의 2요인 이론(dual factor theory)에 관한 설명으로 옳지 않은 것은?

① 만족에 영향을 미치는 요인과 불만족에 영향을 미치는 요인은 별도로 존재한다.
② 위생요인은 만족을 증가시킬지의 여부에 영향을 미치며, 불만족해소 여부에는 영향을 미치지 못한다.
③ 동기요인은 개인으로 하여금 열심히 일하게 하며, 이에 따라 성과도 높여주는 요인이다.
④ 구성원의 만족도를 높이기 위해서는 위생요인보다 동기요인을 사용해야 한다.
⑤ 2요인 이론에 의하면 불만족요인을 제거한다고 해서 반드시 만족수준이 높아지는 것은 아니다.

 해설 콕

동기요인은 만족을 증가시킬지의 여부에 영향을 미치며, 불만족해소 여부에는 영향을 미치지 못한다.

정답 ②

14

경영지도사 2020

허즈버그(F. Herzberg)의 2요인 이론에서 위생요인에 해당하는 것은?

① 성 취
② 인 정
③ 책임감
④ 성장과 발전
⑤ 감독자

해설 콕

감독자는 허즈버그(F. Herzberg)의 2요인 이론에서 위생요인에 해당한다.

정답 ⑤

15

공인노무사 2016

허즈버그(F. Herzberg)의 2요인 이론에서 동기요인을 모두 고른 것은?

> ㄱ. 상사와의 관계　　　　　　ㄴ. 성 취
> ㄷ. 회사 정책 및 관리방침　　ㄹ. 작업조건
> ㅁ. 인 정

① ㄱ, ㄴ　　　　　　　　　② ㄱ, ㅁ
③ ㄴ, ㄷ　　　　　　　　　④ ㄴ, ㅁ
⑤ ㄹ, ㅁ

해설 콕

허즈버그의 2요인 이론은 직원들의 직무만족도를 증감시키는 요인을 2가지로 구분한 것이다.
• **동기요인** : 성취, 인정, 책임소재, 업무의 질 등
• **위생요인** : 회사의 정책, 작업조건, 동료직원과의 관계, 임금, 직위 등

정답 ④

16

공인노무사 2021

허즈버그(F. Herzberg)의 2요인 이론에서 위생요인에 해당하는 것은?

① 성취감
② 도전감
③ 임 금
④ 성장가능성
⑤ 직무내용

해설 콕

임금은 위생요인이며, 나머지는 동기요인에 해당한다.

정답 ③

17

서울시 7급 2016

☑ 확인
Check!

○
△
✕

다음 동기부여 이론들에 대한 설명 중 가장 옳지 않은 것은?

① 매슬로우(Maslow)의 욕구계층 이론에 따르면 인간은 하위단계의 욕구가 채워지면 순차적으로 상위단계의 욕구를 채우려 한다고 가정한다.

② 허즈버그(Herzberg)의 2요인 이론에서 동기유발 요인은 급여, 작업조건, 고용안정 등 작업환경과 관련된 것을 의미한다.

③ 브룸(Vroom)의 기대 이론에 의하면 동기부여는 기대, 보상의 가치, 수단성의 3요소에 의해 영향을 받는다.

④ 애덤스(Adams)의 공정성 이론은 개인의 투입과 산출에 대한 평가에 기초를 두고 있다.

> 해설 콕 ....
> 허즈버그(Herzberg)의 2요인 이론에서 급여, 작업조건, 고용안정 등 작업환경과 관련된 것은 위생요인이다.
>
> 정답 ②

18

공인회계사 2017

☑ 확인
Check!

○
△
✕

복리후생에 관한 설명으로 가장 적절하지 않은 것은?

① 복리후생은 근로자의 노동에 대한 간접적 보상으로서, 임금은 이에 포함되지 않는다.

② 허즈버그(Herzberg)의 2요인 이론(two-factor theory)에 따르면, 경제적 복리후생은 동기요인에 해당하며, 직원 동기부여에 긍정적 영향을 미친다.

③ 우리나라에서 산전·휴가 및 연차유급휴가는 법정 복리후생에 해당한다.

④ 우리나라에서 고용보험 보험료는 근로자가 일부 부담하지만, 산업재해보상보험 보험료는 회사가 전액 부담한다.

⑤ 카페테리아(cafeteria)식 복리후생제도는 여러 복리후생 프로그램 중 종업원 자신이 선호하는 것을 선택할 수 있도록 하는 제도를 말한다.

> 해설 콕 ....
> 허즈버그(Herzberg)의 2요인 이론(two-factor theory)에 따르면, 경제적 복리후생은 동기요인이 아닌 위생요인으로 직원 동기부여에 영향을 주지 않는다.
>
> 정답 ②

19

공인회계사 2019

☑ 확인
Check!

○
△
×

조직에서 개인의 태도와 행동에 관한 설명으로 가장 적절한 것은?

① 조직몰입(organizational commitment)에서 지속적 몰입(continuance commitment)은 조직구성원으로서 가져야 할 의무감에 기반한 몰입이다.

② 정적 강화(positive reinforcement)에서 강화가 중단될 때, 변동비율법에 따라 강화된 행동이 고정비율법에 따라 강화된 행동보다 빨리 사라진다.

③ 감정지능(emotional intelligence)이 높을수록 조직몰입은 증가하고 감정노동(emotional labor)과 감정소진(emotional burnout)은 줄어든다.

④ 직무만족(job satisfaction)이 높을수록 이직 의도는 낮아지고 직무관련 스트레스는 줄어든다.

⑤ 조직시민행동(organizational citizenship behavior)은 신사적 행동(sportsmanship), 예의바른 행동(courtesy), 이타적 행동(altruism), 전문가적 행동(professionalism)의 네 요소로 구성된다.

> 해설 콕 ....
>
> ① 조직몰입(organizational commitment)에서 지속적 몰입(continuance commitment)은 경제적 가치에 기반한 몰입이다. 조직구성원으로서 가져야 할 의무감에 기반한 몰입은 규범적 몰입이다.
> ② 정적 강화(positive reinforcement)에서 강화가 중단될 때, 고정비율법에 따라 강화된 행동이 변동비율법에 따라 강화된 행동보다 빨리 사라진다. 왜냐하면 강화물 소거에 대한 저항의 크기는 일반적으로 고정적 강화보다는 변동적 강화가 더 크기 때문이다.
> ③ 감정지능(emotional intelligence)이 높을수록 조직몰입은 감소하고 감정소진(emotional burnout)은 증가한다.
> ⑤ 조직시민행동(organizational citizenship behavior)의 구성요소는 신사적 행동, 예의바른 행동, 이타적 행동, 양심적 행동, 참여적 행동 5가지가 있다.
>
> 정답 ④

20

경영지도사 2017

✓ 확인
Check!

○
△
✕

맥그리거(D. McGreger)의 X이론에서 인간에 대한 가정에 해당하는 것은?

① 대다수 사람들은 조직문제를 해결할 만한 능력이나 창의성이 없다.

② 일은 고통의 원천이 되기도 하지만 조건여하에 따라 만족의 근원이 된다.

③ 인간은 외적 강제나 처벌의 위협이 없더라도 조직목표를 위하여 자기관리와 자기통제를 행한다.

④ 현대조직에 있어 인간의 지적 능력은 그 일부분밖에 활용되지 못하고 있다.

⑤ 일정 조건하에서 인간은 스스로 책임질 뿐만 아니라 오히려 그것을 추구한다.

해설 콕

맥그리거(D. McGreger)의 X·Y 이론

X이론	Y이론
• 일을 싫어하고 일을 하려 하지 않는다. • 야망이 없고 책임지지 않으려 하며 명령을 받길 좋아한다. • 조직 문제 해결에 창의력을 발휘를 못한다. • 안전을 원하고 변동을 싫어한다. • 금전적 보상과 같은 외재적 요인에 반응한다.	• 일을 싫어하지 않는다. • 자율적이며 자기규제적이다. • 조직 문제 해결에 창의력을 발휘한다. • 이기적이기보다는 타인을 위해 행동한다. • 금전적 보상보다는 존경심이나 자기실현 욕구에 반응한다.

정답 ①

21

공인노무사 2018

✓ 확인
Check!

○
△
✕

맥그리거(D. McGregor)의 X·Y 이론은 인간에 대한 기본 가정에 따라 동기부여방식이 달라진다는 것이다. Y이론에 해당하는 가정 또는 동기부여방식이 아닌 것은?

① 문제해결을 위한 창조적 능력 보유

② 직무수행에 대한 분명한 지시

③ 조직목표 달성을 위한 자기 통제

④ 성취감과 자아실현 추구

⑤ 노동에 대한 자연스러운 수용

해설 콕

직무수행에 대한 분명한 지시는 X이론에 해당한다.

정답 ②

22 국가직 7급 2018

동기부여 이론에 대한 설명으로 옳지 않은 것은?

① Y이론적 관점에 따르면, 직원은 부정적 강화(Reinforcement)에 의해 동기부여가 된다.
② 아담스(J. S. Adams)의 공정성 이론에 따르면, 사람은 자신의 일에 투입한 요소와 그로부터 받은 보상의 비율을 다른 사람의 그것과 비교한다.
③ 2요인 이론에서 동기유발요인은 직무에 내재하는 요인들이다.
④ 기대 이론에서 동기부여가 되는 정도는 노력과 성과 관련성, 성과와 결과 관련성, 결과와 개인의 욕구 사이의 관련성의 영향을 받는다.

 해설 콕

Y이론적 관점에 따르면, 직원에게 외부자극[상, 벌, 부정적 강화(Reinforcement) 등]은 동기부여가 되지 않는다.

정답 ①

---

23 공인회계사 2018

직무설계에서 해크만(Hackman)과 올드햄(Oldham)의 직무특성 이론에 관한 설명으로 가장 적절하지 않은 것은?

① 다양한 기술이 필요하도록 직무를 설계함으로써, 직무수행자가 해당 직무에서 의미감을 경험하게 한다.
② 자율성을 부여함으로써, 직무수행자가 해당 직무에서 책임감을 경험하게 한다.
③ 도전적인 목표를 제시함으로써, 직무수행자가 해당 직무에서 성장 욕구와 성취감을 경험하게 한다.
④ 직무수행과정에서 피드백을 제공함으로써, 직무수행자가 해당 직무에서 직무수행 결과에 대한 지식을 가지게 한다.
⑤ 과업의 중요성을 높여줌으로써, 직무수행자가 해당 직무에서 의미감을 경험하게 한다.

 해설 콕

해크만(Hackman)과 올드햄(Oldham)의 직무특성 이론은 직무의 특성(기술다양성, 직무정체성, 직무중요성, 자율성, 환류)이 직무수행자의 성장 욕구수준에 부합하게 되면 긍정적 동기유발이 됨을 설명한 것으로 도전적 목표제시와는 상관이 없다.

정답 ③

24

직무특성모형(Job Characteristics Model)의 핵심직무차원에 포함되지 않는 것은?

① 성장욕구강도(Growth Need Strength)

② 과업정체성(Task Identity)

③ 과업중요성(Task Significance)

④ 자율성(Autonomy)

⑤ 피드백(Feedback)

해설 콕 ....

직무특성모형은 기술다양성, 과업정체성, 과업중요성, 자율성, 환류(피드백) 등 다섯 가지가 직무수행자의 욕구수준에 부합할 경우 긍정적 동기 효과를 얻게 되는 것을 설명한 모형이다.

정답 ①

25

해크만(Hackman)과 올드햄(Oldham)이 제시한 직무특성모형에 포함되지 않는 직무특성은?

① 피드백 ② 자율성

③ 과업정체성 ④ 과업적합성

해설 콕 ....

해크만(Hackman)과 올드햄(Oldham)이 제시한 직무특성모형은 기술다양성, 과업정체성, 과업중요성, 자율성, 피드백 등 다섯 가지이다.

정답 ④

26

국가직 7급 2017

해크만(Hackman)과 올드햄(Oldham)이 제시한 직무특성모형에서 핵심직무차원에 해당하는 것만을 모두 고른 것은?

ㄱ. 기술다양성 ㄴ. 과업표준성
ㄷ. 과업정체성 ㄹ. 과업중요성
ㅁ. 과업교차성 ㅂ. 자율성·피드백

① ㄱ, ㄴ, ㄷ, ㄹ
② ㄱ, ㄷ, ㄹ, ㅂ
③ ㄴ, ㄷ, ㄹ, ㅁ
④ ㄴ, ㄹ, ㅁ, ㅂ

해설 콕
해크만(Hackman)과 올드햄(Oldham)이 제시한 직무특성모형의 핵심직무차원은 기술다양성, 과업정체성, 과업중요성, 자율성, 피드백 등 다섯 가지이다.

정답 ②

27

경영지도사 2016

해크만(R. Hackman)과 올드햄(G. Oldham)의 직무특성모형에서 직무가 다른 사람의 작업이나 생활에 실질적인 영향을 미칠 수 있는 정도를 의미하는 것은?

① 기술다양성
② 과업정체성
③ 과업중요성
④ 자율성
⑤ 피드백

해설 콕
과업중요성 : 직무가 조직 내외 다른 사람의 삶과 일에 영향을 주는 정도
① **기술다양성** : 직무 수행에 요구되는 기술의 종류
② **과업정체성** : 직무 내용의 완결성
④ **자율성** : 개인이 본인 직무에 느끼는 책임감
⑤ **피드백** : 직무 수행의 결과에 대한 지식

정답 ③

28

경영지도사 2019

☑ 확인
Check!
○
△
✕

해크만과 올드햄(R. Hackman & G. Oldham)의 직무특성모형에서 5가지 핵심 직무특성이 아닌 것은?

① 기능다양성　　　　　　　　　② 과업정체성
③ 과업중요성　　　　　　　　　④ 과업전문성
⑤ 자율성

해크만과 올드햄(R. Hackman & G. Oldham)의 직무특성모형의 직무특성은 기술다양성, 과업정체성(직무정체성), 과업중요성(직무중요성), 자율성, 환류(피드백) 등 5가지이다.

정답 ④

29

공인회계사 2019

☑ 확인
Check!
○
△
✕

동기부여 이론에 관한 설명으로 가장 적절한 것은?

① 아담스(Adams)의 공정성 이론(equity theory)은 절차적 공정성과 상호작용적 공정성을 고려한 이론이다.
② 해크만(Hackman)과 올드햄(Oldham)의 직무특성 이론에서 직무의 의미감에 영향을 미치는 요인은 과업의 정체성, 과업의 중요성, 기술의 다양성이다.
③ 브룸(Vroom)의 기대 이론에서 수단성(instrumentality)이 높으면 보상의 유의성(valence)도 커진다.
④ 인지적 평가 이론(cognitive evaluation theory)에 따르면, 내재적 보상에 의해 동기부여가 된 사람에게 외재적 보상을 주면 내재적 동기부여가 더욱 증가한다.
⑤ 허즈버그(Herzberg)의 2요인 이론(two factor theory)에서 위생요인은 만족을 증대시키고 동기요인은 불만족을 감소시킨다.

① 아담스(Adams)의 공정성 이론(equity theory)은 분배적 공정성만을 고려한 이론이다.
③ 브룸(Vroom)의 기대 이론에서 수단성(instrumentality)과 보상의 유의성(valence)은 관련이 없다.
④ 인지적 평가 이론(cognitive evaluation theory)에 의하면, 내재적 보상에 의해 동기부여 된 사람에게 외재적 보상을 주면 내재적 동기부여가 증가하지 않고, 오히려 내재적 동기부여가 사라지게 된다.
⑤ 허즈버그(Herzberg)의 2요인 이론(two factor theory)에서 위생요인은 불만족을 감소시키고 동기요인은 만족을 증대시킨다.

정답 ②

30

공인노무사 2019

☑ 확인
Check!
○
△
×

아담스(J. S. Adams)의 공정성 이론에서 조직구성원들이 개인적 불공정성을 시정(是正)하기 위한 방법에 해당하지 않는 것은?

① 투입의 변경
② 산출의 변경
③ 투입과 산출의 인지적 왜곡
④ 장(場) 이탈
⑤ 준거인물 유지

해설 콕 ....

아담스(J. S. Adams)의 공정성 이론에서 조직구성원들이 개인적 불공정성을 시정(是正)하기 위한 방법은 준거인물의 유지가 아닌 비교대상의 투입과 산출의 변경이다.

정답 ⑤

참고

불공정성의 관리
• 자신의 투입과 산출의 변경
• 비교대상의 투입과 산출의 변경
• 인지적 왜곡
• 비교 대상 변경
• 이 직

31

경영지도사 2016

☑ 확인
Check!
○
△
×

동기부여 이론에 관한 설명으로 옳지 않은 것은?

① 매슬로우(A. Maslow)의 욕구단계 이론에 의하면 자아실현이 최상위의 욕구이다.
② 허즈버그(F. Herzberg)의 2요인 이론에 의하면 금전적 보상은 위생요인에 속한다.
③ 알더퍼(C. Alderfer)의 ERG 이론은 존재욕구, 관계욕구, 성장욕구로 구분하여 설명하였다.
④ 아담스(J. Adams)의 공정성 이론은 내용 이론에 속한다.
⑤ 맥클레랜드(D. McClelland)는 성취욕구, 권력욕구, 친교욕구로 구분하여 설명하였다.

해설 콕 ....

아담스(J. Adams)의 공정성 이론은 과정 이론에 속한다.

정답 ④

32

경영지도사 2018

☑ 확인
Check!

○
△
×

모티베이션(motivation) 내용 이론에 속하지 않는 것은?

① 매슬로우(A. H. Maslow)의 욕구단계 이론
② 아담스(J. S. Adams)의 공정성 이론
③ 허즈버그(F. Herzberg)의 2요인 이론
④ 알더퍼(C. P. Alderfer)의 ERG 이론
⑤ 맥클레랜드(D. C. McClelland)의 성취동기 이론

 해설 콕 ⋯⋯⋯⋯⋯⋯⋯⋯⋯⋯⋯⋯⋯⋯⋯⋯⋯⋯⋯⋯⋯⋯⋯⋯⋯⋯⋯⋯⋯⋯⋯⋯

아담스(J. S. Adams)의 공정성 이론은 과정 이론이고, 나머지 보기는 내용 이론이다.

정답 ②

33

공인노무사 2018

☑ 확인
Check!

○
△
×

다음 사례에서 A의 행동을 설명하는 동기부여 이론은?

> 팀원 A는 작년도 목표 대비 업무실적을 100% 달성하였다. 이에 반해 같은 팀 동료인 B는 동일 목표 대비 업무실적이 10% 부족하였지만 A와 동일한 인센티브를 받았다. 이 사실을 알게 된 A는 팀장에게 추가 인센티브를 요구하였으나, 받아들여지지 않자 결국 이직하였다.

① 기대 이론   ② 공정성 이론
③ 욕구단계 이론   ④ 목표설정 이론
⑤ 인지적평가 이론

 해설 콕 ⋯⋯⋯⋯⋯⋯⋯⋯⋯⋯⋯⋯⋯⋯⋯⋯⋯⋯⋯⋯⋯⋯⋯⋯⋯⋯⋯⋯⋯⋯⋯⋯

준거인물과의 비교로 인한 불형평성에 의해 동기유발이 되는 이론은 공정성(형평성) 이론이다.
① **기대 이론** : 구성원 개인의 모티베이션의 강도를 성과에 대한 기대와 성과의 유의성에 의해 설명하는
   이론
③ **욕구단계 이론** : 인간의 욕구는 위계적으로 조직되어 있으며, 하위 단계의 욕구 충족이 상위 계층
   욕구의 발현을 위한 조건이 된다는 이론
④ **목표설정 이론** : 의식적인 목표나 의도가 동기의 기초이며, 행동의 지표가 된다고 보는 이론
⑤ **인지적평가 이론** : 성취감이나 책임감에 의해 동기유발이 되어 있는 것에 외적인 보상(승진, 급여인
   상, 성과급 등)을 도입하면 오히려 동기유발 정도가 감소한다고 보는 이론

정답 ②

34

공인회계사 2018

☑ 확인
Check!

○
△
✕

동기부여 이론에 관한 설명으로 가장 적절한 것은?

① 허즈버그(Herzberg)의 2요인 이론(two factor theory)에서 승진, 작업환경의 개선, 권한의 확대, 안전욕구의 충족은 위생요인에 속하고 도전적 과제의 부여, 인정, 급여, 감독, 회사의 정책은 동기요인에 해당된다.

② 강화 이론(reinforcement theory)에서 벌(punishment)과 부정적 강화(negative reinforcement)는 바람직하지 못한 행동의 빈도를 감소시키지만 소거(extinction)와 긍정적 강화(positive reinforcement)는 바람직한 행동의 빈도를 증가시킨다.

③ 브룸(Vroom)의 기대 이론에 따르면, 행위자의 자기 효능감(self efficacy)이 클수록 과업성취에 대한 기대(expectancy)가 커지고, 보상의 유의성(valence)과 수단성(instrumentality)도 커지게 된다.

④ 매슬로우(Maslow)의 욕구 이론에 따르면, 생리 욕구 – 친교 욕구 – 안전 욕구 – 성장 욕구 – 자아실현 욕구의 순서로 욕구가 충족된다.

⑤ 아담스(Adams)의 공정성 이론(equity theory)에 의하면 개인이 지각하는 투입(input)에는 개인이 직장에서 투여한 시간, 노력, 경험 등이 포함될 수 있고, 개인이 지각하는 산출(output)에는 직장에서 받은 급여와 유무형의 혜택들이 포함될 수 있다.

🔑 해설 콕 ....

① 허즈버그(Herzberg)의 2요인 이론(two factor theory)에서 위생요인은 작업환경의 개선, 안전욕구의 충족, 급여, 감독, 회사의 정책이며, 동기요인은 승진, 권한의 확대, 도전적 과제의 부여, 인정이다.

② 강화 이론(reinforcement theory)에서 벌과 소거는 바람직하지 못한 행동의 빈도를 감소시키며, 긍정적 강화와 부정적 강화는 바람직한 행동의 빈도를 증가시킨다.

③ 브룸(Vroom)의 기대 이론에 따르면, 행위자의 자기 효능감(self efficacy)이 클수록 과업성취에 대한 기대(expectancy)가 커지지만 유의성(valence)과 수단성(instrumentality)은 높이지 못한다.

④ 매슬로우(Maslow)의 욕구 이론에 따르면, 욕구는 하위계층에서 상위계층으로 순차적으로 유발되는 것으로 생리 욕구 – 안전 욕구 – 친교 욕구 – 존경 욕구 – 자아실현 욕구의 순서로 욕구가 충족된다.

정답 ⑤

35

동기부여 이론 중 공정성 이론(equity theory)에서 불공정성으로 인한 긴장을 해소할 수 있는 방법을 모두 고른 것은?

ㄱ. 투입의 변경	ㄴ. 산출의 변경
ㄷ. 준거대상의 변경	ㄹ. 현장 또는 조직으로부터 이탈

① ㄱ, ㄴ
② ㄷ, ㄹ
③ ㄱ, ㄴ, ㄷ
④ ㄱ, ㄷ, ㄹ
⑤ ㄱ, ㄴ, ㄷ, ㄹ

 해설 콕

투입의 변경, 산출의 변경, 준거대상의 변경, 현장 또는 조직으로부터 이탈 모두 공정성 이론에서 불공정성으로 인한 긴장을 해소할 수 있는 방법이다.

정답 ⑤

36

수단성(instrumentality) 및 유의성(valence)을 포함한 동기부여 이론은?

① 기대 이론(expectancy theory)
② 2요인 이론(two factor theory)
③ 강화 이론(reinforcement theory)
④ 목표설정 이론(goal setting theory)
⑤ 인지평가 이론(cognitive evaluation theory)

 해설 콕

기대 이론(expectancy theory)이란 구성원 개인의 동기부여의 강도를 성과에 대한 기대와 성과의 유의성에 의해 설명함으로써 동기유발을 위한 동기요인들의 상호작용에 관심을 둔 이론이다.
브룸에 의하면 동기부여(motivation)는 기대감(expectancy)·수단성(instrumentality)·유의성(valence)의 3요소에 영향을 받는다. 이때, 유의성은 특정 보상에 대해 갖는 선호의 강도, 수단성은 성과달성에 따라 주어지리라고 믿는 보상의 정도이고, 기대감은 어떤 활동이 특정 결과를 가져오리라고 믿는 가능성을 말한다. '동기부여의 강도=기대감×수단성×유의성'으로 나타낼 수 있다.

정답 ①

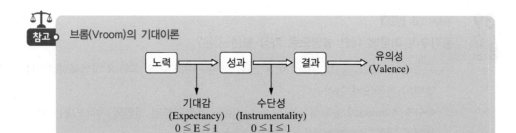

참고 브롬(Vroom)의 기대이론

노력 → 성과 → 결과 → 유의성 (Valence)

기대감 (Expectancy) $0 \leq E \leq 1$

수단성 (Instrumentality) $0 \leq I \leq 1$

= 동기부여의 힘 : $E \times I \times V$

37 경영지도사 2020

☑ 확인
Check!
○
△
×

동기부여에 관한 연구자와 그 이론의 연결이 옳지 않은 것은?

① 맥클리랜드(D. McClelland) – 성취동기 이론

② 브롬(V. Vroom) – Z이론

③ 아담스(J. Adams) – 공정성 이론

④ 알더퍼(C. Alderfer) – ERG 이론

⑤ 맥그리거(D. McGregor) – XY 이론

해설 콕

브롬(V. Vroom)은 기대 이론이며, Z이론은 오우치(W. Ouchi)의 이론이다.

정답 ②

38 공인노무사 2020

☑ 확인
Check!
○
△
×

브롬(V. Vroom)이 제시한 기대 이론의 작동순서로 올바른 것은?

① 기대감 → 수단성 → 유의성

② 기대감 → 유의성 → 수단성

③ 수단성 → 유의성 → 기대감

④ 유의성 → 수단성 → 기대감

⑤ 유의성 → 기대감 → 수단성

해설 콕

브롬에 의하면 동기부여(motivation)는 기대감(expectancy)·수단성(instrumentality)·유의성(valence)의 3요소에 영향을 받으며, 작동순서는 기대감 → 수단성 → 유의성 순이다.

정답 ①

CHAPTER 2 조직관리

39

☑ 확인
Check!

○
△
×

동기부여 이론에 대한 설명으로 가장 옳은 것은?

① 허즈버그(Herzberg)의 2요인 이론(dual factor theory)에 의하면 작업환경을 개선하면 종업원의 만족도가 높아진다.

② 아담스(Adams)의 공정성 이론(equity theory)에 의하면 개인의 지각보다는 임금 수준 그 자체가 만족도를 결정하는 핵심적인 요소가 된다.

③ 매슬로우(Maslow)의 욕구계층 이론(hierarchy of needs theory)에 의하면 아래에서 네 번째 위치의 사회적 욕구는 존경 욕구 위에 존재한다.

④ 브룸(Vroom)의 기대 이론(expectancy theory)에서 수단성(instrumentality)이란 개인행동의 성과가 보상으로 이어질 것이라는 믿음을 가리킨다.

 해설 콕 ....

① 위생요인인 작업환경의 개선은 종업원의 만족도에 영향을 주지 않는다.
② 아담스(Adams)의 공정성 이론(equity theory)에 의하면 임금 수준 그 자체가 만족도를 결정하는 핵심요소가 아니라, 개인의 지각이 만족도를 결정하는 핵심요소이다.
③ 매슬로우(Maslow)의 욕구계층 이론(hierarchy of needs theory)에 의하면 생리적 욕구 → 안전 욕구 → 사회적(소속, 애정) 욕구 → 존경 욕구 → 자아실현 욕구 순이다.

정답 ④

40

☑ 확인
Check!

○
△
×

브룸(Vroom)의 기대 이론에 대한 설명으로 옳지 않은 것은?

① 자기 효능감이 높고, 목표의 난이도가 낮으면 기대가 커진다.

② 조직에 대한 신뢰가 낮고, 의사결정이 조직정치에 의해 좌우된다는 인식이 강할수록 수단성이 커진다.

③ 개인적 욕구와 가치관, 목표에 부합되는 보상이 주어지면 유의성이 커진다.

④ 유의성, 수단성, 기대감 중 어느 하나라도 0이 발생하면 동기는 일어나지 않는다.

해설 콕 ....

브룸(Vroom)의 기대 이론에 의하면 조직에 대한 신뢰가 낮게 된다면 수단성은 작아진다.

정답 ②

☑ 확인
Check!

○

△

×

동기부여 이론에 관한 설명으로 가장 적절한 것은?

① 브룸(Vroom)의 기대 이론(expectancy theory)에 의하면, 수단성(instrumentality)을 높이기 위해서 종업원이 선호하는 보상 수단을 조사할 필요가 있다.

② 허즈버그(Herzberg)의 2요인 이론(two factor theory)에 의하면, 임금을 높여주거나 작업환경을 개선하는 것으로는 종업원의 만족도를 높일 수 없다.

③ 브룸의 기대 이론에서 기대(expectancy)는 노력했을 때 성과가 나타날 수 있는 객관적 확률이다.

④ 브룸의 기대 이론에 의하면, 연공급을 도입하면 기대(expectancy)가 높아진다.

⑤ 아담스(Adams)의 공정성 이론(equity theory)에 의하면, 과다보상을 받았다고 느끼는 경우에는 만족도가 높기 때문에 행동의 변화가 나타나지 않는다.

해설 콩

허즈버그(Herzberg)의 2요인 이론(two factor theory)에 의하면 임금인상과 작업환경의 개선은 종업원의 만족을 높여주는 동기요인이 아닌 불만족을 줄여주는 위생요인에 해당한다.

① 브룸(Vroom)의 기대 이론(expectancy theory)에 의하면 종업원이 선호하는 보상수단을 제공하는 것은 유의성을 높이는 방법이다. 수단성을 높이기 위해선 성과와 보상 간의 연계를 강화하는 성과급 제도가 합리적이다.

③ 브룸의 기대 이론에서 기대(expectancy)는 노력했을 때 성과가 나타날 수 있는 주관적 확률이다.

④ 브룸의 기대 이론에서 기대를 높이는 방법은 연공급보다는 종업원이 일을 더 잘 할 수 있도록 교육이나 훈련이 더 효과적이다.

⑤ 아담스의 공정성 이론에 의하면 과소보장·과다보장 모두 공정성을 회복하려는 행동의 변화가 나타난다.

정답 ②

CHAPTER 2 조직관리

동기부여 이론에 관한 설명으로 가장 적절한 것은?

① 목표설정 이론에 따르면 구체적인 목표보다 일반적인 목표를 제시하는 것이 구성원들의 동기부여에 더 효과적이다.

② 공정성 이론에 따르면 분배공정성, 절차공정성, 상호작용공정성의 순서로 동기부여가 이루어지는데, 하위 차원의 공정성이 달성된 이후에 상위차원의 공정성이 동기부여에 영향을 미친다.

③ 교육훈련이나 직무재배치는 기대 이론(expectancy theory)에서 말하는 1차 결과(노력 – 성과 관계)에 대한 기대감을 높여주는 방법이다.

④ 알더퍼(Alderfer)가 제시한 ERG 이론에 따르면 한 욕구의 충족을 위해 계속 시도함에도 불구하고 좌절되는 경우 개인은 이를 포기하는 대신 이보다 상위욕구를 달성하기 위해 노력한다.

⑤ 해크만(Hackman)과 올드햄(Oldham)의 직무특성모형(job characteristics model)에 의하면, 다양한 기능을 사용하는 직무기회를 제공하는 경우보다 자신이 잘하는 한 가지 기능만 사용하는 직무를 부여하는 경우에 동기부여 수준이 더 높다.

🔑 해설 콕

① 목표설정 이론에 따르면 일반적인 목표보다는 구체적인 목표가 구성원들에게 더 효과적이다.

② 아담스의 공정성 이론의 경우 분배공정성에 대해서만 연구되었다. 절차공정성, 상호작용공정성은 아담스의 공정성 이론 이후에 추가 연구를 통해 연구된 것이다.

③ 알더퍼(Alderfer)가 제시한 ERG 이론에 따르면 고차원의 욕구가 충족되지 않으면(좌절) 저차원적 욕구를 더 원하게 되는(퇴행) 좌절 – 퇴행 작용이 일어난다고 보았다.

⑤ 해크만(Hackman)과 올드햄(Oldham)의 직무특성모형(job characteristics model)에 의하면, 자신이 잘하는 한 가지 기능만 사용하는 직무를 부여하는 경우보다 다양한 기능을 사용하는 직무기회를 제공하는 경우에 동기부여 수준이 더 높다.

정답 ③

43

공인노무사 2017

기대 이론에서 동기부여를 유발하는 요인에 관한 설명으로 옳지 않은 것은?

① 수단성이 높아야 동기부여가 된다.
② 기대가 높아야 동기부여가 된다.
③ 조직에 대한 신뢰가 클수록 수단성이 높아진다.
④ 가치관에 부합되는 보상이 주어질수록 유의성이 높아진다.
⑤ 종업원들은 주어진 보상에 대하여 동일한 유의성을 갖는다.

해설 콕 ·····

기대 이론에서 유의성은 조직의 보상이 개인목표나 욕구를 충족시키는 정도로 종업원들은 각자 주어진 보상에 대하여 서로 다른 유의성(주어지는 보상에 느끼는 매력의 정도)을 가진다.

정답 ⑤

44

공인노무사 2019

강화계획(Schedules of Reinforcement)에서 불규칙한 횟수의 바람직한 행동 후 강화요인을 제공하는 기법은?

① 고정간격법   ② 변동간격법
③ 고정비율법   ④ 변동비율법
⑤ 연속강화법

해설 콕 ·····

불규칙한 횟수의 바람직한 행동 후 강화요인을 제공하는 기법은 변동비율법에 해당한다.

정답 ④

 참고 강화계획(Schedules of Reinforcement)

연속적 강화			• 원하는 결과가 나올 때마다 강화 • 가장 이상적이고 효과적이라 할 수 있지만 비경제적인 단점이 있음
단속적 (부분) 강화	간격 강화	고정간격강화	미리 결정된 일정한 시간간격으로 강화요인 제공 예 매월 5일 봉급지급
		변동간격강화	불규칙적인 시간간격으로 강화요인 제공 예 팝퀴즈
	비율 강화	고정비율강화	일정 비율의 성과에 따라 강화요인 제공 예 성과급제
		변동비율강화	불규칙적인 빈도 또는 비율의 성과에 따라 강화요인 제공 예 보너스

45

☑ 확인
Check!

○
△
×

동기부여 및 학습에 관한 설명으로 가장 적절한 것은?

① 브룸(Vroom)의 기대 이론(expectancy theory)은 개인과 개인 또는 개인과 조직 간의 교환 관계에 초점을 둔다.

② 스키너(Skinner)의 조작적 조건화(operant conditioning)에 의하면 학습은 단순히 자극에 대한 조건적 반응에 의해 이루어지는 것이 아니라 반응행동으로부터의 바람직한 결과를 작동시킴에 따라서 이루어진다.

③ 매슬로우(Maslow)의 욕구 이론에서 성장욕구는 가장 상위위치를 점하는 욕구로서, 다른 사람들로부터 인정이나 존경을 받고 싶어 하는 심리적 상태를 말한다.

④ 맥그리거(McGregor)의 'X형·Y형 이론'에 의하면 Y형의 인간관을 가진 관리자는 부하를 신뢰하지 않고 철저히 관리한다.

⑤ 형식지(explicit knowledge)는 개인이 체화하여 가지고 있으며, 말로 하나하나 설명할 수 없는 내면의 비밀스러운 지식을 의미하고, 암묵지(tacit knowledge)는 전달과 설명이 가능하며 적절히 표현되고 정리된 지식을 의미한다.

👆해설 콕 ....

① 개인과 개인 또는 개인과 조직 간의 교환관계에 초점을 둔것은 아담스의 공정성 이론이다.

③ 매슬로우(Maslow)의 욕구 이론에서 가장 상위위치를 점하는 욕구는 자아실현의 욕구이며, 다른 사람들로부터 인정이나 존경을 받고 싶은 심리적 상태의 욕구는 존경의 욕구이다.

④ 맥그리거(McGregor)의 'X형·Y형 이론'에 의하면 X형의 인간관을 가진 관리자는 부하를 신뢰하지 않고 철저히 관리한다.

⑤ 형식지(explicit knowledge)는 전달과 설명이 가능하며 적절히 표현되고 정리된 지식을 의미하며, 암묵지(tacit knowledge)는 개인이 체화하여 가지고 있으며, 말로 하나하나 설명할 수 없는 내면의 비밀스러운 지식을 의미한다.

정답 ②

46

☑ 확인
Check!

| ○ |
| △ |
| × |

다음 설명 중 옳지 않은 것은?

① 브룸(Vroom)의 기대 이론에 의하면 보상의 유의성(valence)은 개인의 욕구에 따라 다르며, 동기부여를 결정하는 요인이다.

② 아담스(Adams)의 공정성 이론에 의하면 보상에 대한 공정성 지각 여부가 종업원의 노력 (투입) 정도를 결정한다.

③ 피들러(Fiedler)의 상황적합성 이론에 의하면 리더와 부하의 관계가 좋을 때에는 과업지향 적인 리더십을 구사하는 것이 좋다.

④ 스키너(Skinner)의 작동적 조건화에서 소거(extinction)란 과거의 부정적 결과를 제거함 으로써 긍정적인 행동의 확률을 높이는 것을 말한다.

⑤ 리더 – 구성원 교환 이론(LMX)에 의하면 리더는 외집단보다는 내집단을 더 많이 신뢰한다.

해설 콕

스키너의(Skinner) 작동적 조건화에서 소거(extinction)란 부정적 행동 발생시 원하는 상황을 제거함으 로써 부정적 행동의 확률을 낮추는 것을 말한다.

정답 ④

47

☑ 확인
Check!

| ○ |
| △ |
| × |

학습 및 동기부여 이론에 관한 설명으로 가장 적절한 것은?

① 알더퍼(Alderfer)의 ERG 이론, 브룸(Vroom)의 기대 이론(expectancy theory), 허즈버그 (Herzberg)의 2요인 이론(two factor theory)은 동기부여의 과정 이론(process theory)에 해당된다.

② 강화 이론(reinforcement theory)에서 긍정적인 강화(positive reinforcement)와 부정적 인 강화(negative reinforcement)는 바람직한 행동의 빈도를 증가시킨다.

③ 브룸(Vroom)의 기대 이론에 따르면 유의성(valence)은 행위자의 성장욕구가 높을수록 크 고 존재욕구가 높을수록 작으며 수단성에 영향을 미친다.

④ 매슬로우(Maslow)의 욕구단계 이론에 따르면 성장욕구의 충족이 좌절되었을 때 관계욕구 를 충족시키려는 좌절 – 퇴행(frustration regression)의 과정이 발생한다.

⑤ 아담스(Adams)의 공정성 이론(equity theory)에 의하면 절차적 공정성, 분배적 공정성, 상호작용적 공정성 순서로 동기부여가 일어난다.

해설 콕

① 브룸(Vroom)의 기대 이론(expectancy theory)은 동기부여의 과정 이론에 해당한다.

③ 브룸(Vroom)의 기대 이론은 성장욕구와 존재욕구와는 관련이 없다.

④ 매슬로우(Maslow)의 욕구단계 이론에 대한 설명이 아닌 알더퍼의 ERG 이론에 대한 설명이다.

⑤ 아담스(Adams)의 공정성 이론(equity theory)은 분배적 공정성만 다루고 있다.

정답 ②

CHAPTER 2 조직관리

48

☑확인 Check!
○
△
×

조직개발기법 중 스키너(B. F. Skinner)의 조작적 조건화의 원리를 조직 상황에 적용하여 긍정적 행동의 강화에 이론적 기초를 두고 있는 기법은?

① 행동수정기법　　　　　　　② 형태적 접근기법
③ 의사거래분석법　　　　　　④ 감수성 훈련기법
⑤ 델파이법

 해설 콕

행동수정기법은 사람의 행동은 주위환경과의 상호작용에 의해 학습된 것으로 보고, 주위환경을 변화시켜 사람에게 바람직한 행동은 유지 및 증가시키고, 바람직하지 않은 행동은 감소시키는 과정을 말한다.

정답 ①

49

☑확인 Check!
○
△
×

내재적으로 동기부여된 행동에 외재적 보상이 제공되면 오히려 내재적 동기가 감소하게 되는 현상을 설명하고 있는 이론은?

① 기대 이론　　　　　　　　② 욕구단계 이론
③ 인지평가 이론　　　　　　④ ERG 이론
⑤ 목표설정 이론

 해설 콕

내재적으로 동기부여된 행동에 외재적 보상이 제공되면 오히려 내재적 동기가 감소하게 되는 현상을 설명하고 있는 이론은 인지평가 이론이다.
① 브롬의 기대 이론은 동기의 강도는 노력에 따른 성과의 기대, 성과 달성시 보상을 받을 것이라는 믿음, 보상에 대한 자신의 선호에 있다는 이론이다.
② 매슬로우의 욕구단계 이론은 욕구를 중요성에 따라서 생리적 욕구, 안전 욕구, 사회적 욕구, 존경 욕구, 자아실현 욕구 순으로 분류하였다.
④ 알더퍼의 ERG 이론은 욕구를 존재, 관계, 성장 세 단계로 분류하였다.
⑤ 로크의 목표설정 이론은 목표에 따라 성과가 변할 수 있다는 이론이다.

정답 ③

50

☑ 확인
Check!

○
△
✕

다음 설명 중 적절한 항목만을 모두 선택한 것은?

a. 성격(personality)은 개인의 독특한 개성을 나타내는 전체적인 개념으로 선천적 유전에 의한 생리적인 것을 바탕으로 하여 개인이 사회문화 환경과 작용하는 과정에서 형성된다.
b. 욕구(needs)는 어떤 목적을 위해 개인의 행동을 일정한 방향으로 작동시키는 내적 심리상태를 의미한다.
c. 사회적 학습이론(social learning theory)에 의하면, 학습자는 다른 사람의 어떤 행동을 관찰하여 그것이 바람직한 결과를 가져올 때에는 그 행동을 모방하고, 좋지 않은 결과를 가져올 때에는 그 같은 행동을 하지 않게 된다.
d. 역할갈등(role conflict)은 직무에 대한 개인의 의무·권한·책임이 명료하지 않은 지각상태를 의미한다.

① a, b
② a, c
③ a, d
④ b, c
⑤ a, c, d

🖐해설 콕

b. (✕) 동기는 어떤 목적을 위해 개인의 행동을 일정한 방향으로 작동시키는 내적 심리상태를 의미한다.
d. (✕) 역할모호성은 직무에 대한 개인의 의무·권한·책임이 명료하지 않은 지각상태를 의미한다.

정답 ②

51

☑ 확인
Check!

○
△
✕

동기부여를 강조하는 직무설계에 대한 설명으로 가장 옳지 않은 것은?

① 직무수행에 많은 기술이 필요할수록 높은 동기부여가 된다.
② 자신의 직무가 조직 내에서 중요할수록 높은 동기부여가 된다.
③ 업무 수행 방법에 대해 자율적으로 의사결정을 내릴 수 있는 권한이 많을수록 높은 동기부여가 된다.
④ 직무성과에 대한 피드백이 불명확할수록 높은 동기부여가 된다.

🖐해설 콕

직무성과에 대한 피드백이 명확할수록 높은 동기부여가 된다.

정답 ④

안심Touch

03 리더십 이론

(1) 리더십의 발달 순서

속성론(자질론, 특성론) → 행태론 → 상황론

① **속성론(자질론, 특성론)**

자질론은 리더가 갖춰야 하는 특성과 자질을 찾는 이론으로 '어떠한 리더의 특성이 효과적인가'를 연구하는 이론

② **행태론**

리더의 어떤 행동 유형이 조직의 효과성을 높이게 되는지에 관심을 갖는 이론

③ **상황론**

리더가 처한 상황에 적합한 행태를 보일 때 조직의 효과성이 제고된다는 이론

(2) 리더십의 행태론적 접근법

① **아이오와 대학 연구**

리더십은 권위형, 민주형, 자유방임형으로 나뉘는데 민주형 리더십이 가장 효율적이며, 바람직하다.

② **미시간 대학 모형**

리더십의 유형을 직원중심형과 생산중심형으로 구분하였으며, 직원중심형이 더 우월하다.

③ **오하이오 주립대학 모형**

임무중심적 행태인 구조설정과 인간관계중심적 행태인 배려 두 가지 국면으로 네 가지 형태의 리더십을 분류하였으며, 구조설정과 배려 모두 높은 형태가 가장 바람직하다.

④ **블레이크와 머튼의 관리그리드(관리유형도)**

1973년 텍사스대학 교수였던 블레이크와 머튼(R. Blake & J. Mouton)이 발표한 이론으로 리더에게 필요한 역량을 크게 인간에 대한 관심과 과업(생산)에 대한 관심의 영역으로 나누고 두 가지가 모두 높은 리더를 이상형이라고 보고 이러한 리더를 양성하려고 한 이론이다.

(3) 리더십의 상황론적 접근법

① **피들러의 상황적응적 모형**

㉠ 두 가지 유형의 리더십 임무중심과 인간관계중심을 상황적 변수 관계, 과업구조, 직위권력과 결부하였다.

㉡ 상황이 유리하거나 불리하면 임무중심형, 중간정도의 상황이면 인간관계중심형이 효과적이다.

② 허쉬와 블랜차드의 리더십상황 이론(생애주기 이론)
  ㉠ 리더십 분류 기준을 인간관계중심과 임무중심으로 나눈 후 부하 성숙도라는 하나의 차원
     을 추가하여 삼차원적 모형을 정립하였다.
  ㉡ 과업행동은 부하의 성숙도가 높아질수록 줄이고, 관계행동은 중간수준에서 많아져야 효
     과적이다.
③ 하우스와 에반스의 경로 – 목표모형
  ㉠ 내 용
     리더는 부하가 원하는 보상(목표)을 얻을 수 있는 행동(목표)를 명확히 하여야 부하의 성
     과를 높일 수 있다는 이론
  ㉡ 리더십의 유형

유 형	내 용
지시형	부하들을 통제, 조정하는 것
지원형(지지형)	부하의 욕구와 복지를 생각하여 작업환경의 부정적 측면을 최소화
참여형	의사결정시 부하들의 의견을 반영
성취지향형	부하들이 도전적 목표를 수립하도록 하며, 높은 성과를 달성하도록 요구

(4) 거래적 리더십 vs 변혁적 리더십

구 분	거래적 리더십	변혁적 리더십
초 점	하급 관리자	최고 관리자
관리전략	합리적 교환관계	내적 동기유발
환 경	폐쇄체제	개방체제
구 조	기계적 관료제	임시구조
성 격	현상유지	변화지향

(5) 슈퍼리더십
① 의 의
   슈퍼리더십 이론의 가장 핵심적인 사항은, 변혁의 시대에 있어서 리더는 슈퍼리더가 되어야
   한다는 것이다. 여기에서 말하는 슈퍼리더란 '구성원 개개인들이 자기 자신을 리드할 수 있는
   셀프리더(self-leader)가 될 수 있도록 리드해가는 사람'으로 규정하고 있다.
② 특 징
   한 사람이 다른 사람에게 영향력을 행사한다는 전통적인 논리에 비추어 본다면 커다란 패러
   다임의 전환이다. 바로 구성원들 스스로가 자율적이면서도 효과적으로 자신의 운명을 이끌어
   가도록 그들의 잠재력을 극대화시키는 것이 리더의 중요한 역할로 부각된 것이다.

01

리더십 이론 중 피들러(F. E. Fiedler) 모형에 관한 설명으로 옳은 것을 모두 고른 것은?

> ㄱ. 리더의 행동차원을 인간에 대한 관심과 과업에 대한 관심 두 가지로 나누어 다섯 가지 형태의 리더십으로 구분하였다.
> ㄴ. 상황요인으로 과업이 짜여진 정도, 리더와 부하 사이의 신뢰정도, 리더 지위의 권력정도를 제시하였다.
> ㄷ. 상황이 리더에게 아주 유리하거나 불리할 때는 과업주도형 리더십이 효과적이라고 주장하였다.
> ㄹ. 리더의 유형을 파악하기 위해 LPC(Least Preferred Co-worker) 점수를 측정해서 구분하였다.

① ㄱ, ㄴ　　　　　　　　　　② ㄱ, ㄹ
③ ㄴ, ㄷ　　　　　　　　　　④ ㄴ, ㄷ, ㄹ
⑤ ㄱ, ㄴ, ㄷ, ㄹ

해설 콕
ㄱ. (×) 리더의 행동차원을 인간에 대한 관심과 과업에 대한 관심 두 가지로 나누어 다섯 가지 형태의 리더십으로 구분한 것은 블레이크 머튼의 관리그리드이다. 피들러(F. E. Fiedler) 모형은 리더의 특성을 과업중심과 인간관계중심 두 가지로 분류하였다.

정답 ④

02

허쉬와 블랜차드(P. Hersey & K. Blanchard)의 상황적 리더십 이론에서 설명한 4가지 리더십 스타일이 아닌 것은?

① 설명형　　　　　　　　　② 설득형
③ 관료형　　　　　　　　　④ 참여형
⑤ 위임형

해설 콕
허쉬와 블랜차드(P. Hersey & K. Blanchard)의 상황적 리더십 이론에서 설명한 4가지 리더십 스타일은 지시형(설명형), 설득형, 참여형, 위임형 4가지이다.

정답 ③

허쉬와 블랜차드(P. Hersey & K. Blanchard)의 상황적 리더십

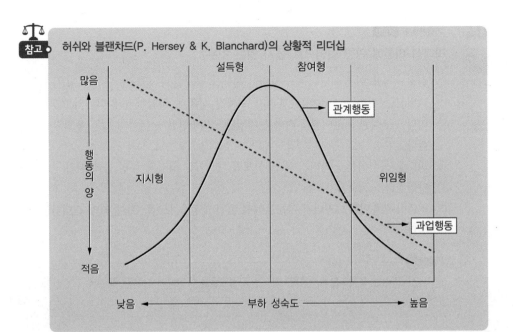

03

☑확인
Check!
○
△
×

허쉬와 블랜차드(Hersey & Blanchard)의 리더십 유형 중 낮은 지시행동과 낮은 지원행동을 보이는 유형은?

① 지시형 리더   ② 지도형 리더
③ 지원형 리더   ④ 위임형 리더
⑤ 카리스마적 리더

해설 콕 ···

허쉬와 블랜차드(Hersey & Blanchard)의 리더십 유형 중 낮은 과업(지시)행동과 낮은 관계(지원)행동을 보이는 유형은 위임형 리더이다.
① 높은 과업(지시)행동과 낮은 관계(지원)행동을 보이는 유형은 지시형(설명형) 리더이다.
② 높은 과업(지시)행동과 높은 관계(지원)행동을 보이는 유형은 지도형(설득형) 리더이다.
③·⑤ 지원형 리더와 카리스마적 리더는 허쉬와 블랜차드(Hersey & Blanchard)의 리더십 유형이 아니다.

정답 ④

☑ 확인
Check!

| ○ |
| △ |
| × |

리더십 이론에 관한 설명으로 옳지 않은 것은?

① 경로 - 목표 이론 : 리더는 구성원이 목표를 달성할 수 있도록 명확한 길을 제시해야 한다.

② 리더십 상황이론 : 리더의 행위가 주어진 상황에 적합하면 리더십의 효과가 증가한다.

③ 리더 - 구성원 교환이론 : 리더는 내집단 - 외집단을 구분하지 않고 동일한 리더십을 발휘한다.

④ 리더십 특성이론 : 리더가 지닌 신체적, 심리적, 성격적 특성 등에 따라 리더십의 효과가 달라진다.

⑤ 리더십 행동이론 : 리더가 부하들에게 어떤 행동을 보이는 가에 따라 리더십의 효과가 달라진다.

해설 콕

리더 - 구성원 교환이론에 의하면 리더는 구성원들을 동일하게 다루지 않는다.

정답 ③

☑ 확인
Check!

| ○ |
| △ |
| × |

리더십 이론에 관한 설명으로 가장 적절한 것은?

① 거래적 리더십(transactional leadership)은 조건적 보상, 예외에 의한 관리(management by exception), 지적인 자극, 이상적인 영향력의 행사로 구성된다.

② 피들러(Fiedler)의 리더십 모형은 리더를 둘러싼 상황을 과업의 구조, 부하와의 관계, 부하의 성취욕구, 작업환경으로 구분한다.

③ 브룸(Vroom)과 예튼(Yetton)의 리더십 모형은 리더십의 스타일을 리더와 부하의 관계의 질에 따라 방임형, 민주형, 절충형, 독재형의 4가지 형태로 나눈다.

④ 허쉬(Hersey)와 블랜차드(Blanchard)는 부하의 성숙도를 부하의 능력(ability)과 의지(willingness), 두 가지 측면에서 파악하여 4가지로 나누었다.

⑤ 블레이크(Blake)와 머튼(Mouton)은 (1, 1)형 리더를 이상적인 리더십 스타일로 규정하였다.

해설 콕

① 지적인 자극과 이상적인 영향력은 거래적 리더십이 아닌 변혁적 리더십의 요소이다.

② 피들러(Fiedler)의 리더십 모형은 리더를 둘러싼 상황을 부하와의 관계, 과업의 구조, 리더의 직위권력 세가지로 구분하였다.

③ 브룸(Vroom)과 예튼(Yetton)은 독단적인 것에서 민주적인 것까지 5가지 의사결정 형태를 제시했다.

⑤ 블레이크(Blake)와 머튼(Mouton)은 (9, 9)형 리더를 이상적인 리더십 스타일로 규정하였다.

정답 ④

06

공인회계사 **2017**

☑ 확인 Check!
○
△
✕

리더십 이론에 관한 설명으로 가장 적절하지 않은 것은?

① 하급자에게 분명한 업무를 부여하는 행위는 오하이오주립대학교(Ohio State University) 리더십 행동연구에서 구조주도(initiating structure) 측면에 해당한다.

② 허쉬(Hersey)와 블랜차드(Blanchard)의 상황적 리더십 이론(situational leadership theory)은 과업특성에 따라 리더십 스타일의 유효성이 달라진다고 주장한다.

③ 피들러(Fiedler)의 리더십 상황모형에서 높은 LPC(Least Preferred Co-worker) 점수는 관계지향적 리더십 스타일을 의미한다.

④ 리더십 대체 이론(substitutes for leadership)에 따르면 집단의 높은 응집력은 리더의 관계지향적 행위를 대체할 수 있다.

⑤ '부하가 상사를 카리스마 리더로 인식할 때 조직 성과가 높아지는 것이 아니라, 조직 성과가 높은 경우 상사를 카리스마 리더로 인식하는 정도가 강해진다'는 연구결과는 리더십 귀인 이론(attribution theory of leadership)의 예이다.

> 해설 **콩**
>
> 허쉬(Hersey)와 블랜차드(Blanchard)의 상황적 리더십 이론(situational leadership theory)은 부하의 성숙도에 따라 리더십을 달리 해야 한다는 이론으로 과업특성에 따라 리더십 스타일의 유효성이 달라진다고 보지 않았다.
>
> 정답 ②

07

공인회계사 **2018**

☑ 확인 Check!
○
△
✕

리더십 이론에 관한 설명으로 가장 적절한 것은?

① 변혁적 리더십(transformational leadership)은 영감을 주는 동기부여, 지적인 자극, 상황에 따른 보상, 예외에 의한 관리, 이상적인 영향력의 행사로 구성된다.

② 피들러(Fiedler)는 과업의 구조가 잘 짜여져 있고, 리더와 부하의 관계가 긴밀하고, 부하에 대한 리더의 지위권력이 큰 상황에서 관계지향적 리더가 과업지향적 리더보다 성과가 높다고 주장하였다.

③ 스톡딜(Stogdill)은 부하의 직무능력과 감성지능이 높을수록 리더의 구조주도(initiating structure)행위가 부하의 절차적 공정성과 상호작용적 공정성에 대한 지각을 높인다고 주장하였다.

④ 허쉬(Hersey)와 블랜차드(Blanchard)는 부하의 성숙도가 가장 낮을 때는 지시형 리더십(telling style)이 효과적이고, 부하의 성숙도가 가장 높을 때는 위임형 리더십(delegating style)이 효과적이라고 주장하였다.

⑤ 서번트 리더십(servant leadership)은 리더와 부하의 역할교환, 명확한 비전의 제시, 경청, 적절한 보상과 벌, 자율과 공식화를 통하여 집단의 성장보다는 집단의 효율성과 생산성을 높이는데 초점을 두고 있다.

① 상황에 따른 보상은 변혁적 리더십의 요소가 아닌 거래적 리더십의 요소이다. 변혁적 리더십의 요소는 영감을 주는 동기부여, 지적인 자극, 이상적인 영향력의 행사, 개별적 배려로 구성된다.
② 피들러(Fiedler)는 과업의 구조가 잘 짜여져 있고, 리더와 부하의 관계가 긴밀하고, 부하에 대한 리더의 지위권력이 큰 상황에서 관계지향적 리더가 과업지향적 리더보다 성과가 낮다고 주장하였다.
③ 스톡딜(Stogdill)의 리더십 이론은 임무중심적인 구조설정과 인간관계중심적인 배려로 구분하고 리더십 유형을 분류한 것으로 부하의 직무능력과 감성하고는 관련이 없다.
⑤ 타인을 위한 봉사에 초점을 둔 서번트 리더십(servant leadership)은 경청, 치유, 설득 등을 통해 집단의 효율성과 생산성을 높이는데 초점을 두었다.

정답 ④

08

경영지도사 2019

☑ 확인
Check!

○
△
×

하우스(R. House)의 경로 – 목표 이론에서 정의한 리더십 행동 유형이 아닌 것은?

① 혁신적(innovational) 리더
② 성취지향적(achievement oriented) 리더
③ 지시적(instrumental) 리더
④ 지원적(supportive) 리더
⑤ 참여적(participative) 리더

해설 콕

하우스(R, House)의 경로 – 목표 이론에서 정의한 리더십 행동 유형은 지시적 리더, 지지적(지원적) 리더, 참여적 리더, 성취지향적 리더이다.

정답 ①

09

☑ 확인
Check!
○
△
✕

하우스(R. House)가 제시한 경로 – 목표 이론의 리더십 유형에 해당하지 않는 것은?

① 권한위임적 리더십　　　　　② 지시적 리더십

③ 지원적 리더십　　　　　　　④ 성취지향적 리더십

⑤ 참가적 리더십

> 🖐 해설 콕 ....
>
> 하우스(R. House)의 경로 – 목표 이론에서 정의한 리더십 행동 유형은 지시적 리더, 지지적(지원적) 리더, 참여적 리더, 성취지향적 리더이다.
>
> 정답 ①

10

☑ 확인
Check!
○
△
✕

리더십 이론에 관한 설명으로 옳지 않은 것은?

① 리더십 이론은 특성론적 접근, 행위론적 접근, 상황론적 접근으로 구분할 수 있다.

② 블레이크(R. Blake)와 머튼(J. Mouton)의 관리격자 이론에 의하면 (9, 9)형이 이상적인 리더십 유형이다.

③ 허쉬(R. Hersey)와 블랜차드(K. Blanchard)는 부하들의 성숙도에 따른 효과적인 리더십 행동을 분석하였다.

④ 피들러(F. Fiedler)는 상황변수로서 리더와 구성원의 관계, 과업구조, 리더의 지휘권한 정도를 고려하였다.

⑤ 하우스(R. House)의 경로 – 목표 이론에 의하면 상황이 리더에게 아주 유리하거나 불리할 때는 과업지향적인 리더십이 효과적이다.

> 🖐 해설 콕 ....
>
> 피들러의 상황적응적 모형에 의하면 상황이 리더에게 아주 유리하거나 불리할 때는 과업지향적인 리더십이 효과적이다.
>
> 정답 ⑤

11

공인회계사 2015

리더십 이론에 관한 설명으로 가장 적절한 것은?

① 피들러(Fiedler)의 상황 이론에 의하면, 리더가 처한 상황이 매우 호의적이거나 매우 비호 의적인 경우에는 LPC(Least Preferred Co-worker) 점수가 높은 리더가 적합하다.

② 리더 – 구성원 교환관계 이론(LMX ; leader-member exchange theory)은 상사와 모든 부하의 관계가 동질적이라고 가정하고 있다.

③ 허쉬(Hersey)와 블랜차드(Blanchard)의 상황 이론에 의하면, 부하의 성숙도가 매우 낮거 나 매우 높은 경우에는 위임형 리더십 스타일이 적합하다.

④ 블레이크(Blake)와 머튼(Mouton)의 관리격자모형(managerial grid model)에서는 리더가 처한 상황에 따라 리더십 스타일이 달라진다고 하였다.

⑤ 하우스(House)의 경로 – 목표 이론(path-goal theory)에서는 리더의 유형을 지시적, 지원 적(후원적), 참여적, 성취지향적 리더십으로 구분하였다.

해설 콕 ....

하우스(House)의 경로 – 목표 이론(path-goal theory)에서는 리더의 유형을 지시적, 지원적(후원적), 참여적, 성취지향적 리더십 4가지 유형으로 구분하였다.

① 피들러(Fiedler)의 상황 이론에 의하면, 리더가 처한 상황이 매우 호의적이거나 매우 비호의적인 경우 에는 LPC(Least Preferred Co-worker) 점수가 낮은 리더가 적합하다.

② 다른 리더십 이론과는 달리 리더 – 구성원 교환관계 이론(LMX ; leader-member exchange theory) 은 상사와 모든 부하의 관계가 동질적이라 가정하지 않는다.

③ 허쉬(Hersey)와 블랜차드(Blanchard)의 상황 이론에 의하면, 부하의 성숙도가 매우 낮을 때에는 지 시적 리더십 스타일이 적합하고, 부하의 성숙도가 매우 높을 때에는 위임형 리더십 스타일이 적합하 다.

④ 블레이크(Blake)와 머튼(Mouton)의 관리격자모형(managerial grid model)은 리더가 처한 상황과 관련이 없다.

정답 ⑤

경영지도사 `2018`

블레이크(R. R. Blake)와 머튼(J. S. Mouton)의 리더십 관리경자모델 리더 유형에 관한 설명으로 옳지 않은 것은?

① (1, 1)형은 조직구성원으로서 자리를 유지하는데 필요한 최소한의 노력만을 투입하는 방관형(무관심형) 리더이다.

② (1, 9)형은 구조주도행동을 보이는 컨트리클럽형(인기형) 리더이다.

③ (9, 1)형은 과업상의 능력을 우선적으로 생각하는 과업형 리더이다.

④ (5, 5)형은 과업의 능률과 인간적 요소를 절충하여 적당한 수준에서 성과를 절충형(타협형) 리더이다.

⑤ (9, 9)형은 인간과 과업에 대한 관심이 모두 높은 리더이다.

🖐️해설 **콕** ┈┈

(1, 9)형은 인간적 측면에 관심을 보이는 컨트리클럽형(인기형) 리더이다.

정답 ②

⚖️ 참고 블레이크와 머튼의 관리그리드에 의한 리더의 행동유형

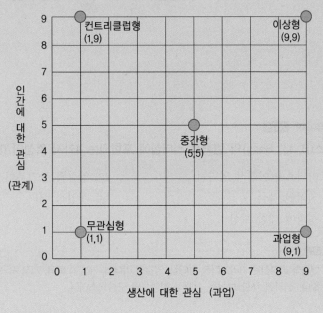

안심Touch

13

☑ 확인
Check!

○
△
×

리더십 이론에 대한 설명 중 가장 옳은 것은?

① 허쉬와 블랜차드(Hersey and Blanchard)의 리더십 상황 이론에서는 LPC(Least Preferred Coworker) 척도를 이용하여 리더의 유형을 나누었다.

② 서번트 리더십(Servant leadership)은 개인화된 배려, 지적 자극, 영감에 의한 동기유발 등을 통해 부하를 이끄는 리더십이다.

③ 블레이크(Blake)와 머튼(Mouton)의 관리격자모형(managerial grid model)에서는 상황의 특성과 관계없이 인간관계와 생산에 모두 높은 관심을 가지는 팀형(9, 9)을 가장 좋은 리더십 스타일로 삼았다.

④ 거래적 리더십 스타일을 지닌 리더는 카리스마를 포함한다.

> 해설 콕 ···
>
> ① LPC(Least Preferred Coworker) 척도를 이용하여 리더의 유형을 나누는 것은 피들러의 상황적응적 모형이다.
> ② 개인화된 배려, 지적 자극, 영감에 의한 동기유발 등을 통해 부하를 이끄는 리더십은 변혁적 리더십이다.
> ④ 카리스마를 포함하고 있는 리더십은 변혁적 리더십이다.
>
> 정답 ③

14

☑ 확인
Check!

○
△
×

배스(B. M. Bass)의 변혁적 리더십에 포함되는 4가지 특성이 아닌 것은?

① 카리스마(이상적 영향력)   ② 영감적 동기부여

③ 지적인 자극   ④ 개인적 배려

⑤ 성과에 대한 보상

> 해설 콕 ···
>
> 변혁적 리더십은 카리스마적 리더십, 영감적 리더십, 개별적 배려, 지적 자극 4가지의 구성요소를 가지고 있다. 성과에 대한 보상은 거래적 리더십의 구성요소이다.
>
> 정답 ⑤

15 경영지도사 2020

☑ 확인
Check!
○
△
✕

조직 구성원이 리더의 새로운 이상에 의해 태도와 동기가 변화하고 자발적으로 자신과 조직의 변화를 이끌어 낼 수 있도록 하는 리더십은?

① 거래적 리더십(transactional leadership)
② 슈퍼리더십(super-leadership)
③ 변혁적 리더십(transformational leadership)
④ 서번트 리더십(servant leadership)
⑤ 진성 리더십(authentic leadershi

 해설 콕 ‥‥‥‥‥‥‥‥‥‥‥‥‥‥‥‥‥‥‥‥‥‥‥‥‥‥‥‥‥‥‥‥‥‥‥‥‥‥‥

조직 구성원이 리더의 새로운 이상에 의해 태도와 동기가 변화하고 자발적으로 자신과 조직의 변화를 이끌어 낼 수 있도록 하는 리더십은 변혁적 리더십(transformational leadership)이다.

정답 ③

⚖ 참고 **거래적 리더십 vs 변혁적 리더십**

구 분	거래적 리더십	변혁적 리더십
초 점	하급 관리자	최고 관리자
관리전략	합리적 교환관계	내적 동기유발
환 경	폐쇄체제	개방체제
구 조	기계적 관료제	임시구조
성 격	현상유지	변화지향

CHAPTER 2 조직관리

16

리더십에 관한 설명으로 가장 적절하지 않은 것은?

① 권한(authority)은 직위에 주어진 권력으로서 주어진 책임과 임무를 완수하는 데 필요한 의사결정권을 의미한다.

② 진성 리더(authentic leader)는 자신의 특성을 있는 그대로 인식하고 내면의 신념이나 가치와 일치되게 행동하며, 자신에게 진솔한 모습으로 솔선수범하며 조직을 이끌어가는 사람을 말한다.

③ 리더십 행동이론은 리더의 실제행동에 초점을 두고 접근한 이론으로서 독재적-민주적-자유방임적 리더십, 구조주도-배려 리더십, 관리격자 이론을 포함한다.

④ 카리스마적 리더(charismatic leader)는 집단응집성 제고를 통해 집단사고를 강화함으로써 집단의사결정의 효과성을 더 높일 가능성이 크다.

⑤ 리더가 부하의 행동에 영향을 주는 방법에는 모범(emulation), 제안(suggestion), 설득(persuasion), 강요(coercion) 등이 있다.

카리스마적 리더(charismatic leader)는 집단응집성 제고를 통해 집단사고를 강화함으로써 집단의사결정의 효과성을 더 낮출 가능성이 크다.

정답 ④

17

변혁적 리더십(transformational leadership)에 대한 설명으로 옳지 않은 것은?

① 변혁적 리더십과 거래적 리더십은 상호 보완적이지만 변혁적 리더십이 리더와 부하직원들의 더 높은 수준의 노력과 성과를 이끌어내기에 적합할 수 있다.

② 변혁적 리더십은 리더가 부하직원의 성과와 욕구충족을 명확히 인식하고 노력에 대한 보상을 약속하여 기대되는 역할을 수행하게 만든다는 것이다.

③ 변혁적 리더십은 리더와 부하직원 간의 교환관계에 기초한 거래적 리더십에 대한 비판으로부터 발전하였다.

④ 배스(Bass)는 카리스마, 지적 자극, 개별적 배려를 변혁적 리더십의 구성요소로 제시하였다.

부하직원에게 보상을 약속하여 기대되는 역할을 수행하게 만드는 것은 거래적 리더십에 해당한다.

정답 ②

18

경영지도사 2018

변혁적 리더십의 특징에 해당하지 않는 것을 모두 고른 것은?

> ㄱ. 부하들에게 장기적인 목표를 위해 노력하도록 동기 부여한다.
> ㄴ. 부하들을 위해 문제를 해결하거나 해답을 찾을 수 있는 곳을 알려준다.
> ㄷ. 부하들에게 즉각적이고도 가시적인 보상으로 동기 부여한다.
> ㄹ. 부하들에게 자아실현과 같은 높은 수준의 개인적인 목표를 동경하도록 동기 부여한다.
> ㅁ. 질문을 하여 부하들에게 스스로 해결책을 찾도록 격려하거나 함께 일을 한다.

① ㄱ, ㄴ   ② ㄱ, ㅁ
③ ㄴ, ㄷ   ④ ㄷ, ㄹ
⑤ ㄹ, ㅁ

해설 콕

ㄴ. 부하들을 위해 문제를 해결하거나 해답을 찾을 수 있는 곳을 알려준다. → 거래적 리더십의 특징이다.
ㄷ. 부하들에게 즉각적이고도 가시적인 보상으로 동기 부여한다. → 거래적 리더십의 특징이다.

정답 ③

19

공인노무사 2017

리더십에 관한 설명으로 옳지 않은 것은?

① 거래적 리더십은 리더와 종업원 사이의 교환이나 거래관계를 통해 발휘된다.
② 서번트 리더십은 목표달성이라는 결과보다 구성원에 대한 서비스에 초점을 둔다.
③ 카리스마적 리더십은 비전달성을 위해 위험감수 등 비범한 행동을 보인다.
④ 변혁적 리더십은 장기비전을 제시하고 구성원들의 가치관 변화와 조직몰입을 증가시킨다.
⑤ 슈퍼리더십은 리더가 종업원들을 관리하고 통제할 수 있는 힘과 기술을 가지도록 하는데 초점을 둔다.

해설 콕

슈퍼리더십은 리더가 종업원들이 자기 자신을 리드할 수 있는 역량을 가질 수 있게 하는 리더십이다.

정답 ⑤

☑ 확인
Check!

○
△
×

서번트(Servant) 리더의 특성으로 옳지 않은 것은?

① 부하의 성장을 위해 헌신한다.

② 부하의 감정에 공감하고 이해하려고 노력한다.

③ 권력이나 지시보다는 설득으로 부하를 대한다.

④ 조직의 구성원들에게 공동체 정신을 심어준다.

⑤ 비전 달성을 위해 위험감수 등 비범한 행동을 보인다.

 해설 콕 ....

비전 달성을 위해 위험감수 등 비범한 행동을 보이는 것은 변혁적 리더십에 해당한다.

정답 ⑤

참고 서번트(Servant) 리더의 특성

• 경청하는 자세
• 공감대 형성에 노력
• 부하들의 고통 치유에 관심
• 분명한 인식을 통해 대안 제시
• 맹종 아닌 설득에 의한 동반
• 폭넓은 사고를 통해 비전 제시
• 예리한 통찰력으로 미래예측을 하도록 도움
• 헌신적인 태도로 봉사
• 부하들의 능력개발에 노력
• 조직구성원간 공동체 형성에 조력

☑ 확인
Check!

○
△
✕

리더십 이론에 관한 설명으로 가장 적절한 것은?

① 허쉬(Hersey)와 블랜차드(Blanchard)의 상황 이론에 따르면 설득형(selling) 리더십 스타일의 리더보다 참여형(participating) 리더십 스타일의 리더가 과업지향적 행동을 더 많이 한다.

② 피들러(Fiedler)의 상황 이론에 따르면 개인의 리더십 스타일이 고정되어 있지 않다는 가정 하에 리더는 상황이 변할 때마다 자신의 리더십 스타일을 바꾸어 상황에 적용한다.

③ 블레이크(Blake)와 머튼(Mouton)의 관리격자 이론(managerial grid theory)은 리더십의 상황 이론에 해당된다.

④ 거래적 리더십(transactional leadership) 이론에서 예외에 의한 관리(management by exception)란 과업의 구조, 부하와의 관계, 부하에 대한 권력행사의 예외적 상황을 고려하여 조건적 보상을 하는 것이다.

⑤ 리더 – 구성원 교환관계 이론(LMX ; leader-member exchange theory)에서는 리더와 부하와의 관계의 질에 따라서 부하를 내집단(in-group)과 외집단(out-group)으로 구분한다.

👆해설 콕

① 허쉬(Hersey)와 블랜차드(Blanchard)의 상황 이론에 따르면 참여형(participating) 리더십 스타일의 리더보다 설득형(selling) 리더십 스타일의 리더가 과업지향적 행동을 더 많이 한다.

② 피들러(Fiedler)의 상황 이론에 따르면 개인의 리더십 스타일은 고정되어 있어 상황에 따라 리더를 교체해야 한다고 보았다.

③ 관리격자 이론(managerial grid theory)은 리더십 상황 이론이 아니라, 리더십 행동 이론이다.

④ 거래적 리더십(transactional leadership) 이론에서 예외에 의한 관리(management by exception)는 평상시에는 부하들에게 간섭을 하지 않다가 예외적 사건이 발생하면 간섭하는 것을 말한다.

정답 ⑤

CHAPTER 2 조직관리

안심Touch

04 권력 & 갈등 & 조직문화 & 지각

(1) 권 력

① 의 의
다른 사람이나 집단에 영향을 미치는 잠재적 능력을 권력이라 한다.

② 분 류

보상적 권력	타인에게 승진이나 급여와 같은 보상을 제공할 수 있는 능력
강제적 권력	타인을 처벌할 수 있는 능력
합법적 권력	권한과 유사한 것으로 직위에 기반한 권력
준거적 권력	카리스마와 유사한 것으로 뛰어난 사람을 닮고자 할 때 발생
전문적 권력	전문적 기술이나 지식에 의한 권력

(2) 갈 등

① 의 의
갈등이란 한정된 자원에 대한 경쟁이 있거나 선택의 기준이 분명치 못해 여러 대안 중 선택의 곤란을 겪는 상황이라고 할 수 있다.

② 기 능

갈등의 순기능	• 어느 정도의 갈등은 집단의 형성 및 집단 활동의 유지를 위해 필요한 현상이다. • 조직이나 개인의 문제점에 대해서 관계자들의 관심을 갖게 하는 계기가 되어 변화를 가져온다. • 갈등이 합리적으로 해결되면 쇄신이나 변동 및 발전과 재통합의 계기가 된다. • 침체된 조직을 거기에서 벗어나 더욱 생동하게 하는 계기가 된다. • 구성원들의 다양한 심리적 요구를 충족시키는 계기가 된다. • 조직 내의 갈등을 관리하고 방지할 수 있는 방법을 학습할 수 있는 기회를 제공한다. • 조직이나 개인에게 창의성, 진취성, 적응성, 융통성을 향상시킨다.
갈등의 역기능	• 역기능적 입장은 갈등의 병리적 측면에 초점을 두고, 갈등은 조직에 해로운 것이라는 관점에서 갈등의 원인 규명과 해결 방안을 탐구하고자 하는 입장이다. • 개인과 집단의 균형을 깨뜨려서 혼란과 무질서를 초래하고 조직 구성원의 사기를 저하시킨다. • 개인이나 조직의 통합과 조화를 깨뜨리고 조직의 위계질서를 문란하게 할 우려가 있다. • 조직 구성원 간이나 조직 단위들 간에 반목과 적대 의식을 조장하여 불안과 긴장을 조장시킬 우려가 있다. • 조직 내에서의 창의성과 쇄신을 봉쇄할 우려가 있다.

(3) 조직문화

① 의 의
한 조직의 구성원들이 공유하는 신념, 가치관, 이념, 관습, 지식 및 기술을 총칭한 것이다.

② 학 설
ⓐ Pettigrew : 언어, 상징, 이념, 전통 등 조직체 개념의 총체적 원천

ⓑ Sathe : 조직 구성원들이 보편적으로 공유하는 중요한 가정

ⓒ Deal과 Kennedy : 현재 활용되고 있는 행동양식

ⓓ O'Reilly : 강력하고 공유된 핵심가치

ⓔ Hofstede : 사람에게 공유되고 있는 집합적인 심리적 프로그래밍

ⓕ Bate : 조직자극에 대해 합의된 지각

ⓖ Ouchi : 조직구성원에게 조직의 가치 및 신념 등을 전달하는 의식, 상징 등의 집합

ⓗ Peters와 Waterman : 신화, 전설, 스토리, 우화 등과 같이 상징 수단에 의해 전달되고 지배적이면서 일관된 공유가치의 집합

③ 성 격
ⓐ 작업 집단내 형성되는 규범

ⓑ 사람이 상호작용할시 관찰되는 행동의 규칙성(사용하는 언어, 의식 등)

ⓒ 소비자 및 종업원에 대한 정책결정의 지침이 되는 경영철학, '최상의 품질', '저렴한 가격' 등과 같이 조직에 의해 강조되는 지배적인 가치관

ⓓ 조직구성원들이 소비자나 외부사람들과의 접촉하는 방식과 사무실내 물질적인 배치 등에서 느끼는 분위기 또는 느낌

ⓔ 신입자가 조직의 구성원으로 인정받기 위해 습득해야 하는 불문율로, 이는 조직 내에서 잘 어울려 지내는데 필요한 규칙

(4) 지 각

① 귀인 이론 : 자신 또는 다른 사람의 행동의 원인을 찾기 위해 추론하는 과정
ⓐ 내적 귀인(internal attribution) : 행위자의 외향적 성격과 대인관계 역량에 귀인하는 것

ⓑ 외적 귀인(external attribution) : 사건의 원인을 행위자의 운과 맡은 과업의 성격 탓으로 귀인하는 것

② 근원적 귀인오류(fundamental attribution error) : 사건의 원인에 대해서 외적 요인을 간과하거나 무시하고 행위자의 내적 요인으로 귀인하려는 오류

③ 켈리(Kelley)의 귀인모형
ⓐ 켈리(Kelly)의 귀인이론에서는 행동의 원인을 특이성, 합의성, 일관성으로 구분하여 파악한다.

ⓑ 켈리(Kelley)의 귀인모형에 따르면 특이성(distinctiveness)과 합의성(consensus)이 낮고 일관성(consistency)이 높은 경우에는 내적 귀인을 하게 되고, 특이성과 합의성이 높고 일관성이 낮은 경우에는 외적 귀인을 하게 된다.

01

국가직 7급 2016

☑ 확인
Check!

○
△
✕

조직 내에서 권한(authority)과 권력(power)에 대한 설명으로 옳지 않은 것은?

① 권한은 조직내 직위에서 비롯된 합법적인 권리를 말한다.

② 권력을 휘두르기 위해서 반드시 많은 권한을 가질 필요는 없다.

③ 관리자는 종업원에게 권한을 이양할 때, 그에 상응하는 책임을 부여하여 권한이 남용되지 않도록 해야 한다.

④ 사장이 누구를 만날지, 언제 만날지를 결정할 수 있는 비서는 권력은 작으나 권한은 크다.

 해설 콕 ....

권한이란 한 개인이 조직 내에서 차지하고 있는 위치로 인하여 갖는 공식적인 힘으로 비서는 권한이 크다고 할 수 없다.

정답 ④

02

공인노무사 2019

☑ 확인
Check!

○
△
✕

프렌치와 레이븐(French & Raven)의 권력원천 분류에 따라 개인적 원천의 권력에 해당하는 것을 모두 고른 것은?

ㄱ. 강제적 권력	ㄴ. 준거적 권력
ㄷ. 전문적 권력	ㄹ. 합법적 권력
ㅁ. 보상적 권력	

① ㄱ, ㄴ

② ㄴ, ㄷ

③ ㄷ, ㄹ

④ ㄹ, ㅁ

⑤ ㄱ, ㄴ, ㅁ

해설 콕 ....

권력의 원천으로 공식적 권력과 개인적 권력으로 나누어진다.
- **공식적 권력** : 강압적(강제적) 권력, 보상적 권력, 합법적 권력
- **개인적 권력** : 전문적 권력, 준거적 권력

정답 ②

03

조직으로부터 나오는 권력을 모두 고른 것은?

☑ 확인
Check!
○
△
✕

ㄱ. 보상적 권력	ㄴ. 전문적 권력
ㄷ. 합법적 권력	ㄹ. 준거적 권력
ㅁ. 강제적 권력	

① ㄱ, ㄴ, ㄷ
② ㄱ, ㄴ, ㄹ
③ ㄱ, ㄷ, ㅁ
④ ㄴ, ㄹ, ㅁ
⑤ ㄷ, ㄹ, ㅁ

해설 콕 ......

권력의 원천으로 공식적 권력과 개인적 권력으로 나누어진다.
- **공식적 권력** : 강압적(강제적) 권력, 보상적 권력, 합법적 권력
- **개인적 권력** : 전문적 권력, 준거적 권력

정답 ③

04

프렌치와 레이븐(J. French & B. Raven)이 제시한 조직내 권력의 원천 5가지가 아닌 것은?

☑ 확인
Check!
○
△
✕

① 구조적 권력(structural power)
② 보상적 권력(reward power)
③ 강압적 권력(coercive power)
④ 합법적 권력(legitimate power)
⑤ 전문적 권력(expert power)

해설 콕 ......

권력의 원천으로 공식적 권력과 개인적 권력으로 나누어진다.
- **공식적 권력** : 강압적(강제적) 권력, 보상적 권력, 합법적 권력
- **개인적 권력** : 전문적 권력, 준거적 권력

정답 ①

안심Touch

05

경영지도사 2015

프렌치와 레이븐(J. R. P. French & B. Raven)이 제시한 조직내 권력(power)의 원천 5가지에 포함되지 않는 것은?

① 보상적 권력(Reward power)

② 사회적 권력(Social power)

③ 강압적 권력(Coercive power)

④ 합법적 권력(Legitimate power)

⑤ 전문적 권력(Expert power)

해설 콕

권력의 원천으로 공식적 권력과 개인적 권력으로 나누어진다.
- **공식적 권력** : 강압적(강제적) 권력, 보상적 권력, 합법적 권력
- **개인적 권력** : 전문적 권력, 준거적 권력

정답 ②

06

가맹거래사 2017

A부장은 부하들이 자신의 지시를 성실하게 수행하지 않으면 부하들의 승진 누락, 원하지 않는 부서로의 이동, 악성 루머 확산 등의 방식으로 대응한다. 부하들은 A부장의 이러한 보복이 두려워서 A부장의 지시를 따른다. A부장이 주로 사용하는 권력은?

① 강압적 권력   ② 준거적 권력

③ 보상적 권력   ④ 합법적 권력

⑤ 전문적 권력

해설 콕

강압적 권력은 순응하지 않을 경우 처벌할 수 있는 능력이다.
② 준거적 권력은 카리스마와 유사한 것으로 매력적인 성향이나 특성을 가지고 있는 사람한테 발생한다.
③ 보상적 권력은 보상(급여)을 제공할 능력을 말한다.
④ 합법적 권력은 지위로 인해 발생하는 능력으로 권한과 유사하다.
⑤ 전문적 권력은 전문적 기술로 인해 발생하는 능력을 말한다.

정답 ①

07

☑ 확인
Check!
○
△
✕

권력 및 리더십에 관한 설명으로 가장 적절하지 않은 것은?

① 서번트 리더십(servant leadership)은 리더가 섬김을 통해 부하들에게 주인의식을 고취함으로써 그들의 자발적인 헌신과 참여를 제고하는 리더십을 말한다.

② 리더십 특성이론은 사회나 조직체에서 인정되고 있는 성공적인 리더들은 어떤 공통된 특성을 가지고 있다는 전제하에 이들 특성을 집중적으로 연구하여 개념화한 이론이다.

③ 카리스마적 리더십(charismatic leadership)은 리더가 영적, 심적, 초자연적인 특질을 가질 때 부하들이 이를 신봉함으로써 생기는 리더십을 말한다.

④ 다양한 권력의 원천 가운데 준거적 권력(referent power)은 전문적인 기술이나 지식 또는 독점적 정보에 바탕을 둔다.

⑤ 임파워먼트(empowerment)는 부하직원이 스스로의 책임 하에 주어진 공식적 권력, 즉 권한을 행사할 수 있도록 해주는 것을 말하며, 조직내 책임경영의 실천을 위해 중요하다.

 해설 콕 ....

전문적인 기술이나 지식 또는 독점적 정보에 바탕을 둔 것은 전문적 권력이다.

정답 ④

08

☑ 확인
Check!
○
△
✕

제조업자가 유통업재(중간상)를 자신이 기대하는 대로 행동하도록 유도하기 위해 동원할 수 있는 영향력의 원천에 해당하지 않는 것은?

① 강압적 힘(coercive power)

② 대항적 힘(countervailing power)

③ 보상적 힘(reward power)

④ 합법적 힘(legitimate power)

 해설 콕 ....

자신이 기대하는 대로 행동하도록 유도하기 위해 동원할 수 있는 영향력을 권력이라 하는데, 권력의 원천은 강압적 권력, 보상적 권력, 합법적 권력, 전문적 권력, 준거적 권력 등 다섯 가지이다.

정답 ②

CHAPTER 2 조직관리

안심Touch

09

☑ 확인
Check!
○
△
✕

다음 중 적절한 항목만을 모두 선택한 것은?

> a. 프렌치(French)와 레이븐(Raven)이 제시한 권력의 원천 중 준거적 권력(referent power)은 개인의 특성보다는 조직의 특성에 기반을 둔 권력이다.
> b. 집단의사결정 방식 중 구성원간 상호작용을 제한하는 정도는 브레인스토밍(brainstorming)보다 명목집단법(nominal group technique)이 더 강하다.
> c. 자원의 크기가 고정되어 있을 때, 이해관계가 상반되는 양 당사자가 자신의 몫을 극대화하려는 협상방식을 분배적 협상(distributive bargaining)이라고 한다.
> d. 몰입상승(escalation of commitment)이란 의사결정의 속도와 질을 높여주는 의사결정 현상을 말한다.

① b
② c
③ a, d
④ b, c
⑤ b, c, d

해설 콕 ··

> a. (✕) 프렌치(French)와 레이븐(Raven)이 제시한 권력의 원천 중 준거적 권력(referent power)은 개인의 특성에 기반을 둔 권력이다.
> d. (✕) 몰입상승(escalation of commitment)이란 의사결정자인 개인이나 조직이 잘못된 의사결정이라는 것을 알면서도 또는 잘못된 의사결정임을 알려주는 단서가 있음에도 계획을 중단하지 못하고 오히려 추가적인 시간, 노력, 자원을 더욱 투입함으로써 손실이 더 커지게 되는 현상으로 의사결정의 속도와 질을 높여주는 의사결정 현상이 아니다.

정답 ④

10

☑ 확인
Check!
○
△
✕

갈등과 협상에 관한 설명으로 가장 적절하지 않은 것은?

① 분배적 협상(distributive negotiation)의 동기는 제로섬(zero sum)에 초점을 맞추고 있고, 통합적 협상(integrative negotiation)의 동기는 포지티브섬(positive sum)에 초점을 맞추고 있다.
② 분배적 협상보다 통합적 협상에서 정보의 공유가 상대적으로 많이 이루어지는 경향이 있다.
③ BATNA(best alternative to a negotiated agreement)가 얼마나 매력적인가에 따라서 협상 당사자의 협상력이 달라진다.
④ 갈등관리유형 중 회피형(avoiding)은 자기에 대한 관심과 자기 주장의 정도가 높고 상대에 대한 관심과 협력의 정도가 낮은 경우이다.
⑤ 통합적 협상에서는 제시된 협상의 이슈(issue)뿐만 아니라 협상당사자의 관심사(interests)에도 초점을 맞추어야 좋은 협상결과가 나온다.

해설 콕 ....

자기에 대한 관심과 자기 주장의 정도가 높고 상대에 대한 관심과 협력의 정도가 낮은 경우는 경쟁형이다. 회피형은 자기에 대한 관심과 자기 주장의 정도와 상대에 대한 관심과 협력의 정도가 모두 낮은 경우이다.

정답 ④

참고 · 토마스의 갈등 대처 전략

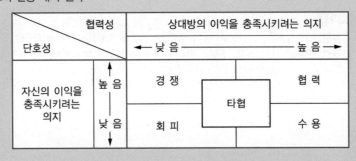

협력성 단호성		상대방의 이익을 충족시키려는 의지	
		← 낮 음 ──────── 높 음 →	
자신의 이익을 충족시키려는 의지	높 음 ↑ ↓ 낮 음	경 쟁	협 력
		타협	
		회 피	수 용

11 국가직 7급 2015

 ☑ 확인
Check!
○
△
×

루블(Ruble)과 토마스(Thomas)의 갈등관리(갈등해결) 전략유형에 대한 설명으로 옳지 않은 것은?

① 강요(competing) 전략은 위기 상황이나 권력 차이가 큰 경우에 이용한다.
② 회피(avoiding) 전략은 갈등 당사자간 협동을 강요하지 않으며, 당사자 한 쪽의 이익을 우선시 하지도 않는다.
③ 조화(accommodating) 전략은 사회적 신뢰가 중요하지 않은 사소한 문제에서 주로 이용된다.
④ 타협(compromising) 전략은 갈등 당사자의 협동과 서로 이익을 절충하는 것으로 서로의 부분적 이익 만족을 추구한다.

해설 콕 ....

조화(accommodating) 전략은 사회적 신뢰가 중요하지 않은 사소한 문제에서 사용하는 것이 아니라, 상대방에 대한 신뢰를 얻기 위해 사용하는 전략이다.

정답 ③

12

경영지도사 2018

조직문화에 의하여 설정된 규범, 공유된 가치, 전통, 신념, 의식, 기대 등을 통하여 이루어지는 통제의 유형은?

① 자율 통제
② 관료적 통제
③ 시장 통제
④ 클랜(clan) 통제
⑤ 스크리닝(screening) 통제

해설 콕

클랜(clan) 통제는 조직 구성원들이 공유하는 문화를 중시하는 통제 방식으로 조직문화에 의하여 설정된 규범, 공유된 가치, 전통, 신념, 의식, 기대 등을 통하여 이루어지는 통제의 유형이라 할 수 있다.

정답 ④

13

공인회계사 2019

비교경영연구에서 합스테드(G. Hofstede)의 국가간 문화분류의 차원으로 가장 적절하지 않은 것은?

① 고맥락(high context)과 저맥락(low context)
② 불확실성 회피성향(uncertainty avoidance)
③ 개인주의(individualism)와 집단주의(collectivism)
④ 권력거리(power distance)
⑤ 남성성(masculinity)과 여성성(femininity)

해설 콕

고맥락(high context)과 저맥락(low context)은 홀(Hall)의 분류이다.

정답 ①

참고 합스테드(G. Hofstede)의 국가간 문화분류의 차원
- 개인주의(individualism)와 집단주의(collectivism)
- 남성성(masculinity)과 여성성(femininity)
- 장기성향과 단기성향
- 불확실성 회피성향(uncertainty avoidance)
- 권력거리(power distance)

14

 가맹거래사 2017

국가간 문화차이와 관련하여 합스테드(G. Hofstede)가 제시한 문화차원(cultural dimensions)에 해당하지 않는 것은?

☑ 확인
Check!
○
△
×

① 권력거리(power distance)
② 불확실성 회피(uncertainty avoidance)
③ 남성성 – 여성성(masculinity–femininity)
④ 민주주의 – 독재주의(democracy–autocracy)
⑤ 개인주의 – 집단주의(individualism–collectivism)

 해설 콕 ···

합스테드(G. Hofstede)는 국가별 문화차이를 개인주의와 집단주의, 남성문화와 여성문화, 장기성향과 단기성향, 권력격차, 불확실성과 회피 성향 등 5가지 차원으로 설명하였다.

정답 ④

15

경영지도사 2020

맥킨지(McKinsey)가 제시한 조직문화 7S요소에 해당하지 않는 것은?

☑ 확인
Check!
○
△
×

① 공유가치(shared value)
② 정신(spirit)
③ 구조(structure)
④ 전략(strategy)
⑤ 구성원(staff)

 해설 콕 ···

맥킨지(McKinsey)가 제시한 조직문화 7S요소는 전략(strategy), 시스템(system), 구조(structure), 스타일(style), 능력(skill), 직원(staff), 공유가치(shared values)이다.

정답 ②

안심Touch

16

가맹거래사 2015

조직문화에 관한 설명으로 옳지 않은 것은?

① 조직은 대외적으로 적응하고 대내적으로 통합하는 과정에서 조직문화를 형성한다.

② 조직 사회화를 통해서 신규 구성원에게 전수되고 보존된다.

③ 내생적인 요인 또는 외생적인 환경변화에 의해서 변화한다.

④ 조직문화의 변동과정에 목적의식을 가지고 개입하여 바람직한 문화를 창출하는 것이 조직 문화의 개혁이다.

⑤ 조직문화를 개혁한 후에는 지속적인 엑스노베이션(exnovation)이 필요하지 않다.

> 해설 콕
>
> 엑스노베이션(exnovation)은 혁신의 반대 개념으로 조직문화를 개혁한 후에도 지속적인 엑스노베이션 (exnovation)이 필요하다.
>
> 정답 ⑤

17

공인회계사 2020

조직문화 및 조직개발에 관한 설명으로 가장 적절하지 않은 것은?

① 조직문화(organizational culture)란 일정한 패턴을 갖는 조직활동의 기본가정이며, 특정 집단이 외부환경에 적응하고 내적으로 통합해 나가는 과정에서 고안, 발견 또는 개발된 것이다.

② 조직문화는 구성원들에게 조직 정체성(organizational identity)을 부여하고, 그들이 취해야 할 태도와 행동기준을 제시하여 조직체계의 안정성과 조직몰입을 높이는 기능을 한다.

③ 조직에서 변화(change)에 대한 구성원의 저항행동에 작용하는 요인에는 고용안정에 대한 위협감, 지위 손실에 대한 위협감, 성격의 차이 등이 있다.

④ 적응적(adaptive) 조직문화를 갖는 조직에서 구성원들은 고객을 우선적으로 생각하며 변화를 가져올 수 있는 인적, 물적 또는 제도나 과정 등의 내적 요소들에 많은 관심을 보인다.

⑤ 레윈(Lewin)의 조직변화 3단계 모델에 의하면, '변화' 단계에서는 구성원의 변화 필요성 인식, 주도세력 결집, 비전과 변화전략의 개발 등이 이루어진다.

>  해설 콕
>
> 레윈(Lewin)의 조직변화 3단계 모델 변화과정의 순서는 해빙기 → 변화기 → 재결빙기 순이다. 구성원의 변화 필요성 인식, 주도세력 결집, 비전과 변화전략의 개발 등이 이루어지는 것은 해빙기이다.
>
> 정답 ⑤

참고 레윈(Lewin)의 3단계 변화관리 모델

구 분	내 용
해빙기	• 조직변화를 위한 준비단계를 말한다. • 문제해결을 통해 변화하고자 하는 필요성과 동기를 갖는 단계이다.
변화기	• 구체적으로 변화하는 단계이다. • 다양한 방법으로 변화를 시도하는 단계이다.
재결빙기	• 변화를 지속시키기 위한 단계이다. • 변화가 조직 내에 자리 잡게 안정화시키는 단계이다.

18

공인회계사 2016

귀인(attribution)에 관한 설명으로 가장 적절한 것은?

① 내적 귀인(internal attribution)은 사건의 원인을 행위자의 운과 맡은 과업의 성격 탓으로 귀인하는 것이고, 외적 귀인(external attribution)은 행위자의 외향적 성격과 대인관계 역량에 귀인하는 것이다.

② 켈리(Kelley)의 귀인모형에서 합의성(consensus)이 높으면 행위자의 내적 요인에 귀인하는 경향이 있다.

③ 근원적 귀인오류(fundamental attribution error)는 사건의 원인에 대해서 외적 요인을 간과하거나 무시하고 행위자의 내적 요인으로 귀인하려는 오류이다.

④ 자존적 편견(self-serving bias)은 사건의 결과를 실패로 보지 않고 성공을 위한 학습으로 지각하여 실패를 행위자 자신의 탓으로 돌리려는 귀인오류이다.

⑤ 켈리(Kelley)의 귀인모형에서 특이성(distinctiveness)이 높으면 행위자의 내적 요인에 귀인하는 경향이 있다.

해설 콕 ....

근원적 귀인오류(fundamental attribution error)는 사건의 원인에 대해서 외적 요인을 간과하거나 무시하고 행위자의 내적 요인으로 귀인하려는 오류를 말한다.

① 외적 귀인(external attribution)은 사건의 원인을 행위자의 운과 맡은 과업의 성격 탓으로 귀인하는 것이고, 내적 귀인(internal attribution)은 행위자의 외향적 성격과 대인관계 역량에 귀인하는 것이다.

② 켈리(Kelley)의 귀인모형에서 합의성(consensus)이 높으면 행위자의 내적 요인이 아닌 외적 요인에 귀인하는 경향이 있다.

④ 자존적 편견(self-serving bias)은 공동의 활동을 한 후 성공에 대하여 자기 자신의 공헌을 과장하는 편향을 말한다.

⑤ 켈리(Kelley)의 귀인모형에서 특이성(distinctiveness)이 높으면 행위자의 내적 요인에 귀인하는 것이 아니라 외적 요인에 귀인하는 경향이 있다.

정답 ③

공인회계사 2015

태도와 성격에 관한 설명으로 가장 적절하지 않은 것은?

① 켈리(Kelly)의 귀인이론에서는 행동의 원인을 특이성, 합의성, 일관성으로 구분하여 파악한다.

② 자존적 편견(self-serving bias)은 평가자가 자신의 자존심을 지키기 위하여, 자신이 실패했을 때는 자신의 내부적 요인에서 원인을 찾고, 자신의 성공에 대해서는 외부적 요인에서 원인을 찾으려는 경향을 의미한다.

③ 성격유형을 A형과 B형으로 구분할 때, A형은 B형보다 업무처리 속도가 빠르고, 인내심이 부족한 편이다.

④ 조직시민행동(organizational citizenship behavior)이란 조직에서의 공식적인 역할이 아니더라도, 조직을 위해 자발적으로 희생하고 노력하며 동료를 돕는 행동을 의미한다.

⑤ 마이어(Meyer)와 알렌(Allen)이 주장하는 조직몰입 중 지속적(continuance) 몰입은 조직을 떠나면 경제적 비용이 많이 발생하기 때문에 조직에 머물러 있으려는 태도를 의미한다.

자존적 편견(self-serving bias)은 평가자가 자신의 자존심을 지키기 위해 자신이 실패했을 때 자신의 외부적 요인에서 원인을 찾고 성공 시에는 자신의 내부적 요인에서 원인을 찾으려는 경향을 의미한다.

정답 ②

20

서울시 7급 2020

소비자들의 불만족에 관해 다룬 귀인이론(Attribution Theory)에 대한 설명으로 가장 옳지 않은 것은?

① 불만족을 일으킨 사건의 원인이 일시적인 것이라고 생각하면 불만족의 크기는 줄어든다.

② 결과에 대한 원인을 찾는 과정은 크게 내적 귀인과 외적 귀인이 있다.

③ 불만족의 원인을 기업이 통제 가능한 것이라고 생각할 때 불만족의 크기가 커진다.

④ 불만족의 원인에 대해 외적 귀인을 할 때 불만족의 크기는 줄어든다.

불만족의 원인에 대해 내적 귀인을 할 때 불만족의 크기는 줄어든다.

정답 ④

지각, 귀인, 의사결정에 관한 설명으로 가장 적절한 것은?

① 10명의 후보자가 평가위원과 일대일 최종 면접을 할 때 피평가자의 면접순서는 평가자의 중심화 경향 및 관대화 경향에 영향을 미칠 수 있으나, 최근효과 및 대비효과와는 관련이 없다.

② 켈리(Kelley)의 귀인모형에 따르면 특이성(distinctiveness)과 합의성(consensus)이 낮고 일관성(consistency)이 높은 경우에는 내적 귀인을 하게 되고, 특이성과 합의성이 높고 일관성이 낮은 경우에는 외적 귀인을 하게 된다.

③ 행위자 관찰자효과(actor observer effect)는 행위자 입장에서는 행동에 미치는 내적 요인에 대한 이해가 충분하나, 관찰자 입장에서는 행위자의 능력과 노력 등의 내적 요인을 간과하거나 무시하고 행위자의 외적 요인으로 귀인하려는 오류이다.

④ 제한된 합리성(bounded rationality) 하에서 개인은 만족할 만한 수준의 대안을 찾는 의사결정을 하기 보다는 인지적 한계와 탐색비용을 고려하지 않고 최적의 대안(optimal solution)을 찾는 의사결정을 한다.

⑤ 집단사고(group think)는 응집력이 강한 대규모 집단에서 복잡한 의사결정을 할 때, 문제에 대한 토론을 진행할수록 집단 내의 의견이 양극화되는 현상이다.

해설 콕

① 10명의 후보자가 평가위원과 일대일 최종 면접을 할 때 피평가자의 면접순서는 평가자의 중심화 경향과 관대화 경향에 영향을 미칠 수 없으나, 최근효과와 대비효과와는 관련이 있다.

③ 행위자 관찰자효과(actor observer effect)는 다른 사람의 행동을 성향적 요인에 귀인하고 자신의 행동은 상황적 요인에 귀인한다는 것으로 행위자 입장에서는 행동에 미치는 외적 요인에 대한 이해가 충분하나, 관찰자 입장에서는 행위자의 외적 요인을 간과하거나 무시하고 행위자의 내적 요인으로 귀인하려는 오류이다.

④ 완전한 합리성 하에서 개인은 만족할 만한 수준의 대안을 찾는 의사결정을 하기 보다는 인지적 한계와 탐색비용을 고려하지 않고 최적의 대안(optimal solution)을 찾는 의사결정을 한다고 본 반면에, 제한된 합리성 하에서 최적의 대안은 현실적으로 어렵기 때문에 만족할 만한 수준의 대안을 찾아 의사결정을 한다.

⑤ 집단 내의 의견이 양극화되는 현상은 집단사고가 아닌 집단 양극화이다.

정답 ②

가맹거래사 2019

☑ 확인
Check!

○
△
✕

Big 5 모델의 성격에 포함되지 않는 것은?

① 외향성(extraversion)

② 정서적 안정성(emotional stability)

③ 성실성(conscientiousness)

④ 자존감(self-esteem)

⑤ 개방성(openness to experience)

해설 콕

Big 5 모델의 성격요소에는 신경성(정서적 안정성), 외향성, 개방성, 수용성(친화성), 성실성 등이 있다.

정답 ④

23

공인노무사 2015

☑ 확인
Check!

○
△
✕

Big 5 모델에서 제시하는 다섯 가지 성격요소가 아닌 것은?

① 개방성(openness)

② 객관성(objectivity)

③ 외향성(extraversion)

④ 성실성(conscientiousness)

⑤ 정서적 안정성(emotional stability)

해설 콕

Costa와 McCrae(1992)는 결합요인분석을 통해 CPI, MBTI, MMPI 등의 인성검사에 공통적인 5요인을 발견하고, 사람들은 공통적으로 5개의 성격인 불안정성(N ; Neuroticism) 혹은 정서적 안정성(emotional stability), 외향성(E ; Extraversion), 개방성(O ; Openness to Experience, Culture, Intellect), 수용성(A ; Agreeableness), 성실성(C ; Conscientiousness)이 존재한다고 주장했다.

정답 ②

24

공인노무사 2021

마키아벨리즘(Machiavellism)에 관한 설명으로 옳지 않은 것은?

① 마키아벨리즘은 자신의 이익을 위해 타인을 이용하고 조작하려는 성향이다.

② 마키아벨리즘이 높은 사람은 감정적 거리를 잘 유지한다.

③ 마키아벨리즘이 높은 사람은 남을 잘 설득하며 자신도 잘 설득된다.

④ 마키아벨리즘이 높은 사람은 최소한의 규정과 재량권이 있을 때 높은 성과를 보이는 경향이 있다.

⑤ 마키아벨리즘이 높은 사람은 목적이 수단을 정당화시킬 수 있다고 믿는 경향이 있다.

마키아벨리즘이 높은 사람은 잘 설득되지 않으며, 오히려 자신의 목적을 위해 타인을 설득하려 한다.

정답 ③

25

공인회계사 2020

성격 및 지각에 관한 설명으로 가장 적절하지 않은 것은?

① 외재론자(externalizer)는 내재론자(internalizer)에 비해 자기 자신을 자율적인 인간으로 보고 자기의 운명과 일상생활에서 당면하는 상황을 자기 자신이 통제할 수 있다고 믿는 경향이 있다.

② 프리드만과 로즈만(Friedman & Roseman)에 의하면 A형 성격의 사람은 B형 성격의 사람에 비해 참을성이 없고 과업성취를 서두르는 경향이 있다.

③ 지각과정에 영향을 미치는 요인에는 지각대상, 지각자, 지각이 일어나는 상황 등이 있다.

④ 외향적인 성향의 사람은 내향적인 성향의 사람보다 말이 많고 활동적인 경향이 있다.

⑤ 많은 자극 가운데 자신에게 필요한 자극에만 관심을 기울이고 이해하려 하는 현상을 선택적 지각(selective perception)이라고 한다.

자기의 운명과 일상생활에서 당면하는 상황을 자기 자신이 통제할 수 있다고 믿는 경향이 있는 것은 내재론자(internalizer)이다.

② A형 성격의 사람은 많은 것을 성취하기 위해 여가보다는 끊임없이 노력하고 성과와 타인의 업적 및 성취에 예민하게 반응한다. 반면에 B형 성격의 사람은 여유롭고 여가를 선호한다.

③ 지각은 지각대상이 무엇인지, 지각의 주체가 누구인지, 지각이 일어나는 상황에 영향을 받는다.

④ 외향적인 사람이 더 말이 많고 활동적인 경향이 있다.

⑤ 선택적 지각(selective perception)은 지각 오류의 한 유형으로 자신의 관심, 배경에 근간을 두고 대상을 해석하는 과정에서 발생한다.

정답 ①

05 집단 의사소통 및 행동

(1) 의사전달 과정

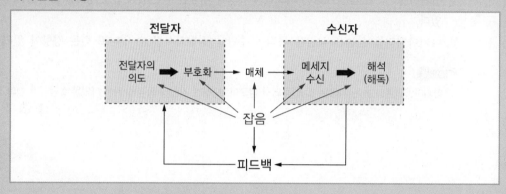

(2) 커뮤니케이션 네트워크 유형

구 분	내 용	그 림
연쇄형 (사슬형, 선형)	• 공식적 계통과 수직적 경로를 통한 의사전달 • 권한 체계가 명확한 공식적인 조직에서 사용 • 사슬이 길어질수록 왜곡가능성이 높아짐	
Y형 (Y자형)	• 리더는 없지만 집단을 대표할 인물이 있을 경우 나타남 • 단순문제 해결의 정확도는 비교적 높음	
수레바퀴형 (바퀴형, 윤형)	• 리더가 있을때 발생 • 리더에게 정보가 집중되는 현상 발생 • 구성원들 사이에서 정보공유가 되지 않는 단점이 있음	
원 형	• 지위의 차이가 없는 상황에서 특정문제 해결을 위해 모인 조직에서 발생	
완전연결형 (개방형, 성형)	• 이상적인 의사소통 형태 • 자유로운 의사소통으로 창의적인 아이디어 산출 가능성 높음	

01

☑ 확인
Check!

○
△
✕

Communication에서 전달된 메시지를 자신에게 주는 의미로 변환시키는 사고과정은?

① 잡음(noise)
② 해독(decoding)
③ 반응(response)
④ 부호화(encoding)
⑤ 피드백(feedback)

> **해설 콕** ....
> 전달된 메시지를 자신에게 주는 의미로 변환시키는 사고과정은 해독(decoding)이다.
> ① 잡음(noise)은 의사전달을 방해하는 요소이다.
> ③ 반응(response)은 전달받은 정보에 대한 수신자의 행동이다.
> ④ 부호화(encoding)는 발신자가 수신자에게 전달하고 싶은 정보를 특정형태(말, 그림, 문자 등)로 변환하는 것이다.
> ⑤ 피드백(feedback)은 수신자가 전달된 내용에 대하여 응답하는 것이다.
>
> **정답** ②

02

경영지도사 2016

☑ 확인
Check!

○
△
✕

의사소통(communication) 과정이 옳은 것은?

ㄱ. 발신자	ㄴ. 메시지
ㄷ. 매체	ㄹ. 수신자
ㅁ. 피드백	

① ㄱ → ㄴ → ㄷ → ㄹ → ㅁ
② ㄱ → ㄷ → ㄴ → ㄹ → ㅁ
③ ㄱ → ㄹ → ㄴ → ㄷ → ㅁ
④ ㄴ → ㄱ → ㄷ → ㅁ → ㄹ
⑤ ㄴ → ㄷ → ㄱ → ㅁ → ㄹ

> **해설 콕** ....
> 의사소통 과정 : 발신자 → 메시지 → 매체 → 수신자 → 피드백
>
> **정답** ①

03

☑ 확인
Check!
○
△
✕

의사결정에 관한 설명으로 옳지 않은 것은?

① 합리적 의사결정은 문제 식별 → 대안 개발 → 대안 평가와 선정 → 실행의 단계를 거친다.
② 불확실성의 상황에서 의사결정을 할 때에도 미래 상황에서의 객관적 확률을 알 수 있다.
③ 사이먼(H. Simon)은 의사결정자의 제한된 합리성으로 인해 이상적인 대안보다는 만족할 만한 대안을 찾는 것이 바람직하다는 이론을 제시했다.
④ 의사결정은 프로그램적(programmed) 의사결정과 비프로그램적(nonprogrammed) 의사 결정으로 구분할 수 있다.
⑤ 경영과정 전반에 걸친 경영활동은 의사결정의 연속이라고 할 수 있다.

> 해설 콕 ....
>
> 불확실성의 상황에서 의사결정을 할 때에는 미래 상황을 예측할 수 없다.
>
> 정답 ②

04

☑ 확인
Check!
○
△
✕

집단 내에 중심적인 인물 또는 리더가 존재하여 구성원들 간의 정보전달이 그 한 사람에게 집중되는 커뮤니케이션 네트워크 유형은?

① 연쇄형   ② 수레바퀴형
③ Y형   ④ 완전연결형
⑤ 원 형

> 해설 콕 ....
>
> 리더에게 정보가 집중되는 현상이 발생하는 유형은 수레바퀴형이다.
>
> 정답 ②

05

☑ 확인
Check!
○
△
✕

구성원들간 의사소통이 강력한 특정 리더에게 집중되는 유형은?

① 원 형   ② Y자형
③ 수레바퀴형   ④ 사슬형
⑤ 전체연결형

> 해설 콕 ....
>
> 리더에게 정보가 집중되는 현상이 발생하는 유형은 수레바퀴형이다.
>
> 정답 ③

06

공인회계사 2021

☑ 확인
Check!
○
△
×

집단과 의사결정에 관한 설명으로 가장 적절하지 않은 것은?

① 집단발전의 단계 중 형성기(forming)는 집단의 목적·구조·리더십을 정하는 과정이 불확실하다는 특징을 가지고 있다.

② 1차 집단은 구성원 간의 관계가 지적·이성적이며 공식적·계약적이라는 특징이 있는 반면 2차 집단은 구성원의 개인적·감정적 개입이 요구되고 구성원 간에 개인적·자발적 대면관계가 유지되는 특징이 있다.

③ 규범(norm)은 집단 구성원이 주어진 상황에서 어떤 행동을 취해야 하는지에 대한 행동의 기준을 말한다.

④ 집단의사결정은 비정형적 의사결정(non-programmed decisions)에서 개인의사결정에 비해 그 효과가 더 높게 나타날 수 있다.

⑤ 의사결정이 이루어지는 과정은 문제의 인식 및 진단, 대안의 개발, 대안 평가 및 선택, 최선책의 실행, 결과의 평가로 이루어진다.

해설 콕

1차 집단은 구성원의 개인적·감정적 개입이 요구되고 구성원 간에 개인적·자발적 대면관계가 유지되는 특징이 있는 반면 2차 집단은 구성원 간의 관계가 지적·이성적이며 공식적·계약적이라는 특징이 있다.

정답 ②

07

경영지도사 2020

☑ 확인
Check!
○
△
×

집단의사결정의 장점으로 볼 수 없는 것은?

① 구성원으로부터 다양한 정보를 얻을 수 있다.

② 다각도로 문제에 접근할 수 있다.

③ 구성원의 수용도와 응집력이 높아진다.

④ 의사결정에 참여한 구성원들의 교육효과가 높게 나타난다.

⑤ 집단사고의 함정에 빠질 가능성이 배제된다.

해설 콕

집단의사결정은 집단사고의 함정에 빠질 가능성이 높다는 단점이 있다.

정답 ⑤

경영지도사 2016

✓ 확인
Check!

○
△
✗

집단의사결정의 특징이 아닌 것은?

① 개인의사결정에 비해 보다 정확한 경향이 있다.
② 개인의사결정에 비해 책임소재가 더 명확하다.
③ 개인의사결정에 비해 더 많은 대안을 생성할 수 있다.
④ 의사결정시 다양한 경험과 관점을 반영할 수 있다.
⑤ 소수의 아이디어를 무시하는 경향이 일어날 수 있다.

 해설 콕 ....

집단의사결정의 참여자 수가 여러 명으로 의사결정 문제 책임의 원인이 누구에게 있는지 확인하기 힘들다.

정답 ②

공인노무사 2019

✓ 확인
Check!

○
△
✗

집단의사결정의 특징에 관한 설명으로 옳지 않은 것은?

① 구성원으로부터 다양한 정보를 얻을 수 있다.
② 의사결정에 참여한 구성원들의 교육효과가 높게 나타난다.
③ 구성원의 합의에 의한 것이므로 수용도와 응집력이 높아진다.
④ 서로 의견에 비판 없이 동의하는 경향이 있다.
⑤ 차선책을 채택하는 오류가 발생하지 않는다.

 해설 콕 ....

집단의 응집성이 너무 높을 경우, 의사결정의 합의 욕구가 지나쳐서 잘못된 대안의 선택, 즉 차선책을 채택하는 오류가 발생할 수 있다.

정답 ⑤

참고 집단의사결정의 장·단점

장 점	단 점
• 많은 정보의 활용	• 즉각성의 상실
• 다양한 시선의 교차	• 집단사고의 가능성
• 선택안에 대한 높은 지지	• 동조화 현상
• 커뮤니케이션 기능 수행	• 갈등의 우려
• 결정에 대한 참여도의 증대	• 정치적 힘의 작용
• 응집력과 교육적 효과	• 시간과 비용의 낭비
• 합법성과 정당성의 증대	• 특정인의 지배가능성

10

국가직 7급 2018

☑ 확인
Check!
○
△
×

조직에서의 집단의사결정에 대한 설명으로 옳지 않은 것은?

① 집단의사결정은 개인의사결정보다 다양한 관점을 고려할 수 있다.

② 집단의사결정은 구성원의 참여의식을 높여 구성원에게 만족감을 줄 수 있다.

③ 집단의사결정은 집단사고를 통해 합리적이고 합법적인 최선의 의사결정을 도출해 낼 수 있다.

④ 집단의사결정 기법에는 명목집단법, 델파이법, 변증법적 토의법 등이 있다.

해설 콕 ··

집단사고는 합리적이고 합법적인 최선의 의사결정을 도출해 내는데 방해가 된다.

정답 ③

11

서울시 7급 2018

☑ 확인
Check!
○
△
×

사회적 태만(social loafing) 또는 무임승차는 개인이 혼자 일할 때보다 집단으로 일하면 노력을 덜 하려는 경향을 일컫는다. 이러한 현상을 줄이기 위한 방안으로 가장 옳지 않은 것은?

① 개인별 성과를 측정하여 비교할 수 있게 한다.

② 과업을 전문화시켜 책임소재를 분명하게 한다.

③ 팀의 규모를 늘려서 공동의 업무를 증가시킨다.

④ 직무충실화를 통해 직무에서 흥미와 동기가 유발되도록 한다.

해설 콕 ··

팀의 규모를 늘려서 공동의 업무를 하게 되면 사회적 태만(social loafing) 또는 무임승차가 발생할 가능성이 높아진다.

정답 ③

CHAPTER
2
조직관리

12

가맹거래사 2017

☑ 확인
Check!
○
△
✕

조직에서 공식적으로 주어진 임무 이외의 일을 자발적으로 수행하는 것은?

① 집단사고(groupthink)

② 직무만족(job satisfaction)

③ 직무몰입(job involvement)

④ 감정노동(emotional labor)

⑤ 조직시민행동(organizational citizenship behavior)

 해설 콕 ··········

조직에서 공식적으로 주어진 임무 이외의 일을 자발적으로 수행하는 것은 조직시민행동(organizational citizenship behavior)이다.

① 집단사고(groupthink)는 집단 내부적으로 응집력이 높은 경우에 발생하는 현상으로 집단 내부적으로 결정한 대안 외의 다른 대안을 받아들이지 않는 현상이다.

② 직무만족(job satisfaction)은 개인의 직무에 대한 태도를 가리키는 말로서 개인의 담당 직무가 자신의 가치관이나 신념, 욕구 등과 얼마나 일치하는지의 여부와 임금, 동료, 작업환경 등에 대하여 얼마나 만족하는지 등을 나타내는 정서적 측면의 표현이다.

③ 직무몰입(job involvement)은 구성원들이 자신의 직무에 대해 애착과 만족감으로 심리적 일체감을 느끼고 업무와 동일시하여 적극적으로 직무에 참여하여 몰입하는 정도를 말한다(조태준 & 문성실, 2014).

④ 감정노동(emotional labor)은 조직을 위해 본인이 느끼는 감정과 다른 감정을 드러내야 하는 상황이다.

정답 ⑤

13

경영지도사 2016

☑ 확인
Check!
○
△
✕

기업의 경영의사결정에 관한 설명으로 옳지 않은 것은?

① 경영의사결정은 미래의 상황을 예견하고 행동방안을 선택 또는 결정하는 행위이다.

② 전략적 의사결정은 기업의 내부자원을 조직화하기 위한 의사결정이다.

③ 업무적 의사결정의 특징은 의사결정 내용이 단순하고 반복적, 분권적이다.

④ 비정형적 의사결정은 경영자의 창의력이나 직관에 의존한다.

⑤ 정형적 의사결정은 반복하여 발생하는 문제들에 대하여 적용하는 것으로 표준화된 절차에 따른다.

해설 콕 ··········

기업의 내부자원을 조직화하기 위한 의사결정은 관리적 의사결정에 대한 내용이다.

정답 ②

참고 의사결정의 분류

1. **전략적 의사결정**
   ① 장기적 목표와 경쟁적 우위를 위한 의사결정
   ② 최고경영자가 행사하는 의사결정
   ③ 추상적이며 불확실성 내포
   ④ 장기의 시간개념 사용

2. **관리적 의사결정**
   ① 기업의 목표 달성을 위해 자원 획득 및 사용과 관련된 의사결정
   ② 중간경영자가 행사하는 의사결정
   ③ 정책수행의 성격 내포

3. **기능적 의사결정**
   ① 특정업무의 수행을 효과적으로 수행하는 것과 관련
   ② 일선경영자가 행사하는 의사결정
   ③ 미래보다는 현재 조직업무와 관련
   ④ 일(日)이라는 시간개념 사용

14

경영지도사 2017

☑ 확인
Check!
○
△
×

조직정치에 관한 설명으로 옳지 않은 것은?

① 자원의 희소성이 높을수록 조직정치의 동기가 강해진다.
② 불확실한 상황에서의 의사결정시 조직정치가 발생할 가능성이 높다.
③ 조직내 기술이 복잡할수록 조직정치가 발생할 가능성이 높다.
④ 목표가 명확할수록 조직정치가 발생할 가능성이 높다.
⑤ 장기 전략에 대한 결정일수록 조직정치가 발생할 가능성이 높다.

해설 콕

목표가 명확할수록 역할모호성은 감소한다. 역할모호성이 작아지면 정치적 행동이 작아지기 때문에 조직정치가 발생할 가능성이 작아진다.

정답 ④

안심Touch

15

경영지도사 **2019**

경영의사결정에 관한 설명으로 옳지 않은 것은?

① 합리적 의사결정모형은 완전한 정보를 가진 가장 합리적인 의사결정행동을 모형화하고 있다.

② 경영자가 하는 대부분의 의사결정은 최선의 대안보다는 만족할만한 대안을 선택하는 것으로 귀결되는 경우가 많다.

③ 브레인스토밍은 타인의 의견에 대한 비판을 통해 대안을 찾는 방법이다.

④ 집단응집력을 낮춤으로써 의사결정과정에서의 집단사고 경향을 낮출 수 있다.

⑤ 명목집단법은 문제의 답에 대한 익명성을 보장하고, 반대논쟁을 극소화하는 방식으로 문제해결을 시도하는 방법이다.

> 🖑 해설 **콕** ···
>
> 브레인스토밍은 타인들이 제시한 아이디어를 비판이나 평가하지 않고, 토의를 통해 의견을 도출한다.
>
> 정답 ③

16

경영지도사 **2018**

미국의 랜드연구소에서 개발한 의사결정기법으로, 전문가들을 한 장소에 대면시키지 않아 상호간의 영향을 배제하면서 전문적인 견해를 얻는 방법은?

① 제3자조정기법(third party peace-making technique)

② 상호작용집단법(interaction group method)

③ 브레인스토밍(brain storming)

④ 델파이기법(delphi technique)

⑤ 명목집단기법(nominal group technique)

> 🖑 해설 **콕** ···
>
> 미국의 랜드연구소에서 개발한 의사결정기법으로, 전문가들을 한 장소에 대면시키지 않아 상호간의 영향을 배제하면서 전문적인 견해를 얻는 방법은 델파이기법(delphi technique)이다.
>
> ① 제3자조정기법(third party peace-making technique)은 과정 자문법의 특수한 형태로 목적에서 갈등과정을 조사하고 갈등의 원인을 진단해 제3자의 조정을 통해 갈등해결을 도와주는 방법이다.
>
> ② 상호작용집단법(interaction group method)은 구성원의 상호작용으로 정보와 아이디어를 평가하고 결정하는 방법이다.
>
> ③ 브레인스토밍(brain storming)은 전문가들이 모여 제약 없는 자유로운 토론을 통해 창의적인 아이디어를 도출하는 방법이다.
>
> ⑤ 명목집단기법(nominal group technique)은 팀원들이 독자적으로 아이디어를 작성한 후 본인이 작성한 아이디어에 대해 발표하고 그 이후에 표결을 통해 아이디어를 결정하는 방법이다.
>
> 정답 ④

17

가맹거래사 2016

☑ 확인
Check!
○
△
×

다음에서 설명하는 방법은?

> 합의된 예측을 달성하기 위해 이전의 조사결과로부터 작성된 일련의 설문지를 전문가들에게 반복적인 절차를 통해 예측치를 구하는 방법

① 중역의견법
② 델파이법
③ 회귀분석법
④ 수명주기유추법
⑤ 판매원의견합성법

🖑해설 **콕**

합의된 예측을 달성하기 위해 이전의 조사결과로부터 작성된 일련의 설문지를 전문가들에게 반복적인 절차를 통해 예측치를 구하는 방법은 델파이법이다.
① 중역의견법은 조직의 중역들이 모여 토의를 통해 예측하는 방법이다.
③ 회귀분석법은 종속변수와 종속변수에 영향을 미치는 독립변수 사이의 관계를 도출한 회귀방정식으로 추정하는 방법이다.
④ 수명주기유추법은 과거 상황이 미래에도 유사할 것이라는 전제하에 제품 수명주기 상의 수요변화를 예측하는 방법이다.
⑤ 판매원의견합성법은 고객의 의도를 잘 알고 있는 판매원이 각자 담당하고 있는 지역의 수요를 예측하는 방법이다.

정답 ②

18

경영지도사 2019

☑ 확인
Check!
○
△
×

델파이법에 관한 설명으로 옳지 않은 것은?

① 모든 토의 구성원에게 문제를 분명히 알린다.
② 전문가들에게 대안을 수집하기 때문에 신속하게 의사결정을 할 수 있다.
③ 전문가들로부터 개진된 의견을 취합하여 다시 모든 구성원과 공유한다.
④ 시간적·지리적 제약이 있는 경우 유용하게 활용될 수 있다.
⑤ 기업의 전체사업들을 고려함으로써 잠재적인 사업 확보와 철수를 고려하는 유용한 메커니즘을 제공한다.

🖑해설 **콕**

델파이법은 의견이 일치될 때까지 전문가들에게 질의를 반복적으로 하기에 시간이 오래 걸린다.

정답 ②

CHAPTER
2
조직관리

19

공인노무사 2015

☑ 확인
Check!
○
△
×

델파이기법에 관한 설명으로 옳지 않은 것은?

① 전문가들을 두 그룹으로 나누어 진행한다.
② 많은 전문가들의 의견을 취합하여 재조정 과정을 거친다.
③ 의사결정 및 의견개진 과정에서 타인의 압력이 배제된다.
④ 전문가들을 공식적으로 소집하여 한 장소에 모이게 할 필요가 없다.
⑤ 미래의 불확실성에 대한 의사결정 및 장기예측에 좋은 방법이다.

> **해설 콕**
>
> 델파이(delphi)기법은 예측하려는 현상에 대하여 관련 있는 전문가나 담당자들로 구성된 위원회를 구성하고 개별적 질의를 통해 의견을 수집하여 종합·분석·정리하고 의견이 일치될 때까지 개별적 질의 과정을 되풀이하는 예측기법이다.
>
> **정답 ①**

20

공인노무사 2021

☑ 확인
Check!
○
△
×

다음 설명에 해당하는 의사결정기법은?

> • 자유롭게 아이디어를 제시할 수 있다.
> • 타인이 제시한 아이디어에 대해 비판은 금지된다.
> • 아이디어의 질보다 양을 강조한다.

① 브레인스토밍(Brainstorming)
② 명목집단법(Nominal Group Technique)
③ 델파이법(Delphi Technique)
④ 지명반론자법(Devil's Advocacy)
⑤ 프리모텀법(Premortem)

> **해설 콕**
>
> 브레인스토밍(Brainstorming)은 의견의 수가 많을수록 좋은 의견이 나올 확률이 증가할 것이라는 전제하에 집단의 구성원들이 최대한 많은 의견을 제시할 수 있도록 각 의견에 대한 즉각적 판단·비판은 자제한다.
> ② **명목집단법(Nominal Group Technique)** : 명목상의 집단을 구성하되, 서로 간의 의사소통을 극도로 제한하여 구성원들이 자신들의 의견을 신중히 생각하고 정리할 시간을 주고, 이후 각 의견에 대해 토론·평가하여 투표로써 최종안을 결정한다.
> ③ **델파이법(Delphi Technique)** : 전문가나 담당자들로 이루어진 익명의 비공개 위원회를 구성하되 그들을 한데 모으지 않고, 서신을 통한 개별질의에 대한 답변을 취합하여 종합·분석·정리하면서 의견이 일치될 때까지 그 과정을 되풀이한다.
> ④ **지명반론자법(Devil's Advocacy)** : 집단을 둘로 나누거나 집단 내에서 반론자 역할을 할 사람을 선택하고, 집단이 제시한 의견에 대해 다른 한 집단 또는 변론자가 반론하면, 그 반론에 기해 의견을 수정·보완하는 일련의 과정을 거쳐 최종안을 도출한다.
> ⑤ **프리모텀법(Premortem)** : 어떠한 결정이 이미 잘못되었다는 가정하에 그 원인을 분석하고 수정·보완함으로써 의사결정의 성공률을 높인다.
>
> **정답 ①**

21

경영지도사 2017

☑ 확인
Check!
○
△
✕

집단의사결정기법에 해당하지 않는 것은?

① 브레인스토밍(brainstorming)

② 명목집단법(norminal group technique)

③ 델파이법(delphi method)

④ 지명반론자법(devil's advocate method)

⑤ 그룹 다이내믹스(group dynamics)

해설 콕

그룹 다이내믹스(group dynamics)는 집단역학으로 집단 구성원에게 영향을 주는 조건을 알아내어 집단 행동을 높이려는 방법이다.

정답 ⑤

22

공인노무사 2017

☑ 확인
Check!
○
△
✕

다음이 설명하는 기법은?

- 비구조적인 문제를 다루는데 유용하다.
- 경험을 체계화하고 정형화하여 해결책을 발견한다.

① 팀 빌딩   ② 휴리스틱

③ 군집분석   ④ 회귀분석

⑤ 선형계획법

해설 콕

휴리스틱이란 정보의 부족과 시간제약으로 완벽한 의사결정을 할 수 없을 때 또는 비구조적인 문제와 같이 합리적인 판단을 할 필요가 없는 상황에서 가장 이상적인 방법을 구하는 것이 아닌 현실적으로 만족할 만한 수준의 해답을 찾는 것이다. 휴리스틱기법은 경험을 체계화하고 정형화하여 해결책을 발견하는 기술이며, 문제 상황을 여러 부문으로 구분하고 이를 각각 분석해 가장 좋은 방법을 구한 후 전체적인 관점에서 종합한다.

정답 ②

23

경영지도사 2019

☑ 확인
Check!
○
△
✕

목표관리(MBO)의 일반적 요소가 아닌 것은?

① 목표의 구체성(goal specificity)
② 명확한 기간(explicit time period)
③ 성과 피드백(performance feedback)
④ 참여적 의사결정(participative decision making)
⑤ 조직구조(organizational structure)

👉해설 콕 ···

목표관리(MBO)의 일반적 요소는 목표의 구체성(명확성), 명확한 기간, 성과 피드백, 참여적 의사결정이다.

정답 ⑤

24

가맹거래사 2020

☑ 확인
Check!
○
△
✕

목표에 의한 관리(MBO)에 관한 설명으로 옳지 않은 것은?

① 맥그리거(D. McGreger)의 X이론에 바탕을 둔다.
② 보통 1년을 주기로 한 단기목표를 설정한다.
③ 측정 가능한 목표를 설정한다.
④ 조직의 목표 설정시 구성원이 참여한다.
⑤ 목표달성 여부에 대한 피드백을 제공한다.

👉해설 콕 ···

맥그리거(D. McGreger)의 Y이론에 바탕을 둔다.

정답 ①

참고

목표에 의한 관리(MBO)의 특징
• 가시적, 계량적, 단기적(보통 1년), 부분적 목표를 설정한다.
• 구성원이 참여한 공동목표를 설정한다.
• 상·하급자간 합의하여 개인목표를 설정한다.
• 재량권을 갖고 계획에 따라 임무수행을 한다.
• 목표달성 여부에 대한 피드백을 제공한다.

25

경영지도사 2015

☑ 확인
Check!
○
△
×

목표관리(MBO ; Management By Objectives)에 관한 설명으로 옳지 않은 것은?

① 단기목표를 강조하는 경향이 있다.

② 결과에 의한 평가가 이루어진다.

③ 사기와 같은 직무의 무형적인 측면을 중시한다.

④ 종업원들이 역량에 비해 더 쉬운 목표를 설정하려는 경향이 있다.

⑤ 평가와 관련하여 행정적인 서류 업무가 증가하는 경향이 있다.

> **해설 콕** ....
>
> 목표관리(MBO ; Management By Objectives)는 측정가능한 목표를 설정하는 특징이 있다.
>
> 정답 ③

26

국가직 7급 2016

☑ 확인
Check!
○
△
×

종업원의 동기부여와 성과관리 수단으로 기업에서 활용하는 목표관리기법(Management By Objective)의 특징으로 적절하지 않은 것은?

① 목표달성 기간의 명시

② 개인 목표의 구체화를 위한 과정

③ 상사와 조직에 의한 하향식 목표 설정

④ 목표달성 여부에 대한 실적 및 정보의 피드백 제공

> **해설 콕** ....
>
> 목표관리기법(Management By Objective)은 목표 설정시 종업원들이 참여하여 생산 목표를 명확하고 체계적으로 설정하여 공식적 목표를 실체화 하는 과정으로서 상향식 과정이라 할 수 있다.
>
> 정답 ③

27

공인노무사 2020

☑ 확인
Check!
○
△
✕

MBO에서 목표 설정시 SMART원칙으로 옳지 않은 것은?

① 구체적(Specific)이어야 한다.
② 측정 가능(Measurable)하여야 한다.
③ 조직목표와의 일치성(Aligned with Organizational Goals)이 있어야 한다.
④ 현실적이며, 결과지향적(Realistic and Result-oriented)이어야 한다.
⑤ 훈련 가능(Trainable)하여야 한다.

🖐해설 콕 ···

SMART원칙 중 "T"는 훈련 가능(Trainable)이 아닌 시간제약성(Time-bound) 또는 적절성(Timely)이다.

정답 ⑤

28

가맹거래사 2017

☑ 확인
Check!
○
△
✕

조직차원의 공식적 커뮤니케이션이 아닌 것은?

① 군집형 커뮤니케이션
② 대각선 커뮤니케이션
③ 수평적 커뮤니케이션
④ 상향식 커뮤니케이션
⑤ 하향식 커뮤니케이션

🖐해설 콕 ···

군집형 커뮤니케이션은 한명이 몇 명에게 전달하고 전달받은 사람은 또 몇 명에게 전달하는 비공식적 커뮤니케이션이다.
② 대각선 커뮤니케이션은 소속집단과 위계수준 모두 다른 구성원 사이의 공식적 커뮤니케이션이다.
③ 수평적 커뮤니케이션은 위계수준이 같은 구성원 사이의 공식적 커뮤니케이션이다.
④ 상향식 커뮤니케이션은 하급자로부터 상급자에게 전달하는 공식적 커뮤니케이션이다.
⑤ 하향식 커뮤니케이션은 상급자로부터 하급자에게 전달하는 공식적 커뮤니케이션이다.

정답 ①

29

가맹거래사 2019

☑ 확인
Check!
○
△
✕

집단 발달의 5단계 모형에서 집단구성원들 간에 집단의 목표와 수단에 대해 합의가 이루어지고 응집력이 높아지며, 구성원들의 역할과 권한관계가 정해지는 단계는?

① 형성기(forming)
② 폭풍기(storming)
③ 규범기(norming)
④ 성과달성기(performing)
⑤ 해체기(adjourning)

규범기는 집단구성원들 간에 집단의 목표와 수단에 대해 합의가 이루어지고 응집력이 높아지며, 구성원들의 역할과 권한관계가 정해지는 단계이다.
① 형성기는 구성원이 서로를 알기 시작하고 규칙을 설정하는 시기이다.
② 폭풍기(격동기)는 집단의 존재를 인정하고 수용하지만 서로의 역할, 집단 구조, 신분차이에 관한 타협이 없어 갈등이 생기는 시기이다.
④ 성과달성기는 집단내 역할을 충실히 하면서 시너지 효과를 발휘하여 업적을 내어 목표를 완수하는 시기이다.
⑤ 해체기는 집단의 수명이 다하여 해제되거나, 새로운 환경에 맞게 구조적으로 변화하는 시기이다.

정답 ③

30

공인노무사 2019

확인
Check!
○
△
×

상사 A에 대한 나의 태도를 기술한 것이다. 다음에 해당하는 태도의 구성요소를 옳게 연결한 것은?

ㄱ. 나의 상사 A는 권위적이다.
ㄴ. 나는 상사 A가 권위적이어서 좋아하지 않는다.
ㄷ. 나는 권위적인 상사 A의 지시를 따르지 않겠다.

	ㄱ	ㄴ	ㄷ
①	감정적 요소	인지적 요소	행동적 요소
②	감정적 요소	행동적 요소	인지적 요소
③	인지적 요소	행동적 요소	감정적 요소
④	인지적 요소	감정적 요소	행동적 요소
⑤	행동적 요소	감정적 요소	인지적 요소

ㄱ. 나의 상사 A는 권위적이다. → 대상에 대한 신념이나 평가 [인지적 요소(evaluation)]
ㄴ. 나는 상사 A가 권위적이어서 좋아하지 않는다. → 대상에 대한 호불호의 느낌 [정서적 요소(feeling)]
ㄷ. 나는 권위적인 상사 A의 지시를 따르지 않겠다. → 특정 대상에 대한 행위하려는 의도나 방식 [행동적 요소(action)]

정답 ④

참고 태도의 구성요소

인지적 요소	대상에 대해 가지고 있는 신념
정서적 요소	대상에 대한 호불호의 느낌
행위적 요소	특정 대상에 대한 행위하려는 의도나 방식

06 BSC(균형성과표) & SWOT 분석

(1) BSC(균형성과표)

① 의 의

조직관리에 재무적 관점, 고객 관점, 내부 프로세스 관점, 학습 및 성장의 관점 4가지를 균형 있게 관리하는 포괄적·통합적 성과관리시스템

② 균형성과표의 4대 관점

상부 구조	재무적 관점	BSC(균형성과표)의 최종목표인 주주에게 보여주어야 하는 성과의 관점
	고객 관점	고객에게 보여주어야 하는 성과의 관점
하부 구조	내부 프로세스 관점	기업 내부적으로 일을 처리하는 방식에 대한 혁신관점
	학습과 성장 관점	미래 업무의 운영을 위한 변화와 개선의 관점

(2) SWOT 분석

① 의 의

환경의 기회 및 위협 등을 파악하고, 기업조직의 강점 및 약점을 인식해서 여러 형태의 전략적인 반응을 유도하고자 하는 방법

② 모 형

- 상황적 조건 : 외부적 위협과 외부적 기회
- 조직의 역량 : 내부적 강점과 내부적 약점

		기업외부	
		강점(strength)	약점(weakness)
기업 내부	기회(opportunity)	SO전략	WO전략
	위협(threat)	ST전략	WT전략

01

가맹거래사 2020

☑ 확인
Check!
○
△
✕

균형성과표(BSC)에서 조직의 성과를 측정하기 위한 4가지 주요 관점에 해당하지 않는 것은?

① 고객 관점
② 재무적 관점
③ 경쟁 관점
④ 내부 프로세스 관점
⑤ 학습과 성장 관점

👆해설 콕 ‥‥
균형성과표(BSC)의 4가지 관점은 재무적 관점, 고객 관점, 내부 프로세스 관점, 학습과 성장 관점이다.
정답 ③

02

경영지도사 2019

☑ 확인
Check!
○
△
✕

균형성과표(BSC)의 네 가지 관점이 아닌 것은?

① 내부 프로세스 관점
② 외부 프로세스 관점
③ 고객 관점
④ 학습 및 성장 관점
⑤ 재무 관점

👆해설 콕 ‥‥
균형성과표(BSC)의 4가지 관점은 재무적 관점, 고객 관점, 내부 프로세스 관점, 학습과 성장 관점이다.
정답 ②

03

경영지도사 2016

☑ 확인
Check!
○
△
✕

카플란(R. Kaplan)과 노턴(D. Norton)이 제시한 균형성과표(Balanced Scorecard)의 4가지 관점에 해당되지 않는 것은?

① 고객(시장)
② 주 주
③ 학습과 성장
④ 내부 프로세스
⑤ 재 무

해설 콕 ‥‥
균형성과표(BSC)의 4가지 관점은 재무적 관점, 고객 관점, 내부 프로세스 관점, 학습과 성장 관점이다.
정답 ②

04

☑ 확인
Check!
○
△
✕

기업의 경영성과를 평가하는데 사용되는 균형성과표(BSC ; Balanced Scorecard)의 평가 관점과 성과지표·측정지표 간의 연결로 가장 옳지 않은 것은?

① 재무 관점 – EVA(Economic Value Added)
② 고객 관점 – 시장점유율
③ 내부 프로세스 관점 – 자발적 이직률
④ 학습 및 성장 관점 – 직원 만족도

해설 콕 ··

- **재무 관점** : 매출, 자본수익률, EVA 등
- **고객 관점** : 고객만족도, 시장점유율, 재구매율 등
- **내부 프로세스 관점** : 불량률, 반품률, 리드타임 등
- **학습 및 성장 관점** : 자발적 이직률, 직원 만족도, 지속적 학습 등

정답 ③

05

☑ 확인
Check!
○
△
✕

균형성과표(Balanced Score Card)에 해당하지 않는 것은?

① 고객 관점   ② 내부 프로세스 관점
③ 사회적 책임 관점   ④ 학습과 성장 관점
⑤ 재무 관점

해설 콕 ··

균형성과표(Balanced Score Card)를 이루는 핵심요소는 재무적 관점, 고객 관점, 내부 프로세스 관점, 학습과 성장 관점 4가지이다.

정답 ③

06

☑ 확인
Check!
○
△
✕

케플란(Kaplan)과 노튼(Norton)의 균형성과표(BSC ; Balanced Scorecard)에서 제시한 4가지 관점으로 가장 적절하지 않은 것은?

① 재무적 관점   ② 고객 관점
③ 학습과 성장 관점   ④ 내부 프로세스 관점
⑤ 사회적 책임 관점

해설 콕 ....

케플란(Kaplan)과 노튼(Norton)의 균형성과표(BSC ; Balanced Scorecard)에서 제시한 4가지 관점은 재무적 관점, 고객관점, 학습과 성장 관점, 내부 프로세스 관점이다.

정답 ⑤

07

가맹거래사 2016

☑ 확인
Check!
○
△
×

전략을 수립하는 과정에서 기업외부의 기회와 위협 요소들을 파악하고 기업내부의 강점 및 약점을 분석하는 기법은?

① BCG 분석　　　　　　　　② SWOT 분석
③ GAP 분석　　　　　　　　④ BEP 분석
⑤ 4P 분석

 해설 콕 ....

SWOT 분석

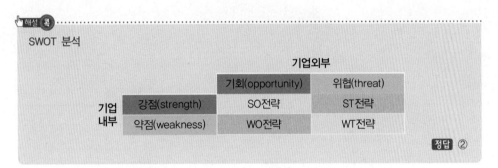

		기업외부	
		기회(opportunity)	위협(threat)
기업 내부	강점(strength)	SO전략	ST전략
	약점(weakness)	WO전략	WT전략

정답 ②

08

경영지도사 2019

☑ 확인
Check!
○
△
×

SWOT 분석에 관한 설명으로 옳은 것은?

① 교섭력 분석기법
② 사업포트폴리오 분석기법
③ 안정성 평가기법
④ 기업환경의 기회, 위협, 강점, 약점을 분석하는 기법
⑤ 수익성, 성장성, 효과성을 분석하는 최신기법

해설 콕 ....

SWOT 분석은 기업외부의 기회와 위협요소를 파악하고 기업내부의 강점과 약점을 분석하는 기법이다.

정답 ④

안심Touch

CHAPTER **3**

마케팅

01 마케팅 개요 및 조사

(1) 마케팅의 의의

① 미국 마케팅 학회의 정의 : 마케팅은 개인과 조직의 목표 달성을 위해 아이디어, 제품, 서비스에 관하여 제품화, 가격, 촉진, 유통을 계획하고 집행하는 과정이다.

② 코틀러(P. Kotler)의 정의 : 마케팅은 개인과 집단이 제품과 가치를 창출하고 교환함으로써 필요와 욕구를 충족시키는 사회적 · 관리적 과정이다.

(2) 마케팅믹스 4P's → 4C's로의 전환(소비자 중심)

① Product → Consumer : 제품이 아니라 소비자가 원하는 것

② Price → Cost : 소비자들이 지불하는 노력 및 시간, 금전적인 부담, 심리적인 부담 등의 모든 비용

③ Place → Convenience : 소비자들에게 구매의 편리성을 제공

④ Promotion → Communication : 일방적인 전달이 아닌 양방향적 커뮤니케이션

(3) 마케팅 통제(Marketing Control)의 유형(P. Kotler)

① **연간 계획 통제**

당해 연도의 사업계획과 실적을 비교하고 필요시에 시정조치를 하는 것이다. → MBO(목표에 의한 관리)

② **수익성 통제**

상품, 지역, 고객그룹, 판매경로, 주문 규모 등이 기준별로 수익성에 얼마나 기여하는가를 분석하며, 이를 근거로 제품이나 마케팅 활동을 조정하는 것이다.

③ **효율성 통제**

수익성 분석에서 기업이 제품, 지역 또는 시장과 관련하여 이익획득이 부진하다면 마케팅 중간상과 관련하여 판매원, 광고, 판매촉진 및 유통경로를 관리하는 보다 효율적인 방법을 찾아야 한다.

④ **전략적 통제**

마케팅 기능이 제대로 잘 수행되고 있는가를 점검하는 것이다.

(4) 마케팅 개념의 발전 단계

생산 개념
• 생산지향성 시대는 무엇보다도 저렴한 제품을 선호한다는 가정에서 출발함. 즉, 소비자는 제품 이용 가능성과 저가격에만 관심이 있다고 할 수 있음. 그러므로 기업의 입장에서는 대량생산과 유통을 통해 낮은 제품원가를 실현하는 것이 목적이 됨 • 제품의 수요에 비해서 공급이 부족하여 고객들이 제품구매에 어려움을 느끼기 때문에 고객들의 주된 관심이 '지불할 수 있는 가격으로 그 제품을 구매하는 것'일 때 나타나는 이념

제품 개념
• 소비자들이 가장 우수한 품질이나 효용을 제공하는 제품을 선호한다는 개념 • 제품 지향적 기업은 다른 것보다도 보다 나은 양질의 제품을 생산하고 이를 개선하는데 노력을 기울임

판매 개념
• 기업이 소비자로 하여금 경쟁회사 제품보다는 자사제품을 더 많은 양을 구매하도록 설득하여야 하며, 이를 위하여 이용 가능한 모든 효과적인 판매활동과 촉진도구를 활용하여야 한다고 보는 개념 • 생산능력의 증대로 제품공급의 과잉상태가 나타나게 되며, 고압적인 마케팅 방식에 의존하여 광고, 유통 등에 많은 관심, 소비자의 욕구보다는 판매방식이나 판매자 시장에 관심을 가짐

마케팅 개념
• 고객중심적인 마케팅 관리이념으로서, 고객욕구를 파악하고 이에 부합되는 제품을 생산하여 고객욕구를 충족시키는데 초점을 둠 • <u>고객지향</u> : 소비자들의 욕구를 기업 관점이 아닌 소비자의 관점에서 정의하는 것(소비자의 욕구를 소비자 스스로가 기꺼이 지불할 수 있는 가격에 충족시키는 것) • <u>전사적 노력</u> : 기업의 각 부서 중에서 직접적으로 소비자를 상대하는 부문은 마케팅 부서이나 고객중심의 개념으로 비추어 보면 기업내 전 부서의 공통된 노력이 요구됨. 즉, 기업의 전 부서 모두가 고객지향적일 때 올바른 고객욕구의 충족이 이루어질 수 있음 • <u>고객만족을 통한 이익의 실현</u> : 마케팅 개념은 기업 목적 지향적이어야 하며, 적정한 이익의 실현은 기업 목적달성을 위한 필수불가결한 요소임. 이러한 이익은 결국 고객만족 노력에 대한 결과이며, 동시에 기업이 이익만을 추구할 경우에는 이러한 목적은 실현될 수 없음을 의미함

사회 지향적 개념
• 기업의 이윤을 창출할 수 있는 범위 안에서 타사에 비해 효율적으로 소비자의 욕구를 충족시키도록 노력하는데 있어서는 마케팅 개념과 일치 • 사회 지향적 마케팅은 단기적인 소비자의 욕구충족이 장기적으로는 소비자는 물론 사회의 복지와 상충됨에 따라서 기업은 마케팅활동의 결과가 소비자는 물론 사회 전체에 어떤 영향을 미치게 될 것인가에 대한 관심을 가져야 하며, 부정적 영향을 미치는 마케팅활동을 가급적 자제하여야 한다는 사고에서 등장한 개념임(고객만족, 기업의 이익에 더불어서 사회 전체의 복지를 요구하는 개념)

(5) 마케팅 조사

① 개 요

　　㉠ 마케팅 의사결정을 하기 위해 필요한 각종 정보를 제공하기 위해 자료를 수집·분석하는 과정이다.

　　㉡ 마케팅 조사는 서로 간의 관련이 있는 사실들을 찾아내고 분석하고, 가능한 조치를 제시함으로써 마케팅 의사결정을 돕는 것이다.

② 조사 절차

1단계 : 조사문제의 제기와 조사목적의 결정
마케팅 조사를 수행하기 위해서는 먼저 조사문제를 정확하게 정의해야 한다. 마케팅 조사는 특정한 의사결정을 위해 수행되는 것이므로, 의사결정 문제에서부터 조사문제가 결정된다.

2단계 : 마케팅 조사의 설계
연구에 대한 구체적인 목적을 공식화하여, 조사를 위한 순서와 책임을 구체화시켜야 한다. 보통 연구조사의 주체, 대상, 시점, 장소 및 방법 등을 결정하는 단계

3단계 : 자료의 수집, 분석 및 해석
자료의 수집방법, 설문지의 작성, 조사대상에 대한 선정 및 실사 등을 통해 자료를 수집·분석하고 나온 결과에 대해 의미 있는 해석이 뒤따라야 한다.

4단계 : 보고서 작성
자료의 수집방법, 설문지의 작성, 조사대상에 대한 선정 및 실사 등을 통해 자료를 수집·분석하고 나온 결과에 대해 의미 있는 해석이 뒤따라야 한다.

01

경영지도사 2020

마케팅의 4P에 해당하지 않는 것은?

① 가 격

② 제 품

③ 유 통

④ 소비자

⑤ 촉 진

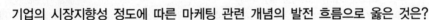 해설 콕

마케팅의 4P는 제품(Product), 가격(Price), 유통(Place), 촉진(Promotion)이다.

정답 ④

02

가맹거래사 2016

기업의 시장지향성 정도에 따른 마케팅 관련 개념의 발전 흐름으로 옳은 것은?

① 생산 개념 → 판매 개념 → 총체적 마케팅 개념 → 마케팅 개념

② 판매 개념 → 생산 개념 → 총체적 마케팅 개념 → 마케팅 개념

③ 마케팅 개념 → 생산 개념 → 판매 개념 → 총체적 마케팅 개념

④ 생산 개념 → 판매 개념 → 마케팅 개념 → 총체적 마케팅 개념

⑤ 판매 개념 → 생산 개념 → 마케팅 개념 → 총체적 마케팅 개념

해설 콕

마케팅의 발전 흐름은 생산 개념 → 제품 개념 → 판매 개념→ 마케팅 개념 → 사회적(총체적) 마케팅 개념이다.

정답 ④

03

공인노무사 2019

생산성을 높이고, 유통을 효율화 시키는 등 주로 원가절감에 관심을 갖는 마케팅 개념은?

① 판매 개념

② 생산 개념

③ 관계마케팅 개념

④ 통합마케팅 개념

⑤ 내부마케팅 개념

해설 콕

고객은 접근성이 높고 낮은 가격을 제공해 주는 제품을 선호한다는 가정 아래 경영역량을 생산공정과 유통 효율성 개선에 집중해야 한다는 개념은 생산 개념이다.

정답 ②

04

☑ 확인
Check!
○
△
×

불건전한 수요상황에서 지나친 수요를 가급적 억제하거나 소멸시키기 위하여 필요한 마케팅은?

① 전환마케팅(conversional marketing)

② 자극마케팅(stimulation marketing)

③ 재마케팅(remarketing)

④ 유지마케팅(maintenance marketing)

⑤ 대항마케팅(counter marketing)

해설 콕

불건전한 수요상황에서 지나친 수요를 가급적 억제하거나 소멸시키기 위하여 필요한 마케팅은 대항마케팅(counter marketing)이다.

① 전환마케팅(conversional marketing)은 부정적 수요상태를 긍정적 수요상태로 전환하는 마케팅 활동이다.

② 자극마케팅(stimulation marketing)은 무수요 상태의 제품에 고객들이 관심을 가지게 해서 긍정적 수요상태로 전환하는 마케팅 활동이다.

③ 재마케팅(remarketing)은 수요가 침체된 상황에 고객들의 관심을 유발시키는 마케팅 활동이다.

④ 유지마케팅(maintenance marketing)은 완전 수요 상태에서 수요의 하락을 막고 현재의 완전 수요 상태를 유지시키는 마케팅 활동이다.

정답 ⑤

05

☑ 확인
Check!
○
△
×

마약퇴치운동과 같이 불건전한 수요를 파괴시키는데 활용되는 마케팅은?

① 동시화마케팅(Synchro Marketing)

② 재마케팅(Remarketing)

③ 디마케팅(Demarketing)

④ 대항마케팅(Counter Marketing)

⑤ 터보마케팅(Turbo Marketing)

해설 콕

불건전한 수요상황에서 지나친 수요를 가급적 억제하거나 소멸시키기 위하여 필요한 마케팅은 대항마케팅(counter marketing)이다.

① 동시화마케팅(Synchro Marketing)은 계절적 요인이나 시간적 요인 등으로 인해 규칙적이지 않은 수요 상태에서 수요의 평준화를 맞추기 위한 마케팅 기법이다.

② 재마케팅(Remarketing)은 수요가 침체된 상황에 고객들의 관심을 유발시키는 마케팅 활동이다.

③ 디마케팅(Demarketing)은 수요가 공급능력을 초과하는 경우 혹은 기업의 입장에서 해가 되는 수요가 존재하는 경우 일시적 혹은 영구히 수요를 감퇴시키는 것을 말한다.

⑤ 터보마케팅(Turbo Marketing)은 시간적 우위로 경쟁력을 확보하고자 하는 마케팅이다.

정답 ④

06

☑ 확인
Check!
○
△
✕

술, 담배, 해로운 약품 등 불건전한 수요를 제거하기 위한 마케팅 관리에 해당하는 것은?

① 전환적 마케팅

② 재마케팅

③ 동시화마케팅

④ 디마케팅

⑤ 카운터 마케팅

> 🖐해설 콕 ···
>
> 술, 담배, 해로운 약품 등 불건전한 수요를 제거하기 위한 마케팅 관리는 카운터 마케팅(대항마케팅)이다.
> ① 전환적 마케팅은 부정적 수요상태를 긍정적 수요상태로 전환하는 마케팅 활동이다.
> ② 재마케팅은 수요가 침체된 상황에 고객들의 관심을 유발시키는 마케팅 활동이다.
> ③ 동시화마케팅은 계절적 요인이나 시간적 요인 등으로 인해 규칙적이지 않은 수요상태에서 수요의
>   평준화를 맞추기 휘한 마케팅 기법이다.
> ④ 디마케팅은 수요가 공급능력을 초과하는 경우 혹은 기업의 입장에서 해가 되는 수요가 존재하는 경우
>   일시적 혹은 영구히 수요를 감퇴시키는 것을 말한다.
>
> 정답 ⑤

07

☑ 확인
Check!
○
△
✕

甲은 산행을 가기로 하였는데, A 대형마트 인터넷 쇼핑몰에서 품질 좋은 등산화를 싸게 판다는 얘기를 친구들로부터 들은 후 그 쇼핑몰에서 등산화를 구입하였다. 이러한 마케팅을 일컫는 말은?

① 퍼미션 마케팅(Permission marketing)

② 박리다매 마케팅(薄利多賣 marketing)

③ 옵트인 마케팅(Opt-in marketing)

④ 바이럴 마케팅(Viral marketing)

⑤ 옵트아웃 마케팅(Opt-out marketing)

> 🖐해설 콕 ···
>
> 바이럴 마케팅(Viral marketing)은 친구의 얘기를 통해 물품을 구입하게 하는 것처럼 입소문에 의해
> 홍보하는 방식을 말한다. 입소문을 내는 방식은 초기에는 구전에서 시간이 점점 흐르면서 SNS, 블로그,
> 카페 등 온라인을 통해 전달되는 방식으로 변화되었다.
> ① 퍼미션 마케팅(Permission marketing)은 낯선 손님을 단골로 만들기 위해 노력하는 것을 말한다.
> ② 박리다매 마케팅(薄利多賣 marketing)은 적은 수익으로 많이 판매하는 전략을 말한다.
> ③ 옵트인 마케팅(Opt-in marketing)은 고객이 동의한 부분에 대해 이메일이나 문자 광고가 전송되는
>   방식이다.
> ⑤ 옵트아웃 마케팅(Opt-out marketing)은 고객이 동의하지 않은 부분에 대해 이메일이나 문자 광고가
>   전송되는 않는 방식이다.
>
> 정답 ④

08

☑ 확인
Check!
○
△
×

서비스 마케팅에 관한 설명으로 옳지 않은 것은?

① 서비스 비분리성이란 서비스가 서비스제공자와 분리될 수 없음을 의미한다.

② 서비스 변동성은 누가, 언제, 어디서, 어떻게 서비스를 제공하느냐에 따라 서비스품질이 달라지는 것을 의미한다.

③ 서비스 소멸성은 나중에 판매하거나 사용하기 위해 서비스를 저장할 수 없음을 의미한다.

④ 외부마케팅은 현장종업원들의 사기를 증진시켜 외부 고객을 만족시키는 것을 말한다.

⑤ 상호작용 마케팅은 서비스 접점에서 구매자 – 판매자 상호작용의 품질을 제고시켜 우수한 서비스 품질을 실현하는 활동을 말한다.

 해설 콕

④ 외부마케팅이 아닌 내부마케팅에 대한 설명이다.

정답 ④

 참고 **내부마케팅과 외부마케팅의 비교**

구 분	외부마케팅	내부마케팅
이 념	소비자 지향	내부고객 지향
목 표	고객 만족	종업원의 만족, 동기부여
제공물	제품, 서비스	직무, 직무환경
가 격	상품의 대가	직무의 대가
주 체	마케터	모든 관리자
교 환	제품 ↔ 화폐	직무, 직무환경 ↔ 노동시간
경 로	도매점, 소매점, 고객 등	직·간접적으로 관련된 모든 종업원
전 략	STP	내부 세분화, 내부 위치화
전 술	4P (Product, Price, Place, Promotion)	4P (Product, Price, Place, Promotion)
조 사	시장조사	내부시장조사

〈출처〉 내부마케팅 이론과 실제 – 장기환, 오재신 저

09

가맹거래사 2017

☑ 확인
Check!
○
△
✕

고객들로 하여금 인터넷을 통해 자발적으로 친구나 주변사람들에게 제품을 홍보하도록 함으로써 제품홍보가 더 많은 네티즌 사이에 저절로 퍼져나가도록 하는 것은?

① 다이렉트 마케팅
② 텔레 마케팅
③ 바이럴 마케팅
④ 데이터베이스 마케팅
⑤ 심바이오틱 마케팅

👆해설 콕 ....

바이럴 마케팅(Viral marketing)은 친구의 얘기를 통해 물품을 구입하게 하는 것처럼 입소문에 의해 홍보하는 방식을 말한다. 입소문을 내는 방식은 초기에는 구전에서 시간이 점점 흐르면서 SNS, 블로그, 카페 등 온라인을 통해 전달되는 방식으로 변화되었다.
① 다이렉트 마케팅은 직접 고객에게 접근해 반응을 얻고 관계를 형성해 나가는 마케팅을 말한다.
② 텔레 마케팅은 전화를 통한 마케팅을 말한다.
④ 데이터베이스 마케팅은 고객의 정보를 활용한 마케팅을 말한다.
⑤ 심바이오틱 마케팅은 대기업의 막강한 영업조직을 이용하여 판로가 취약한 영세 기업의 제품에 대기업의 상표를 붙이는 마케팅을 말한다.

정답 ③

10

공인회계사 2021

☑ 확인
Check!
○
△
✕

마케팅 조사에 관한 설명으로 적절한 항목만을 모두 선택한 것은?

a. 마케팅정보의 원천을 1차 자료와 2차 자료로 구분할 때, 공공기관(통계청, 한국은행 등)에서 발간한 자료는 2차 자료에 해당된다.
b. 척도의 4가지 유형 중에서 측정대상을 구분하는 범주나 종류를 측정하는데 사용되는 유형을 서열척도(ordinal scale)라고 한다.
c. 전수조사와 표본조사 모두 표본오차가 발생한다.

① a   ② a, b
③ a, c   ④ b, c
⑤ a, b, c

👆해설 콕 ....

b. (✕) 척도의 4가지 유형 중에서 측정대상을 구분하는 범주나 종류를 측정하는데 사용되는 유형을 명목척도(nominal scale)라고 한다.
c. (✕) 전수조사에서는 표본오차가 발생하지 않는다.

정답 ①

CHAPTER 3 마케팅

참고

척도의 4가지 유형

- **명목척도(nominal scale)** : 단순히 범주로 분류하기 위해 숫자를 부여한 척도
- **서열척도(ordinal scale)** : 명목척도의 기능 외에 각 범주 간의 대소관계, 순위(서열성)에 대하여 숫자를 부여한 척도
- **등간척도(interval scale)** : 절대적 영점(Absolute Zero)이 없으며, 대상이 갖는 양적인 정도의 차이에 따라 등간격으로 숫자를 부여한 척도
- **비율척도(ratio scale)** : 절대적 영점(Absolute Zero)이 존재하며, 비율계산이 가능한 숫자를 부여한 척도

11

공인회계사 2019

☑ 확인
Check!
○
△
×

마케팅 조사에 관한 설명으로 적절한 항목만을 모두 선택한 것은?

a. 실험결과의 일반화는 내적 타당성과 관련이 있는 반면에 외생변수의 통제는 외적 타당성과 관련이 있다.
b. 표본프레임이 모집단과 정확하게 일치하지 못함으로써 발생하는 오류는 표본오류에 포함된다.
c. 표적집단면접법(FGI)과 투사법(projective technique)의 차이점 중 하나는 실시하고자 하는 조사목적을 조사 대상자에게 밝히는가의 여부이다.

① a
② b
③ c
④ a, b
⑤ b, c

해설 콕

a. (✕) 실험결과의 일반화는 외적 타당성과 관련이 있는 반면에 외생변수의 통제는 내적 타당성과 관련이 있다.
b. (✕) 표본프레임이 모집단과 정확하게 일치하지 못함으로써 발생하는 오류는 불포함오류인데 불포함오류는 비표본오류에 해당한다.
c. (○) 투사법(projective technique)은 조사목적을 조사 대상자에게 밝히지 않는 반면에 표적집단면접법(FGI)은 조사목적을 조사 대상자에게 밝힌다는 점에서 차이가 있다.

정답 ③

12

공인회계사 2017

마케팅 조사에 관한 설명으로 적절한 항목만을 모두 선택한 것은?

> a. 표본의 수가 증가할수록 비표본오류는 작아지고 표본오류는 커진다.
> b. 단일집단 사후실험설계는 순수실험설계 방법에 포함된다.
> c. 할당표본추출(quota sampling)은 비확률표본추출방법이다.

① a   ② b
③ c   ④ a, c
⑤ b, c

해설 콕
a. (×) 표본의 수가 증가할수록 비표본오류는 커지고 표본오류는 작아진다.
b. (×) 단일집단 사후실험설계는 사전실험설계 방법에 포함된다.

정답 ③

13

가맹거래사 2020

마케팅 조사 자료수집시 다음에 해당하는 표본추출방법은?

> • 추출된 표본이 모집단을 대표하지 못할 수도 있다.
> • 포본 추출비용이 거의 발생하지 않고 절차가 간단하다.
> • 조사자나 면접원이 편리한 장소와 시간에 접촉하기 쉬운 대상들을 표본으로 추출한다.

① 편의표본추출   ② 군집표본추출
③ 층화표본추출   ④ 할당표본추출
⑤ 판단표본추출

해설 콕
조사자가 표본선정의 편리성에 중점을 두고 조사자 임의대로 표본을 선정하는 방법을 편의표본추출이라 한다.
② 군집표본추출은 모집단을 소집단으로 나눈 후 소집단 중 일정수를 추출하여 추출된 구성원을 조사하는 방법이다.
③ 층화표본추출은 모집단을 어떤 기준에 따라 서로 상이한 소집단들로 나누고, 각 소집단으로부터 표본을 무작위로 추출하는 방법이다.
④ 할당표본추출은 모집단의 특성을 반영하도록 미리 할당된 비율에 따라 표본을 추출하는 방법이다.
⑤ 판단표본추출은 모집단을 서로 배타적이고 포괄적인 소그룹으로 구분한 후, 각 그룹별로 단순 무작위 표본추출하는 방법이다.

정답 ①

장 점	단 점
• 쉽게 이용가능한 대상을 표본으로 선택할 수 있다. • 시간과 비용이 절약된다.	• 표본 선정에 편견이 개입될 여지가 있다. • 표본의 대표성이 떨어지며, 일반화 가능성이 낮다.

14 공인회계사 2016

☑ 확인
Check!
○
△
✕

마케팅 조사에 관한 설명으로 가장 적절하지 않은 것은?

① 타당성(validity)은 측정 도구가 측정하고자 하는 개념이나 속성을 얼마나 정확하게 측정할 수 있는가를 나타내는 지표이다.

② 표적집단면접(focus group interview), 문헌조사, 전문가 의견조사는 기술조사(descripive research) 방법에 포함된다.

③ 척도에 따라 변수가 갖게 되는 정보량의 크기는 서열척도(ordinal scale)보다 등간척도(interval scale)가 더 크다.

④ 단순무작위표본추출과 군집표본추출은 확률표본추출방법이다.

⑤ 조사현장의 오류와 자료처리의 오류는 관찰오류(survey error)에 포함된다.

해설 콕 .....

표적집단면접(focus group interview), 문헌조사, 전문가 의견조사는 탐색조사 방법에 포함된다.

정답 ②

15 공인회계사 2015

☑ 확인
Check!
○
△
✕

마케팅 조사에 관한 설명으로 가장 적절하지 않은 것은?

① 표본조사에서 불포함오류(non-inclusion error)와 무응답오류(non-response error)는 비관찰오류(non-survey error)에 포함된다.

② 표본추출과정은 모집단의 확정 → 표본프레임의 결정 → 표본추출방법의 결정 → 표본크기의 결정 → 표본추출 단계로 이루어진다.

③ 신뢰성(reliability)은 측정하고자 하는 현상이나 대상을 얼마나 일관성 있게 측정하였는가를 나타내는 것이다.

④ 등간척도(interval scale)는 속성의 절대적 크기를 측정할 수 있기 때문에 사칙연산이 가능하다.

⑤ 통제집단 사후설계(after-only with control group design)는 순수실험설계(true experimental design)에 포함된다.

절대적 크기를 측정할 수 있기 때문에 사칙연산이 가능한 것은 등간척도(interval scale)가 아닌 비율척
도(ratio scale)이다.

정답 ④

---

16 가맹거래사 2018

☑ 확인
Check!
○
△
✕

마케팅 조사의 분석기법에 관한 설명으로 옳은 것은?

① 요인분석 : 정보의 손실을 최소화하면서 다수의 변수들을 몇 개의 요인으로 압축하기 위해 사용하는 기법
② 상관관계분석 : 두 변수들 간의 인과관계를 측정하는 기법
③ 분산분석 : 집단들 간에 특정변수의 분산 값이 서로 차이가 있는지를 검정하는 기법
④ 회귀분석 : 둘 이상의 독립변수 상호간에 미치는 영향의 정도를 파악하는 기법
⑤ 결합분석 : 한 개의 독립변수가 둘 이상의 종속변수 순위를 결정하는 기법

② 상관관계의 정도를 파악하는 상관계수는 두 변수들 간의 연관된 정도를 나타낼 뿐 인과관계를 설명하
지는 않는다.
③ 분산분석은 집단들 간에 특정변수의 평균의 차이가 있는지 검정하는 기법이다.
④ 회귀분석은 독립변수가 종속변수에 미치는 정도를 분석하는 기법이다.
⑤ 결합분석은 둘 이상의 독립변수가 하나의 종속변수 순위를 결정하는 기법이다.

정답 ①

---

17 가맹거래사 2015

☑ 확인
Check!
○
△
✕

조사방법 중 탐색적(exploratory) 방법이 아닌 것은?

① 인과관계조사
② 심층면접법
③ 문헌조사
④ 전문가의견조사
⑤ 표적집단면접법

마케팅 조사방법은 탐색조사, 기술조사, 인과조사로 구분된다. 인과관계조사는 인과조사 방법이며, 심층
면접법, 문헌조사, 전문가의견조사, 표적집단면접법은 탐색적 방법에 해당한다.

정답 ①

18

마케팅 조사를 통해 소비자의 고려대상이 되는 여러 제품들에 대한 소비자의 지각과 선호를 파악한 후 이를 공간상에 있는 점들 간의 기하학적 관련성으로 시각화하여 표현하려고 할 때 사용할 수 있는 자료분석 방법으로 가장 옳은 것은?

① 컨조인트 분석(conjoint analysis)

② 다차원척도법(multidimensional scaling)

③ 판별분석(discriminant analysis)

④ 군집분석(cluster analysis)

다차원척도법(multidimensional scaling)은 마케팅 조사를 통해 소비자의 고려대상이 되는 여러 제품들에 대한 소비자의 지각과 선호를 파악한 후 이를 공간상에 있는 점들 간의 기하학적 관련성으로 시각화하여 표현하려고 할 때 사용할 수 있는 자료분석 방법으로 비슷한 제품일수록 가깝게 배치하는 기법이다.

① 컨조인트 분석(conjoint analysis)은 소비자들이 중요시하는 제품의 속성과 속성수준의 가치를 산출하여 소비자에게 효과적인 조합을 구하는 분석기법이다.

③ 판별분석(discriminant analysis)은 독립변수가 연속형이고 종속변수가 이산형일 때 독립변수와 종속변수의 관계를 분석하는 방법이다.

④ 군집분석(cluster analysis)은 동질적인 집단인 군집을 분류하는 분석방법이다.

정답 ②

19

마케팅 조사에 관한 설명으로 적절한 항목은 모두 몇 개인가?

a. 패널조사와 실험설계는 탐색적 조사에서 이용되는 방법이다.

b. 어의차이척도(semantic differential scale)는 응답자가 질문 항목에 대한 동의나 반대의 정도를 나타내도록 하는 질문 형태이다.

c. 군집표본추출법(cluster sampling)은 모집단을 어떤 기준에 따라 서로 상이한 소집단들로 나누고, 각 소집단으로부터 표본을 무작위로 추출하는 방법이다.

d. 체계적 오차는 타당성(validity)과 관련된 개념이며, 비체계적 오차는 신뢰성(reliability)과 관련된 개념이다.

① 0개　　　　　　　　　　② 1개

③ 2개　　　　　　　　　　④ 3개

⑤ 4개

b. (×) 응답자가 질문 항목에 대한 동의나 반대의 정도를 나타내도록 하는 질문 형태는 리커트 척도라 한다. 반면 어의차이척도는 다차원적인 개념을 측정하는데 사용되는 척도이다.

c. (×) 모집단을 어떤 기준에 따라 서로 상이한 소집단들로 나누고, 각 소집단으로부터 표본을 무작위로 추출하는 방법은 층화표본추출이라 한다. 군집표본추출법은 모집단을 소집단으로 나눈 후 소집단 중 일정수를 추출하여 추출된 구성원을 조사하는 방법이다.

d. (×) 체계적 오차와 비체계적 오차는 타당성과 신뢰성 모두와 관련된다.

정답 ②

20

☑ 확인
Check!
○
△
×

국가직 7급 **2016**

표본추출방법에 대한 설명으로 옳지 않은 것은?

① 단순무작위표본추출법, 군집표본추출법, 층화표본추출법은 확률표본추출방법에 해당한다.

② 모집단의 특성을 반영하도록 미리 할당된 비율에 따라 표본을 추출하는 할당표본추출은 비확률표본추출에 해당한다.

③ 조사자가 표본선정의 편리성에 중점을 두고 조사자 임의대로 표본을 선정하는 방법은 편의 표본추출법이다.

④ 모집단을 서로 배타적이고 포괄적인 소그룹으로 구분한 다음, 각 소그룹별로 단순 무작위 표본추출하는 방법은 판단표본추출방법이다.

모집단을 서로 배타적이고 포괄적인 소그룹으로 구분한 다음, 각 소그룹별로 단순 무작위 표본추출하는 방법은 판단표본추출방법이 아니라, 층화표본추출방법이다.

정답 ④

☑ 확인
Check!

○

△

✕

경영지도사 2020

판매자가 비용을 지불하거나 통제하지 않고 개인, 제품, 조직에 대한 정보를 언론 매체가 일반 보도로 다루도록 함으로써 무료 광고 효과를 얻는 것은?

① PPL(product placement) 광고

② 바이럴 마케팅(viral marketing)

③ 블로깅(blogging)

④ 퍼블리시티(publicity)

⑤ 팟캐스팅(podcasting)

☞해설 **콕** ....

판매자가 비용을 지불하거나 통제하지 않고 개인, 제품, 조직에 대한 정보를 언론 매체가 일반 보도로 다루도록 함으로써 무료 광고 효과를 얻는 것은 퍼블리시티(publicity)이다.

① PPL(product placement) 광고는 방송에 상품을 노출시킴으로써 홍보하는 방식을 말한다

② 바이럴 마케팅(viral marketing)은 친구의 얘기를 통해 물품을 구입하게 하는 것처럼 입소문에 의해 홍보하는 방식을 말한다. 입소문을 내는 방식은 초기에는 구전에서 시간이 점점 흐르면서 SNS, 블로그, 카페 등 온라인을 통해 전달되는 방식으로 변화되었다.

③ 블로깅(blogging)은 블로그에 게시글을 올리는 행위를 말한다.

⑤ 팟캐스팅(podcasting)은 인터넷을 통하여 시청하는 사용자들이 원하는 팟캐스팅 방송을 선택해 정기적으로 혹은 새로운 내용이 올라오면 자동으로 구독할 수 있도록 해서 인터넷 방송을 하거나 방송을 전달하는 방법을 말한다.

정답 ④

02 마케팅 전략

(1) 시장세분화

① 의 의

전체시장을 하나의 시장으로 보지 않고, 소비자 특성의 차이 또는 기업의 마케팅 정책, 예를 들어 가격이나 제품에 대한 반응에 따라 전체시장을 몇 개의 공통된 특성을 가지는 세분시장으로 나누어서 마케팅을 차별화시키는 것이다.

② 요 건

구 분	개 념
측정 가능성	마케터는 각 세분시장에 속하는 구성원을 확인하고, 세분화 근거에 따라 그 규모나 구매력 등의 크기를 측정할 수 있어야 한다.
유지 가능성	각 세분시장은 별도의 마케팅 노력을 할애 받을 만큼 규모가 크고 수익성이 높아야 한다.
접근 가능성	마케터는 각 세분시장에 기업이 상이한 마케팅 노력을 효과적으로 집중시킬 수 있어야 한다.
실행 가능성	마케터는 각 세분시장에 적합한 마케팅믹스를 실제로 개발할 수 있는 능력과 자원을 가지고 있어야 한다.
내부적 동질성과 외부적 이질성	특정한 마케팅믹스에 대한 반응이나 세분화 근거에 있어서 같은 세분시장의 구성원은 동질성을 보여야 하고, 다른 세분시장의 구성원과는 이질성을 보여야 한다.

③ 기 준

㉠ 인구통계적 기준 : 고객의 연령, 성별, 가족 수 등

㉡ 지리적 세분화 : 고객이 살고 있는 거주 지역을 기준으로 사징을 세분화하는 방법

㉢ 심리행태의 세분화 : 사회계층, 라이프스타일 등

㉣ 인지 및 행동적 세분화 : 편익, 사용 경험, 사용하는 상황. 제품 사용량, 브랜드 충성도 등

(2) 시장표적화

① 의 의

자사의 경쟁우위가 어느 세분시장에서 확보가 가능한지를 평가해서 상대적으로 경쟁우위가 있는 세분시장을 선택하는 것을 말한다.

② 목표시장 선정전략

㉠ 무차별적(비차별적) 마케팅 전략 : 수요의 동질성이 높은 제품에 대해 전체 시장을 하나의 동일한 시장으로 간주하고, 하나의 제품을 제공하는 전략

ⓛ 차별적 마케팅 전략 : 제품의 특성이 차이가 나거나 시장이 이질적인 경우 전체 시장을 세분시장으로 나누고, 이들 모두 목표시장으로 삼아 각각 세분시장의 상이한 욕구에 부응할 수 있는 마케팅믹스를 개발·적용하여 기업의 목표를 달성하고자 하는 전략

ⓒ 집중적 마케팅 전략 : 기업의 자원이 한정·제약되어 있는 경우 전체 세분시장 중에서 특정 세분시장을 목표시장으로 삼아 집중 공략하는 전략

(3) 제품 포지셔닝

① 의 의

자사 제품의 큰 경쟁우위를 찾아내어 이를 선정된 목표시장의 소비자들의 마음속에 자사의 상품을 자리잡게 하는 것, 즉 소비자들에게 경쟁제품과 비교하여 자사제품에 대한 차별화된 이미지를 심어주기 위한 계획적인 전략접근법이다.

② 전략유형

㉠ 제품속성에 의한 포지셔닝 : 자사제품의 속성이 경쟁제품에 비해 차별적 속성을 지니고 있어서 그에 대한 혜택을 제공한다는 것을 소비자에게 인식시키는 전략으로, 가장 널리 사용되는 포지셔닝 전략방법

㉡ 이미지 포지셔닝 : 제품이 지니고 있는 추상적인 편익을 강조하는 전략

㉢ 경쟁제품에 의한 포지셔닝 : 소비자가 인식하고 있는 기존의 경쟁제품과 비교함으로써 자사 제품의 편익을 강조하는 방법

㉣ 사용상황에 의한 포지셔닝 : 자사 제품의 적절한 사용상황을 설정함으로써 타사 제품과 사용상황에 따라 차별적으로 다르다는 것을 소비자에게 인식시키는 전략

㉤ 제품사용자에 의한 포지셔닝 : 제품이 특정 사용자 계층에 적합하다고 소비자에게 강조하여 포지셔닝 하는 전략

③ 포지셔닝 맵

㉠ 소비자의 마음속에 자리잡고 있는 자사의 제품과 경쟁 제품들의 위치를 2차원 또는 3차원의 도면으로 작성해 놓은 도표이다.

㉡ 작성 절차 : 차원의 수를 결정 → 차원의 이름 결정 → 경쟁사 제품 및 자사 제품의 위치 확인 → 이상적인 포지션의 결정

01

서울시 7급 **2018**

☑ 확인
Check!
○
△
×

시장세분화에 대한 설명 중 가장 옳은 것은?

① 시장세분화의 기준변수가 연속적인 경우에는 교차테이블 분석을 이용하고, 범주형 변수일 경우에는 군집분석을 사용하여 세분시장을 발견할 수 있다.

② 혁신적인 신상품일수록 시장세분화를 조기에 시도해야 한다.

③ 지나친 세분시장 마케팅은 수익성을 악화시킬 수 있다.

④ 효과적인 시장세분화가 되기 위해서는 같은 세분시장에 속한 고객끼리는 최대한 다르고, 서로 다른 세분시장에 속하는 고객끼리는 최대한 비슷하게 세분화하는 것이 좋다.

> 👉해설 **콕** ....
>
> ① 시장세분화의 기준변수가 불연속적인 경우에 교차테이블 분석을 이용한다.
> ② 고객들의 속성을 알지 못한 상황에서 혁신적인 신상품의 시장세분화를 조기에 시도하는 것은 옳지 못하다.
> ④ 효과적인 시장세분화가 되기 위해선 같은 세분시장에 속한 고객끼리는 최대한 비슷하고, 다른 세분시장에 속한 고객끼리는 최대한 다르게 시장세분화를 하는 것이 좋다.
>
> 정답 ③

02

공인회계사 **2021**

☑ 확인
Check!
○
△
×

시장세분화와 목표시장 선정에 관한 설명으로 적절한 항목만을 모두 선택한 것은?

> a. 측정 가능성(measurability)은 효과적인 시장세분화 요건 중 하나이다.
> b. 성별은 세분화 변수들 중 하나이며, 인구통계학적 변수로 분류된다.
> c. 새로운 마케팅 기회가 시장세분화를 통해 발견될 수 있다.

① a

② a, b

③ a, c

④ b, c

⑤ a, b, c

> 👉해설 **콕** ....
>
> a. (O) 시장세분화 요건으로는 측정 가능성, 유지 가능성, 접근 가능성, 실행 가능성, 내부적 동질성과 외부적 이질성이 있다.
> b. (O) 인구통계학적 변수로는 연령, 성별, 가족 수 등이 있다.
> c. (O) 시장세분화 과정에서 미처 발견하지 못한 새로운 마케팅 기회가 발견되기도 한다.
>
> 정답 ⑤

03

시장세분화에 관한 설명으로 옳지 않은 것은?

① 세분화된 시장 내에서는 이질성이 극대화되도록 해야 한다.
② 효과적인 시장세분화를 위해서는 시장의 규모가 측정 가능해야 한다.
③ 나이, 성별, 소득은 인구통계학적 세분화 기준에 속한다.
④ 제품사용 상황, 추구편익은 행동적 세분화 기준에 속한다.
⑤ 라이프스타일, 성격은 심리도식적 세분화 기준에 속한다.

>
>
> 시장세분화는 수요층별로 시장을 분할화 또는 단편화하여 각 층에 대해 집중적으로 마케팅 전략을 펴는 활동으로 유효타당성 측면에서 내적 동질성과 외적 이질성이 극대화되도록 해야 한다.
>
> **정답** ①

04

시장세분화에 대한 설명으로 가장 옳지 않은 것은?

① 세분시장에 대한 접근가능성이 높아야 한다.
② 세분시장 내의 이질성과 세분시장 간의 동질성이 높아야 한다.
③ 시장을 효과적으로 세분화할 수 있는 기준변수를 선택해야 한다.
④ 매스마케팅에 비해 높은 경쟁우위와 새로운 기회의 발견이라는 장점이 있을 수 있다.

> 시장세분화는 세분시장 내의 동질성과 세분시장 간의 이질성이 높아야 한다.
>
> **정답** ②

05

세분시장을 결정할 때 고려해야 할 요인이 아닌 것은?

① 수익 및 성장의 잠재력
② 세분시장내 욕구의 동질성 정도와 세분시장간 욕구의 상이성 정도
③ 세분시장에 대한 접근가능성의 정도
④ 시장세분화에 소요되는 비용
⑤ 세분시장의 인지부조화

해설 콕 ....

세분시장을 결정할 때 세분시장의 인지부조화는 고려할 필요가 없다.

① 세분시장을 타겟으로 마케팅 활동을 했을 때 이익이 발생해야 한다.

② 동일한 세분시장내 소비자들의 욕구 동질성은 비슷해야 하고, 다른 세분시장내 소비자들의 욕구 동질
성은 상이해야 한다.

③ 세분시장의 소비자들에게 접근하기 좋아야 한다.

④ 시장세분화에 소요되는 비용이 지나치게 크지 말아야 한다.

정답 ⑤

---

06 경영지도사 2017

☑ 확인
Check!
○
△
×

다음의 사례에서 사용되지 않은 시장세분화 방법은?

> A수프(soup)회사는 남아메리카의 경제성과 편의성을 중시하는 중류층 젊은 인구가 성장하고 있고
> 전국적으로 도시마다 라틴계 커뮤니티가 증가하고 있다는 사실을 알아차리고, 남미 시장에서는
> 크레올 수프를, 라틴계 시장에서는 레드 빈 수프를 소개했으며, 외향적이며 자극적인 음식을 즐기
> 는 캘리포니아 주와 텍사스 주에서는 미국내 다른 지역보다 나초 치즈 수프를 더 맵게 만들었다.

① 지역적 세분화

② 인구통계학적 세분화

③ 심리적 세분화

④ 편의 세분화

⑤ 사용량 세분화

 **해설 콕** ....

① **지역적 세분화** : 남미 시장과 라틴계 시장에 서로 다른 수프 소개, 미국내 지역의 수프 맵기 차이라는
표현에서 지역적으로 세분화 되었음을 알 수 있다.

② **인구통계학적 세분화** : 남아메리카의 경제성과 편의성을 중시하는 중류층 젊은 인구가 성장하고 있다
는 내용에서 인구통계학적으로 세분화 되었음을 알 수 있다.

③ **심리적 세분화** : 외향적이며 자극적인 음식을 즐기는 캘리포니아 주와 텍사스 주라는 표현에서 심리
적으로 세분화 되었음을 알 수 있다.

④ **편의 세분화** : 남아메리카의 경제성과 편의성을 중시하는 중류층 젊은 인구에서 편의성에 의해 세분
화가 되었음을 알 수 있다.

정답 ⑤

07

☑ 확인
Check!
○
△
✕

시장세분화(Market Segmentation)에 대한 설명으로 옳지 않은 것은?

① 사용상황, 사용량, 추구편익, 가족생활주기 등은 시장세분화를 위한 행동적 변수에 속한다.
② 같은 세분시장에 속하는 고객들끼리는 최대한 비슷하여야 하고, 서로 다른 세분시장에 속한 고객들끼리는 최대한 달라야 한다.
③ 신제품이 혁신적일수록 너무 일찍 앞서서 시장세분화를 하는 것은 바람직하지 않다.
④ 역세분화(Counter-Segmentation)는 고점유율 회사보다 저점유율 회사에 적합한 방법이다.

🖑해설 콕 ··

가족생활주기는 시장세분화를 위한 인구통계적 특성에 속한다.

정답 ①

08

☑ 확인
Check!
○
△
✕

시장세분화의 성공 조건이 아닌 것은?

① 접근성(accessibility)　　　　　② 시장규모의 실재성(substantiality)
③ 측정성(measurability)　　　　　④ 무형성(intangibility)
⑤ 차별성(differentiability)

🖑해설 콕 ··

측정하기 어려운 무형성(intangibility)은 시장세분화의 성공 조건이 아니다.

정답 ④

09

☑ 확인
Check!
○
△
✕

시장세분화의 기준변수 중 행동적 변수가 아닌 것은?

① 소비자가 추구하는 편익　　　　② 제품에 대한 태도
③ 소비자들의 성격　　　　　　　　④ 제품사용경험
⑤ 충성도

🖑해설 콕 ··

• 행동적 세분화 변수 : 추구편익, 제품 사용률(제품사용경험), 상표 애호도(충성도) 등
• 인구통계적 변수 : 연령, 성별, 소득, 가족규모 및 형태, 교육수준, 종교, 직업, 사회계층 등
• 심리분석적 변수 : 라이프스타일, 성격 등

정답 ③

10

가맹거래사 2015

시장세분화의 기준변수 중 인구통계적 변수에 해당하는 것은?

☑ 확인
Check!
○
△
✕

① 나 이
② 라이프스타일
③ 개 성
④ 추구편익
⑤ 제품 사용률

 해설 콕 ···

- **행동적 세분화 변수** : 추구편익, 제품 사용률, 상표 애호도 등
- **인구통계적 변수** : 연령, 성별, 소득, 가족규모 및 형태, 교육수준, 종교, 직업, 사회계층 등
- **심리분석적 변수** : 라이프스타일, 성격 등

정답 ①

11

경영지도사 2015

시장을 세분화하는데 사용하는 기준으로서 인구통계적 변수가 아닌 것은?

☑ 확인
Check!
○
△
✕

① 가족규모 및 형태
② 소 득
③ 라이프스타일
④ 교육수준
⑤ 종 교

해설 콕 ···

- **인구통계적 변수** : 연령, 성별, 소득, 가족규모 및 형태, 교육수준, 종교, 직업, 사회계층 등
- **심리분석적 변수** : 라이프스타일, 성격 등

정답 ③

12

☑ 확인 Check! ○ △ ✕

경영지도사 2016

STP전략에 관한 설명으로 옳지 않은 것은?

① 인구 통계적 세분화는 나이, 성별, 가족규모, 소득, 직업, 교육수준 등을 바탕으로 시장을 나누는 것이다.
② 행동적 세분화는 추구하는 편익, 사용량 등을 바탕으로 시장을 나누는 것이다.
③ 사회심리적 세분화는 제품사용경험, 제품에 대한 태도, 충성도, 종교 등을 바탕으로 시장을 나누는 것이다.
④ 시장표적화는 세분화된 시장의 좋은 점을 분석한 후 진입할 세분시장을 선택하는 것이다.
⑤ 시장포지셔닝은 시장 내에서 우월한 위치를 차지하도록 고객을 위한 제품·서비스 및 마케팅믹스를 개발하는 것이다.

🖐 해설 콕 ·····························

사회심리적 세분화는 라이프스타일, 성격 등으로 시장을 나누는 것이다.

정답 ③

13

☑ 확인 Check! ○ △ ✕

경영지도사 2018

시장세분화의 유형 중 인구통계적 세분화에 포함되는 요소가 아닌 것은?

① 사용률   ② 연 령
③ 직 업   ④ 교육수준
⑤ 소 득

🖐 해설 콕 ·····························

• **행동적 세분화 변수** : 추구편익, 제품 사용률, 상표 애호도 등
• **인구통계적 변수** : 연령, 성별, 소득, 가족규모 및 형태, 교육수준, 종교, 직업, 사회계층 등
• **심리분석적 변수** : 라이프스타일, 성격 등

정답 ①

14

공인노무사 2018

효과적인 시장세분화를 위한 요건으로 옳지 않은 것은?

① 측정가능성
② 충분한 시장 규모
③ 접근가능성
④ 세분시장 간의 동질성
⑤ 실행가능성

> 해설 콕 ....
>
> 효과적인 시장세분화를 위해서는 세분시장 간에 이질적이어야 한다.
>
> 정답 ④

15

공인회계사 2016

세분시장의 요건으로 적절한 항목은 모두 몇 개인가?

> a. 측정가능성
> b. 규모의 실체성(충분한 시장규모)
> c. 접근가능성
> d. 세분시장내 동질성과 세분시장간 이질성(차별적 반응)

① 0개
② 1개
③ 2개
④ 3개
⑤ 4개

> 해설 콕 ....
>
> 세분시장의 요건은 측정가능성, 충분한 시장규모, 접근가능성, 세분시장내 동질성과 세분시장간 이질성,
> 실행가능성 등이 있다.
>
> 정답 ⑤

16

국가직 7급 2018

세분화된 시장의 차이점을 무시하고 한 제품으로 전체시장을 공략하는 전략은?

① 차별적 마케팅
② 비차별적 마케팅
③ 세분화 마케팅
④ 집중적 마케팅

> 해설 콕 ....
>
> 세분화된 시장의 차이점을 무시하고 한 제품으로 전체시장을 공략하는 전략은 비차별적 마케팅이다.
>
> 정답 ②

17

서울시 7급 2019

소비자가 어떤 상품을 구매하고자 하는 욕구는 있으나, 그것을 구입할 경제적 능력이 없다면 마케팅은 발생할 수 없다. 그 이유에 대한 설명으로 가장 옳은 것은?

① 둘 혹은 그 이상의 당사자가 미충족된 욕구를 지니고 있기 때문이다.
② 한 당사자가 다른 당사자를 만족시키고자 하는 욕망이 없기 때문이다.
③ 관여한 당사자 중 하나가 다른 당사자를 만족시킬 수 있는 능력이 없기 때문이다.
④ 당사자들끼리 의사소통할 수 있는 방법이 전혀 없기 때문이다.

소비자가 상품을 구입할 경제적 능력이 없다는 것은 소비자가 기업에게 물건에 해당하는 가격을 지불하는 행위를 할 수 없다는 것이므로 소비자가 기업을 만족시킬 능력이 없다는 것을 나타낸다.

정답 ③

18

가맹거래사 2015

인적서비스에 관한 설명으로 옳지 않은 것은?

① 품질의 좋고 나쁨에 대한 평가는 주관적이다.
② 판매되지 않은 서비스는 재고형태로 보관이 가능하다.
③ 서비스 제공과정에 고도의 고객접촉이 일어난다.
④ 서비스는 가변적이며, 비표준적인 산출물을 생산한다.
⑤ 서비스는 대량생산이 어렵다.

서비스는 형태가 없는 무형성으로 재고형태로 보관이 불가능하다.

정답 ②

19

가맹거래사 2017

포지셔닝 전략의 유형에 관한 설명으로 옳지 않은 것은?

① 제품속성에 의한 포지셔닝은 자사브랜드를 주요 제품속성이나 편익과 연계하는 것이다.
② 제품군에 의한 포지셔닝은 자사제품을 대체 가능한 다른 제품군과 연계하여 소비자의 제품전환을 유도하는 것이다.
③ 제품사용자에 의한 포지셔닝은 제품을 특정 사용자나 사용자계층과 연계하는 것이다.
④ 범주 포지셔닝은 제품을 그 사용상황에 연계하는 것이다.
⑤ 경쟁적 포지셔닝은 자사브랜드를 경쟁제품과 직접 혹은 암시적으로 연계하는 것이다.

제품을 그 사용상황에 연계하는 것은 사용상황에 의한 포지셔닝이다.

정답 ④

20

☑ 확인
Check!
○
△
×

표적시장에 관한 설명으로 옳지 않은 것은?

① 단일표적시장에는 집중적 마케팅 전략을 구사한다.
② 다수표적시장에는 순환적 마케팅 전략을 구사한다.
③ 통합표적시장에는 역세분화 마케팅 전략을 구사한다.
④ 인적, 물적, 기술적 자원이 부족한 기업은 보통 집중적 마케팅 전략을 구사한다.
⑤ 세분시장 평가 시에는 세분시장의 매력도, 기업의 목표와 자원 등을 고려해야 한다.

다수표적시장에서는 그 시장에 맞는 마케팅 전략을 수립, 개발, 홍보할 수 있는 차별적 마케팅 전략을 구사한다.

정답 ②

21

☑ 확인
Check!
○
△
×

수요가 공급을 초과할 때 수요를 감소시키는 것을 목적으로 하는 마케팅관리기법은?

① 전환적 마케팅(conversional marketing)
② 동시화 마케팅(synchro marketing)
③ 자극적 마케팅(stimulative marketing)
④ 개발적 마케팅(developmental marketing)
⑤ 디마케팅(demarketing)

디마케팅(demarketing)은 수요가 공급능력을 초과하는 경우 혹은 기업의 입장에서 해가 되는 수요가 존재하는 경우 일시적 혹은 영구히 수요를 감퇴시키는 것을 말한다.
① 전환적 마케팅은 부정적 수요를 긍정적 수요로 전환하는 방법이다.
② 동시화 마케팅은 계절적 요인이나 시간적 요인 등으로 인해 규칙적이지 않은 수요 상태에서 수요의 평준화를 맞추기 위한 마케팅 기법이다.
③ 자극적 마케팅은 소비자의 제품에 대한 흥미와 관심을 환기시켜 무수요를 긍정적 수요로 전환하는 기법이다.
④ 개발적 마케팅은 없던 제품에 대한 잠재수요가 있을 때 이를 개발하는 기법이다.

정답 ⑤

22

공인회계사 2015

고객의 지각(perception)에 기초한 경쟁자 파악 방법으로 적절한 항목은 모두 몇 개인가?

> a. 상품제거(product deletion)
> b. 상표전환 매트릭스(brand switching matrix)
> c. 지각도(perceptual map)
> d. 수요의 교차탄력성(cross-elasticity of demand)

① 0개　　　　　　　　　　② 1개
③ 2개　　　　　　　　　　④ 3개
⑤ 4개

고객의 지각에 기초한 방법은 지각도, 상품제거, 사용상황별 대체이다. 상표전환 매트릭스와 수요의 교차
탄력성은 고객행동에 기초한 방법이다.

정답 ③

23

공인회계사 2017

경쟁자 파악방법, 시장세분화, 표적시장 선택에 관한 설명으로 적절한 항목만을 모두 선택한 것은?

> a. 상표전환 매트릭스는 고객행동에 기초한 경쟁자 파악방법이다.
> b. 시장세분화 기준변수를 크게 고객행동변수와 고객특성변수로 구분하였을 때, 사용상황은 고객
>   특성변수로 분류된다.
> c. 차별적 마케팅(세분화 마케팅) 전략은 기업이 세분시장의 차이를 무시하고 하나의 제품으로
>   전체시장을 공략하는 시장범위 전략이다.

① a　　　　　　　　　　② b
③ a, b　　　　　　　　　④ a, c
⑤ b, c

b. (×) 사용상황은 고객행동변수로 분류된다.
c. (×) 기업이 세분시장의 차이를 무시하고 하나의 제품으로 전체시장을 공략하는 시장범위 전략은 차
　　별적 마케팅 전략이 아닌 비차별적 마케팅 전략에 대한 설명이다.

정답 ①

24

공인노무사 2020

마케팅전략에 관한 설명으로 옳은 것은?

① 마케팅비용을 절감하기 위해 차별화마케팅 전략을 도입한다.

② 제품전문화 전략은 표적시장선정 전략의 일종이다.

③ 포지셔닝은 전체 시장을 목표로 하는 마케팅 전략이다.

④ 제품의 확장속성이란 판매자가 제공하거나 구매자가 추구하는 본질적 편익을 말한다.

⑤ 시장세분화 전제조건으로서의 실질성이란 세분시장의 구매력 등이 측정 가능해야 함을 의미한다.

> **해설 콕**
> ① 차별화마케팅 전략 도입시 마케팅비용은 상승한다.
> ③ 포지셔닝은 전체 시장을 목표로 하지 않고 경쟁우위인 시장에 사용하는 전략이다.
> ④ 제품의 확장속성이란 소비자의 기대를 넘어서는 차별화되는 특성을 보유한 제품을 말한다.
> ⑤ 시장세분화 전제조건으로서의 실질성은 세분시장의 규모가 크므로 이익이 발생할 가능성이 커야 한다는 것이다. 세분시장의 구매력 등이 측정 가능해야 함은 '측정 가능성'이다.
> **정답** ②

25

공인회계사 2019

경쟁자 분석에 관한 설명으로 적절한 항목만을 모두 선택한 것은?

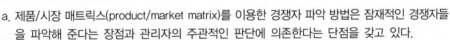

a. 제품/시장 매트릭스(product/market matrix)를 이용한 경쟁자 파악 방법은 잠재적인 경쟁자들을 파악해 준다는 장점과 관리자의 주관적인 판단에 의존한다는 단점을 갖고 있다.

b. 상표전환 매트릭스(brand switching matrix)를 이용한 경쟁자 파악 방법은 두 브랜드를 1:1로 비교하기 때문에 두 브랜드 간의 경쟁관계 발생 유무와 경쟁관계 발생 원인을 설명해준다.

c. 사용상황별 대체(substitution in-use)를 이용한 경쟁자 파악 방법은 경쟁의 범위를 폭 넓게 파악하는데 도움이 된다.

① a   ② b

③ c   ④ a, c

⑤ b, c

> **해설 콕**
> b. (×) 상표전환 매트릭스(brand switching matrix)란 구매자들이 한 상표에서 다른 상표로 전환하는 비율을 계산해 놓은 표를 말한다. 따라서 상표전환 매트릭스(brand switching matrix)를 이용한 경쟁자 파악 방법은 두 브랜드를 1:1로 비교하기 때문에 유사한 상품들 사이에 상표전환을 파악하여 상품들 간의 경쟁관계를 파악할 수는 있으나, 경쟁관계 발생 원인에 대해서는 설명해 주지 못한다.
> **정답** ④

☑ 확인
Check!

○
△
×

경쟁자 분석에 관한 설명으로 적절한 항목만을 모두 선택한 것은?

> a. 마케팅 근시(marketing myopia)는 경쟁의 범위를 제품형태 수준이 아닌 본원적 편익 수준에서 바라보는 것이다.
> b. 제품 제거(product deletion)는 고객 지각에 기초한 경쟁자 파악 방법이고, 사용상황별 대체 (substitution in-use)는 고객 행동에 기초한 경쟁자 파악 방법이다.
> c. 상표전환 매트릭스(brand switching matrix)를 활용한 경쟁자 파악시, 구입자와 사용자가 동일 인이 아닌 경우에도 상표 전환이 나타날 수 있기 때문에 결과 해석에 주의해야 한다.

① a ② b
③ c ④ a, b
⑤ b, c

 해설 콕

a. (×) 마케팅 근시(marketing myopia)는 경쟁의 범위를 제품형태 수준으로 바라보는 것이다.
b. (×) 제품 제거(product deletion)와 사용상황별 대체(substitution in-use)는 모두 고객 지각에 기초한 경쟁자 파악 방법이다. 고객 행동에 기초한 경쟁자 파악 방법은 상표전환 매트릭스와 수요의 교차 탄력성이 있다.

정답 ③

27

☑ 확인
Check!

○
△
×

앤소프(H. Ansoff)가 주창한 성장전략 중 신제품을 통해 신시장에 진출하는 전략은?

① 저원가 전략 ② 다각화 전략
③ 시장개발 전략 ④ 제품개발 전략
⑤ 시장침투 전략

 해설 콕

앤소프(H. Ansoff)가 주창한 성장전략 중 신제품을 통해 신시장에 진출하는 전략은 다각화 전략이다.

정답 ②

⚖️ 참고 | 제품/시장 확장 매트릭스

	기존제품	신제품
기존 시장	시장침투 market penetration	제품개발 product development
신시장	시장개발 market development	다각화 diversification

28

국가직 7급 2017

"양치질은 식사 후 하루 세 번이 아니라 간식 후와 취침 전 그리고 구취가 날 때마다 여러 번 할수록 치아건강에 더욱 좋습니다."라는 광고문구와 같이 현재 제품을 사용하는 고객들로 하여금 더 많이 또는 더 자주 구입하게 함으로써 성장을 달성하는 전략은?

① 시장침투 전략
② 제품개발 전략
③ 시장개발 전략
④ 다각화 전략

해설 콕

현재 제품을 사용하는 고객들로 하여금 더 많이 또는 더 자주 구입하게 함으로써 성장을 달성하는 전략은 시장침투전략이다.
② 제품개발 전략은 기존시장의 고객들에게 기존제품을 변형 또는 새로운 제품을 제공하는 전략이다.
③ 시장개발 전략은 기존제품을 새로운 시장에 판매하는 전략이다.
④ 다각화 전략은 새로운 제품을 개발하여 새로운 시장에 판매하는 전략이다.

정답 ①

29

공인노무사 2017

제품/시장 매트릭스(product/market matrix)에서 신제품을 가지고 신시장에 진출하는 성장전략은?

① 다각화 전략
② 제품개발 전략
③ 집중화 전략
④ 시장침투 전략
⑤ 시장개발 전략

해설 콕

신제품을 가지고 신시장에 진출하는 성장전략은 다각화 전략이다.

정답 ①

30

관계마케팅의 등장 이유로 옳지 않은 것은?

① SNS 등 정보통신기술의 발전과 다양화
② 고객욕구의 다양화
③ 시장규제 강화에 따른 경쟁자의 감소
④ 표적고객들에게 차별화된 메시지 전달 필요
⑤ 판매자에서 소비자 중심시장으로 전환

> **해설 콕** ....
>
> 관계마케팅은 고객과의 관계를 지속적으로 유지하기 위한 마케팅으로 시장규제의 완화로 경쟁기업이
> 증가함에 따라 중요성은 더욱 커지고 있다.
>
> 정답 ③

31

국가직 7급 2015

'극장' 혹은 '야구장'처럼 많은 고객이 운집하는 엔터테인먼트 서비스에서 고객들에게 훌륭한 경험을 제공하는 것이 고객만족을 통한 기업의 수익창출에 중요하다. 이러한 서비스에서 고객에게 훌륭한 경험을 제공하는 핵심 요인의 사례로 적절하지 않은 것은?

① 고객 참여를 위한 파도타기 같은 집단 응원
② 고객의 오감을 만족시킬 수 있는 의자 및 음향설비와 같은 시설
③ 고객의 기억을 지속하기 위한 티셔츠와 같은 기념품
④ 고객을 지속적으로 유인하기 위한 마일리지 프로그램

> **해설 콕** ....
>
> 마일리지 프로그램은 고객에게 마일리지 적립을 유도함으로써 반복관람을 유도하는 것이지 경험을 제공
> 하는 것이 아니다.
>
> 정답 ④

03 제품 및 서비스

(1) 제 품

① 의 의
일반적으로 소비자들의 기본적인 욕구와 욕망을 충족시켜 주기 위한 것으로, 시장에 출시되어 사람의 주의, 획득, 사용이나 소비의 대상이 되는 것을 말한다.

② 구 성
   ㉠ 핵심제품 : 제품의 핵심적인 측면을 나타내는 것으로서, 제품이 본질적으로 수행하는 기능, 다시 말해 소비자의 욕구충족이나 문제해결의 차원을 의미

   ㉡ 유형제품 : 제품의 유형적 측면을 나타내는 것으로서, 소비자가 제품으로부터 추구하는 혜택을 구체적·물리적인 속성들의 집합으로 유형화시킨 것을 의미

   ㉢ 확장제품 : 전통적 제품의 개념이 고객서비스로 확대된 것으로 제품에 대한 사후보증, 애프터서비스, 배달, 설치, 대금지불방법 등의 고객서비스를 모두 포함하는 차원의 개념

③ 구매습관에 의한 소비재 분류
   ㉠ 편의품 : 구매빈도가 높은 저가의 제품으로, 동시에 최소한의 노력과 습관적으로 구매하는 경향이 있는 제품(치약, 비누, 세제, 껌, 신문, 잡지 등)

   ㉡ 선매품 : 소비자가 가격, 품질, 스타일이나 색상 면에서 경쟁제품을 비교한 후에 구매하는 제품(패션의류, 승용차, 가구 등)

   ㉢ 전문품 : 소비자는 자신이 찾는 품목에 대해서 너무나 잘 알고 있으며, 그것을 구입하기 위해서 특별한 노력을 기울이는 제품(최고급 시계, 보석 등)

(2) 제품수명주기

제품도 사람과 마찬가지로 처음 태어날 때부터 죽을 때까지 일련의 단계를 거치게 되는데, 이러한 과정을 제품수명주기라 한다.

(3) 신제품의 수용 – 로저스(Rogers)의 혁신수용곡선

① 의 의
로저스의 혁신수용곡선은 혁신의 수용자를 여러 범주로 분류하는 모델로, 다단계흐름 이론 또는 혁신확산 이론으로도 불린다.

② 수용자의 유형
   ㉠ 혁신자(Innovators) : 변화를 끌어당기는 용기 있는 사람들이다. 혁신자는 아주 중요한 커뮤니케이션 메커니즘이다.

ⓛ 조기수용자(Early Adopters) : 혁신소비자 다음으로 수용하는 소비자이며, 의견선도자 역할을 한다.

ⓒ 조기다수자(Early Majority) : 신중한 사람들이며, 조심스러우나 일반적인 사람들보다 좀 더 빨리 변화를 수용한다.

ⓔ 후기다수자(Late Majority) : 회의적인 사람들이며, 대다수의 사람들이 새로운 아이디어와 제품을 사용할 때 사용한다.

ⓜ 최후수용자(Laggards) : 전통적인 사람들로, 옛 방식을 고수하는 것을 좋아하고, 새로운 아이디어에 비판적이며, 새로운 아이디어가 주류가 되거나 심지어 전통이 되어야 수용한다.

③ 수용자의 비율

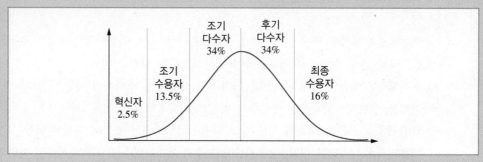

01

☑ 확인
Check!

○
△
✕

제품은 핵심제품, 유형제품, 확장제품으로 구성된다. 이에 관한 설명으로 옳은 것은?

① 핵심제품의 관점에서 보면 소비자들은 제품의 상표를 구매하고 있는 것이다.

② 핵심제품은 확장제품에 의해 구체화된다.

③ 유형적 제품특성에서 소비자는 서로 다른 여러 제품들 중 하나를 구매할 수 있다.

④ 확장제품은 포장, 상표 등으로 구성된다.

⑤ 유형제품에는 제품의 설치, 배달 등이 포함된다.

해설 콕

① 상표(브랜드)는 유형제품에 해당한다.

② 핵심제품은 유형제품에 의해 구체화된다.

④ 포장과 상표는 유형제품에 해당한다.

⑤ 설치와 배달은 확장제품에 해당한다.

정답 ③

참고 **제품의 3가지 수준**

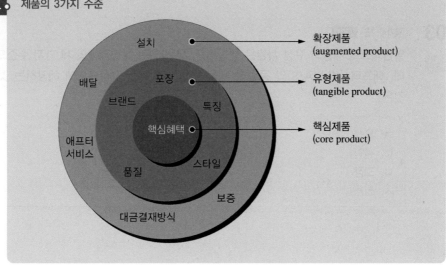

안심Touch

02

공인노무사 2017

제품 구성요소 중 유형제품(tangible product)에 해당하는 것은?

① 보증(guarantee)

② 상표명(brand name)

③ 대금결제방식(payment)

④ 배달(delivery)

⑤ 애프터서비스(after service)

해설 콕 ....

유형제품이란 소비자가 추구하는 것들을 물리적 속성들의 집합으로 유형화 시킨 것으로 상표, 품질수준, 특성, 스타일 등이 포함된다. ①, ③, ④, ⑤는 확장제품에 해당되며, 확장제품은 유형제품에 부가적인 서비스 제공물들로 보증, 대금결제방식, 배달, 애프터서비스 등이 포함된다.

정답 ②

03

국가직 7급 2020

일반적으로 제품의 구성 차원은 핵심제품, 유형제품, 확장제품의 세 가지 수준으로 구성되는데, 애프터서비스(A/S)와 동일한 제품 차원에 속하는 구성요소에 해당하는 것으로만 묶은 것은?

ㄱ. 특성	ㄴ. 배달
ㄷ. 편익	ㄹ. 설치
ㅁ. 포장	ㅂ. 스타일(모양)
ㅅ. 신용	ㅇ. 브랜드

① ㄱ, ㅂ, ㅇ

② ㄴ, ㄹ, ㅅ

③ ㄷ, ㅁ, ㅇ

④ ㄹ, ㅁ, ㅅ

해설 콕 ....

애프터서비스(A/S)는 확장제품에 해당한다.

• 확장제품 : 설치, 배달, 애프터서비스, 대금결제방식, 보증, 신용

• 유형제품 : 포장, 특징, 브랜드, 품질, 스타일

정답 ②

04

서울시 7급 2020

제품은 핵심제품, 유형제품, 확장제품으로 구성된다. 〈보기〉 중 확장제품에 포함되는 항목의 총 개수는?

〈보기〉
ㄱ. 제품 디자인   ㄴ. 제품 포장
ㄷ. 브랜드명   ㄹ. 보증제도
ㅁ. 배 달

① 두 개   ② 세 개
③ 네 개   ④ 다섯 개

해설 콕

- **확장제품** : 설치, 배달, 애프터서비스, 대금결제방식, 보증, 신용
- **유형제품** : 포장, 특징, 브랜드, 품질, 스타일

정답 ①

05

공인노무사 2018

다음에서 설명하는 소비재는?

- 특정 브랜드에 대한 고객 충성도가 높다.
- 제품마다 고유한 특성을 지니고 있다.
- 브랜드마다 차이가 크다.
- 구매시 많은 시간과 노력을 필요로 한다.

① 편의품(convenience goods)   ② 선매품(shopping goods)
③ 전문품(speciality goods)   ④ 자본재(capital items)
⑤ 원자재(raw materials)

해설 콕

보기에서 설명하는 특징을 갖는 소비재는 전문품(speciality goods)이다.
① **편의품(convenience goods)** : 최소한의 노력으로 적합한 제품을 구매하려는 행동의 특성을 보이는 제품으로 주로 일상생활에서 소비빈도가 가장 높으며 가장 인접해 있는 점포에서 구매하는 상품
② **선매품(shopping goods)** : 여러 점포를 방문하거나 다양한 제품들의 가격수준, 품질, 스타일 등에 대한 적합성을 비교하여 최선의 선택으로 결정하는 제품
④ **자본재(capital items)** : 다른 재화를 생산하기 위해 사용되는 재화
⑤ **원자재(raw materials)** : 공업 생산의 원료가 되는 자재

정답 ③

06

공인노무사 2021

선매품(Shopping Goods)에 관한 설명으로 옳은 것은?

① 소비자가 필요하다고 느낄 때 수시로 구매하는 경향을 보인다.

② 소비자는 가격, 품질, 스타일 등 다양한 정보를 수집하여 신중하게 비교하는 경향을 보인다.

③ 소비자는 잘 알지 못하거나 알고 있어도 능동적으로 구매하려 하지 않는다.

④ 일상생활에서 빈번히 구매하는 저관여제품들이 많다.

⑤ 독특한 특징을 지니거나 브랜드 차별성을 지니는 제품들이 많다.

> 해설 콕 ·······
>
> 선매품(Shopping Goods)은 여러 점포를 방문하거나 다양한 제품들의 가격, 품질, 스타일 등에 대한
> 적합성을 비교하여 최선의 선택으로 결정하려는 제품으로 소비자는 가격, 품질, 스타일 등 다양한 정보를
> 수집하여 신중하게 비교하는 경향을 보인다.
> ① 편의품에 대한 설명이다.
> ③ 미탐색품에 대한 설명이다.
> ④ 편의품에 대한 설명이다.
> ⑤ 전문품에 대한 설명이다.
>
> 정답 ②

07

서울실 7급 2017

다음 표는 소비재의 제품특성에 대한 설명이다. ㉠~㉢에 들어갈 제품의 유형으로 바르게 나열된 것은?

소비재의 특성	제품의 유형		
	㉠	㉡	㉢
구매 전 지식	작 다	많 다	많 다
구매노력	보 통	적 다	많 다
대체제품 수용도	보 통	높 다	없 다
구매빈도	보 통	많 다	다양하다

	㉠	㉡	㉢
①	편의품	선매품	전문품
②	편의품	전문품	선매품
③	선매품	편의품	전문품
④	선매품	전문품	편의품

> 해설 콕 ·······
>
> • 편의품은 최소한의 노력으로 구매가 되며 자주 사용하는 제품으로, 구매빈도가 많은 ㉡이 편의품이다.
> • 전문품은 구매에 소비자들의 노력이 많이 드는 제품으로, 구매노력이 많은 ㉢이 전문품이다.
> • 선매품은 구매빈도가 편의품보다 적고 구매노력은 전문품보다 적은 제품으로, ㉠이 선매품이 된다.
>
> 정답 ③

08

가맹거래사 2016

☑ 확인
Check!

○
△
✕

선매품(shopping goods)이 아닌 것은?

① 가 구
② 의 류
③ 중고차
④ 사 탕
⑤ 가전제품

 해설 콕 ⋯⋯⋯⋯⋯⋯⋯⋯⋯⋯⋯⋯⋯⋯⋯⋯⋯⋯⋯⋯⋯⋯⋯⋯⋯⋯⋯⋯⋯

사탕이나 과자처럼 빈번히 자주 구매되는 제품은 편의품이다.

정답 ④

09

가맹거래사 2020

☑ 확인
Check!

○
△
✕

소비재의 제품유형 중 다음에 해당하는 것은?

• 제품 구매시 타 제품과의 비교를 위해 상당한 시간과 노력이 투입된다.
• 지역별로 소수의 판매점을 통해 유통되는 선택적 유통경로 전략이 유리하다.
• 불특정 다수에 대한 광고와 특정 구매자 집단을 표적으로 하는 인적판매를 활용한다.

① 전문품
② 소모품
③ 자재와 부품
④ 선매품
⑤ 편의품

해설 콕 ⋯⋯⋯⋯⋯⋯⋯⋯⋯⋯⋯⋯⋯⋯⋯⋯⋯⋯⋯⋯⋯⋯⋯⋯⋯⋯⋯⋯⋯

소비자가 가격, 품질, 스타일이나 색상 면에서 경쟁제품을 비교한 후에 구매하는 선매품은 제품에 대한
지식이 없기에 타 제품과의 비교에 상당한 시간과 노력이 투입된다.

정답 ④

안심Touch

10 가맹거래사 2019

소비재의 제품유형에 관한 설명으로 옳지 않은 것은?

① 편의품은 소비자가 제품구매를 위해 많은 노력을 기울이지 않는 제품이다.
② 전문품은 소비자가 제품구매를 위해 특별한 노력을 기울이는 제품이다.
③ 설탕이나 화장지 같이 자주 구매되는 필수품은 편의품에 포함된다.
④ 선매품의 경우 소비자가 구매계획과 정보탐색에 많은 시간을 할애한다.
⑤ 전문품의 경우 소비자들의 브랜드 충성도는 높지 않다.

전문품은 소비자들의 브랜드 충성도가 높다. 왜냐하면 전문품은 소비자가 상품을 쉽게 식별할 수 있고 대체품이 거의 없는 고관여의 특성을 가지고 있기 때문이다.

정답 ⑤

11 공인회계사 2016

제품관리에 관한 설명으로 가장 적절하지 않은 것은?

① 제품은 핵심제품(core product/benefit), 실제제품(actual/tangible product), 확장제품 (augmented product)과 같은 세 가지 수준의 개념으로 분류될 수 있다.
② 선매품(shopping goods)은 브랜드 충성도가 강하며, 브랜드 대안간 비교가 이루어지지 않는 제품이다.
③ 제품라인(product line)은 상호 밀접하게 관련되어 있는 제품들의 집합이다.
④ 하향 확장(downward line extension)의 경우 확장된 신제품이 기존 브랜드의 이미지를 약화시킬 수 있는 위험이 있다.
⑤ 우리 회사의 브랜드와 다른 회사의 브랜드를 결합해서 사용하는 것은 공동브랜딩 (co-branding)의 일종이다.

브랜드 충성도가 강하며, 브랜드 대안간 비교가 이루어지지 않는 제품은 전문품(speciality goods)이다.

정답 ②

12 공인노무사 2015

전형적인 제품수명주기(PLC)에 관한 설명으로 옳지 않은 것은?

① 도입기, 성장기, 성숙기, 쇠퇴기의 4단계로 나누어진다.

② 성장기에는 제품선호형 광고에서 정보제공형 광고로 전환한다.

③ 도입기에는 제품인지도를 높이기 위해 광고비가 많이 소요된다.

④ 성숙기에는 제품의 매출성장률이 점차적으로 둔화되기 시작한다.

⑤ 쇠퇴기에는 제품에 대해 유지전략, 수확전략, 철수전략 등을 고려할 수 있다.

성장기에는 신제품을 인지시키기 위한 정보제공형 광고에서 제품선호형 광고로 전환한다.

정답 ②

13 경영지도사 2015

제품수명주기에서 성장기의 특성에 관한 설명으로 옳지 않은 것은?

① 수요가 급증하기 시작한다.

② 새로운 경쟁자들이 증가한다.

③ 유통경로가 확대되고 시장규모가 커진다.

④ 제품인지도를 높여 새로운 구매수요를 발굴한다.

⑤ 제조원가가 급속히 감소함에 따라 이윤이 증가한다.

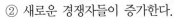

제품인지도를 높여 새로운 구매수요를 발굴하는 시기는 도입기이다.

정답 ④

14

가맹거래사 2019

☑ 확인
Check!
| ○ |
| △ |
| × |

제품수명주기에 관한 설명으로 옳지 않은 것은?

① 도입기에는 소비자의 시용구매를 유도하기 위한 많은 노력이 요구된다.

② 도입기에는 적자이거나 이익이 나더라도 매우 낮다.

③ 성장기에는 판매가 급속히 확대되고 경쟁기업들이 진입한다.

④ 성숙기에는 조기수용자(early adopters)의 구매가 시장 확대에 중요하다.

⑤ 쇠퇴기에는 경쟁력이 약한 제품들을 제거한다.

🖑해설 콕 ‥‥

조기수용자(early adopters)의 구매가 시장 확대에 중요한 시기는 성숙기가 아니라, 도입기이다.

정답 ④

15

가맹거래사 2016

☑ 확인
Check!
| ○ |
| △ |
| × |

제품수명주기상 도입기에 고가격 전략을 적용하는 경우로 옳지 않은 것은?

① 초기에 높은 시장점유율을 확보하려 할 때

② 특허 기술 등의 이유로 제품이 보호되고 있을 때

③ 잠재적 고객들이 가격 – 품질의 연상이 강할 때

④ 경쟁자에 대한 시장 진입장벽이 높을 때

⑤ 대체품에 비해 신제품의 가치가 높을 때

🖑해설 콕 ‥‥

초기 시장점유율을 확보하고자 한다면 고가격 전략보다는 저가격 전략을 적용해야 한다.

정답 ①

16

 서울시 7급 2018

제품수명주기(product life cycle)에 대한 설명으로 가장 옳은 것은?

① 제품수명주기는 도입기, 성장기, 성숙기, 쇠퇴기로 나뉜다.

② 성장기에 판매 극대점에 도달한다.

③ 쇠퇴기에 접어든 상품의 수명주기를 다시 성장기로 되돌려 놓을 수 없다.

④ 제품 성숙기에는 제품의 판매가 급격히 증가하면서 순이익이 발생하는 시기이다.

 해설 콕 ....

② 성숙기에 판매 극대점에 도달한다.

③ 쇠퇴기에 접어든 상품의 수명주기를 다시 성장기로 되돌려 놓을 수 있다.

④ 제품 성장기에는 제품의 판매가 급격히 증가하면서 순이익이 발생하는 시기이다.

정답 ①

17

국가직 7급 2018

제품수명주기 이론의 단계별 특성에 대한 설명으로 옳지 않은 것은?

① 도입기에 기업은 제품 사용(Trial)을 유인한다.

② 성숙기에는 매출액증가율이 둔화된다.

③ 쇠퇴기에 기업은 매출액 감소를 보완하기 위해 유통경로를 확대한다.

④ 성장기에는 판매량이 증가함에 따라 경험곡선 효과가 나타난다.

 해설 콕 ....

쇠퇴기에는 제품수를 줄이거나 유통망이 취약한 시장에서 철수하거나 예산을 줄이는 경영 전략을 사용한다.

정답 ③

18 공인회계사 2017

제품관리에 관한 설명으로 가장 적절하지 않은 것은?

① 제품라인(product line) 내에 새로운 품목을 추가할 경우 자기시장잠식(cannibalization) 문제가 발생할 수 있다.

② 신제품개발 프로세스에서 '마케팅믹스 개발'은 '컨셉트 개발 및 테스트' 후에 실시된다.

③ 브랜드와 관련된 이미지(연상)가 호의적이고(유리하고), 독특하고, 강력할수록 브랜드 자산이 커진다.

④ 제품수명주기는 브랜드 수준에서만 사용되는 것이며, 제품범주 수준에서는 사용될 수 없다.

⑤ 상향 확장(upward line extension)의 경우, 신제품의 고급(프리미엄) 이미지 구축에 실패할 가능성이 있다.

제품수명주기는 제품범주 수준에서는 사용이 가능하나, 브랜드 수준에서는 사용될 수 없다.

정답 ④

19 가맹거래사 2020

신제품의 수용과 확산시 다음 특성을 나타내는 집단은?

- 소속된 집단에서 존경을 받는다.
- 주로 사회에서 의견선도자 내지 여론주도자의 역할을 한다.
- 전체 소비자 집단의 약 13.5%를 차지한다.

① 혁신층

② 조기수용층

③ 조기다수층

④ 후기다수층

⑤ 최후수용층

조기수용층(조기수용자 ; Early Adopters)이 혁신소비자 다음으로 수용하는 소비자이며, 의견선도자 역할을 한다.

정답 ②

CHAPTER

3

마케팅

참고 · 로저스(Rogers)의 혁신수용곡선

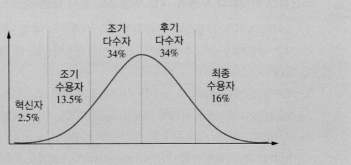

20

공인회계사 2018

신제품 확산과 제품수명주기에 관한 설명으로 적절한 항목만을 모두 선택한 것은?

a. 후기다수수용자(late majority)는 조기수용자(early adopters) 바로 다음에 신제품을 수용하는 소비자 집단이다.

b. 단순성(simplicity)은 신제품의 이해나 사용상의 용이한 정도를 의미하며, 신제품 수용에 영향을 미치는 요인들 중의 하나다.

c. 시장규모는 성숙기보다 성장기에서 더 크고, 제품원가는 도입기보다 성장기에서 더 높다.

① a

② b

③ c

④ a, b

⑤ b, c

해설 콕

a. (✕) 신제품을 수용하는 집단의 순서는 혁신자 → 조기수용자 → 조기다수자 → 후기다수자 → 최종수용자이다.

c. (✕) 시장규모는 성장기보다 성숙기에 더 크며, 제품원가는 성장기보다 도입기에 더 높다.

정답 ②

21

국가직 7급 2016

☑ 확인
Check!
○
△
✕

혁신적인 신제품의 수용에 대한 설명으로 옳지 않은 것은?

① 소비자의 기존 사용습관에 부합할수록 신제품의 수용 속도는 느려진다.

② 기존 제품대비 상대적 이점이 크고, 시험사용이 가능한 경우 신제품의 수용 속도는 빨라진다.

③ 제프리 무어(Geffrey Moore)는 혁신수용 이론의 조기수용층(early adopters)과 조기다수층(early majority) 사이에 캐즘(chasm)이라는 간극이 존재한다고 주장한다.

④ 로저스(E. Rogers)가 주장한 혁신수용 이론(innovation-diffusion theory)은 혁신수용 속도에 따라 소비자를 혁신층(innovators), 조기수용층(early adopters), 조기다수층(early majority), 후기다수층(late majority), 지연층(laggards)으로 구분한다.

 해설 콕 ···

소비자의 기존 사용습관에 부합할수록 신제품의 수용 속도는 빨라진다.

정답 ①

22

경영지도사 2019

☑ 확인
Check!
○
△
✕

모험적으로 위험을 감수하고 새로운 아이디어를 적극적으로 수용하는 계층은?

① 혁신자(innovator)

② 조기수용자(early adopter)

③ 조기다수자(early majority)

④ 후기다수자(late majority)

⑤ 지각수용자(laggard)

해설 콕 ···

모험적으로 위험을 감수하고 새로운 아이디어를 적극적으로 수용하는 계층은 혁신자(innovator)이다.

② 조기수용자(early adopter)는 새로운 아이디어를 조기에 수용하지만 선택에 있어서는 신중하다.

③ 조기다수자(early majority)는 보통사람보다 빨리 새로운 아이디어를 수용한다.

④ 후기다수자(late majority)는 의심이 많아 많은 사람이 새로운 아이디어 수용 후 새로운 아이디어를 수용한다.

⑤ 지각수용자(laggard)는 새로운 아이디어가 전통이 되어야 수용한다.

정답 ①

23

공인회계사 2016

신제품 확산(diffusion)에 관한 설명으로 가장 적절한 것은?

① 상대적 이점, 단순성, 커뮤니케이션 가능성, 부합성은 확산에 영향을 미치는 신제품 특성 요인에 포함된다.

② 로저스(Rogers)는 수용이 이루어지는 시점에 따라 소비자를 4개의 수용자 범주로 분류하였다.

③ 수용시점에 따른 수용자 유형에서 조기다수자(early majority)는 혁신소비자(innovator) 바로 다음에 수용하는 소비자 집단이다.

④ 기술의 표준화는 신제품 확산 속도를 느리게 한다.

⑤ 확산 곡선의 기울기는 제품유형에 따라 다르지 않다.

> 🖐해설 콕 ·······
>
> ② 로저스(Rogers)는 수용이 이루어지는 시점에 따라 소비자를 5개의 수용자 범주(혁신자, 조기수용자, 조기다수자, 후기다수자, 지각수용자)로 분류하였다.
> ③ 수용시점에 따른 수용자 유형에서 혁신소비자 바로 다음에 수용하는 소비자 집단은 조기수용자이다.
> ④ 기술의 표준화는 신제품 확산 속도를 빠르게 한다.
> ⑤ 확산 곡선의 기울기는 제품유형에 따라 다르다.
>
> 정답 ①

24

공인회계사 2015

제품관리에 관한 설명으로 가장 적절하지 않은 것은?

① 혁신소비자(innovator), 조기수용자(early adopter), 조기다수자(early majority), 후기다수자(late majority), 지각수용자(laggard)는 소비자들을 신제품 수용 시점에 따라 구분한 것이다.

② 신상품 개발 프로세스는 일반적으로 아이디어 창출 및 심사 → 컨셉 개발 및 테스트 → 마케팅믹스 개발 → 사업성 분석 → 시장테스트 → 시제품 생산 → 출시 순서로 이루어진다.

③ 브랜드 계층구조(brand hierarchy)는 브랜드를 기업 브랜드(corporate brand), 패밀리 브랜드(family brand), 개별 브랜드(individual brand), 브랜드 수식어(brand modifier)로 구분한 것이다.

④ 전형적인 제품수명주기(product life cycle)는 도입기, 성장기, 성숙기, 쇠퇴기 단계를 갖는다.

⑤ 브랜드 확장은 '기존 브랜드와 동일한 상품 범주에 출시된 신상품에 기존 브랜드를 사용하는 라인 확장(line extension)'과 '기존 브랜드와 다른 범주에 속하는 신상품에 기존 브랜드를 사용하는 카테고리 확장(category extension)'으로 구분할 수 있다.

신상품 개발 프로세스는 일반적으로 아이디어 창출 및 심사 → 컨셉 개발 및 테스트 → 마케팅믹스 개발 → 사업성 분석 → 시제품 생산 → 시장테스트 → 출시 순서로 이루어진다.

정답 ②

25

가맹거래사 2016

확인
Check!
○
△
×

신제품 개발 과정의 단계로 옳은 것은?

① 소비자요구 분석 → 컨셉 도출 → 아이디어 창출 → 제품개발 → 신제품사업성 확인 → 상품화

② 소비자요구 분석 → 아이디어 창출 → 컨셉 도출 → 신제품사업성 확인 → 제품개발 → 상품화

③ 소비자요구 분석 → 컨셉 도출 → 아이디어 창출 → 신제품사업성 확인 → 제품개발 → 상품화

④ 아이디어 창출 → 소비자요구 분석 → 컨셉 도출 → 신제품사업성 확인 → 제품개발 → 상품화

⑤ 아이디어 창출 → 소비자요구 분석 → 컨셉 도출 → 제품개발 → 신제품사업성 확인 → 상품화

신제품 개발 과정의 순서는 아이디어 창출 및 심사 → 컨셉 개발 및 테스트 → 마케팅믹스 개발 → 사업성 분석 → 시제품 생산 → 시장테스트 → 출시 순이다.
아이디어를 창출하기 위해선 소비자들이 원하는 요구가 무엇인지 알아야 하기에 아이디어 창출 및 심사 전에 소비자요구 분석을 해야 한다.

정답 ②

26

가맹거래사 2017

확인
Check!
○
△
×

브랜드의 구성요소가 아닌 것은?

① 라벨(label)
② 캐릭터(character)
③ 슬로건(slogan)
④ 심벌(symbol)
⑤ 로고(logo)

라벨(label)은 브랜드 구성요소에 해당하지 않는다.

정답 ①

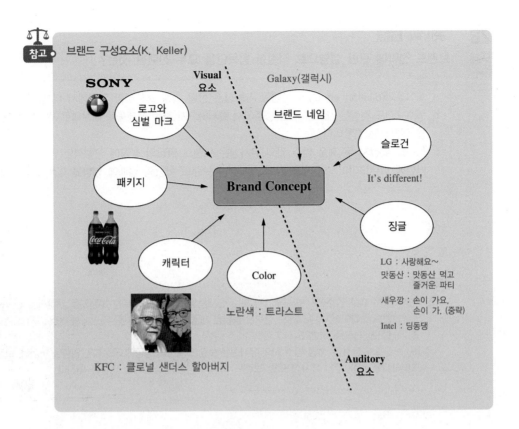

참고 브랜드 구성요소(K. Keller)

Brand Concept

- 로고와 심벌 마크 (SONY, BMW)
- 패키지 (Coca Cola)
- 캐릭터 (KFC : 클로널 샌더스 할아버지)
- Color (노란색 : 트라스트)
- 브랜드 네임 (Galaxy(갤럭시))
- 슬로건 (It's different!)
- 징글

Visual 요소

Auditory 요소

LG : 사랑해요~
맛동산 : 맛동산 먹고 즐거운 파티
새우깡 : 손이 가요, 손이 가. (중략)
Intel : 딩동댕

27 공인노무사 2021

☑ 확인 Check!
○
△
✕

브랜드(Brand) 요소를 모두 고른 것은?

| ㄱ. 징글(Jingle) | ㄴ. 캐릭터(Character) |
| ㄷ. 슬로건(Slogan) | ㄹ. 심벌(Symbol) |

① ㄱ, ㄴ
② ㄷ, ㄹ
③ ㄱ, ㄴ, ㄷ
④ ㄴ, ㄷ, ㄹ
⑤ ㄱ, ㄴ, ㄷ, ㄹ

해설 콕

징글(Jingle), 캐릭터(Character), 슬로건(Slogan), 심벌(Symbol) 모두 브랜드(Brand) 요소에 해당한다.

정답 ⑤

28

**확인
Check!**
○
△
×

브랜드 전략에 관한 설명으로 적절한 항목만을 모두 선택한 것은?

> a. 희석효과(dilution effect)가 발생할 가능성은 상향 확장보다 하향 확장에서 더 높다.
> b. 복수브랜드 전략은 새로운 제품 범주에서 출시하고자 하는 신제품을 대상으로 새로운 브랜드를 개발하는 경우이다.
> c. 브랜드 확장시 두 제품 범주 간의 유사성은 브랜드 확장의 성공에 긍정적인 영향을 미치는 반면에 브랜드이미지와 제품 간의 유사성은 브랜드 확장의 성패에 영향을 미치지 않는다.

① a   ② b
③ c   ④ a, b
⑤ b, c

해설 콕

> b. (✕) 새로운 제품 범주에서 출시하고자 하는 신제품을 대상으로 새로운 브랜드를 개발하는 전략은 신규브랜드 전략이며, 복수브랜드 전략은 동일한 제품 또는 동일한 제품 라인에서 여러 가지 브랜드를 사용하는 전략을 말한다.
> c. (✕) 브랜드 확장시 두 제품 범주 간의 유사성은 브랜드 확장의 성공에 긍정적인 영향을 미치며, 브랜드이미지와 제품 간의 유사성 또한 브랜드 확장의 성공에 긍정적인 영향을 미친다.

정답 ①

29

**확인
Check!**
○
△
×

마케팅 전략에 관한 설명으로 가장 적절하지 않은 것은?

① 기업은 고객의 욕구와 경쟁사 전략의 변화에 대응할 수 있도록 지속적으로 자사의 포지션(position)을 파악하여 적응해 나가야 한다.
② 회사가 보유한 자원별로 표적시장전략(market targeting strategy)이 달라진다.
③ 제품 포지션은 경쟁제품들과 비교하여 어떤 제품에 대해 소비자들이 갖고 있는 지각, 인상(impression), 느낌 등의 조합이다.
④ 라인확장(line extension)은 현재의 브랜드명을 다른 제품범주의 신제품에 확장해 사용하는 것이다.
⑤ 마케터는 차별화 요소를 찾기 위해 자사의 제품과 서비스에 대한 고객의 다양한 경험을 최대한 고려해야 한다.

해설 콕

> 라인확장(line extension)은 기존 제품 범주에서 새로운 시장으로 진입할 때, 새롭게 개발된 제품에 현재의 브랜드를 적용하여 확장하는 것을 말한다.

정답 ④

30

국가직 7급 2017

계열확장(Line Extension)에 대한 설명으로 옳지 않은 것은?

① 계열확장은 새로운 브랜드명을 도입·구축하는데 드는 마케팅 비용을 절감시켜 준다.

② 하향적 계열확장의 경우 모 브랜드(Parent Brand)의 자기잠식(Cannibalization) 위험성이 낮다.

③ 계열확장이 시장에서 실패할 경우 모 브랜드(Parent Brand)의 이미지에 부정적인 영향을 줄 수 있다.

④ 계열확장은 신제품에 대한 소비자의 지각된 위험을 줄여준다.

> **해설 콕**
>
> 하향적 계열확장을 하면 고가제품을 이용하는 고객들이 저가 제품으로 이동하는 상황이 발생할 수 있기 때문에 모 브랜드(Parent Brand)의 자기잠식(Cannibalization) 위험성이 높다고 할 수 있다.
>
> 정답 ②

31

국가직 7급 2016

홍길동은 다속성태도모형에 기반해 자동차에 대한 태도를 형성한다. 중요도가 높을수록 해당 속성을 중요하게 여기는 것이고 속성별 브랜드의 평가 점수가 높을수록 해당 브랜드의 속성에 대해 우수하게 평가하는 것이다. 다음은 홍길동의 자동차 선택과 관련된 속성의 중요도 및 각 속성별 브랜드 평가에 대한 내용이다. 홍길동이 가장 선호하는 자동차 브랜드는?

		제품 속성		
		가 격	성 능	스타일
중요도		0.5	0.3	0.2
속성별 평가	A 브랜드	4	6	8
	B 브랜드	5	5	6
	C 브랜드	3	7	6
	D 브랜드	4	7	5

① A 브랜드　　　　　　② B 브랜드
③ C 브랜드　　　　　　④ D 브랜드

> **해설 콕**
>
> 브랜드별 점수
> • A 브랜드＝(4×0.5)+(6×0.3)+(8×0.2)=5.4
> • B 브랜드＝(5×0.5)+(5×0.3)+(6×0.2)=5.2
> • C 브랜드＝(3×0.5)+(7×0.3)+(6×0.2)=4.8
> • D 브랜드＝(4×0.5)+(7×0.3)+(5×0.2)=5.1
> ∴ 가장 높은 점수를 받은 A 브랜드를 선택한다.
>
> 정답 ①

32

32

☑ 확인 Check!
○
△
✕

공인회계사 2019

브랜드관리에 관한 설명으로 적절한 항목만을 모두 선택한 것은?

> a. 기존 브랜드와 다른 제품 범주에 속하는 신제품에 기존 브랜드를 붙이는 것은 라인확장(line extension)이다.
>
> b. 브랜드파워가 약한 경우에 타 기업의 유명 브랜드를 결합해서 같이 쓰는 것은 코브랜딩(co-branding) 전략에 속한다.
>
> c. 라인확장을 할 때 자기잠식(cannibalization)의 위험성은 하향 확장보다 상향 확장에서 높다.

① a   ② b

③ c   ④ a, b

⑤ b, c

 해설 콕 ···

a. (✕) 기존 브랜드와 다른 제품 범주에 속하는 신제품에 기존 브랜드를 붙이는 것은 카테고리 확장이다.

c. (✕) 라인확장을 할 때 자기잠식(cannibalization)의 위험성은 상향 확장보다 하향 확장에서 높다.

정답 ②

⚖ 참고

브랜드 확장 vs 공동브랜딩(co-branding) vs 자기잠식(cannibalization)

브랜드 확장

브랜드 확장이란 지존의 잘 구축된 브랜드 명을 새로운 제품 카테고리나 동일 카테고리내 신제품이 나올 경우 그대로 사용하는 것

공동브랜딩(co-branding)

자회사 브랜드와 타 회사 유명 브랜드와 결합하여 사용하는 것

자기잠식(cannibalization)

신제품이 매출에 긍정적인 영향을 주는 것이 아니라 기존 제품의 판매량에 악영향을 주는 현상을 자기잠식(cannibalization)이라 한다.

33

소비자의 브랜드 인식과 관련된 다차원척도법(multidimensional scaling)에 관한 설명으로 가장 적절하지 않은 것은?

① 기업은 다차원척도법을 활용하여 소비자들이 인식하고 있는 유사성을 기반으로 브랜드간 거리를 산출하며, 이를 통해 평가 브랜드들의 절대적 위치를 알 수 있다.

② 기업은 다차원척도법을 활용하여 자사 브랜드의 포지션과 평가 브랜드들 간의 경쟁정도를 파악할 수 있다.

③ 다차원 상에서 평가한 속성들을 2차원이나 3차원과 같은 저차원의 공간 상에 점이나 벡터로 나타낼 수 있다.

④ 스트레스 값은 소비자의 인식과 지각도(perceptual map)상 자극점들(stimuli) 간의 불일치 정도를 나타낸다.

⑤ 다차원척도법은 기업이 소비자의 브랜드 인지시 사용하는 평가차원의 수와 속성의 종류를 파악하는데 유용하다.

> 해설 콕
>
> 다차원척도법은 다차원 공간에서 정의되는 유사성(similarity) 또는 비유사성(dissimilarity)을 저차원의 공간에 기하적으로 나타내어 브랜드간 거리를 산출하며, 이를 통해 평가 브랜드들의 상대적 위치를 알 수 있다.
>
> 정답 ①

34

SERVQUAL 모형의 서비스품질을 측정하는 5가지 차원이 아닌 것은?

① 유형성　　　　　　　② 신뢰성

③ 공감성　　　　　　　④ 확신성

⑤ 무결성

> 해설 콕
>
> SERVQUAL 모형의 서비스품질을 측정하는 5가지 차원은 신뢰성, 확신성, 유형성, 공감성, 대응성이다.
>
> 정답 ⑤

35

공인노무사 2021

☑ 확인
Check!
○
△
✕

서비스의 특성으로 옳지 않은 것은?

① 무형성
② 비분리성
③ 반응성
④ 소멸성
⑤ 변동성(이질성)

해설 콕

서비스는 무형성, 비분리성(동시성), 이질성(변동성) 및 소멸성이라는 특성을 가진다.

정답 ③

참고 서비스의 특징

- **무형성** : 서비스는 실체가 없다.
- **비분리성(동시성)** : 서비스의 생산과 소비는 동시에 발생한다.
- **이질성(변동성)** : 동일한 서비스일지라도 그 내용과 질은 생산자와 소비자에 따라 달리 나타난다.
- **소멸성** : 소비되지 않은 서비스는 재고로서 보관할 수 없다.

36

경영지도사 2018

☑ 확인
Check!
○
△
✕

서비스의 특성으로 옳지 않은 것은?

① 노동집약성
② 무형성
③ 비분리성
④ 소멸성
⑤ 동질성

해설 콕

서비스의 특성으로는 크게 무형성, 생산과 소비의 비분리성, 이질성, 소멸성 4가지로 분류된다. 또한 서비스 활동은 사람이 행하기 때문에 서비스의 특성으로 노동집약성도 해당한다.

정답 ⑤

37

서울시 7급 **2020**

제품과 차별되는 서비스의 특성에 대한 설명으로 가장 옳지 않은 것은?

① 서비스는 눈에 보이지 않는 무형적 특성이 있다.

② 품질의 표준화가 어렵다.

③ 대체로 생산과 소비의 분리가 이루어진다.

④ 재고로 저장하는 것이 어렵다.

> **해설 콕**)
>
> 대체로 생산과 소비의 분리가 이루지는 것은 서비스가 아닌 제품의 특성이다.
>
> 정답 ③

38

국가직 7급 **2019**

서비스 품질에 대한 설명으로 옳지 않은 것은?

① 서비스에 대한 고객의 기대는 구전, 개인적 요구, 과거 경험 등의 영향을 받는다.

② PZB는 서비스 품질을 기대−성과(인지)간 격차함수라는 개념으로 인식하였다.

③ 서비스 실패는 인적 과실에서 비롯되는 경우가 많으며, 이 과실은 종업원뿐만 아니라 고객
에 의해 발생하기도 한다.

④ 서비스 분야의 포카요케(poka−yoke)는 부득이한 서비스 실수에 대한 검증을 목적으로 활
용된다.

> **해설 콕**)
>
> 포카요케(poka−yoke)는 실수에 대한 검증보다는 실수를 예방하는 것을 목적으로 활용된다.
>
> 정답 ④

39

☑ 확인
Check!

○
△
✕

서비스 단계별 '고객의 행동, 종업원의 행동, 종업원 지원 프로세스'를 가시선을 기준으로 나누어서 제시하는 플로우 차트(flow chart)는?

① 피쉬본 다이어그램(Fishbone Diagram)
② LOB(Line of Balance)
③ 간트 차트(Gant Chart)
④ 서비스 청사진(Service Blueprint)

 해설 콕

서비스 청사진이란 서비스 생산과 제공을 위해 필요한 활동과 절차를 묘사하고 설명한 것으로 서비스 단계별 '고객의 행동, 종업원의 행동, 종업원 지원 프로세스'를 가시선을 기준으로 나누어서 제시하는 플로우 차트(flow chart)를 말한다.

정답 ④

40

☑ 확인
Check!

○
△
✕

제품포트폴리오관리(PPM)에 관한 설명으로 옳지 않은 것은?

① 경영자원의 포괄적 파악과 적절한 배분에 유용한 프레임워크이다.
② 기업활동을 단순하고 명쾌하게 분석하는데 효과적인 방법이다.
③ 최고경영자는 기업전체 수준에서 사업평가와 자원할당에 대한 통찰력을 얻을 수 있다.
④ 제품포트폴리오관리는 시장세분화와 시장성숙도에 기초하여 기업전략을 수립한다.
⑤ 기업의 전체사업들을 고려함으로써 잠재적인 사업 확보와 철수를 고려하는 유용한 메커니즘을 제공한다.

해설 콕

제품포트폴리오관리(PPM)는 시장성장률과 시장점유율 두 개의 분석요인을 이용하여 적절한 대응전략을 취한다.

정답 ④

41

경영지도사 2017

확인
Check!
○
△
✕

제품 설계시 제품의 변동을 일으키는 원인인 노이즈를 제거하거나 차단하는 대신에 노이즈에 대한 영향을 없애거나 줄이도록 하는 설계방법은?

① 손실함수(loss function) 설계
② 로버스트(robust) 설계
③ 프로젝트(project) 설계
④ 학습곡선(learning curve) 설계
⑤ 동시공학(concurrent engineering) 설계

 해설 콕

제품 설계시 제품의 변동을 일으키는 원인인 노이즈를 제거하거나 차단하는 대신에 노이즈에 대한 영향을 없애거나 줄이도록 하는 설계방법은 로버스트(robust) 설계이다.
① 손실함수(loss function) 설계는 제품이 출시 된 이후에 사회에 끼치는 손실로 일본의 다구찌가 주장하였다.
③ 프로젝트(project) 설계는 프로젝트의 진행하는 각 단계를 제어하고 연결하여 시스템 구축이 가능한 문서를 만드는 작업을 말한다.
④ 학습곡선(learning curve) 설계는 일에 대한 경험이 많아지면 일을 수행하는데 걸리는 시간이나 비용이 감소함을 말한다.
⑤ 동시공학(concurrent engineering) 설계는 제품개발 초기부터 관련부서 모두 개발과정에 참여하는 것을 말한다.

정답 ②

42

경영지도사 2020

확인
Check!
○
△
✕

기업이 제품과 서비스를 생산하기 위하여 사용하는 구체적인 활동이나 방법을 규제하는 통제의 유형은?

① 운영적 통제
② 전략적 통제
③ 전술적 통제
④ 관료적 통제
⑤ 시장 통제

해설 콕

기업이 제품과 서비스를 생산하기 위하여 사용하는 구체적인 활동이나 방법을 규제하는 통제는 운영적 통제이다.

정답 ①

04 가격관리

(1) 제품믹스 가격전략

① **가격계열화** : 하나의 제품에 대해서 단일가격을 설정하는 것이 아닌, 제품의 품질이나 디자인의 차이에 따라 제품의 가격대를 설정하고, 그러한 가격대 안에서 개별 제품에 대한 구체적인 가격을 결정하는 가격정책

② **2부제 가격 또는 이중요율** : 제품의 가격체계를 기본가격과 사용가격으로 구분하여 2부제로 부과하는 가격 정책

③ **부산품 전략** : 가치가 없던 것들을 재가공하여 또 다른 부가가치로 만드는 것

④ **묶음가격** : 두 가지 또는 그 이상의 제품 및 서비스 등을 결합해서 하나의 특별한 가격으로 판매하는 방식의 마케팅 전략으로, 제품이나 서비스의 마케팅 등에서 종종 활용하는 기법

(2) 심리적 가격결정 방법

① **단수가격** : 시장에서 경쟁이 치열할 때 소비자들에게 심리적으로 값싸다는 느낌을 주어 판매량을 늘리려는 가격결정 방법

② **관습가격** : 일용품의 경우처럼 장기간에 걸친 소비자의 수요로 인해 관습적으로 형성되는 가격

③ **명성가격** : 자신의 명성이나 위신을 나타내는 제품의 경우에 일시적으로 가격이 높아짐에 따라 수요가 증가되는 경향을 보이기도 하는데, 이를 이용하여 고가격으로 가격을 설정하는 방법

④ **준거가격** : 구매자는 어떤 제품에 대해서 자기 나름대로의 기준이 되는 준거가격을 마음 속에 지니고 있어서, 제품을 구매할 경우 그 것과 비교해보고 제품 가격이 비싼지, 그렇지 않은지 여부를 결정

(3) 지리적 가격조정

① **균일운송가격** : 지역에 상관없이 모든 고객에게 운임을 포함한 동일한 가격을 부과하는 가격 정책

② **Free On Board가격** : 균일운송가격과 반대로 제품의 생산지에서부터 소비자가 있는 곳까지의 운송비를 소비자가 부담하도록 하는 방법

③ **구역가격** : 하나의 전체 시장을 몇몇의 지대로 구분하고, 각각의 지대에서는 소비자들에게 동일한 수송비를 부과하는 방법

④ **기점가격** : 공급자가 특정한 도시나 지역을 하나의 기준점으로 하여 제품이 운송되는 지역과 상관없이 모든 고객에게 동일한 운송비를 부과하는 방법

⑤ **운송비 흡수가격** : 특정한 지역이나 고객을 대상으로 공급업자가 운송비를 흡수하는 방법

01

국가직 7급 2015

☑ 확인
Check!

○
△
✕

유인가격(leader pricing) 및 단수가격(odd pricing)에 대한 설명으로 옳지 않은 것은?

① 유인가격전략은 일부 상품을 싸게 판매하면서 고객을 유인하는 전략이다.

② 유인가격전략은 우유, 과일, 화장지 등의 제품 판매에 많이 적용되는 경향이 있다.

③ 단수가격전략은 판매 가격의 끝자리를 미세한 단위로 조정하여 소비자가 받아들이는 심리적 가격 차이를 증가시키는 것이다.

④ 국내 의류회사가 고가 의류 100벌을 한정하여 판매한 경우, 유인가격전략을 적용한 것이다.

 해설 콕 ....

한정판매를 얼마의 가격으로 했는지 설명되어 있지 않아 유인가격을 사용했는지 여부를 판단하기 힘들다.

정답 ④

02

국가직 7급 2015

☑ 확인
Check!

○
△
✕

기업이 가격전략을 수립할 때, 소비자의 가격민감도를 낮출 수 있는 상황으로 적절하지 않은 것은?

① 제품이 이전에 구매한 자산과 결합하여 사용되는 경우

② 구매자가 제품을 비축할 수 있는 경우

③ 구매 비용 일부를 다른 사람이 부담하는 경우

④ 제품이 독특하여 대체품을 찾을 수 없는 경우

해설 콕 ....

구매자가 제품을 비축한다면 가격이 낮을 때 대량으로 구입하고 비쌀 때 구매하지 않을 것이므로 소비자의 가격민감도를 낮출 수 없다.

정답 ②

국가직 7급 2016

신제품 가격전략에 대한 설명으로 옳지 않은 것은?

① 신제품 출시 초기 높은 가격에도 잠재 수요가 충분히 형성되어 있는 경우 스키밍가격전략 (market-skimming pricing)이 효과적이다.

② 목표 소비자들의 가격 민감도가 높은 경우 시장침투가격전략(market-penetration pricing) 이 효과적이다.

③ 시장 진입장벽이 높아 경쟁자의 진입이 어려운 경우 시장침투가격전략(market-penetration pricing)이 많이 활용된다.

④ 특허기술 등의 이유로 제품이 보호되는 경우 스키밍가격전략(market-skimming pricing) 이 많이 활용된다.

시장 진입장벽이 높아 경쟁자의 진입이 어려운 경우에는 시장침투가격전략이 아니라, 스키밍가격전략이 많이 활용된다.

정답 ③

국가직 7급 2019

어떤 상품을 싸게 판매한 후, 그 상품에 필요한 소모품이나 부품 등을 비싼 가격에 판매하여 큰 이익을 거둘 수 있는 가격정책에 대한 설명으로 옳지 않은 것은?

① 이러한 가격 정책을 캡티브 프로덕트 가격정책(captive-product pricing)이라고 한다.

② 싸게 판매하는 상품의 가격은 원가 이하로 내려가기도 하며, 심지어 그 상품을 무료로 줄 수도 있다.

③ 해당 상품 시장에서 고객들이 지각하는 상품의 가치가 이질적이어서 상품별로 가격을 결정 하기 어려운 경우에 사용된다.

④ 고객이 아니라 상품을 축으로 하는 가격구조에 해당되고, 상품들이 서로 보완재인 경우의 대표적인 가격구조이다.

고객들이 지각하는 상품의 가치가 이질적이어서 상품별로 가격을 결정하기 어려운 경우에는 이질적인 상품들을 묶어서 가격을 책정하는 번들링(bundling)이 사용된다.

정답 ③

05

국가직 7급 2019

가격책정 전략 또는 전술에 대한 설명으로 옳지 않은 것은?

① 마크업 가격책정(markup pricing)은 가격책정의 궁극적 목표인 이윤극대화에 효과적이다.

② 가격의 끝자리에 0이 아닌 단수를 붙여 가격에 대한 고객의 심리적 수용도를 높이고자 하는 가격전략을 단수 가격책정(odd pricing)이라고 한다.

③ 혼합묶음가격(mixed price bundling)은 개별상품 가격의 합보다 낮거나 높을 수도 있고, 순수묶음가격(pure price bundling)보다 더 높은 이익을 가져오는 경향이 있다.

④ 원가가산 가격책정(cost-plus pricing)은 고객의 관점을 무시하고 경쟁자의 가격을 고려하지 않는다는 결함을 가지고 있다.

> **해설 콕** ··
>
> 마크업 가격책정(markup pricing)은 회사가 원하는 이익을 얻기 위해 설정해야 하는 가격을 추산하는 방식으로 이윤극대화에 효과적인 방법이 아니다.
>
> **정답** ①

06

서울시 7급 2016

가격전략에 대한 설명으로 가장 옳지 않은 것은?

① 시장침투가격(market-penetration pricing)은 단기이익을 조금 희생하더라도 장기적인 이익을 실현하려는 경우에 쓰인다.

② 묶음가격(product bundled pricing)은 자사가 제공하는 여러 개의 제품이나 서비스를 묶어서 하나의 가격으로 판매하는 것으로, 상품들이 상호 대체재인 경우에 효과적이다.

③ 단수가격(odd pricing)은 현재의 화폐단위보다 조금 낮춘 가격 책정을 통해 소비자들에게 가격을 낮게 책정하였다는 인식을 심어준다.

④ 종속제품에 대한 가격결정(captive-product pricing)은 면도기와 면도날처럼 주제품과 종속제품의 상호관련성을 고려한 가격결정 방식이다.

> **해설 콕** ··
>
> 묶음가격(product bundled pricing)은 상품들이 보완재인 경우에 효과적이다.
>
> **정답** ②

서울시 7급 2017

다음 중 시장침투가격(penetration pricing)전략이 적합한 상황과 가장 거리가 먼 것은?

① 소비자들이 가격에 민감하지 않을 때

② 시장 성장률이 높을 때

③ 경쟁자의 진입을 사전에 방지하고자 할 때

④ 규모의 경제가 존재할 때

> **해설 콕**
>
> 시장침투가격(penetration pricing)전략은 제품 도입 초기에 저가격으로 소비자들의 관심을 유도하는 것을 목표로 하는데 소비자들이 가격에 민감하지 않으면 제품 도입 초기 저가격전략은 성공적으로 작용하지 않을 것이다.
>
> **정답** ①

가맹거래사 2015

신제품을 시장에 출시하는 경우 특정 세분시장 확보를 위한 고가격 책정전략은?

① 시장침투가격(penetration pricing)

② 스키밍가격(skimming pricing)

③ 이미지가격(image pricing)

④ 이분가격(two-part pricing)

⑤ 노획가격(captive pricing)

> **해설 콕**
>
> 스키밍가격(skimming pricing)은 신제품을 시장에 출시하는 경우 특정 세분시장 확보를 위한 고가격 책정전략으로 신제품이 시장에 진출할 때 가격을 높게 책정한 후 점차적으로 그 가격을 내리는 전략이다.
> ① 시장침투가격(penetration pricing)은 빠른 시일 내에 시장에 깊숙이 침투하기 위해 신제품의 최초가격을 낮게 설정하는 전략이다.
> ③ 이미지가격(image pricing)은 이미지 의해서 가격이 책정되는 전략이다.
> ④ 이분가격(two-part pricing)은 기본요금과 사용요금처럼 가격이 두 영역으로 나누어진 후 그 합이 가격으로 구성된다.
> ⑤ 노획가격(captive pricing)은 본 제품에 소모품이 결합되어 있을 경우에 본 제품은 저렴하게 소모품은 비싸게 가격을 책정하는 방식이다.
>
> **정답** ②

09 가맹거래사 2016

☑ 확인
Check!
○
△
✕

가격조정 방식 중 심리적 조정방식으로 옳지 않은 것은?

① 단수(odd)가격

② 관습(customary)가격

③ 기점(basing-point)가격

④ 준거(reference)가격

⑤ 명성(prestige)가격

🖑해설 콕 ·····

가격설정의 기준점을 기점이라 하는데, 이는 심리적 조정방식과는 연관이 없다.
① 단수(odd)가격은 990원 같이 단위수를 인위적으로 미세하게 조정하여 심리적으로 느껴지는 부담을 줄이는 가격결정방법이다.
② 관습(customary)가격은 사회적으로 통용되는 관념에 입각한 가격설정 방법이다.
④ 준거(reference)가격은 가격이 싼지 비싼지 판단하는 기준이 되는 가격이다.
⑤ 명성(prestige)가격은 고가격이더라도 그것의 소유가 사회적 지위나 권위를 과시하는 상징으로 보는 상품의 가격설정 방법으로 긍지가격이라고도 한다.

정답 ③

10 가맹거래사 2020

☑ 확인
Check!
○
△
✕

어떤 제품을 구매하고자 할 때 소비자들 자신이 심리적으로 적정하다고 생각하는 가격결정 방법은?

① 단수가격

② 관습가격

③ 준거가격

④ 명성가격

⑤ 단계가격

🖑해설 콕 ·····

준거가격은 가격이 싼지 비싼지를 판단하는 기준이 되는 가격으로 제품 구매시 소비자들이 심리적으로 적정하다고 생각하는 가격결정방법이다.

정답 ③

안심Touch

11

공인회계사 2021

가격관리에 관한 설명으로 적절한 항목만을 모두 선택한 것은?

> a. 준거가격(reference price)은 구매자가 어떤 상품을 구매할 때 싸다 또는 비싸다의 기준이 되는 가격을 의미한다.
> b. 묶음가격(bundling price)은 여러 가지 상품들을 묶어서 판매할 때 사용된다.
> c. 유보가격(reservation price)은 구매자가 어떤 상품에 대해 지불할 용의가 있는 최저 가격을 의미한다.

① a
② a, b
③ a, c
④ b, c
⑤ a, b, c

해설 콕 ....

c. (×) 유보가격(reservation price)은 구매자가 어떤 상품에 대해 지불할 용의가 있는 최대 가격을 의미한다.

정답 ②

12

가맹거래사 2018

가격책정에 관한 설명으로 옳지 않은 것은?

① 묶음가격책정(bundling pricing)은 함께 사용하는 제품에 대해 각각의 가격을 설정하는 것이다.
② 시장침투가격책정(penetration pricing)은 빠른 시간 내에 매출 및 시장점유율을 확대하기 위해 신제품 도입 초기에 낮은 가격을 설정하는 것이다.
③ 초기고가책정(skimming pricing)은 신제품을 시장에 출시할 때 신제품이 지니고 있는 편익을 수용하고자 하는 소비자층을 상대로 가격을 높게 설정하는 것이다.
④ 단수가격책정(odd pricing)은 제품가격을 단수로 책정함으로써 실제보다 제품가격이 저렴한 것으로 느끼도록 가격을 설정하는 것이다.
⑤ 가격계열화(price lining)는 품질이나 디자인의 차이에 따라 가격대를 설정하고 그 가격대 내에서 개별제품에 대한 구체적인 가격을 설정하는 것이다.

해설 콕 ....

묶음가격책정(bundling pricing)은 몇 개의 제품들을 하나로 묶어서 할인된 가격으로 판매하는 전략으로 제품 각각의 가격을 설정하는 것이 아니다.

정답 ①

13 공인회계사 2020

☑ 확인
Check!
○
△
×

어떤 제품을 비교적 낮은 가격으로 판매한 이후, 그 상품에 필요한 소모품이나 부품 등을 비교적 비싼 가격에 판매하는 가격관리방식으로 가장 적절한 것은?

① 캡티브제품가격(captive-product pricing)
② 시장침투가격(market-penetration pricing)
③ 경험곡선가격(experience-curve pricing)
④ 시장스키밍가격(market-skimming pricing)
⑤ 지각된가치가격(perceived-value pricing)

> 🖑해설 콕 ··
>
> 어떤 제품을 비교적 낮은 가격으로 판매한 이후, 그 상품에 필요한 소모품이나 부품 등을 비교적 비싼 가격에 판매하는 가격관리방식은 캡티브제품가격(captive-product pricing)이다.
> ② **시장침투가격(market-penetration pricing)** : 초기에 낮은 가격으로 가격에 민감한 고객들로부터 더 많은 판매량을 유도하려는 가격관리 방식
> ③ **경험곡선가격(experience-curve pricing)** : 실제 원가가 아닌 제품이 판매될 미래 원가를 기준으로 가격을 설정하는 가격관리방식
> ④ **시장스키밍가격(market-skimming pricing)** : 출시 초기 높은 가격을 책정하고 이후 서서히 가격은 낮추는 가격관리방식
> ⑤ **지각된가치가격(perceived-value pricing)** : 고객이 지각하는 가치를 기준으로 가격을 설정하는 가격관리방식
>
> 정답 ①

14 가맹거래사 2019

☑ 확인
Check!
○
△
×

시장침투가격결정(penetration pricing)에 관한 설명으로 옳지 않은 것은?

① 신제품 출시 때, 빠른 시간 내에 매출 및 시장점유율을 확대하고자 하는 경우 적합한 방식이다.
② 경쟁자의 진입을 방지하고자 할 때 효과적인 방식이다.
③ 가격에 민감하지 않은 혁신소비자층(innovators)을 대상으로 하는 것이 적절하다.
④ 단위당 이익이 낮더라도 대량판매를 통해 높은 총이익을 얻을 수 있을 때 활용할 수 있는 방식이다.
⑤ 대체적으로 소비자들이 가격에 민감할 때 적합한 방식이다.

> 🖑해설 콕 ··
>
> 시장침투가격전략은 시장 진입시 저가격전략을 취하여 진입 초기에 높은 시장점유율을 얻는 것을 목표로 하는 전략으로 가격에 민감한 소비자층에 어울리는 전략이다. 가격에 민감하지 않은 혁신소비자층(innovators)을 대상으로 하는 것이 적절한 가격전략은 초기고가전략이다.
>
> 정답 ③

15

☑ 확인
Check!
○
△
✕

이 가격설정방법은 가격을 십진수 단위체계보다 통상 1~2 단위 낮춘 체계로 책정하는 것으로서, 예를 들어 100만원 대신에 99만원으로 가격을 정한다. 소비자로 하여금 기업이 제품 가격을 정확하게 계산하여 최대한 낮추었다는 인상을 주는 심리적 가격설정 방법은?

① 초기고가가격
② 위신가격(긍지가격)
③ 단수가격
④ 관습가격
⑤ 준거가격

 해설 콕 ‥‥‥

단수가격이란 99만원 같이 단위수를 인위적으로 미세하게 조정하여 심리적으로 느껴지는 부담을 줄이는 가격결정방법이다.
① 초기고가전략(skimming pricing)은 초기에 신제품 개발 초기에 수요의 가격탄력성이 낮은 소비자층을 상대로 고가격을 시행하는 전략을 말한다.
② 위신가격(긍지가격)은 고가격이더라도 그것의 소유가 사회적 지위나 권위를 과시하는 상징으로 보는 상품의 가격설정방법이다.
④ 관습가격은 사회적으로 통용되는 관념에 입각한 가격설정이다.
⑤ 준거가격은 가격이 싼지 비싼지를 판단하는 기준이 되는 가격이다.

정답 ③

16

☑ 확인
Check!
○
△
✕

(주)한국은 10,000원에 상당하는 두루마리 화장지 가격을 9,990원으로 책정하였다. 이러한 가격결정방법은?

① 단수가격
② 명성가격
③ 층화가격
④ 촉진가격
⑤ 관습가격

 해설 콕 ‥‥‥

단수가격이란 9,990원 같이 단위수를 인위적으로 미세하게 조정하여 심리적으로 느껴지는 부담을 줄이는 가격결정방법이다.
② 명성가격은 명성이나 위신을 나타내는 제품의 경우 일시적으로 가격이 높아짐에 따라 수요가 증가를 보이는 현상을 이용하여 고가격으로 가격을 설정하는 방식이다.
③ 층화가격은 소비자는 가격의 차이가 클 때에만 인식한다는 가정 하에서 선정된 제품계열에만 단계적 가격을 설정하는 방식이다.
④ 촉진가격은 정상적인 가격보다 낮은 가격을 설정하여 고객을 유지하는 방식이다.
⑤ 관습가격은 사회적으로 통용되는 관념에 입각한 가격설정이다.

정답 ①

17

A사가 프린터를 저렴하게 판매한 후, 그 프린터의 토너를 비싼 가격으로 결정하는 방법은?

① 종속제품가격결정(captive product pricing)
② 묶음가격결정(bundle pricing)
③ 단수가격결정(odd pricing)
④ 침투가격결정(penetration pricing)
⑤ 스키밍가격결정(skimming pricing)

> **해설 콕**
>
> 종속제품가격결정(captive product pricing)은 주제품과 함께 사용되어야 하는 종속제품을 높은 가격으로 책정하여 마진을 보장하는 전략이다.
> ② 묶음가격결정(bundle pricing)은 몇 개의 제품들을 하나로 묶어서 할인된 가격으로 판매하는 전략이다.
> ③ 단수가격결정(odd pricing)은 제품 가격의 끝자리를 단수로 표시하여 소비자들이 제품의 가격이 저렴하다고 느껴 구매하도록 하는 가격전략이다.
> ④ 침투가격결정(penetration pricing)은 빠른 시일 내에 시장에 깊숙이 침투하기 위해, 신제품의 최초 가격을 낮게 설정하는 전략이다.
> ⑤ 스키밍가격결정(skimming pricing)은 신제품이 시장에 진출할 때 가격을 높게 책정한 후 점차적으로 그 가격을 내리는 전략이다.
>
> 정답 ①

18

신제품 가격결정방법 중 초기고가전략(skimming pricing)을 채택하기 어려운 경우는?

① 수요의 가격탄력성이 높은 경우
② 생산 및 마케팅 비용이 높은 경우
③ 경쟁자의 시장진입이 어려운 경우
④ 제품의 혁신성이 큰 경우
⑤ 독보적인 기술이 있는 경우

> **해설 콕**
>
> 초기고가전략(skimming pricing)은 초기에 신제품 개발 초기에 수요의 가격탄력성이 낮은 소비자층을 상대로 고가격을 시행하는 전략을 말한다.
>
> 정답 ①

19

공인노무사 2019

소비자 심리에 근거한 가격결정 방법으로 옳지 않은 것은?

① 종속가격(captive pricing)　　② 단수가격(odd pricing)

③ 준거가격(reference pricing)　　④ 긍지가격(prestige pricing)

⑤ 관습가격(customary pricing)

해설 콕 ....

종속가격(captive pricing)은 주제품에 가격을 낮게 책정하고 종속제품에 가격을 높게 책정하는 가격결정 방법으로, 소비자 심리에 근거한 가격결정 방법이 아니다.

정답 ①

20

공인회계사 2015

가격관리에서 아래의 상황을 가장 적절하게 설명할 수 있는 것은?

> 1,000원짜리 제품에서 150원 미만의 가격인상은 느끼지 못하지만, 150원 이상의 가격인상은 알아차린다.

① JND(just noticeable difference)

② 단수가격(odd-number pricing)

③ 유보가격(reservation price)

④ 스키밍가격(market-skimming pricing)

⑤ 웨버의 법칙(Weber's Law)

해설 콕 ....

JND(Just Noticeable Difference)는 가격 변화를 느끼는 최소의 가격변화폭을 말한다.

② 단수가격(odd-number pricing)은 소비자들에게 가격이 낮다는 인식을 심어주기 위해 현재의 화폐 단위보다 조금 낮게 가격을 책정하는 것을 말한다.

③ 유보가격(reservation price)은 소비자가 지불할 수 있는 최고가격을 말한다.

④ 스키밍가격(market-skimming pricing)은 신제품 초기에는 소득이 높은 소비자를 대상으로 높은 가격으로 책정하였다가 고소득 소비자들의 소비가 감소하게 되면 가격을 인하하는 것을 말한다.

⑤ 웨버의 법칙(Weber's Law)에 의하면 가격 변화를 느끼는 영향은 상대적이기에 구매자마다 가격 변화를 달리 느끼게 된다는 것을 말한다.

정답 ①

21

☑ 확인
Check!

○
△
×

가격관리에서 아래의 현상을 가장 적절하게 설명할 수 있는 것은?

> 500원의 가격인상이 5,000원짜리 제품에서는 크게 여겨지는 반면에 50,000원짜리 제품에서는 작게 여겨진다.

① 웨버의 법칙(Weber's Law)
② 준거가격(reference price)
③ 가격 – 품질 연상(price-quality association)
④ 유보가격(reservation price)
⑤ JND(just noticeable difference)

🖝해설 콕 ····················
낮은 가격 상품의 가격인상이 높은 가격 상품의 가격인상보다 구매자에게 더 크게 작용하는 현상은 웨버의 법칙(Weber's Law)이다.

정답 ①

22

☑ 확인
Check!

○
△
×

아래의 사례를 가장 적절하게 설명할 수 있는 가격결정 방법은?

> • 프린터를 싸게 판매한 이후에 토너는 비싼 가격에 판매함
> • 면도기를 싸게 판매한 다음에 면도날은 비싸게 판매함

① 순수묶음제품가격결정(pure bundling pricing)
② 혼합묶음제품가격결정(mixed bundling pricing)
③ 스키밍가격결정(market-skimming pricing)
④ 시장침투가격결정(market-penetration pricing)
⑤ 종속제품가격결정(captive product pricing)

🖝해설 콕 ····················
주제품인 프린터와 면도기의 가격을 낮게 책정하고 종속제품인 토너와 면도날에 대해 가격을 높게 책정하는 가격결정 방법은 종속제품가격결정(captive product pricing)이다.

정답 ⑤

CHAPTER 3 마케팅

안심Touch

23

☑ 확인
Check!

○
△
×

아래의 경우에서 가장 적합하게 사용될 수 있는 가격결정 전략은?

- 잠재 구매자들이 가격 – 품질 연상을 강하게 갖고 있는 경우
- 가격을 높게 매겨도 경쟁자들이 들어올 가능성이 낮은 경우

① 사양제품가격결정(optional-product pricing)
② 시장침투가격(market-penetration pricing)
③ 혼합묶음가격(mixed bundling)
④ 이중요율(two-part tariff)
⑤ 스키밍가격(market-skimming pricing)

🖑해설 콕

스키밍가격(market-skimming pricing)이란 신상품이 처음 나왔을 때, 아주 높은 가격을 책정한 다음,
시간이 흐름에 따라 점차 가격을 낮추는 가격 정책으로 소비자들의 가격탄력성이 낮은 경우에 사용한다.
따라서 스키밍가격(market-skimming pricing)을 사용하기에 이상적인 상황은 잠재 구매자들이 가격
– 품질 연상을 강하게 갖고 있는 경우, 가격을 높게 매겨도 경쟁자들이 들어올 가능성이 낮은 경우 등이
다.

정답 ⑤

24

☑ 확인
Check!

○
△
×

가격관리에 관한 설명으로 가장 적절하지 않은 것은?

① 최저수용가격(lowest acceptable price)은 구매자가 품질을 의심하지 않으면서 구매할 수
있는 가장 낮은 가격을 의미한다.
② 빈번한 세일로 인해 구매자의 준거가격(reference price)이 낮아질 가능성이 있다.
③ 가격결정방법에서 원가기준법(cost-plus pricing)은 경쟁자의 가격과 원가를 고려하지 않
는다는 단점을 가지고 있다.
④ 신제품 도입 초기에 가격을 낮게 책정하는 전략은 시장침투가격(market-penetration
pricing)과 관련이 있다.
⑤ 순수묶음가격(pure bundling)은 여러 가지 제품들을 묶음으로도 판매하고 개별적으로도
판매하는 가격정책이다.

🖑해설 콕

여러 가지 제품들을 묶음으로도 판매하고 개별적으로도 판매하는 가격정책은 혼합묶음가격이다. 순수
묶음가격은 제품들을 개별적으로 판매하지 않고 오직 묶음으로만 판매하는 가격정책을 말한다.

정답 ⑤

25

서울시 7급 2019

기업이 제품을 여러 국가에 동시에 판매할 때, 국제 가격의 표준화와 차별화에 대한 전략적 결정방법에 해당하지 않는 것은?

① 본국중심 가격결정
② 현지중심 가격결정
③ 목표중심 가격결정
④ 세계중심 가격결정

해설 콕

목표중심 가격결정은 다른 여러 국가들 사이에서 사용하는 결정방법이 아닌 일반적으로 사용되는 가격결정 방법이다.

정답 ③

26

국가직 7급 2018

'가산이익률에 따른 가격결정법(Mark-up Pricing)'을 사용할 경우 다음 제품의 가격은?

- 단위당 변동비 : 10,000원
- 기대판매량 : 100,000개
- 고정비 : 400,000,000원
- 가산(Mark-up)이익률 : 20%

① 16,800원   ② 17,500원
③ 17,800원   ④ 18,500원

해설 콕

기대이익 = (가격×기대판매량)×가산이익률
= (가격×기대판매량)−[(단위당 변동비×기대판매량)+고정비]
∴ (가격×100,000)×0.2 = (가격×100,000)−[(10,000원×100,000)+400,000,000원]
∴ 가격 = 17,500원

정답 ②

27

자동차 제조회사가 공장을 건설하는데 100억원을 투자하고 투자비용에 대한 목표투자이익률(return on investment)을 20%로 책정하였다. 표준생산량이 1,000대이고 단위당 비용이 3백만원일 때 목표투자이익률에 따른 가격결정(target return pricing)에 의한 자동차 1대의 가격은?

① 2,000,000원

② 3,000,000원

③ 4,000,000원

④ 5,000,000원

> **해설 콩**
>
> • 투자이익 = 100억원×0.2=20억원
> • 투자이익 = (단위당 가격×표준생산량)-(단위당 비용×표준생산량)
>   　　　　　 = (단위당 가격×1,000)-(300만원×1,000)
>   　　　　　 = 20억원
> ∴ 단위당 가격 = 500만원
>
> 정답 ④

28

K기업에서는 전자제품의 조립에 필요한 어떤 부품을 자체생산할지, 외부 협력업체로부터 구매할지를 선택해야 한다. 총 3가지 대안에 대한 비용요소는 다음과 같다.

대안 1	고정비 3천5백만원, 단위당 변동비 2천원으로 자체생산
대안 2	고정비 2천만원, 단위당 변동비 4천원으로 자체생산
대안 3	첫 5,000단위까지는 단가 6천원, 초과분은 단가 5천원으로 구매

비용 - 조업도 분석(cost-volume analysis)을 활용하여 총비용에 대한 대안비교의 결과로 가장 적절하지 않은 것은?(단, 생산량 또는 구매량은 발생하는 수요량과 동일하다고 가정한다)

① 7,500단위를 생산할 경우 대안 1과 대안 2의 총비용은 동일하다.

② 대안 2가 가장 유리한 수요구간은 존재하지 않는다.

③ 수요가 10,000단위 미만일 때는 대안 3이 가장 유리하다.

④ 수요가 12,000단위라면 대안 1이 가장 유리하다.

⑤ 수요가 7,500단위 미만일 때는 대안 2가 가장 유리하다.

대안 1, 2, 3에 대한 비용요소(y : 총비용, x : 단위당 변동비)

대안 1 : $y=35,000,000+2,000x$

대안 2 : $y=20,000,000+4,000x$

대안 3 : $\begin{cases} y=6,000x\,(x \leq 5,000) \\ y=5,000,000+5,000x\,(x > 5,000) \end{cases}$

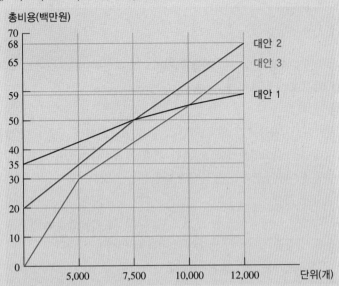

총비용(백만원)

단위(개)

⑤ 그래프를 보면 알 수 있듯이 수요가 7,500단위 미만일 때에는 대안 3이 비용이 가장 낮기 때문에 대안 3이 가장 유리하다.

① 7,500단위 생산시 대안 1과 대안 2의 총비용은
   대안 1 : $y=35,000,000+2,000\times7,500=50,000,000$
   대안 2 : $y=20,000,000+4,000\times7,500=50,000,000$

② 그래프를 보면 알 수 있듯이 대안 2의 총비용이 가장 작은 구간은 존재하지 않는다.

③ 그래프를 보면 알 수 있듯이 수요가 10,000단위 미만일 경우에는 대안 3이 가장 유리하다.

④ 그래프를 보면 알 수 있듯이 수요가 12,000단위일 경우에 대안 1이 가장 유리하다.

정답 ⑤

05 유통관리

(1) 유통경로

① 의 의

기업이 소비자에게 전달하는 제품과 서비스가 다양한 경로를 거쳐 목표로 한 최종 소비자에게 보내지거나 소비하게 되는 경로

② 중요성

㉠ 제품, 가격, 지불조건 및 구입단위 등을 표준화시켜 상호간 거래를 용이하게 한다.

㉡ 총거래수를 최소화시키고, 상호간 거래를 촉진함으로써 교환과정을 촉진시킨다.

㉢ 소품종을 대량생산하는 생산자와 다품종을 소량소비를 하는 소비자간 제품 구색 차이를 연결시켜 준다.

㉣ 판매자에게 소비자 정보 및 잠재 소비자의 도달 가능성을 높여주고, 소비자들에게는 탐색 비용을 낮춰줌으로써 생산자와 소비자를 연결시켜 준다.

㉤ 타 믹스요소와는 다르게 용이하게 변화시킬 수 없는 비탄력성을 지닌다.

(2) 유통기구

① 도매상

㉠ 상인도매상 : 제품의 소유권 취득을 전제로, 제조업자로부터 제품을 구입하여 소매상에게 다시 판매하는 도매상

㉡ 제조업자 도매상 : 제조업자가 직접적으로 소유 및 운영하는 도매상

㉢ 대리인 및 브로커 : 거래 제품에 따른 소유권이 존재하지 않으며, 상품매매의 촉진 및 거래 성과의 대가로 판매가격의 일정 비율을 수수료로 받는 상인으로, 브로커는 구매자와 판매자 사이의 중개 기능을 수행하고, 대리인은 판매자와 구매자 중 한쪽을 대표하며, 지속적인 관계를 유지

② 소매상

㉠ 전문점 : 취급제품의 범위가 한정되고, 전문화되어 있다. 이들 전문점은 취급상품에 관한 전문적 지식과 기술을 갖춘 경영자나 종업원에 의해 가공 수리도 하며, 품종의 선택, 고객의 기호, 유행의 변천 등 예민한 시대감각으로 독특한 서비스를 제공함으로써 합리적 경영을 실현한다.

㉡ 편의점 : 보통 접근이 용이한 지역에 위치하여 24시간 연중무휴영업을 하며, 재고회전이 빠른 한정된 제품계열을 취급한다(식료품, 편의품 등).

㉢ 슈퍼마켓 : 주로 식료품, 일용품 등을 취급, 염가판매, 셀프서비스를 특징으로 하는 소매업체이다.

  ② 백화점 : 하나의 건물 안에 의식주에 관련된 여러 가지 상품을 부문별로 진열하고, 이를 조직·판매하는 근대적 대규모 소매상을 의미한다.

  ⑩ 할인점 : 셀프서비스에 의한 대량판매방식을 이용하여 시중가격보다 20~30% 낮은 가격으로 판매하는 유통업체를 의미한다.

  ⑭ 양판점 : 보통 어느 정도 깊이의 구색을 갖춘 다양한 제품계열을 취급하는 점포이다.

  ⑭ 회원제 도매클럽 : 메이커로부터의 현금 일괄구매에 따른 저비용 제품을 구비해서, 회원제로 운영되는 유통업체를 의미한다(예 COSTCO).

(3) 유통경로의 조직

 ① **전통적인 유통경로**

  제조업자가 독립적인 유통업자인 도매상과 소매상을 통해 상품을 유통시키는 일반적인 유통방법을 의미한다.

 ② **수직적 유통(마케팅) 시스템(VMS ; Vertical Marketing System)**

  ㉠ 의의 : 생산에서 소비에 이르기까지의 여러 가지 유통활동을 체계적으로 통합·일치·조정시킴으로써 유통질서를 유지하고 경쟁력을 강화시켜 유통 효율성을 증가시키고자 만들어진 시스템

  ㉡ 수직적 유통경로의 장·단점

장 점	단 점
• 총 유통비용의 절감 • 자원이나 원재료의 안정적 확보 • 혁신적인 기술의 보유 • 새로이 진입하려는 기업에게는 높은 진입장벽	• 초기에 막대한 자금 소요 • 시장이나 기술의 변화에 대해 기민한 대응 곤란 • 각 유통단계에서 전문화 상실

 ③ **수평적 유통(마케팅) 시스템(Horizontal Marketing System)**

  ㉠ 의의 : 동일한 경로단계에 있는 두 개 이상의 기업이 대등한 입장에서 자원과 프로그램을 결합하여 일종의 연맹체를 구성하고 공생·공영하는 시스템 = 생적 마케팅(Symbiotic Marketing)

  ㉡ 기업 간에 얻을 수 있는 시너지효과

   • 마케팅 시너지 : 여러 제품에 대해서 공동으로 유통경로, 판매, 관리, 조직, 광고 및 판매촉진, 시장판매를 하고 창고를 공동으로 이용함으로써 얻게 되는 효과

   • 투자 시너지 : 공장의 공동사용, 원재료의 공동조달, 공동연구개발, 기계 및 공구의 공동사용으로 얻는 효과

   • 경영관리 시너지 : 경영자 경험의 결합 및 기업결합 등에서 얻는 효과

01

경영지도사 2015

유통경로전략을 수립할 때 일반적으로 직접유통경로(또는 유통단계의 축소)를 선택하는 경우가 아닌 것은?

① 제품의 기술적 복잡성이 클수록
② 경쟁의 차별화를 시도할수록
③ 제품이 표준화 되어 있을수록
④ 소비자의 지리적 분산정도가 낮을수록
⑤ 제품의 부패가능성이 높을수록

제품이 표준화 되어 있는 상품인 편의품은 제조업체가 직접 소비자에게 배송하는 방식이 아닌 많은 중간상에게 상품이 공급되어 유통되는 집약적 유통방식이 이용된다.

정답 ③

02

경영지도사 2019

기업의 수직적 통합(vertical integration)에 관한 설명으로 옳지 않은 것은?

① 후방통합(backward integration)은 부품과 원료 등의 투입요소에 대한 소유와 통제를 갖는다.
② 전통합방(forward integration)을 통하여 판매 및 분배경로를 통합함으로써 안정적인 판로를 확보할 수 있다.
③ 기업의 효율적인 생산규모와 전체적인 생산능력의 균형을 관리·유지하기가 쉽다.
④ 통합된 기업 중 어느 한 기업의 비효율성이 나타나는 경우 기업 전체의 비효율성으로 확대될 가능성이 높다.
⑤ 부품생산에서의 비용구조에 대한 정확한 정보를 가질 수 있다.

기업의 효율적인 생산규모와 전체적인 생산능력의 균형을 관리·유지하기가 쉬운 것은 수평적 통합의 장점이다.

정답 ③

참고

수직적 통합

1. **개 념**
   기업이 경쟁력 강화를 원재료의 상태부터 제품생산 및 판매하는 일련의 기업활동의 전 과정을 흡수하는 전략을 수직적 통합이라 한다.

2. **종 류**
   ① 전방통합
      제품 생산 및 유통과정에서 최종소비자 쪽의 분야를 통합
   ② 후방통합
      유통기업이 제조사를 통합하거나 제조사가 원재료 공급 기업을 통합

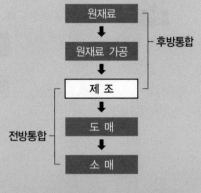

3. **장·단점**

장 점	단 점
• 거래비용 감소	• 조직내 조율비용 증가
• 불확실성 감소	• 서비스 향상 동기 감소
• 각종 전략적 대처가능	• 독과점 폐해 발생 가능성 증가

03

가맹거래사 2017

수직적 마케팅 시스템(VMS ; vertical marketing system)에 관한 설명으로 옳은 것을 모두 고른 것은?

> ㄱ. 수직적 마케팅 시스템은 유통조직의 생산시점과 소비시점을 하나의 고리형태로 유통계열화 하는 것이다.
> ㄴ. 수직적 마케팅 시스템은 유통경로 구성원인 제조업자, 도매상, 소매상, 소비자를 각각 별개로 파악하여 운영한다.
> ㄷ. 유통경로 구성원의 행동은 시스템 전체 보다는 각자의 이익을 극대화하는 방향으로 조정된다.
> ㄹ. 수직적 마케팅 시스템의 유형에는 기업적 VMS, 관리적 VMS, 계약적 VMS 등이 있다.
> ㅁ. 프랜차이즈 시스템은 계약에 의해 통합된 수직적 마케팅 시스템이다.

① ㄱ, ㄴ, ㄷ   ② ㄱ, ㄴ, ㄹ
③ ㄱ, ㄹ, ㅁ   ④ ㄴ, ㄷ, ㄹ
⑤ ㄴ, ㄹ, ㅁ

ㄴ. (×) 수직적 마케팅 시스템은 유통경로 구성원인 제조업자, 도매상, 소매상을 하나의 단일시스템으로 운영한다.

ㄷ. (×) 유통경로 구성원의 행동은 시스템 전체의 이익을 극대화하는 방향으로 조정된다.

정답 ③

참고 ◦ 전통적 마케팅 유통경로 vs 수직적 마케팅 유통경로

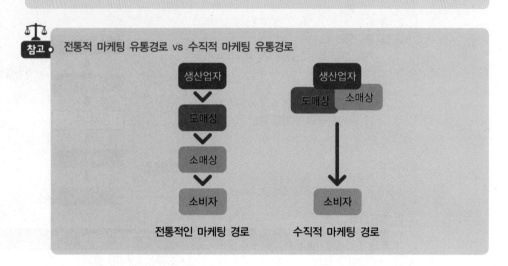

04 서울시 7급 2019

☑ 확인
Check!
○
△
×

유통관리에 대한 설명으로 가장 옳지 않은 것은?

① 경로갈등 중 제조업자와 도매상 간에 발생하는 갈등은 수직적 갈등이다.

② 집약적 유통(intensive distribution)은 중간상의 판매가격, 신용정책, 서비스 등에 관해 보다 강한 통제를 할 수 있다.

③ 프랜차이즈 시스템은 계약형 수직적 마케팅 시스템(vertical marketing system)의 한 유형이다.

④ 유통경로가 길어질수록 각 중간상들이 수행하는 마케팅 기능은 보다 전문화된다.

집약적 유통(intensive distribution)은 중간상의 판매가격, 신용정책, 서비스 등에 관해 보다 강한 통제를 하기가 힘들다. 중간상의 판매가격, 신용정책, 서비스 등에 관해 보다 강한 통제를 할 수 있는 유통방식은 전속적 유통방식이다.

정답 ②

공인회계사 2021

☑ 확인
Check!
○
△
×

유통관리에 관한 설명으로 적절한 항목만을 모두 선택한 것은?

> a. 유통경로는 생산된 제품을 소비시점까지 보관하여 시간상의 불일치를 해소한다.
> b. 유통업체 중에서 판매 대리점(selling agent)은 제품에 대한 소유권을 보유하는 반면에 브로커
>   (broker)는 제품에 대한 소유권을 보유하지 않는다.
> c. 소매상 협동조합은 제조업체 주도로 만들어진 소매상들의 유통체인이다.

① a   ② a, b
③ a, c   ④ b, c
⑤ a, b, c

👆해설 콕 ···

b. (×) 판매 대리점(selling agent)은 제품에 소유권이 없는 도매상이다.
c. (×) 소매상 협동조합은 중소 소매상들이 연합하여 만든 조직이다.

정답 ①

⚖ 참고

유통경로

1. **개념**
   생산자로부터 소비자에게 제품이나 서비스를 이용가능하도록 하는데 포함되는 모든 조직의
   집합

2. **효용**
   ① 시간효용 : 원하는 시간에 언제든 서비스 구매 편의 제공
   ② 장소효용 : 원하는 장소에서 서비스 구매 편의 제공
   ③ 소유효용 : 서비스 기업에서 중간상으로의 소유권 이전 편의 제공
   ④ 형태효용 : 매력적인 서비스 형태로 변경시켜주는 편의 제공

공인노무사 2019

☑ 확인
Check!
○
△
×

수직적 마케팅 시스템(Vertical Marketing System) 중 소유권의 정도와 통제력이 강한 유형에 해당하는 것은?

① 계약형 VMS   ② 기업형 VMS
③ 관리형 VMS   ④ 협력형 VMS
⑤ 혼합형 VMS

👆해설 콕 ···

기업형 VMS는 상품의 판매에 있어서 유통경로가 서로 다른 수준에 있는 구성원들(공급업자, 제조업자,
유통업자)을 통합해 하나의 기업조직을 이루는 형태로, 소유권의 정도와 통제력이 강한 유형에 해당한다.

정답 ②

공인회계사 2016

유통관리에 관한 설명으로 가장 적절한 것은?

① 수직적 마케팅 시스템(VMS)에서 소매상 협동조합은 관리형 VMS에 포함된다.

② 거래규모가 작고 거래가 드물게 발생하는 경우 제조업체가 통합적 유통경로(기업형 VMS)를 갖게 될 가능성이 높아진다.

③ 유통경로 갈등의 원인 중 영역 불일치(domain dissensus)는 동일한 사안을 놓고도 경로구성원들이 다르게 인식하는 것이다.

④ 제조업체 도매상(manufacturers' sales branches and offices)은 독립적인 도매상이 아니며 제조업체에 의해 직접 소유·운영된다.

⑤ 전문적 힘(expert power)은 경로구성원 A가 B에 대해 일체감을 갖고 있거나 갖게 되기를 바라기 때문에 발생하는 힘이다.

해설 콕 ··

① 수직적 마케팅 시스템(VMS)에서 소매상 협동조합은 계약형 VMS에 포함된다.

② 거래규모가 작고 거래가 드물게 발생하는 경우 제조업체가 독립적 유통경로를 갖게 될 가능성이 높아진다.

③ 동일한 사안을 놓고도 경로구성원들이 다르게 인식하는 것은 지각 불일치이다.

⑤ 경로구성원 A가 B에 대해 일체감을 갖고 있거나 갖게 되기를 바라기 때문에 발생하는 힘은 준거적 힘이다.

정답 ④

08
확인
Check!

○
△
×

공인회계사 2018

유통관리에 관한 설명으로 가장 적절한 것은?

① 상인 도매상(merchant wholesaler)과 대리점(agent)은 취급하는 제품의 소유권을 갖고 있는 반면에 브로커(broker)는 소유권 없이 단지 거래를 성사시켜 주는 역할을 한다.

② 수직적 마케팅 시스템(VMS)에서 소매상 협동조합은 관리형 VMS이고, 프랜차이즈 조직은 계약형 VMS이다.

③ 판매량이 감소한 사실을 놓고, 프랜차이즈 본부의 해석(예 가맹점의 서비스 질에 문제가 있어서)과 가맹점의 해석(예 경쟁브랜드의 신규출점 때문에)이 서로 달라서 발생하는 갈등은 지각 불일치(perceptual differences)와 관련이 있다.

④ 제조업자가 중간상에게 계약에 의거하여 일정 수준의 재고를 유지하도록 요구할 수 있는 것은 전문적 파워와 관련이 있다.

⑤ 전속적 유통(exclusive distribution)은 중간상의 역할이 그다지 중요하지 않은 제품에 적합하며, 제조업체의 표적시장 범위가 넓을수록 유리하다.

① 취급하는 제품의 소유권은 상인 도매상은 갖고 있지만 대리점은 갖고 있지 않다.
② 수직적 마케팅 시스템(VMS)에서 소매상 협동조합과 프랜차이즈 조직은 계약형 VMS이다.
④ 제조업자가 중간상에게 계약에 의거하여 일정 수준의 재고를 유지하도록 요구할 수 있는 것은 합법적 파워이다.
⑤ 중간상의 역할이 그다지 중요하지 않은 제품에 적합한 것은 집약적 유통으로 제조업체의 표적시장 범위가 넓을수록 유리하다.

정답 ③

09

국가직 7급 2017

수직적 통합(Vertical Integration) 방식이 다른 것은?

① 정유업체의 유정개발사업 진출
② 영화상영관업체의 영화제작사업 진출
③ 자동차업체의 차량공유사업 진출
④ 컴퓨터업체의 반도체사업 진출

해설 콕

수직적 통합(Vertical Integration) 방식은 전방통합과 후방통합 방식으로 나누어진다.
전방통합은 유통부문의 소유권과 통제능력을 기업이 갖는 방식이며, 후방통합은 투입요소에 대한 소유권과 통제능력을 기업이 갖는 방식이다.
③ 자동차업체의 차량공유사업 진출은 전방통합이며, 그 외 ①·②·④는 후방통합이다.

정답 ③

10

국가직 7급 2016

수직적 통합전략(vertical integration)에 대한 설명으로 옳지 않은 것은?

① 부품생산에서 유통까지 수직적 활동분야의 참여정도를 결정하는 것으로 다각화의 한 종류로 볼 수도 있다.
② '부품업체 → 조립업체 → 유통업체'의 과정에서 조립업체가 부품업체를 통합하는 것은 전방통합이다.
③ 여러 단계의 시장거래를 내부화함으로써 세금을 줄일 수 있다.
④ 수요독점, 공급독점 시장에서 발생하는 가격의 불안정은 수직적 통합을 통해 피할 수 있다.

해설 콕

수직적 통합은 전방통합과 후방통합 두 가지로 구분할 수 있는데 전방통합은 원료를 공급하는 기업이 생산기업을 통합하거나 제품을 생산하는 기업이 유통채널을 가진 기업을 통합하는 것을 말하며, 후방통합은 유통기업이 생산기업을 통합하거나 생산기업이 원재료 공급기업을 통합하는 것을 말한다. 따라서 '부품업체 → 조립업체 → 유통업체'의 과정에서 조립업체가 부품업체를 통합하는 것은 전방통합이 아니라 후방통합이다.

정답 ②

11

☑ 확인
Check!
○
△
✕

다음 도매상의 형태 중 한정 서비스상인 도매상에 해당하는 것은?

① 전문품 도매상

② 브로커

③ 트럭배달 도매상

④ 제조업자의 판매지점

해설 콕 ....

현금거래 도매상, 직송 도매상, 트럭배달 도매상은 한정 서비스상인 도매상에 해당한다.

정답 ③

12

☑ 확인
Check!
○
△
✕

슈퍼마켓과 할인점 등의 장점을 결합한 대형화된 소매업태로 주로 유럽을 중심으로 발전한 유형은?

① 회원제 도매클럽

② 하이퍼마켓

③ 전문할인점

④ 양판점

⑤ 전문점

해설 콕 ....

슈퍼마켓, 대형할인점, 백화점의 형태가 결합된 대규모 소매점포를 하이퍼마켓이라 한다.

정답 ②

13

☑ 확인
Check!
○
△
✕

한 가지 또는 한정된 상품군을 깊게 취급하며 저렴한 가격으로 판매하여 동종의 제품을 취급하는 업태들을 제압하는 소매업태는?

① 편의점

② 상설할인매장

③ 카테고리 킬러

④ 회원제 도매클럽

⑤ 슈퍼마켓

해설 콕 ....

한 가지 또는 한정된 상품군을 깊게 취급하며 저렴한 가격으로 판매하여 동종의 제품을 취급하는 업태들을 제압하는 소매업태는 카테고리 킬러이다.

정답 ③

14

유통경로구성원에 관한 설명으로 가장 적절하지 않은 것은?

① 소매업 수레바퀴 가설(Wheel of Retailing)은 소매환경 변화에 따른 소매업태 변화를 설명하는 것이다.

② 전문점(specialty store)과 비교하여 전문할인점(specialty discount store or category killer)은 상대적으로 낮은 수준의 서비스와 저렴한 가격을 갖고 있다.

③ 상인 도매상(merchant wholesaler)은 취급하는 상품의 소유권을 가지고 있지 않다.

④ 방문판매(direct sales), 자동판매기(vending machine), 다이렉트 마케팅(direct marketing)은 무점포 소매상에 포함된다.

⑤ 판매 대리점(selling agents)은 거래제조업자의 품목을 판매할 수 있는 계약을 맺고 판매활동을 한다.

> **해설 콕**
>
> 상인 도매상(merchant wholesaler)은 취급하는 상품의 소유권을 갖는다.
> ① 소매업 수레바퀴 가설(Wheel of Retailing)은 소매상이 시장진입 초기에는 저가격, 저마진 전략으로 시작하지만 추후 고가격, 고마진 전략을 사용한다는 가설이다.
> ② 전문점은 전문할인점에 비해 가격은 높지만 전문할인점보다 높은 서비스를 갖고 있다.
> ④ 점포를 이용하지 않는 소매상을 무점포 소매상이라 하는데 무점포 소매상에는 방문판매, 자동판매기, 다이렉트 마케팅이 있다.
> ⑤ 거래제조업자의 품목을 판매할 수 있는 계약을 맺고 판매활동을 하는 대리점을 판매 대리점(selling agents)이라 한다.
>
> 정답 ③

15

유통관리에 관한 설명으로 가장 적절한 것은?

① 유통경로는 생산된 제품을 소비시점까지 보관하여 시간상의 불일치를 해소한다.

② 도매상 중에서 판매 대리점(selling agents)은 구매자(소매상)와의 계약에 의한 구매대행 활동을 하며, 제품에 대한 소유권을 보유하고 있다.

③ 소매상 협동조합은 대형 도매상을 중심으로 소형 소매상들이 자발적으로 만든 체인이다.

④ 유통경로 갈등의 원인 중 목표 불일치는 경로구성원 간에 각자의 역할이나 영역에 대하여 합의가 이루어지지 않은 것을 말한다.

⑤ 전문점(specialty store)의 경쟁적 우위는 저렴한 제품가격에 있다.

② 도매상 중에서 구매자(소매상)와의 계약에 의한 구매대행활동을 하는 것은 구매 대리점이며, 구매 대리점은 제품에 대한 소유권을 보유하고 있지 않다.
③ 대형 도매상을 중심으로 소형 소매상들이 자발적으로 만든 체인은 소매상 협동조합이 아닌 도매상이 후원하는 자발적 체인이다.
④ 유통경로 갈등의 원인 중 경로구성원 간에 각자의 역할이나 영역에 대하여 합의가 이루어지지 않은 것은 영역 불일치이다.
⑤ 저렴한 제품가격에 경쟁적 우위를 가지는 것은 전문할인점이다.

정답 ①

16

☑ 확인
Check!

○
△
✕

유통관리에 관한 설명으로 가장 적절한 것은?

① 방문판매는 영업사원에 의해 판매되는 무점포형 소매상인 반면에 다단계판매는 '제조업자 – 도매업자 – 소매업자 – 소비자'와 같은 일반적인 유통경로를 거치는 점포형 소매상이다.
② 한정 서비스 도매상(limited-service wholesaler)은 상품을 소유하지 않는 대신 소수의 상품라인만을 취급한다.
③ 전문품에 적합한 경로 커버리지는 집약적 유통(intensive distribution)이다.
④ '도매상이 후원하는 자발적 체인(집단)'은 대형 도매상을 중심으로 중소 제조업체들이 자발적으로 만든 경로유형이다.
⑤ 구매자가 요구하는 서비스 수준이 높은 경우에는 통합적 유통경로(integrated distribution channel)를 갖게 될 가능성이 높아진다.

① 무점포 소매상은 점포를 이용하지 않는 소매상으로 다단계판매도 무점포 소매상에 해당한다.
② 한정 서비스 도매상(limited-service wholesaler)은 상품을 소유하며, 거래 고객에게 한정된 서비스만을 제공하는 도매상이다.
③ 전문품에 적합한 경로 커버리지는 전속적 유통(exclusive distribution)이다.
④ '도매상이 후원하는 자발적 체인(집단)'은 대형 도매상을 중심으로 소형 소매상들이 결합된 경로조직이다.

정답 ⑤

06 촉진믹스

(1) 의 의

어떤 특정한 기간 동안 자사가 기울이는 여러 가지 촉진적 노력들의 결합체를 의미한다.

(2) 구성요소

① **광고활동** : 특정한 광고주가 기업의 제품 및 서비스 등에 대한 대가를 지불하게 되면서 비인적 매체를 통해 제시하고 촉진하는 것

② **인적판매활동** : 한 명 또는 그 이상의 잠재소비자들과 직접 만나면서 커뮤니케이션을 통해 판매를 실현하는 방법

③ **판매촉진활동** : 소비자들에게 기업의 서비스 또는 제품의 판매 및 구매를 촉진시키기 위한 실질적인 수단으로서 소비자들로 하여금 구매하도록 하는 요소

④ **홍보활동** : 좋은 기업이미지를 만들고, 비호감적인 소문 및 사건 등을 처리 및 제거함으로써 우호적인 관계를 조성하는 것

(3) 촉진믹스의 구성요소별 장·단점

구 분	장 점	단 점
광 고	• 자극적 표현 전달 가능 • 장·단기적 효과 • 신속한 메시지 전달	• 정보전달의 양이 제한적 • 고객별 전달정보의 차별화가 곤란 • 광고효과의 측정 곤란
홍 보	• 신뢰도가 높음 • 촉진효과가 높음	• 통제가 곤란함
판매촉진	• 단기적으로 직접적 효과 • 충동구매 유발	• 장기간의 효과 미흡 • 경쟁사의 모방 용이
인적판매	• 고객별 정보전달의 정확성 • 즉각적인 피드백	• 대중상표에 부적절 • 촉진의 속도가 느림 • 비용 과다 소요

(4) 결정요인

① **제품·시장 유형**

대상제품이 소비재인 경우에 광고 판촉활동이 인적판매 및 PR보다 중요하며, 산업재인 경우에는 타 수단보다도 인적판매가 중요한 위치를 차지하게 된다.

안심Touch

② 촉진전략의 방향 : 푸시(Push)전략 및 풀(Pull)전략으로 구분된다.

구 분	푸시(Push)전략	풀(Pull)전략
개 념	중간상 수준의 촉진을 사용해 최종소비자에게 제품구매를 권유하는 전략	기업수준의 촉진을 사용해 최종소비자가 중간상에게 제품판매를 요구하도록 유인하는 전략
사용가능 제품	• 상표충성심(Brand Loyalty)이 낮음 • 상표선택이 점포에서 이루어짐 • 충동적 제품 • 제품의 혜택이 쉽게 이해되는 제품	• 상표충성심이 높음 • 고관여제품 • 구매 전에 특정 상표를 선택하는 제품
커뮤니케이션 믹스	인적판매, 판매촉진	광고, 홍보

③ 제품수명주기단계

제품 도입기에서 제품에 대한 인지도를 높이기 위한 광고 및 PR 활동이 중요하게 작용하며, 성장기에서는 도입의 촉진활동을 유지하면서 경쟁자가 있는 경우에 경품 및 쿠폰의 제공 등 판촉활동이 점차적으로 중요해진다.

④ 구매의사결정단계

초기에는 해당 제품을 알리거나 정보를 제공해주는 광고 및 PR(Public Relations) 등이 중요하며, 후반부로 갈수록 구매를 유도하는 판촉 및 인적판매활동이 주를 이루게 된다.

01

공인노무사 2018

☑ 확인
Check!
○
△
×

촉진믹스(promotion mix) 활동에 해당되지 않는 것은?

① 옥외광고
② 방문판매
③ 홍 보
④ 가격할인
⑤ 개방적 유통

해설 콕 ....

촉진믹스(promotion mix) 활동으로 광고, 인적판매, 판매촉진, PR(Public Relations), 직·간접 마케팅 등이 있다.

정답 ⑤

02

공인노무사 2016

☑ 확인
Check!
○
△
×

마케팅 커뮤니케이션 활동인 촉진믹스(promotion mix)의 구성요소와 관련이 없는 것은?

① 선별적 유통점포 개설
② 구매시점 진열
③ PR(Public Relations)
④ 광 고
⑤ 인적판매

해설 콕 ....

기업이 마케팅 목표 달성을 위해 사용하는 광고, 인적판매, 판매촉진, PR(Public Relations)과 같은 활동의 조합을 촉진믹스라 한다.

정답 ①

03

가맹거래사 2020

☑ 확인
Check!
○
△
×

촉진믹스(promotion mix)의 수단에 해당하지 않는 것은?

① 광 고
② 제품개발
③ 공중관계(PR)
④ 판매촉진
⑤ 인적판매

해설 콕 ....

촉진믹스의 수단으로는 광고, PR(Public Relations), 판매촉진, 인적판매, 구전이 있다.

정답 ②

04

가맹거래사 2018

마케팅믹스(marketing mix)에 관한 의사결정 중 촉진계획이 아닌 것은?

① 광 고
② 재고관리
③ 인적판매
④ PR(Public Relations)
⑤ 판매촉진

기업이 마케팅 목표 달성을 위해 사용하는 광고, 인적판매, PR(Public Relations), 판매촉진과 같은 활동의 조합을 촉진믹스라고 한다. 재고관리는 생산관리에 해당한다.

정답 ②

05

공인회계사 2021

촉진관리에 관한 설명으로 적절한 항목만을 모두 선택한 것은?

a. 제조업체가 제품 취급의 대가로 특정 유통업체에게 제품대금의 일부를 공제해 준다면, 이러한 판매촉진은 입점공제(slotting allowances)에 해당된다.
b. 판매촉진을 가격수단과 비가격수단으로 구분할 때, 보너스팩(bonus packs)은 가격수단 판매촉진으로 분류된다.
c. 판매촉진을 소비자 판매촉진과 중간상 판매촉진으로 구분할 때, 광고공제(advertising allowances)는 소비자 판매촉진으로 분류된다.

① a
② a, b
③ a, c
④ b, c
⑤ a, b, c

c. (×) 광고공제(advertising allowances)는 중간상이 광고해 주는 대가로 해당 상품 기업이 중간상의 상품 구매가격에 일정비율을 공제해 주는 제도로 중간상 판매촉진에 해당한다.

정답 ②

참고 용어설명
• **입점공제(slotting allowances)** : 소매업자가 신상품을 취급해주는 대가로 제조업자가 상품대금의 일부를 공제해 주는 것
• **보너스팩(bonus packs)** : 상품을 여러개 묶어 더 많은 제품을 저렴하게 판매하는 것

06 공인회계사 2018

촉진관리에 관한 설명으로 가장 적절한 것은?

① 광고예산 결정방법에서 가용예산할당법(affordable method)은 광고를 비용이 아닌 투자로 간주하고 있으며, 광고비의 과소지출보다는 과다지출을 초래하는 경우가 더 많다.

② GRP(gross rating points)는 청중 1,000명에게 광고를 도달시키는데 드는 광고비용을 가리키는 용어이다.

③ 진열공제(display allowances)와 입점공제(slotting allowances)는 중간상 판매촉진(trade promotion) 수단이다.

④ 샘플(samples)은 신제품 시용 유도, 반복구매 촉진, 다른 판촉 방법들에 비해 낮은 비용 등의 장점이 있다.

⑤ 인적판매에서 내부판매(inside selling)는 판매사원이 잠재 구매자를 방문하여 판매활동을 하는 것이다.

해설 콕

① 가용예산할당법(affordable method)은 광고를 투자가 아닌 비용으로 간주하는 광고예산 결정방법이다.

② GRM(gross rating mille) : 청중 1,000명에게 광고를 도달시키는데 드는 광고비용
  GRP(gross rating points) : 소비자가 광고에 노출된 총 횟수

④ 신제품 발매시 널리 쓰이는 샘플(samples)은 다른 판촉 방법들에 비해 비용이 많이 든다.

⑤ 판매사원이 잠재 구매자를 방문하여 판매활동을 하는 것은 인적판매에서 외부판매(outside selling)이다.

정답 ③

07 서울시 7급 2017

다음 중 촉진믹스 선정에 대한 설명으로 가장 옳은 것은?

① 소비재를 판매하는 기업은 대부분의 촉진비용을 PR에 주로 사용하며, 그 다음으로 광고, 판매촉진, 그리고 인적판매의 순으로 촉진비용을 지출하게 된다.

② 푸시(Push) 전략을 사용하는 생산자는 유통경로 구성원들을 상대로 인적판매나 중간상 판촉 등과 같은 촉진활동을 수행한다.

③ 구매자의 의사결정단계 중 인지와 지식의 단계에서는 인적판매가 보다 효과적이다.

④ 제품수명주기 단계 중 성숙기에서는 광고가 판매촉진에 비하여 중요한 역할을 수행하게 된다.

해설 콕

① 촉진비용으로 PR과 광고 모두 중요한 것으로 어느 것이 더 많이 사용되는지 알기 힘들다.

③ 구매자의 의사결정단계 중 인지와 지식의 단계에서는 광고가 효과적이다.

④ 제품수명주기 단계 중 도입기에 광고가 중요한 역할을 한다.

정답 ②

공인회계사 2015

촉진관리에 관한 설명으로 가장 적절한 것은?

① 광고예산 결정 방법에서 매출액비율법(percentage-of-sales method)의 단점은 광고비를 매출액의 결과가 아니라 원인으로 보는 것이다.

② 구매공제(buying allowances)는 소비자 판매촉진(consumer promotion)에 포함된다.

③ 광고공제(advertising allowances)는 소비자 판매촉진(consumer promotion)에 포함된다.

④ 홍보(publicity)는 PR(Public Relations) 활동에 포함된다.

⑤ 회상 테스트(recall test)는 소비자에게 다수의 브랜드명을 제시한 후 자신이 본 광고의 브랜드를 표시하게 하는 것이다.

해설 콕 ···

PR(Public Relations) 활동이 홍보(publicity)보다 범위가 더 넓다.
① 광고예산 결정 방법에서 매출액비율법(percentage-of-sales method)의 단점은 광고비를 매출액의 결과로 보는 것이다.
② 구매공제(buying allowances)는 중간상 판매촉진에 해당한다.
③ 광고공제(advertising allowances)는 중간상 판매촉진에 해당한다.
⑤ 소비자에게 다수의 브랜드명을 제시한 후 자신이 본 광고의 브랜드를 표시하게 하는 것은 재인 테스트이다.

정답 ④

공인회계사 2017

촉진관리에 관한 설명으로 가장 적절한 것은?

① 효과계층모형(인지 → 지식 → 호감 → 선호 → 확신 → 구매)에서 잠재구매자의 단계별 반응에 미치는 광고의 영향력은 판촉의 영향력과 차이가 없다.

② 광고모델의 매력도와 신뢰성은 각각 동일시(identification) 과정과 내면화(internalization) 과정을 거쳐 소비자를 설득시킨다.

③ 소비자 판촉수단에서 준거가격이 낮아질 위험은 가격할인 판촉보다 리베이트에서 더 높다.

④ 진열 공제(display allowances)는 소매업자가 신상품을 취급해 주는 대가로 제조업자가 소매업자에게 상품대금 일부를 공제해 주는 것이다.

⑤ 홍보(publicity)는 기업과 관련이 있는 여러 집단들(투자자, 정부, 국회, 시민단체 등)과 좋은 관계를 구축하고 유지하는 총체적인 활동이기 때문에 PR(public relations)보다 대상 범위가 넓다.

해설 콕 ....

① 효과계층모형(인지 → 지식 → 호감 → 선호 → 확신 → 구매)에서 잠재구매자의 단계별 반응에 미치는 광고의 영향력은 판촉의 영향력과 차이가 존재한다.

③ 소비자 판촉수단에서 준거가격이 낮아질 위험은 가격할인 판촉이 리베이트보다 더 높다.

④ 소매업자가 신상품을 취급해 주는 대가로 제조업자가 소매업자에게 상품대금 일부를 공제해 주는 것은 입점 공제에 대한 설명이다.

⑤ PR이 기업과 관련이 있는 여러 집단들(투자자, 정부, 국회, 시민단체 등)과 좋은 관계를 구축하고 유지하는 총체적인 활동이기 때문에 홍보보다 대상범위가 넓다.

정답 ②

10 공인회계사 2019

☑ 확인
Check!
○
△
×

촉진관리에 관한 설명으로 가장 적절한 것은?

① 정교화가능성 모델(ELM)에 의하면 고관여 소비자는 중심단서(예 제품정보)보다 주변단서(예 광고모델)에 의해 영향을 받는다.

② 홍보는 광고보다 상대적으로 비용과 신뢰성이 낮은 반면에 통제가능성은 높다.

③ 구매주기가 긴 제품인 경우에는 빈도(frequency)보다는 도달률(reach)을 높이는 것이 바람직하다.

④ 보너스 팩(bonus packs)은 일정 기간 동안 제품을 구입한 사람에게 구입가격의 일부를 금품으로 보상해 주는 것이다.

⑤ 구매공제(buying allowances)는 소매업자가 신제품을 취급해 주는 대가로 제조업자가 제품대금의 일부를 공제해 주는 것이다.

해설 콕 ....

① 정교화가능성 모델(ELM)에 의하면 광고상품에 관심이 높은 고관여 소비자는 주변단서보다는 중심단서에 의해 영향을 받는다.

② 홍보는 광고보다 통제가능성이 낮은 반면에 비용과 신뢰성이 높다.

④ 일정 기간 동안 제품을 구입한 사람에게 구입가격의 일부를 금품으로 보상해 주는 것은 보너스 팩(bonus packs)이 아니라 리베이트(rebate)이다.

⑤ 소매업자가 신제품을 취급해 주는 대가로 제조업자가 제품대금의 일부를 공제해 주는 것은 구매공제(buying allowances)가 아니라 입점공제(slotting allowances)이다.

정답 ③

CHAPTER 3 마케팅

11

가맹거래사 2017

☑ 확인
Check!
○
△
✕

기업에서 수행하는 PR(Public Relations)에 해당하는 것을 모두 고른 것은?

| ㄱ. 제품홍보 | ㄴ. 로비활동 |
| ㄷ. 교차촉진 | ㄹ. 언론관계 |

① ㄱ, ㄴ
② ㄱ, ㄷ
③ ㄱ, ㄴ, ㄷ
④ ㄱ, ㄴ, ㄹ
⑤ ㄴ, ㄷ, ㄹ

해설 콕

PR(Public Relations)의 예
- 회사의 이미지나 제품의 긍정적 부분을 언론매체에 보도하는 활동
- 회사와 관련 있는 집단 및 단체들과 좋은 관계를 유지시키는 활동
- 회사와 관련 있는 집단 및 단체들에게 회사를 긍정적으로 생각하게 끔 행하는 로비활동
- 회사의 긍정적 이미지를 심어주기 위한 공익단체에 기부금 납부 및 사회봉사활동

정답 ④

12

가맹거래사 2019

☑ 확인
Check!
○
△
✕

소비자 판촉수단이 아닌 것은?

① 소비자에게 무료로 제공하는 샘플
② 제품 구입시 소비자에게 일정금액을 할인해주는 쿠폰
③ 제품 구입시 소비자에게 무료로 제공되는 사은품
④ 자사제품의 활용을 소비자들에게 보여주는 시연회
⑤ 자사의 제품을 적극적으로 판매하도록 하기 위해 중간상에게 제공하는 영업지원금

해설 콕

자사의 제품을 적극적으로 판매하도록 하기 위해 중간상에게 제공하는 영업지원금은 소비자 판촉수단이 아닌 유통기관 판매촉진에 해당한다.

정답 ⑤

13 경영지도사 2017

프랜차이즈 계약의 단점에 해당하는 것을 모두 고른 것은?

| ㄱ. 이익공유 | ㄴ. 경영규제 |
| ㄷ. 연미복 효과(coattail effect) | ㄹ. 매각제한 |

① ㄱ, ㄴ
② ㄷ, ㄹ
③ ㄱ, ㄴ, ㄷ
④ ㄴ, ㄷ, ㄹ
⑤ ㄱ, ㄴ, ㄷ, ㄹ

> **해설 콕** ....
>
> ㄱ. 이익공유 → 가맹점의 수익을 본사와 공유해야 하기에 가맹점의 수익은 실제로 벌어들인 수익보다 낮아지게 된다.
> ㄴ. 경영규제 → 가맹점은 가맹점만의 경영방식으로 운영하지 못하고 본사에서 정한 경영방식에 의해 운영되어야 한다.
> ㄷ. 연미복 효과(coattail effect) → 다른 가맹점에서 문제가 발생하게 되면 우리 점포에도 영향을 미치게 된다.
> ㄹ. 매각제한 → 프랜차이즈 계약을 하고나서 가맹점이 매각하고 싶을때 마음대로 할 수는 없다.
>
> **정답** ⑤

14 경영지도사 2017

소비자들로 하여금 온라인을 통해 다른 사람에게 오디오, 비디오, 문서로 된 정보 또는 기업이 개발한 제품이나 서비스를 전달하도록 고무시키는 방법은?

① 소문 마케팅(buzz marketing)
② PPL(product placement)광고
③ 팟캐스팅(podcasting)
④ 바이러스성 마케팅(viral marketing)
⑤ 홍보(publicity)

> **해설 콕** ....
>
> 바이러스성 마케팅(viral marketing)은 친구의 얘기를 통해 물품을 구입하게 하는 것처럼 입소문에 의해 홍보하는 방식을 말한다. 입소문을 내는 방식은 초기에는 구전에서 시간이 점점 흐르면서 SNS, 블로그, 카페 등 온라인을 통해 전달되는 방식으로 변화되었다.
> ① 소문 마케팅(buzz marketing)은 상품이나 서비스를 이용한 소비자의 긍정적 얘기에 의해 홍보하는 방식을 말한다.
> ② PPL(product placement)광고는 방송에 상품을 노출시킴으로써 홍보하는 방식을 말한다.
> ③ 팟캐스팅(podcasting)은 인터넷을 통하여 시청하는 사용자들이 원하는 팟캐스팅 방송을 선택해 정기적으로 혹은 새로운 내용이 올라오면 자동으로 구독할 수 있도록 해서 인터넷 방송을 하거나 방송을 전달하는 방법을 말한다.
>
> **정답** ④

15

공인노무사 2015

통합적 마케팅 커뮤니케이션에 관한 설명 중 옳지 않은 것은?

① 강화광고는 기존 사용자에게 브랜드에 대한 확신과 만족도를 높여 준다.

② 가족 브랜딩(family branding)은 개별 브랜딩과는 달리 한 제품을 촉진하면 나머지 제품도 촉진된다는 이점이 있다.

③ 촉진에서 풀(pull) 정책은 제품에 대한 강한 수요를 유발할 목적으로 광고나 판매촉진 등을 활용하는 정책이다.

④ PR은 조직의 이해관계자들에게 호의적인 인상을 심어주기 위하여 홍보, 후원, 이벤트, 웹 사이트 등을 사용하는 커뮤니케이션 방법이다.

⑤ 버즈(buzz) 마케팅은 소비자에게 메시지를 빨리 전파할 수 있게 이메일이나 모바일을 통하여 메시지를 공유한다.

> 해설 콕
>
> 버즈 마케팅은 소비자들이 자발적으로 상품 및 서비스에 대한 긍정적인 소문을 내도록 하는 마케팅 기법이다.
>
> 정답 ⑤

16

공인회계사 2016

논리적이라는 장점을 갖고 있지만 실제 현실에 적용하여 사용하기가 쉽지 않은 광고예산 결정방법으로 다음 중 가장 적절한 것은?

① 매출액비율법(percentage-of-sales method)

② 가용예산할당법(affordable method)

③ 목표과업법(objective-and-task method)

④ 경쟁자기준법(competitive-parity method)

⑤ 전년도 광고예산기준법

> 해설 콕
>
> 목표과업법(objective-and-task method)은 광고목표를 정하고 목표 달성을 위해 수행해야 할 일과 그 일들로 인해 필요한 광고예산을 결정하는 방법으로 논리적이라는 장점이 있지만 실제 현실에 적용하여 사용하기 쉽지 않은 단점이 있다.
>
> ① 매출액비율법(percentage-of-sales method)은 현재 또는 미래에 예상되는 매출액의 일정 비율을 광고예산으로 책정하는 방법이다.
>
> ② 가용예산할당법(affordable method)은 광고를 투자가 아니라 비용으로 간주하는 방법으로 예상이익과 예상비용을 기초로 적절한 이익을 내는데 지장이 없도록 광고예산을 책정하는 방법이다.
>
> ④ 경쟁자기준법(competitive-parity method)은 경쟁사의 매출액 대비 광고예산 비율을 그대로 책정해서 사용하는 방법이다.
>
> ⑤ 전년도 광고예산기준법은 전년도 책정한 광고예산을 그대로 사용하는 방법을 말한다.
>
> 정답 ③

17

기업이 광고예산을 책정하는 방법이 아닌 것은?

① 수익성지수법
② 가용예산활용법
③ 매출액비례법
④ 경쟁자기준법
⑤ 목표 및 과업기준법

> **해설 콕**
>
> 수익성지수법은 광고예산을 책정하는 방법이 아니라, 투자할 만한 대상인지 평가하는 투자대상 평가방법이다.
> ② 가용예산할당법(가용예산활용법)은 기업이 다른 경영활동에 자금을 책정한 후 여유자금의 최대한 범위에서 광고예산을 책정하는 방법이다.
> ③ 매출액비례법은 매출액에 비례해서 광고예산을 책정하는 방법이다.
> ④ 경쟁자기준법은 경쟁사의 매출액 대비 광고예산 비율을 그대로 책정해서 사용하는 방법이다.
> ⑤ 목표과업법(목표 및 과업기준법)은 광고예산을 결정하는 순서를 목표의 결정 → 목표 달성을 위해 구체적으로 과업을 결정 → 각 과업별 소요비용 및 예산 결정 순으로 하는 방법이다.
>
> 정답 ①

18

A사는 자사 제품을 B신문에 광고하고자 한다. B신문을 읽는 사람이 5천명이고, B신문사는 CPM(Cost Per Milli(A Thousand) Persons Reached) 기준으로 10만원을 요구하고 있다. B신문사의 요구대로 광고계약을 한다면 예상되는 광고비는?

① 5만원
② 50만원
③ 500만원
④ 5,000만원

> **해설 콕**
>
> CPM(Cost Per Milli(A Thousand) Persons Reached) 기준으로 10만원을 요구한다는 것은 천명당 10만원을 요구하였다는 것이므로 5천명의 광고비는 50만원이 된다.
>
> 정답 ②

☑ 확인
Check!
○
△
×

다음 자료를 이용하여 구매전환율(Conversion Rate)을 계산하면?

100,000명의 소비자가 e-쇼핑몰 광고를 보았고 1,000명의 소비자가 광고를 클릭하여 e-쇼핑몰을 방문하였다. e-쇼핑몰을 방문한 소비자 중 실제 제품을 구매한 소비자는 50명이며, 이들 구매 고객 중 12명이 재구매를 하여 충성고객이 되었다.

① 24%

② 5%

③ 1%

④ 0.05%

해설 콕 ......

1,000명의 소비자가 광고를 클릭해서 50명이 구매하였으므로 구매전환율(Conversion Rate)은 5%(= 50/1,000)이다.

정답 ②

20

가맹거래사 2019

☑ 확인
Check!
○
△
×

마케팅 활동과 관련된 푸시(push) 및 풀(pull) 전략에 관한 설명으로 옳지 않은 것은?

① 푸시 전략은 생산자가 유통경로를 통하여 소비자에게 제품을 밀어 넣는 방식이다.

② 풀 전략은 생산자가 소비자를 대상으로 마케팅활동을 펼쳐 이들이 제품을 구매하도록 유도하는 방식이다.

③ 풀 전략이 효과적으로 작용하게 되면, 소비자들은 중간상에 가서 자발적으로 제품을 구매하게 된다.

④ 푸시 전략에서는 생산자가 중간상을 대상으로 판매촉진과 인적판매 수단을 많이 활용한다.

⑤ A기업이 소비자들을 대상으로 광고를 하여 소비자들이 점포에서 A기업 제품을 주문하도록 유인한다면, 이는 푸시 전략의 사례에 해당된다.

해설 콕 ......

A기업이 소비자들을 대상으로 광고를 하여 소비자들이 점포에서 A기업 제품을 주문하도록 유인하는 것은 풀(pull) 전략에 해당한다.

정답 ⑤

07 소비자행동

(1) 관여도

① 의 의
특정 상황에서 발생하는 자극에 대한 개인의 지각정도

② 모 형

		관여도	
		저관여	고관여
브랜드간	큼	다양성(variety-seeking) 추구	복잡한(complex) 구매
차이	작음	습관적(habitual) 구매	부조화 감소

(2) 소비자 구매의사 결정과정(소비자구매 5단계)
문제의 인식 → 정보의 탐색 → 대안의 평가 → 구매 → 구매 후 행동

(3) 소비자행동에 영향을 미치는 요인

① 문화적 요인(예 문화, 사회계층 등)
② 사회적 요인(예 준거집단, 가족, 역할과 지위 등)
③ 개인적 요인(예 연령, 직업, 경제적 상황 등)
④ 심리적 요인(예 동기, 지각, 학습 등)

(4) 소비자 구매행동

① **인지적 부조화** : 소비자가 선택한 상표에 대한 만족을 하거나 또는 결점을 발견하고 자신의 선택에 갈등을 느낄 수도 있다는 것이다. 소비자들은 정도의 차이는 있지만 거의 모든 제품을 구매한 후에 부조화를 느끼게 된다.

② **부조화 감소 구매행동** : 소비자들이 구매하는 제품에 대해 관여도가 높고, 제품의 가격이 비싸면서 평소에는 자주 구매하는 제품이 아닌, 구매 후에 결과에 대해 위험부담이 있는 경우 각 상표간 차이가 미미할 때 발생하게 된다.

③ **다양성 추구 구매행동** : 구매하는 제품에 대하여 비교적 저관여 상태이며, 제품의 각 상표간 차이가 뚜렷한 경우에 소비자들은 다양성 추구 구매를 하게 된다. 따라서 다양성 추구 구매를 하기 위하여 소비자들은 잦은 상표전환을 하게 된다.

④ **비계획적 구매** : 점포 밖에서 구매상품을 탐색 중 저관여 제품의 충동구매가 잦다.

01

서울시 7급 2017

☑ 확인
Check!
○
△
✕

제품에 대하여 소비자가 비교적 낮은 관여도(Involvement)를 보이며, 브랜드 간의 차이가 미미할 경우에 취할 수 있는 소비자 구매행동은?

① 복잡한 구매행동(complex buying behavior)
② 부조화 감소 구매행동(dissonance-reducing buying behavior)
③ 다양성 추구 구매행동(variety-seeking buying behavior)
④ 습관적 구매행동(habitual buying behavior)

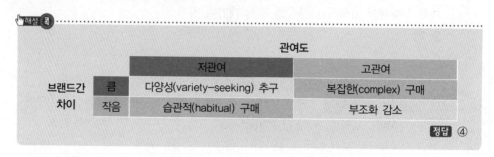

해설 콕

		관여도	
		저관여	고관여
브랜드간 차이	큼	다양성(variety-seeking) 추구	복잡한(complex) 구매
	작음	습관적(habitual) 구매	부조화 감소

정답 ④

02

서울시 7급 2016

☑ 확인
Check!
○
△
✕

관여도에 따른 소비자 구매행동 유형에 대한 설명으로 옳은 것은?

① 저관여 제품이고 제품특성 차이가 작을 때 소비자는 다양성(variety-seeking) 추구 구매행동을 보인다.
② 고관여 제품이고 제품특성 차이가 클 때 소비자는 습관적(habitual) 구매행동을 보인다.
③ 저관여 제품이고 제품특성 차이가 클 때 소비자는 복잡한(complex) 구매행동을 보인다.
④ 고관여 제품이고 제품특성 차이가 작을 때 소비자는 부조화 감소(dissonance-reducing) 구매행동을 보인다.

해설 콕

① 저관여 제품이고 제품특성 차이가 작을 때에는 소비자는 습관적(habitual) 구매행동을 보인다.
② 고관여 제품이고 제품특성 차이가 클 때에는 소비자는 복잡한(complex) 구매행동을 보인다.
③ 저관여 제품이고 제품특성 차이가 클 때에는 소비자는 다양성(variety-seeking) 추구 구매행동을 보인다.

정답 ④

03

가맹거래사 2019

☑ 확인
Check!
○
△
✕

소비자의 관여도(involvement)에 관한 설명으로 옳지 않은 것은?

① 제품에 대한 관심이 많을수록 관여도가 높아진다.

② 제품의 구매가 중요하고 지각된 위험이 높을수록 관여도가 높아진다.

③ 관여도가 높을수록 소비자는 신중하게 의사결정을 하려고 한다.

④ 다양성 추구(variety seeking) 구매행동은 관여도가 높을 때 나타날 수 있다.

⑤ 인지부조화 감소(dissonance reduction) 구매행동은 관여도가 높을 때 나타날 수 있다.

🖘해설 콕

다양성 추구(variety seeking) 구매행동은 관여도가 낮으면서 브랜드(상표)간 차이가 클 때 나타난다.

정답 ④

04

공인회계사 2020

☑ 확인
Check!
○
△
✕

구매행동에 관한 설명으로 가장 적절한 것은?

① 공정성 이론(equity theory)에 의하면, 소비자의 만족 또는 불만족은 구매 전 기대에 비해 성과를 얼마나 공정하다고 지각하는 지에 따라 달라진다.

② 다양성 추구(variety seeking)는 소비자가 이전에 선택한 브랜드에 싫증을 느끼거나 단지 새로운 것을 추구하려는 의도에서 다른 브랜드로 전환하는 것이다.

③ 동화효과(assimilation effect)는 소비자가 지각하는 성과가 기대와 다를 경우 기대를 성과에 동화시켜 지각하는 것이다.

④ 크루그만(Krugman)의 저관여 위계(low involvement hierarchy)는 소비자가 제품을 인지한 후 이에 대한 태도를 형성하고 이후 구매까지 이르는 과정을 설명한다.

⑤ 관성(inertia)은 제품경험이 없는 저관여 소비자가 의사결정의 과정을 단순화하기 위해 동일 브랜드를 반복적으로 구매하는 행동이다.

🖘해설 콕

① 올리버의 기대－불일치 모형에 의하면, 소비자의 만족 또는 불만족은 구매 전 기대에 비해 성과를 얼마나 공정하다고 지각하는 지에 따라 달라진다.

③ 지각된 성과가 기대에 미치지 못한 경우에는 기대와 별 차이가 없다고 스스로 만족하는 동화효과가 일어나고, 지각된 성과가 기대에 많이 어긋난 상황에는 제품과 기대 제품성과간의 불일치를 확대하여 불만족을 가중시키는 대조효과가 일어난다.

④ 소비자가 제품을 인지한 후 이에 대한 태도를 형성하고 이후 구매까지 이르는 과정을 설명하는 것은 학습 위계(learning hierarchy)이다.

⑤ 관성(inertia)은 기존에 제품경험이 있는 소비자에게 해당되는 유형이다.

정답 ②

05

공인노무사 2016

☑ 확인
Check!

○
△
×

제품구매에 대한 심리적 불편을 겪게 되는 인지부조화(cognitive dissonance)에 관한 설명으로 옳은 것은?

① 반품이나 환불이 가능할 때 많이 발생한다.
② 구매제품의 만족수준에 정비례하여 발생한다.
③ 고관여 제품에서 많이 발생한다.
④ 제품구매 전에 경험하는 긴장감과 걱정의 감정을 뜻한다.
⑤ 사후서비스(A/S)가 좋을수록 많이 발생한다.

> 🖐해설 콕 ··
>
> 고관여 제품의 구매시 인지부조화가 많이 발생하며, 소비자는 정보탐색 등의 활동으로 부조화를 극복하려고 노력한다.
>
> 정답 ③

06

국가직 7급 2020

☑ 확인
Check!

○
△
×

소비자행동 모델에 대한 설명으로 옳지 않은 것은?

① 포괄적 문제해결행동은 소비자가 제품부류에 대한 사전지식이 충분하고 대체품들의 평가기준을 잘 알고 있을 때 주로 발생한다.
② 한정적 문제해결행동은 소비자가 내적탐색과 더불어 외적탐색도 할 수 있으며, 조직의 수정재구매와 유사하다.
③ 자동적(일상적) 문제해결행동은 소비자가 동일제품을 반복구매하여 그 제품에 대한 상당한 경험이 있고 만족하는 경우에 발생한다.
④ 조직의 단순재구매는 구매조건의 변경이나 경쟁입찰 없이 반복적으로 발생하는 구매상황을 의미한다.

> 🖐해설 콕 ··
>
> 포괄적 문제해결행동은 소비자가 제품부류에 대한 사전지식이 충분하지 못하고 대체품들의 평가기준을 잘 알지 못할 때 주로 발생한다.
>
> 정답 ①

> ⚖ 참고 | 문제해결행동
>
> • **포괄적 문제해결행동** : 신제품 구매시 대체품에 대한 사전 지식이 없고, 평가기준을 알지 못하는 상황에 발생
> • **한정적(제한적) 문제해결행동** : 제한적이나마 제품에 대한 경험이 있는 경우에 발생
> • **자동적(일상적) 문제해결행동** : 반복구매를 통해 제품에 대한 상당한 정보를 보유하고 있을때 발생

07

☑ 확인
Check!
○
△
×

아래의 내용과 가장 가까운 태도변화 관련 이론은?

> • 제품 메시지의 수용영역과 기각영역
> • 동화효과(assimilation effect) 혹은 대조효과(contrast effect)

① 사회판단 이론(social judgement theory)
② 균형 이론(balance theory)
③ 합리적 행동이론(theory of reasoned action)
④ 인지부조화 이론(theory of cognitive dissonance)
⑤ 자기지각 이론(self-perception theory)

 해설 콕 ....

사회판단 이론은 1961년 Muaafer Sherif와 Carl Hovland 등에 의해 개발된 설득 이론으로, 기본적으로 사람의 태도변화는 설득메시지를 받는 상황과 수용자들이 개인적으로 가지고 있는 태도가 기준(anchor point)이 되어 이루어진다고 보는 상대성 이론이다. 태도변화에 영향을 미치는 3대 영역으로 수용영역대, 거부(기각)영역대, 비개입영역대가 있다. 사회판단 이론에서 사람들이 설득적 메시지를 들었을 때 자극강도에 대한 개인의 판단이 기준점에 보다 가까워지는 것을 동화효과라 하고, 멀어지는 것을 대조효과라 한다.

정답 ①

08

☑ 확인
Check!
○
△
×

소비자가 자극에 노출되었을 때, 자신이 기억 속에 가지고 있던 스키마(schema)를 기반으로 자극을 이해하는 현상에 관한 설명으로 가장 적절한 것은?

① 지각적 범주화(perceptual categorization)
② 지각적 조직화(perceptual organization)
③ 지각적 균형(perceptual equilibrium)
④ 지각적 방어(perceptual defense)
⑤ 지각적 경계(perceptual vigilance)

소비자가 자극에 노출되었을 때, 자신이 기억 속에 가지고 있던 스키마(schema)를 기반으로 자극을 이해하는 현상은 지각적 범주화(perceptual categorization)이다.
② **지각적 조직화(perceptual organization)** : 소비자가 여러 개의 단편적 정보를 수집하여 유용한 정보를 도출하는 과정
③ **지각적 균형(perceptual equilibrium)** : 선택적 지각의 활용에 있어 우선되는 원칙은 소비자가 상표에 대해 가지고 있는 정보와 기존의 신념사이의 일관성을 찾는 것으로 일관성은 소비자의 심리구조가 균형을 이루도록 도와준다.
④ **지각적 방어(perceptual defense)** : 개인에게 주어진 위협적·모순적 정보를 사실로 인식하지 않으려는 현상
⑤ **지각적 경계(perceptual vigilance)** : 자기 욕구에 부합하고 자기에게 유용한 정보에 더 관심을 기울이는 현상

정답 ①

09

구매 후 부조화(postpurchase dissonance)의 발생가능성이 낮은 상황만을 모두 선택한 것은?

a. 마음에 드는 선택 대안이 다수 있을 때
b. 구매 이후 반품이나 환불이 가능할 때
c. 구매 결정의 주체가 소비자 자신일 때
d. 구매 결정의 중요성이 낮을 때
e. 선택한 대안이 갖지 않은 장점을 선택하지 않은 대안이 갖고 있을 때

① a, b ② a, c
③ b, d ④ b, e
⑤ a, c, d

a. 마음에 드는 선택 대안이 다수 있는 경우에는 선택하지 않은 대안에 대한 아쉬움이 크기 때문에 구매 후 부조화가 발생할 가능성이 크다.
b. 구매 이후 반품이나 환불이 가능하다면 잘못된 구매를 할 경우 반품이나 환불로 다시 원상복귀가 가능하므로 구매 후 부조화가 발생할 가능성이 낮다.
c. 구매 결정의 주체가 소비자 자신일 경우에는 잘못된 구매에 대한 원인이 자기에게 있다는 생각으로 구매에 대한 후회의 가능성이 높아지기 때문에 구매 후 부조화 가능성이 높다.
d. 구매 결정의 중요성이 낮은 경우에는 구매에 대한 부담감이 적기 때문에 구매 후 부조화 발생가능성이 낮다.
e. 선택한 대안이 갖지 않은 장점을 선택하지 않은 대안이 갖고 있는 경우에는 구매에 대한 후회 가능성이 높기 때문에 구매 후 부조화 가능성이 높다.

정답 ③

참고 구매 후 부조화(postpurchase dissonance)

1. 개념

내가 정말 잘 구매한 것인지에 대한 심리적 불안감을 구매 후 부조화(postpurchase dissonance)라 한다.

2. 발생가능성이 높아지는 상황

① 구매 결정을 취소할 수 없을 때
② 선택한 대안이 갖지 않은 장점을 선택하지 않은 대안이 가지고 있을 때
③ 마음에 드는 대안이 다수 있을 때
④ 관여도가 높은 경우
⑤ 소비자 자신이 전적으로 자기 의사에 따라 결정한 경우

3. 해소방안

① 자신이 선택한 대안의 장점을 강화시키고 단점을 약화시킨다.
② 자신이 선택하지 않은 대안의 장점을 약화시키고 단점을 강화시킨다.
③ 자신의 선택을 지지하는 정보를 탐색하고, 반박하는 정보를 회피한다.
④ 의사결정 자체를 중요하지 않은 것으로 생각한다.

10

공인회계사 2020

☑ 확인
Check!
○
△
×

소비자가 의사결정 이후 성과가 기대에 부정적으로 불일치하다고 느낄 때, 이 불일치를 외적 귀인(external attribution)하도록 하는 상황만을 모두 선택한 것은?

> a. 결과의 원인이 지속적일 때
> b. 결과가 소비자 자신에 의해 유발되었을 때
> c. 발생한 결과가 기업에 의해 통제 가능했다고 판단할 때

① a
② c
③ a, c
④ b, c
⑤ a, b, c

해설 콕

a. 결과의 원인이 지속적이라면 소비자는 자신이 아닌 기업에게 문제가 있다고 생각할 것이다. – 외적귀인
b. 결과가 소비자 자신에 의해 유발된 경우에는 소비자는 문제의 원인이 본인에게 있다고 여길 것이다. – 내적귀인
c. 발생한 결과가 기업에 의해 통제 가능했다고 판단될 때에는 기업의 통제 부실로 인해 문제가 발생하였다고 여기게 될 것이다. – 외적귀인

정답 ③

안심Touch

참고 ● 내적귀인 vs 외적귀인
• **내적귀인** : 문제의 원인을 내적요인(예 성격, 능력, 동기 등)에서 찾는 것
• **외적귀인** : 문제의 원인을 외적요인(예 기업, 상황 등)에서 찾는 것

11

☑ 확인
Check!

○
△
×

공인회계사 **2015**

소비자행동에서 아래의 상황을 가장 적절하게 설명할 수 있는 것은?

> 소비자는 자신이 좋아하는 연예인이 출연한 광고에 노출되면 그 광고 제품에 대한 태도가 호의적으로 변할 수 있다. 그러므로 자사상표에 대한 소비자들의 태도가 부정적일 때 소비자들이 좋아하는 연예인을 광고에 출연시킴으로써 태도변화를 시도할 수 있다.

① 균형 이론(balance theory)
② 합리적 행동이론(theory of reasoned action)
③ 다속성태도모형(multi-attribute attitude model)
④ 정교화가능성모형(elaboration likelihood model)
⑤ 단순노출효과(mere exposure effect)

해설 콕 ....

하이더(F. Heider)의 균형 이론은 자기자신, 다른 사람, 대상 간의 감정 관계의 곱이 (＋)일 때는 균형상태이고, (－)일 때에는 불균형 상태인데 불균형 상태일 때에는 삼자 간의 관계 중 하나 이상의 요소를 변경함으로써 균형상태로 바뀌게 된다는 이론이다.
② 합리적 행동이론은 사람들의 태도와 행동 사이의 관계를 설명하는 이론이다.
③ 다속성태도모형은 소비자가 브랜드를 평가할 때 여러 가지 제품이 가지고 있는 속성에 대한 태도에 기반하여 측정하는 모형이다.
④ 정교화가능성모형은 설득의 메시지를 접하는 경우에 저관여 상황, 고관여 상황 모두 일어날 수 있는 설득의 과정과 결과에 대한 설명을 제공하는 이론이다.
⑤ 단순노출효과는 어떤 대상을 반복적으로 노출하게 되면 그 대상이 호의적으로 된다는 이론이다.

정답 ①

공인회계사 2020

다음 표는 자외선 차단제에 대한 속성 점수를 나타낸 것이다. 세 가지 브랜드 중 B브랜드만을 선택하는 대안평가 방식을 모두 선택한 것은? 단, 비보완적 방식(noncompensatory rule)의 경우, 모든 속성에 대한 최소한의 수용기준(cutoff)은 3이다. 또한 분리식(disjunctive rule)의 경우, 중요도가 높은 두 개의 속성을 기준으로 평가한다.

속 성	중요도	브랜드		
		A	B	C
자외선 차단기능	50	4	5	3
지속성	30	2	4	3
가격 대비 용량	20	4	2	3

① 보완적 방식(compensatory rule), 사전편집식(lexicographic rule)
② 보완적 방식, 순차적 제거식(sequential elimination rule)
③ 사전편집식, 분리식
④ 순차적 제거식, 결합식(conjunctive rule)
⑤ 분리식, 결합식

🖐해설 콕 ....

- 사전편집식(lexicographic rule)에 의하면 B브랜드는 가장 중요한 자외선 차단기능에서 최고 점수를 얻었기 때문에 선택하게 된다.
- 각 브랜드별 중요에 따른 가중평균 값을 구해보면 B브랜드가 가장 높기 때문에 보완적 방식(compensatory rule)의하면 B브랜드를 선택하게 된다.
  A브랜드=(4×50)+(2×30)+(4×20)=340
  B브랜드=(5×50)+(4×30)+(2×20)=410
  C브랜드=(3×50)+(3×30)+(3×20)=300
- 결합식(conjunctive rule)은 평가기준별 최소한의 수용기준(cutoff)을 정한 후 이 기준을 넘는 대안을 선택하는 방식으로 C브랜드만 최소한의 수용기준(cutoff) 3을 넘기고 있으므로 결합식(conjunctive rule)에 의하면 C브랜드를 선택하게 된다.
- 분리식은 평가기준별 최소한의 수용기준(cutoff)을 평가기준 중 어느 하나라도 넘으면 선택하는 방식으로 브랜드 모두 평가기준 중 최소한의 수용기준(cutoff) 3을 넘기는 경우가 있기 때문에 분리식에 의하면 A, B, C브랜드 모두 선택하게 된다.
- 순차적 제거식(sequential elimination rule)은 소비자가 중요하게 여기는 평가요소별 최소한의 수용기준(cutoff)을 정한 후 그 기준에 미치지 못하는 대안을 중요도 순으로 제거하는 방식이다.
  중요도가 가장 큰 자외선 차단기능에서 모든 브랜드가 최소한의 수용기준(cutoff) 3을 넘기고 그 다음 중요도가 큰 지속성은 B, C브랜드만 최소한의 수용기준(cutoff) 3을 넘긴다.
  B, C브랜드 중 그 다음 중요한 가격 대비 용량에서 최소한의 수용기준(cutoff) 3을 넘기는 것은 C브랜드이므로 순차적 제거식(sequential elimination rule)에 의하면 C브랜드를 선택하게 된다.

정답 ①

13

표는 음료를 구매하고자 하는 갑(甲) 소비자의 음료 선택과 관련된 속성의 중요도와 각 속성별 브랜드 평가에 대한 내용이다. 중요도가 높을수록 해당 속성을 중요하게 여기는 것이고, 속성별 평가 점수가 높을수록 해당 브랜드의 속성에 대해 우수하게 평가하는 것을 의미한다. 갑 소비자가 대안평가 방법 중 사전편집식방식(lexicographic rule)을 이용할 때, 갑 소비자가 선택할 하나의 브랜드는?

제품속성	중요도	속성별 평가			
		A브랜드	B브랜드	C브랜드	D브랜드
맛	0.6	4	4	2	3
향 기	0.3	3	2	3	1
가 격	0.1	1	2	3	5

① A브랜드
② B브랜드
③ C브랜드
④ D브랜드

 해설 콕

사전편집식방식(lexicographic rule)은 소비자가 가장 중요하게 여기는 평가요소 비교하는 방식으로 소비자가 중요하게 여기는 요소의 순서는 맛, 향기, 가격이다.
맛에서 A브랜드와 B브랜드가 4로 가장 높게 평가 되었으며, 향기에서 A브랜드가 B브랜드보다 1 더 높게 평가 되었기 때문에 사전편집식방식(lexicographic rule)에서 소비자는 A브랜드를 선택하게 된다.

정답 ①

14

효과적인 광고 목표를 달성하기 위한 소비자의 심리적 반응단계를 순서대로 나타낸 것은?

ㄱ. 주의(attention)　　　　　　ㄴ. 구매행동(action)
ㄷ. 욕구(desire)　　　　　　　ㄹ. 관심(interest)

① ㄱ - ㄴ - ㄷ - ㄹ
② ㄱ - ㄷ - ㄹ - ㄴ
③ ㄱ - ㄹ - ㄷ - ㄴ
④ ㄹ - ㄱ - ㄴ - ㄷ
⑤ ㄹ - ㄱ - ㄷ - ㄴ

 해설 콕

AIDMA : 소비자가 구매를 하기까지 거치는 5단계

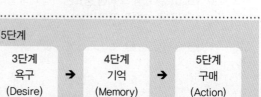

정답 ③

15

가맹거래사 2017

일본의 광고대행사 덴쯔(Dentsu)가 AIDMA 모델을 활용하여 새롭게 제시한 소비자 구매행동 모델의 과정을 순서대로 나열한 것은?

① 검색(search) → 흥미(interest) → 구매(action) → 공유(share) → 주의(attention)

② 검색(search) → 구매(action) → 공유(share) → 주의(attention) → 흥미(interest)

③ 검색(search) → 공유(share) → 주의(attention) → 흥미(interest) → 구매(action)

④ 주의(attention) → 흥미(interest) → 검색(search) → 공유(share) → 구매(action)

⑤ 주의(attention) → 흥미(interest) → 검색(search) → 구매(action) → 공유(share)

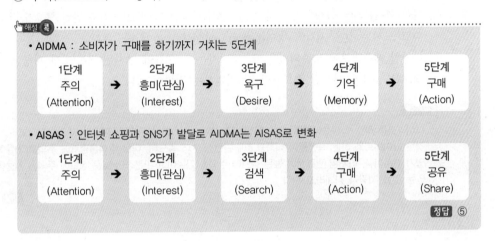

🖑해설 콕

• **AIDMA** : 소비자가 구매를 하기까지 거치는 5단계

1단계 주의 (Attention)	→	2단계 흥미(관심) (Interest)	→	3단계 욕구 (Desire)	→	4단계 기억 (Memory)	→	5단계 구매 (Action)

• **AISAS** : 인터넷 쇼핑과 SNS가 발달로 AIDMA는 AISAS로 변화

1단계 주의 (Attention)	→	2단계 흥미(관심) (Interest)	→	3단계 검색 (Search)	→	4단계 구매 (Action)	→	5단계 공유 (Share)

정답 ⑤

16

가맹거래사 2016

소비자의 지각과정 순서로 옳은 것은?

① 주의 → 노출 → 해석 → 수용

② 주의 → 노출 → 수용 → 해석

③ 노출 → 해석 → 주의 → 수용

④ 노출 → 주의 → 수용 → 해석

⑤ 노출 → 주의 → 해석 → 수용

🖑해설 콕

소비자의 지각과정은 노출 → 주의 → 해석(지각) → 수용이다.

정답 ⑤

안심Touch

17

공인회계사 2018

소비자 정보처리과정에 관한 설명으로 가장 적절하지 않은 것은?

① 스팸성 광고물의 내용을 열어보지 않고 삭제해 버리는 것은 선택적 노출(selective exposure)의 예라 할 수 있다.

② 평소에 20도 소주를 마시던 소비자가 19도로 낮아진 소주는 구분 못하지만 18도로 낮아진 소주를 구분하는 것은 차이 식역(differential threshold)으로 설명될 수 있다.

③ 브랜드명, 보증기간, 원산지 등이 품질을 추론하는 단서로 이용되는 것은 지각적 추론(perceptual inference)과 관련이 있다.

④ 다이어트를 하는 학생들이 하지 않는 학생들에 비해 과거보다 식품 관련 광고가 더 많아졌다고 느끼는 것은 지각적 방어(perceptual defense)에 해당된다.

⑤ 다양한 제품정보에 노출되었을 때, 소비자는 맨 처음에 제시된 정보와 맨 나중에 제시된 정보를 중간에 제시된 정보보다 잘 기억하는 경향이 있다.

> 다이어트를 하는 학생들이 하지 않는 학생들에 비해 과거보다 식품 관련 광고가 더 많아졌다고 느끼는 것은 다이어트를 하는 학생들이 식품광고에 관련성이 더 높으며, 이로써 식품광고에 주의를 기울이고 있기 때문이다. 이처럼 관련성이 높은 정보에 주의를 기울이고 관련성이 낮은 정보에 주의를 기울이지 않는 것을 지각적 경계라고 한다.
>
> 정답 ④

18

공인노무사 2016

소비자들의 구매의사 결정과정을 순서대로 바르게 나열한 것은?

① 정보탐색 → 필요인식 → 대안평가 → 구매 → 구매 후 행동
② 정보탐색 → 필요인식 → 구매 → 대안평가 → 구매 후 행동
③ 정보탐색 → 대안평가 → 필요인식 → 구매 → 구매 후 행동
④ 필요인식 → 정보탐색 → 대안평가 → 구매 → 구매 후 행동
⑤ 대안평가 → 정보탐색 → 필요인식 → 구매 → 구매 후 행동

> 소비자들의 구매의사 결정과정은 필요인식 → 정보탐색 → 대안평가 → 구매 → 구매 후 행동이다.
>
> 정답 ④

19

경영지도사 2016

☑ 확인
Check!

○
△
×

소비자보호에 관한 설명으로 옳지 않은 것은?

① 소비자보호운동은 판매자와 소비자 사이에서 야기되는 소비자의 불만에 대한 시민과 정부의 대응행동이다.

② 소비자보호운동은 판매자와 소비자 간의 거래 관계에서 힘의 균형이 소비자에게 기울어지게 됨에 따라 이를 균등화시키기 위한 노력이다.

③ 소비자보호 관련법은 소비자 권리, 제품안전 규제의 강화 및 개인정보 보호 등을 포함하고 있다.

④ 소비자보호에는 안전, 피해보상, 깨끗한 환경에서 살 권리 등이 있다.

⑤ 소비자보호운동은 기업이 경제와 사회에 해악을 미칠 수도 있다고 보는 시각에서 비롯되었다.

> 🖐해설 콕 ·····
>
> 소비자보호운동은 판매자와 소비자 간의 거래 관계에서 힘의 균형이 판매자에게 기울어지게 됨에 따라 소비자를 보호하기 위한 노력이다.
>
> 정답 ②

20

공인회계사 2019

☑ 확인
Check!

○
△
×

소비자 의사결정과정에 관한 설명으로 가장 적절하지 않은 것은?

① 상기상표군(evoked set)은 외적 정보탐색과 관련이 있다.

② 사전편집식(lexicographic rule)은 비보완적 대안평가방식이다.

③ 결합식(conjunctive rule)은 비보완적 대안평가방식이다.

④ 구매경험이 있는 저관여 소비자가 구매노력을 덜기 위해 특정 브랜드를 반복 구매하는 것은 관성적 구매(inertia)와 관련이 있다.

⑤ 특정 브랜드에 대해 호의적 태도를 가지고 반복 구매하는 것은 브랜드 충성도와 관련이 있다.

> 🖐해설 콕 ·····
>
> 상기상표군(evoked set)은 내적 정보탐색의 결과물이며, 상기상표군과 외적 탐색으로 인해 추가되는 상표군을 합한 상표군을 고려상표군이라 한다.
> ②·③ 비보완적 대안평가에는 사전편집식, 순차제거식, 결합식, 분리식 등이 있다.
> ④ 관성적 구매(inertia)란 저관여 소비자가 복잡한 의사결정을 피하기 위해 동일 브랜드를 반복 구매하는 경우를 말한다.
> ⑤ 브랜드 충성도는 고관여 소비자가 구매한 브랜드에 만족하여 동일 상표를 반복 구매하는 것을 말한다.
>
> 정답 ①

21

공인회계사 2017

☑ 확인
Check!
○
△
✕

소비자 정보처리과정에 관한 설명으로 가장 적절하지 않은 것은?

① 가격 – 품질 연상(price-quality association)은 지각적 추론(perceptual inference)과 관련이 있다.

② 정보 내용들이 차례로 제시된 경우 처음에 제시된 부분에 많은 비중을 두어 지각하는 것을 초기효과(primacy effect)라 한다.

③ 절대적 식역(absolute threshold)은 두 개의 자극이 지각적으로 구분될 수 있는 최소한의 차이를 말하며, JND(Just Noticeable Difference)라고도 한다.

④ 정보과부하(information overload) 가설에 의하면, 소비자가 제한된 시간에 처리할 수 있는 정보의 양은 제한적이기 때문에 처리능력을 초과할 정도로 많은 정보가 주어지면 오히려 최선의 제품을 선택할 가능성이 낮아진다.

⑤ 장기기억으로부터 정보인출을 못하는 이유는 쇠퇴이론(decay theory)과 방해이론(interference theory)에 의해 설명될 수 있다.

해설 콕 ·······

두 개의 자극이 지각적으로 구분될 수 있는 최소한의 차이로 JND(Just Noticeable Difference)라고도 하는 것은 차이 식역이다. 절대적 식역(absolute threshold)은 지각이 발생하는 최소한의 자극의 양을 말한다.

정답 ③

22

공인회계사 2015

☑ 확인
Check!
○
△
✕

마케팅과 관련된 윤리적 문제에 포함될 수 있는 적절한 항목은 모두 몇 개인가?

a. 가격경쟁을 제한하는 행위
b. 오도광고(misleading advertising)
c. 유통경로구성원의 경로 파워 남용
d. 개인정보 유출
e. 제품의 계획적인 진부화(planned obsolescence)

① 1개   ② 2개
③ 3개   ④ 4개
⑤ 5개

a. **가격경쟁을 제한하는 행위** : 가격과 관련된 윤리적 문제
b. **오도광고(misleading advertising)** : 촉진과 관련된 윤리적 문제
c. **유통경로구성원의 경로 파워 남용** : 유통과 관련된 윤리적 문제
d. **개인정보 유출** : 마케팅 정보와 관련된 윤리적 문제
e. **제품의 계획적인 진부화(planned obsolescence)** : 제품과 관련된 윤리적 문제

정답 ⑤

23

서울시 7급 2018

✓ 확인
Check!
○
△
×

소비자가 현재 사용하고 있는 특정 제품이나 서비스에서 다른 제품이나 서비스를 사용하려고 할 경우 발생되는 비용은?

① 전환 비용(switching cost)
② 조달 비용(procurement cost)
③ 거래 비용(transaction cost)
④ 대리인 비용(agency cost)

소비자가 현재 사용하고 있는 특정 제품이나 서비스에서 다른 제품이나 서비스를 사용하려고 할 경우 발생되는 비용은 전환 비용(switching cost)에 대한 설명이다.
② **조달 비용(procurement cost)** : 소모품 등의 조달을 위해 사용하는 비용
③ **거래 비용(transaction cost)** : 기업 내부적으로 제품을 만들기 위해 사용하는 비용이 아닌 다른 기업과의 거래를 위해 사용하는 비용
④ **대리인 비용(agency cost)** : 대리인에게 일을 부여함으로 인해 발생하는 비용

정답 ①

공인회계사 2021

소비자행동에 관한 설명 중 가장 적절하지 않은 것은?

① 소비자의 브랜드 평가모형은 보완적(compensatory) 평가모형과 비보완적(non-compensatory) 평가모형으로 구분할 수 있다.

② 소비자 관여도는 제품과 소비자에 따라 다를 수 있고, 상황에 따라서도 다를 수 있다.

③ 피쉬바인(Fishbein) 모형은 결합적(conjunctive) 모형에 포함된다.

④ 정교화가능성모델(elaboration likelihood model)에 따르면, 소비자 정보처리 경로는 중심경로와 주변경로로 구분할 수 있다.

⑤ 구매 후 부조화(post-purchase dissonance)는 소비자가 구매 이후 느낄 수 있는 심리적 불편함을 말한다.

🖐️해설 콕 ··

피쉬바인(Fishbein) 모형은 보완적 모형으로 비보완적 모형에 해당하는 결합적(conjunctive) 모형에 포함되지 않는다.

정답 ③

참고

대안평가 방식

구 분	보완적 방식	비보완적 방식
특 징	소비자가 각 상표의 약점 속성을 강점 속성에 의해 보완하여 평가를 수행하는 방식	한 평가기준의 약점이 다른 평가기준의 강점에 보완되지 않도록 평가하는 방식
종 류	다속성 태도 모형	사전편집식 순차적 제거식 결합식 분리식

CHAPTER **4**

인사관리

01 직무관리

(1) 직무분석

① 의 의

직무의 성격·내용에 연관되는 각종 정보를 수집, 분석, 종합하는 활동으로, 기업조직이 요구하는 일의 내용들을 정리·분석하는 과정

② 직무분석 방법

관찰법	직무수행을 관찰하고 기록함으로써 정보를 얻는 방법
질문지법	질문지에 응답한 내용으로 직무에 대한 정보를 얻는 방법
면접법	면접을 통해 직무에 대한 정보를 얻는 방법
중요사건법	직무수행에 대한 사례들을 분석함으로써 직무에 대한 정보를 얻는 방법
경험법	직접 경험을 통해 직무에 대한 정보를 얻는 방법

③ 직무기술서

종업원의 직무분석 결과를 토대로 직무수행과 관련된 각종 과업 및 직무행동 등을 일정한 양식에 따라 기술한 문서

④ 직무기술서에 포함되는 내용

㉠ 직무에 대한 명칭

㉡ 직무에 따른 활동과 절차

㉢ 실제 수행되는 과업 및 사용에 필요로 하는 각종 원재료 및 기계

㉣ 타 작업자들과의 공식적인 상호작용

㉤ 감독의 범위와 성격

㉥ 종업원들의 작업조건 및 소음도, 조명, 작업 장소, 위험한 조건과 더불어 물리적인 위치 등

㉦ 종업원들의 고용조건, 작업시간과 임금구조 및 그들의 임금 형태와 부가적인 급부, 공식적인 기업조직에서의 직무 위치, 승진이나 이동의 기회 등

⑤ 직무명세서

직무분석의 결과를 토대로 특정한 목적의 관리절차를 구체화하는데 있어 편리하도록 정리하는 것으로 각 직무수행에 필요한 종업원들의 행동이나 기능·능력·지식 등을 일정한 양식에 기록한 문서

(2) 직무평가

① 의 의

기업조직에서 각 직무의 숙련·노력·책임·작업조건 등을 분석 및 평가하여 다른 직무와
비교한 직무의 상대적 가치를 정하는 체계적인 방법

② 평가방법

비계량	서열법	직무를 전체적으로 평가하여 중요도에 의해 직위를 서열화하는 방식
	분류법	서열법보다는 세련된 방식으로 직무를 전체적으로 평가하지만 등급분류기준을 정한 등급기준표에 따라 등급을 결정하는 방식
계 량	점수법	가장 많이 사용되는 방식으로 직위요소에 대한 총점을 구한 후 등급기준표에 따라 배치하는 방법
	요소비교법	가장 늦게 고안된 방식으로 관찰 가능한 직무와 기준 직무를 비교하는 방식

01

경영지도사 2019

직무수행에 요구되는 지식, 기능, 행동, 능력 등을 기술한 문서는?

① 고용계약서

② 역량평가서

③ 직무평정서

④ 직무기술서

⑤ 직무명세서

직무수행에 요구되는 지식, 기능, 행동, 능력 등을 기술한 문서는 직무명세서이다.
④ 직무기술서는 직무의 형태와 직무시 책임사항 등을 기술한 문서이다.

정답 ⑤

02

공인회계사 2020

인적자원계획, 모집 및 선발에 관한 설명으로 가장 적절하지 않은 것은?

① 현실적 직무소개(realistic job preview)란 기업이 모집단계에서 직무 지원자에게 해당 직무에 대해 정확한 정보를 제공하는 것을 말한다.

② 선발시험(selection test)에는 능력검사, 성격검사, 성취도검사 등이 있다.

③ 비구조적 면접(unstructured interview)은 직무기술서를 기초로 질문항목을 미리 준비하여 면접자가 피면접자에게 질문하는 것으로 이러한 면접은 훈련을 받지 않았거나 경험이 없는 면접자도 어려움 없이 면접을 수행할 수 있다는 이점이 있다.

④ 기업의 인력부족 대처방안에는 초과근무 활용, 파견근로 활용, 아웃소싱 등이 있다.

⑤ 외부노동시장에서 지원자를 모집하는 원천(source)에는 광고, 교육기관, 기존 종업원의 추천 등이 있다.

직무기술서를 기초로 질문항목을 미리 준비하여 면접자가 피면접자에게 질문하는 것은 구조화 면접 (structured interview)이며, 비구조적 면접(unstructured interview)은 면접관이 자유롭게 질문하고, 그 질문에 지원자가 답변하는 면접이다.

정답 ③

03

공인노무사 2016

☑ 확인
Check!
○
△
×

직무기술서에 포함되는 사항이 아닌 것은?

① 요구되는 지식
② 작업조건
③ 직무수행의 절차
④ 수행되는 과업
⑤ 직무수행의 방법

 해설 콕 ....

직무기술서는 직무의 특성에 중점을 두며, 일반적으로 직무명칭, 직군 및 직종, 직무내용, 직무수행 방법 및 절차, 작업조건 등이 기록된다. 반면 직무명세서는 인적 특징에 중점을 둔다.

정답 ①

04

가맹거래사 2016

☑ 확인
Check!
○
△
×

직무기술서에 포함되는 내용으로 옳지 않은 것은?

① 직무수행에 필요한 지식과 기술
② 직무의 구체적인 내용
③ 직무수행 절차와 방법
④ 직무수행에 필요한 자원 및 설비
⑤ 직무수행 환경

해설 콕 ....

직무기술서에는 직무명칭, 직무의 구체적인 내용, 수행되는 과업, 직무수행 절차와 방법, 직무수행에 필요한 자원 및 설비, 직무수행 환경, 관련되는 타 직무와의 관계 등이 포함되며, 직무수행에 필요한 지식과 기술은 직무명세서에 포함되는 내용이다.

정답 ①

직무충실화(job enrichment)에 관한 설명으로 옳지 않은 것은?

① 작업자가 수행하는 직무에 자율권과 책임을 부과하는 것이다.

② 허즈버그(F. Herzberg)의 2요인 이론에 근거하고 있다.

③ 여러 직무를 여러 작업자들이 순환하며 수행하는 방식이다.

④ 성장욕구가 낮은 작업자에게는 부담스러울 수 있다.

⑤ 도입할 경우 관리자들이 반발할 수도 있다.

해설 콕

여러 직무를 여러 작업자들이 순환하며 수행하는 방식은 직무순환이다.

정답 ③

---

06 경영지도사 2020

직무관리에 관한 설명으로 옳지 않은 것은?

① 직무를 수행하는데 필요한 지식과 능력, 숙련도, 책임 등과 같은 직무상의 요건을 체계적으로 결정하는 과정을 직무분석(job analysis)이라 한다.

② 직무기술서(job description)는 책임과 의무, 근로조건, 다른 직무와의 관계 등을 정리한 것이다.

③ 직무명세서(job specification)는 특정한 업무를 수행하는데 필요한 지식, 기술, 능력 등을 요약한 것이다.

④ 직무순환(job rotation)은 여러 기능의 습득을 위해 종업원들에게 다양한 직무를 수행하도록 한다.

⑤ 직무충실화(job enrichment)에서는 종업원이 수행하는 과업의 숫자는 증가하나 의사결정 권한이나 책임은 별로 증가하지 않는다.

해설 콕

직무충실화(job enrichment)는 과업의 숫자뿐만 아니라 의사결정의 권한이나 책임 또한 증가한다.

정답 ⑤

07

국가직 7급 2020

☑ 확인
Check!

○
△
✕

직무설계에 대한 설명으로 옳지 않은 것은?

① 비즈니스 리스트럭처링은 기존의 업무수행 프로세스에 대한 가장 기본적인 가정을 의심하고 재검토하는 것에서 시작하여 근본부터 전혀 다른 새로운 업무처리 방법을 설계하는 것이다.

② 직무충실은 현재 수행하고 있는 직무에 의사결정의 자유 재량권과 책임이 추가로 부과되는 과업을 더 할당하는 것이다.

③ 준자율적 작업집단은 몇 개의 직무들이 하나의 작업집단을 형성하게 하여 이를 수행하는 작업자들에게 어느 정도의 자율성을 허용해 주는 것이다.

④ 직무전문화는 한 작업자가 하는 여러 종류의 과업(task)을 숫자 면에서 줄이는 것이다.

 해설 콕 ....

근본부터 전혀 다른 새로운 업무처리 방법을 설계하는 것은 리엔지니어링에 대한 설명이다.

정답 ①

08

공인노무사 2017

☑ 확인
Check!

○
△
✕

다음 설명에 해당하는 직무설계는?

- 직무성과가 경제적 보상보다는 개인의 심리적 만족에 있다고 전제한다.
- 종업원에게 직무의 정체성과 중요성을 높여주고 일의 보람과 성취감을 느끼게 한다.
- 종업원에게 많은 자율성과 책임을 부여하여 직무경험의 기회를 제공한다.

① 직무순환

② 직무전문화

③ 직무특성화

④ 수평적 직무확대

⑤ 직무충실화

해설 콕 ....

직무충실화는 계획, 통제 등의 관리기능의 일부를 종업원에게 위임하여 능력을 발휘할 수 있는 여지를 만들고 도전적인 직무를 구성하여 생산성을 향상시키고자 하는 방법으로 허즈버그의 2요인 이론에 기초하며, 개인의 차를 고려하지 않는다.

정답 ⑤

09 공인회계사 2021

☑ 확인
Check!
○
△
✕

직무분석에 관한 설명으로 가장 적절하지 않은 것은?

① 직무분석(job analysis)은 직무의 내용, 맥락, 인적 요건 등에 관한 정보를 수집하고 분석하는 체계적인 방법을 말한다.

② 직무설계(job design)는 업무가 수행되는 방식과 주어진 직무에서 요구되는 과업들을 정의하는 과정을 말한다.

③ 성과기준(performance standard)은 종업원의 성과에 대한 기대 수준을 말하며, 일반적으로 직무명세서로부터 직접 도출된다.

④ 원격근무(telework)는 본질적으로 교통, 자동차 매연, 과잉 건축 등으로 야기되는 문제들을 해결한다는 장점이 있다.

⑤ 직무공유(job sharing)는 일반적으로 두 명의 종업원이 하나의 정규직 업무를 수행하는 일정관리 방식을 말한다.

 해설 콕

성과기준(performance standard)은 종업원의 성과에 대한 기대 수준을 말하며, 일반적으로 직무기술서로부터 직접 도출된다.

정답 ③

10 경영지도사 2016

☑ 확인
Check!
○
△
✕

직무분석의 방법에 해당되지 않는 것은?

① 면접법

② 중요사건법

③ 요소비교법

④ 관찰법

⑤ 질문지법

 해설 콕

요소비교법은 직무분석 방법이 아닌 직무평가 방법에 해당한다.

정답 ③

11

 가맹거래사 2018

직무평가 방법이 아닌 것은?

① 서열법

② 분류법

③ 점수법

④ 작업기록법

⑤ 요소비교법

 해설 콕 ....

작업기록법은 직무분석 방법에 해당한다.

정답 ④

12

 공인회계사 2016

직무평가(job evaluation) 방법으로 가장 적절한 것은?

① 요소비교법(factor comparison method)

② 강제할당법(forced distribution method)

③ 중요사건기술법(critical incident method)

④ 행동기준평가법(behaviorally anchored rating scale)

⑤ 체크리스트법(check list method)

해설 콕 ....

직무평가 방법으로는 서열법, 분류법, 점수법, 요소비교법 등 네 가지가 있다.

정답 ①

안심Touch

13

공인회계사 2019

☑ 확인
Check!

○
△
✕

직무에 관한 설명으로 가장 적절한 것은?

① 직무기술서(job description)와 직무명세서(job specification)는 직무분석(job analysis)의 결과물이다.

② 직무분석 방법에는 분류법, 요소비교법, 점수법, 서열법 등이 있다.

③ 직무기술서는 해당 직무를 수행하기 위해 필요한 지식, 기술, 능력 등을 기술하고 있다.

④ 직무평가(job evaluation) 방법에는 관찰법, 질문지법, 중요사건법, 면접법 등이 있다.

⑤ 수행하는 과업의 수와 다양성을 증가시키는 수평적 직무확대를 직무충실화(job enrichment)라 한다.

✋해설 콕 ·········

② 직무평가 방법에는 분류법, 요소비교법, 점수법, 서열법 등이 있다.
③ 직무명세서는 해당 직무를 수행하기 위해 필요한 지식, 기술, 능력 등을 기술하고 있다.
④ 직무분석 방법에는 관찰법, 질문지법, 중요사건법, 면접법 등이 있다.
⑤ 수행하는 과업의 수와 다양성을 증가시키는 수평적 직무확대는 직무확대(job enlargement)이다.

정답 ①

14

가맹거래사 2015

☑ 확인
Check!

○
△
✕

직무관리 방법이 아닌 것은?

① 테일러(Taylor)와 길브레스(Gilbreth)의 시간과 동작연구

② 파인(Fine) & 크론쇼(Cronshaw)의 기능적 직무분석법

③ 미공군(USAF)의 과업목록법

④ 와이트(White)의 인적자원개발

⑤ 플래너건(Flanagan)의 중요사건법

✋해설 콕 ·········

인적자원개발은 교육과 훈련을 통해 인재를 육성하는 것으로 직무관리 방법이 아니다.

① 테일러(Taylor)와 길브레스(Gilbreth)의 시간과 동작연구는 가장 효율적인 작업방식을 찾아내는 연구이다.
② 파인(Fine) & 크론쇼(Cronshaw)의 기능적 직무분석법은 직무와 관련된 사람, 사물, 자료를 활용하여 직무를 분석하는 방법이다.
③ 미공군(USAF)의 과업목록법은 설문지를 활용해서 분석하길 원하는 직무의 과업을 모두 열거하고 이를 상대적 소요시간, 빈도, 중요성, 난이도, 학습의 속도 등의 차원에서 평가하는 방법이다.
⑤ 플래너건(Flanagan)의 중요사건법은 작업자가 직무를 수행하면서 효과적이었던 행동, 비효과적이었던 행동의 사례를 모아서 직무에 효과적인 행동과정을 연구하는 방법이다.

정답 ④

15

공인회계사 2015

✓ 확인
Check!
○
△
×

직무관리에 관한 설명으로 가장 적절한 것은?

① 요소비교법을 사용하여 직무평가를 할 때, 직무의 평가요소와 기준직무를 선정하는 것이 필요하다.

② 해크만(Hackman)과 올드햄(Oldham)이 주장한 직무특성 이론(job characteristics theory)에서 핵심 직무특성에는 기능다양성(skill variety), 과업정체성(task identity), 과업중요성(task significance), 직무독립성(task independence), 피드백(feedback)이 포함된다.

③ 직무충실화(job enrichment)란 과업의 다양성을 증진시키기 위해 직무의 수를 증가시키는 것을 의미한다.

④ 서열법을 사용하여 직무평가를 할 때에는 등급분류 기준을 설정해야 한다.

⑤ 해크만(Hackman)과 올드햄(Oldham)의 직무특성 이론에서 중요 심리상태에는 작업에 대한 만족감, 작업 결과에 대한 책임감, 직무수행 결과에 대한 지식이 포함된다.

👉해설 콕

요소비교법은 평가요소별로 계량적으로 평가하는 방법으로 점수법의 보완을 위해 조직내 기준직무를 선정하여 이와 대비시키는 방법을 말한다.
② 해크만(Hackman)과 올드햄(Oldham)이 주장한 직무특성 이론(job characteristics theory)에서 핵심 직무특성에 직무독립성(task independence)은 포함되지 않는다.
③ 과업의 다양성을 증진시키기 위해 직무의 수를 증가시키는 것은 직무확대에 대한 설명이다.
④ 직무평가를 할 때에 등급분류 기준을 설정해야 하는 것은 분류법이다.
⑤ 해크만(Hackman)과 올드햄(Oldham)의 직무특성 이론에서 중요 심리상태에 포함되는 것은 작업에 대한 만족감이 아닌 작업에 대한 의미감이다.

정답 ①

16

가맹거래사 2020

✓ 확인
Check!
○
△
×

직무분석 및 직무평가에 관한 설명으로 옳지 않은 것은?

① 직무평가란 공정한 임금구조 마련을 위해 직무의 상재적 가치평가를 하는 과정이다.

② 직무기술서는 직무에 대한 정보를 직무의 특성에 초점을 두고 작성한 문서이다.

③ 직무명세서는 직무를 수행하기 위해 직무담당자가 갖추어야 할 최소한의 인적요건을 기술한 문서이다.

④ 직무분석 방법에는 서열법, 점수법, 분류법이 있다.

⑤ 직무평가 방법에는 계량적과 비계량적 방법이 있다.

👉해설 콕

서열법, 점수법, 분류법은 직무평가 방법이다.

정답 ④

참고 직무분석 방법 & 직무평가 방법

1. 직무분석 방법

관찰법	직무수행을 관찰하고 기록함으로써 정보를 얻는 방법
질문지법	질문지에 응답한 내용으로 직무에 대한 정보를 얻는 방법
면접법	면접을 통해 직무에 대한 정보를 얻는 방법
중요사건법	직무수행에 대한 사례들을 분석함으로써 직무에 대한 정보를 얻는 방법
경험법	직접 경험을 통해 직무에 대한 정보를 얻는 방법

2. 직무평가 방법

비계량	서열법	직무를 전체적으로 평가하여 중요도에 의해 직위를 서열화하는 방식
	분류법	서열법보다는 세련된 방식으로 직무를 전체적으로 평가하지만 등급분류 기준을 정한 등급기준표에 따라 등급을 결정하는 방식
계 량	점수법	가장 많이 사용되는 방식으로 직위요소에 대한 총점을 구한 후 등급기준표에 따라 배치하는 방법
	요소 비교법	가장 늦게 고안된 방식으로 관찰 가능한 직무와 기준 직무를 비교하는 방식

17 공인노무사 2016

☑ 확인
Check!
○
△
✕

다음 설명에 해당하는 것은?

전환배치시 해당 종업원의 '능력(적성) – 직무 – 시간'이라는 세 가지 측면을 모두 고려하여 이들 간의 적합성을 극대화시켜야 된다는 원칙

① 연공주의
② 균형주의
③ 상향이동주의
④ 인재육성주의
⑤ 적재적소적시주의

🔑 **해설 콕** ....

전환배치시 해당 종업원의 '능력(적성) – 직무 – 시간'이라는 세 가지 측면을 모두 고려하여 이들 간의 적합성을 극대화시켜야 된다는 원칙은 적재적소(적시)주의이다.
① 연공주의는 근무경력에 의해 승진의 우선권을 부여하는 방식이다.
② 균형주의는 개인별 직무 적합성의 극대화보다 개인, 직무간의 연결의 합이 조직 전체적으로 볼 때 조직력 증가, 협동시스템 구축, 나아가 종업원의 전체 사기의 증가를 중요시하는 원칙이다.
④ 인재육성주의는 성장욕구에 초점을 둔 것으로 직무간의 적합성을 극대화시켜 자기 성장욕구 및 자기 실현욕구가 충족될 수 있도록 해야 한다는 원칙이다.

정답 ⑤

18

☑ 확인
Check!
○
△
×

인적자원 개발 및 교육훈련에 관한 설명으로 가장 적절하지 않은 것은?

① E-learning은 인터넷이나 사내 인트라넷을 사용하여 실시하는 온라인 교육을 의미하며, 시간과 공간의 제약을 초월하여 많은 종업원을 대상으로 교육을 실시할 수 있다는 장점이 있다.

② 기업은 직무순환(job rotation)을 통해 종업원들로 하여금 기업의 목표와 다양한 기능들을 이해하게 하며, 그들의 문제해결 및 의사결정 능력 등을 향상시킨다.

③ 교차훈련(cross-training)이란 팀 구성원이 다른 팀원의 역할을 이해하고 수행하는 방법을 말한다.

④ 승계계획(succession planning)이란 조직이 조직체의 인적자원 수요와 구성원이 희망하는 경력목표를 통합하여 구성원의 경력진로(career path)를 체계적으로 계획·조정하는 인적자원관리 과정을 말한다.

⑤ 교육훈련 설계(training design)는 교육훈련의 필요성 평가로부터 시작되며, 이러한 평가는 조직분석, 과업분석, 개인분석 등을 포함한다.

해설 **콕** ....

조직이 조직체의 인적자원 수요와 구성원이 희망하는 경력목표를 통합하여 구성원의 경력진로(career path)를 체계적으로 계획·조정하는 것은 경력개발이다.

정답 ④

⚖ 참고

승계계획(succession planning)
조직의 핵심적인 직책의 리더십의 연속성을 위해 후임자를 사전에 선정하고 필요한 자질을 육성하는 핵심인재 개발 활동이다.

안심Touch

02 인사평가

(1) 인사평가 방법

구 분	내 용
서열법	평가자가 피평가자의 능력이나 업적을 총체적으로 비교하여 피평가자의 순서를 단순하게 결정하는 방법
중요사건기록법	조직목표 달성의 성패에 미치는 영향이 큰 중요한 사실을 중점적으로 기록·검토하여 피평가자의 직무태도와 업무 수행능력을 개선하도록 유도하는 평가방법
강제선택법	기술 항목 가운데서 피평가자의 특성에 가까운 것을 강제적으로 골라 표시하도록 하는 평가방법
도표식 평정척도법	도표로 된 평정표를 사용하는 근무성적 평가방법
행태기준평정척도법	피평가자의 직무와 관련된 중요한 사건들을 나열해 주고 각각의 행동들에 대하여 자주 하는지 전혀 안하는지의 척도를 매기게 하여 총점을 계산하는 방법으로 도표식 평정척도법과 중요사건기록법의 장점을 통합한 방법
행태관찰척도법	도표식 평정척도법과 유사하게 사건의 빈도수를 표시한 등급을 사용하되, 행태에 관한 구체적인 사건·사례를 기준으로 평가하는 방법
목표관리법	상·하급자 간에 협의를 통하여 부서 및 개인의 목표를 명확히 설정하고 일정 기간(근무성적 평정기간)동안 목표 활동을 수행하게 한 뒤, 성과를 평가하여 보상 체제에 반영하는 평가방법

(2) 인사평가 오류

구 분	내 용
연쇄효과, 현혹효과 (Halo Effect, 후광효과)	한 분야에 있어서의 피평정자에 대한 호의적 또는 비호의적인 인상이 다른 분야에 있어서의 그 피평정자에 대한 평가에 영향을 미치는 것을 말한다.
집중화(중심화) 경향	평정자가 모든 피평정자들에게 대부분 중간 수준의 점수를 주는 심리적 경향을 말한다.
관대화 경향	평정 결과의 분포가 우수한 쪽에 집중되는 경향을 말한다.
엄격화 경향	평정 결과의 점수 분포가 낮은 쪽에 집중되는 경향을 말한다.
규칙적 오류	어떤 평정자가 다른 평정자들보다 언제나 후한 점수 또는 나쁜 점수를 주는 것을 말한다.
총계적 오류	평정자의 평정기준이 일정치 않아 관대화 및 엄격화 경향이 불규칙하게 나타나는 경우를 말한다.
상동적 오류	사람에 대한 경직된 편견이나 고정관념에 의한 오차를 의미하는 것으로, 직원에 대한 평가가 그가 속한 사회적 집단에 대한 지각을 기초로 해서 이루어지는 것으로 보는 오류를 말한다.
극단화 오류	평가가 평정 단계의 최상위, 혹은 최하위에 집중해 버리는 경향을 말한다.

01

공인노무사 2016

☑ 확인
Check!
○
△
✕

다음 설명에 해당하는 지각 오류는?

> 어떤 대상(개인)으로부터 얻은 일부 정보가 다른 부분의 여러 정보들을 해석할 때 영향을 미치는 것

① 자존적 편견
② 후광효과
③ 투 사
④ 통제의 환상
⑤ 대조효과

👆해설 콕 ......

후광효과란 한 분야에 있어서의 피평정자에 대한 호의적 또는 비호의적인 인상이 다른 분야에 있어서의 그 피평정자에 대한 평가에 영향을 미치는 것을 말한다.
① 자존적 편견은 대부분의 사람은 성공은 자신이 잘해서 이루어졌다고 생각하고, 실패는 상황 때문에 일어났다고 믿는다는 것이다.
③ 투사는 자기 자신의 속성을 타인에게 투영하여 지각하려는 경향이다.
④ 통제의 환상은 사람들이 그들 자신을 할 수 있는 경향이거나, 혹은 외부 환경을 자신이 원하는 방향으로 이끌어갈 수 있다고 믿는 심리적 상태이다.
⑤ 대조효과는 정보를 해석할 때 기존의 개념보다는 새로 수용하는 정보를 판단의 기초로 사용하며 나타나는 현상이다.

정답 ②

02

공인노무사 2016

☑ 확인
Check!
○
△
✕

다음 설명에 해당하는 인사평가기법은?

> 평가자가 피평가자의 일상 작업생활에 대한 관찰 등을 통해 특별히 효과적이거나 비효과적인 행동, 업적 등을 기록하고 이를 평가시점에 정리하여 평가하는 기법

① 서열법
② 평정척도법
③ 체크리스트법
④ 중요사건기술법
⑤ 강제선택서술법

👆해설 콕 ......

평가자가 피평가자의 일상 작업생활에 대한 관찰 등을 통해 <u>특별히 효과적이거나 비효과적인 행동, 업적 등을 기록하고, 이를 평가시점에 정리하여 평가하는 기법</u>은 중요사건기술법이다.
① 서열법은 분류담당자가 각 직위마다 난이도 등을 평가하여 서열을 매겨 나열하는 방법이다.
② 평정척도법은 평가요소들을 제시하고 각각 단계별 차등을 두어 평가하는 방법이다.
③ 체크리스트법은 표준 행동들을 제시하고 평가자가 해당 항목에 직접 체크하여 평가하는 방법이다.
⑤ 강제선택서술법은 2개 이상의 항목으로 구성된 항목 가운데 피평정자의 특성에 가까운 항목을 강제적으로 체크하도록 하는 평정방법이다.

정답 ④

03

공인노무사 2018

☑ 확인
Check!
○
△
×

인사평가방법 중 피평가자의 능력, 태도, 작업, 성과 등에 관련된 표준행동들을 제시하고 평가자가 해당 서술문을 대조하여 평가하는 방법은?

① 서열법
② 평정척도법
③ 체크리스트법
④ 중요사건기술법
⑤ 목표관리법

🔍 해설 쏙

인사평가방법 중 피평가자의 능력, 태도, 작업, 성과 등에 관련된 표준행동들을 제시하고 평가자가 해당 서술문을 대조하여 평가하는 방법은 체크리스트법이다.
① 서열법은 피평정자의 근무성적을 서로 비교해서 그들 간의 서열을 정하여 평정하는 방법이다.
② 평정척도법은 관찰하려는 행동에 대해 어떤 질적 특성의 차이를 몇 단계로 구분하여 판단하는 방법이다.
④ 중요사건기술법은 피평정자의 근무실적에 큰 영향을 주는 중요사건들을 평정자로 하여금 기술하게 하거나 또는 주요 사건들에 대한 설명구를 미리 만들고 평정자로 하여금 해당되는 사건에 표시하게 하는 평정방법이다.
⑤ 목표관리법은 전통적인 충동관리나 상사위주의 지식적 관리가 아닌 공동목표를 설정·이행·평가하는 전 과정에서 아랫사람의 능력을 인정하고 그들과 공동노력을 함으로써 개인목표와 조직목표 사이, 상부목표와 하부목표 사이에 일관성이 있도록 하는 관리방법이다.

정답 ③

04

공인노무사 2018

☑ 확인
Check!
○
△
×

평가센터법(assessment center)에 관한 설명으로 옳지 않은 것은?

① 평가에 대한 신뢰성이 양호하다.
② 승진에 대한 의사결정에 유용하다.
③ 교육훈련에 대한 타당성이 높다.
④ 평가센터에 초대받지 못한 종업원의 심리적 저항이 예상된다.
⑤ 다른 평가기법에 비해 상대적으로 비용과 시간이 적게 소요된다.

🔍 해설 쏙

평가센터법 안에서 다양한 방법의 평가기법들이 사용되기 때문에 표준화가 어렵고 상대적 비교도 어려우며, 시간과 비용이 많이 든다.

정답 ⑤

05

공인노무사 2019

☑ 확인
Check!

○
△
✕

인사고과의 오류 중 피고과자가 속한 사회적 집단에 대한 평가에 기초하여 판단하는 것은?

① 상동적 오류(stereotyping errors) ② 논리적 오류(logical errors)

③ 대비 오류(contrast errors) ④ 근접 오류(proximity errors)

⑤ 후광효과(halo effect)

 해설 콕 ·········

인사고과의 오류 중 피고과자가 속한 사회적 집단에 대한 평가에 기초하여 판단하는 것은 상동적 오류 (stereotyping errors)이다.

② **논리적 오류(logical errors)** : 고과 요소 간에 상관관계가 있을 때 하나를 통하여 다른 하나를 미루어 짐작하는 오류이다.

③ **대비 오류(contrast errors)** : 한 사람에 대한 평가가 다른 사람의 평가에 영향을 주는 오류이다.

④ **근접 오류(proximity errors)** : 인사고과표상에 근접되어 있는 평가요소의 평가 결과 혹은 특정평가 시간 내에서의 평정요소 간의 평정결과가 비슷한 경향을 말한다.

⑤ **후광효과(halo effect)** : 한 특징적 부분의 인상이 전체를 좌우하는 오류이다.

정답 ①

06

서울시 7급 2020

☑ 확인
Check!

○
△
✕

관리자들은 공정하게 종업원의 성과를 평가해야 하지만, 성과 평가 시에 왜곡의 가능성이 존재한다. 성과 측정오류에 대한 설명으로 가장 옳지 않은 것은?

① 평가자들의 정치적 성향은 성과 평가에 오류를 가져오지 않는다.

② 평가자들은 자신과 비슷하다고 생각하는 사람을 더 좋게 평가하는 경향이 있다.

③ 평가자들은 개인을 비교할 때 객관적 기준이 아니라 다른 사람과 비교하는 대조 오류를 범할 수 있다.

④ 평가자들은 하나의 특징을 가지고 다른 부분들을 판단하는 경향이 있다.

 해설 콕 ·········

평가자들의 정치적 성향은 성과 평가에 오류를 가져온다.

② 평가자들은 자신과 비슷하다고 생각하는 사람을 더 좋게 평가하는 경향 – **유사성 오류**

③ 평가자들은 개인을 비교할 때 객관적 기준이 아니라 다른 사람과 비교하는 오류 – **대조 오류**

④ 평가자들은 하나의 특징을 가지고 다른 부분들을 판단하는 경향 – **연쇄효과(후광효과)**

정답 ①

직무분석 및 인사평가에 관한 설명으로 가장 적절하지 않은 것은?

① 직무분석은 인적자원의 선발, 교육훈련, 개발, 인사평가, 직무평가, 보상 등 대부분의 인적 자원관리 업무에서 기초자료로 활용할 정보를 제공한다.

② 다면평가란 상급자가 하급자를 평가하는 하향식 평가의 단점을 보완하여 상급자에 의한 평가 이외에도 평가자 자신, 부하직원, 동료, 고객, 외부전문가 등 다양한 평가자들이 평가하는 것을 말한다.

③ 설문지법(questionnaire method)은 조직이 비교적 단시일 내에 많은 구성원으로부터 직무관련 자료를 수집할 수 있다는 장점이 있다.

④ 과업(task)은 종업원에게 할당된 일의 단위를 의미하며 독립된 목적으로 수행되는 하나의 명확한 작업활동으로 조직활동에 필요한 기능과 역할을 가진 일을 뜻한다.

⑤ 대조오류(contrast errors)란 피평가자가 속한 집단에 대한 지각에 기초하여 이루어지는 것으로 평가자가 생각하고 있는 특정집단 구성원의 자질이나 행동을 그 집단의 모든 구성원에게 일반화시키는 경향에서 발생한다.

해설 콕

평가자가 속한 집단에 대한 지각에 기초하여 이루어지는 것으로 평가자가 생각하고 있는 특정집단 구성원의 자질이나 행동을 그 집단의 모든 구성원에게 일반화시키는 경향에서 발생하는 오류는 상동적 오류 (stereotyping errors)이다.

정답 ⑤

인사평가에 관한 설명으로 가장 적절한 것은?

① 행위기준고과법(BARS ; behaviorally anchored rating scales)에서는 개인의 성과목표와 행동기준을 설정하고, 목표대비 달성 정도를 평가한다.

② 후광효과(halo effect)는 피평가자 개인의 특성보다는 출신학교나 출신지역에 근거해 평가할 때 나타나는 오류이다.

③ 서열법은 피평가자의 강약점이나 절대적인 성과 수준을 파악할 수 없다는 단점이 있다.

④ 행위기준고과법은 체크리스트법과 중요사건법을 결합한 것으로 피평가자의 구체적 행동에 근거하여 평가하는 방법이다.

⑤ 평가의 타당성(validity)이란 동일한 피평가자를 반복하여 평가하여도 비슷한 결과가 나타나는지를 의미한다.

공인회계사 2016

☑ 확인
Check!
○
△
✕

인사평가 및 선발에 관한 설명으로 가장 적절한 것은?

① 중심화 경향은 평가자가 피평가자의 중심적인 행동특질을 가지고 피평가자의 나머지 특질을 평가하는 경향이다.

② 인사평가의 실용성 및 수용성을 파악하기 위해서는 관대화 경향, 중심화 경향, 후광효과, 최근효과, 대비효과를 지표로 측정하여야 한다.

③ 시험 – 재시험 방법(test-retest method), 내적 일관성(internal consistency) 측정방법, 양분법(split half method)은 선발도구의 신뢰도 측정에 사용되는 방법이다.

④ 신입사원의 입사 시험성적과 입사 후 일정기간이 지난 후의 직무태도를 비교하여 상관관계를 조사하는 방법은 선발도구의 현재 타당도(concurrent validity)를 조사하는 방법이다.

⑤ 인사평가의 신뢰성은 특정의 평가도구가 얼마나 평가목적을 잘 충족시키느냐에 관한 것이다.

공인회계사 2017

종업원 모집 및 선발에 관한 설명 중 가장 적절하지 않은 것은?

① 선발도구의 타당성(validity)이란 선발대상자의 특징을 측정한 결과가 일관성 있게 나타나는 것을 말한다.

② 사내공모제(job posting)는 지원자가 직무에 대한 잘못된 정보로 인해 회사를 이직할 가능성이 낮은 모집 방법이다.

③ 평가센터법(assessment center)은 비용상의 문제로 하위직보다 주로 상위 관리직 채용에 활용된다.

④ 지원자의 특정 항목에 대한 평가가 다른 항목의 평가 또는 지원자에 대한 전반적 평가에 영향을 주는 것을 후광효과(halo effect)라고 한다.

⑤ 다수의 면접자가 한 명의 피면접자를 평가하는 방식을 패널면접(panel interview)이라고 한다.

 해설 콕 ....

선발대상자의 특징을 측정한 결과가 일관성 있게 나타나는 것은 <u>선발도구의 신뢰성</u>이다.

 정답 ①

11

공인회계사 2019

인사평가 및 선발에 관한 설명으로 가장 적절한 것은?

① 내부모집은 외부모집에 비하여 모집과 교육훈련의 비용을 절감하는 효과가 있고 새로운 아이디어의 도입 및 조직의 변화와 혁신에 유리하다.

② 최근효과(recency effect)와 중심화 경향(central tendency)은 인사 선발에 나타날 수 있는 통계적 오류로서 선발도구의 신뢰성과 관련이 있다.

③ 선발도구의 타당성은 기준관련 타당성, 내용타당성, 구성타당성 등을 통하여 측정할 수 있다.

④ 행위기준고과법(BARS ; behaviorally anchored rating scales)은 개인의 성과목표 대비 달성 정도를 요소별로 상대 평가하여 서열을 매기는 방식이다.

⑤ 360도 피드백 인사평가에서는 전통적인 평가 방법인 상사의 평가와 피평가자의 영향력이 미치는 부하의 평가를 제외한다.

① 외부모집이 내부모집보다 교육훈련의 비용을 절감하는 효과가 있고, 새로운 아이디어의 도입 및 조직의 변화와 혁신에 유리하다.

② 최근효과(recency effect)와 중심화 경향(central tendency)은 선발도구의 신뢰성과는 관련이 있으나, 통계적 오류라고는 할 수 없다.

④ 행위기준고과법(BARS ; behaviorally anchored rating scales)은 근무성적평정에 있어, 주요과업 분야별로 바람직한 행태의 유형 및 등급을 구분·제시한 뒤, 해당사항에 표시하게 함으로써 평정하는 방법을 말한다.

⑤ 360도 피드백 인사평가에서는 상사의 평가와 피평가자의 영향력이 미치는 부하의 평가를 제외하지 않는다.

정답 ③

12 국가직 7급 2020

인사평가와 보상에 대한 설명으로 옳지 않은 것은?

① 집단성과급제도는 근로자 간의 인간관계 훼손, 협동심 저하 등 개인성과급제도의 단점을 극복하기 위해 설계된 것으로 '성과배분제도'라고도 한다.

② 균형성과표(BSC)는 임직원의 성과를 재무적 관점, 고객 관점, 내부 비즈니스 프로세스 관점, 학습과 성장 관점의 측면에서 다면적으로 평가하는 방법이다.

③ 목표에 의한 관리(MBO)는 본인을 포함한 상급자와 하급자, 동료와 외부의 이해관계자(고객, 공급업자 등)에 의해서 이루어지는 평가와 피드백을 총칭한다.

④ 선택적(카페테리아식) 복리후생은 근로자의 욕구를 반영하기 때문에 동기부여에 효과적이지만, 관리가 복잡하고 운영비용이 많이 발생한다.

본인을 포함한 상급자와 하급자, 동료와 외부의 이해관계자(고객, 공급업자 등)에 의해서 이루어지는 평가와 피드백은 다면평가제도를 말한다.

정답 ③

13

인사선발 및 인사평가에 관한 설명으로 가장 적절하지 않은 것은?

① 동일한 피평가자를 반복 평가하여 비슷한 결과가 나타나는 것은 신뢰성(reliability)과 관련이 있다.

② 신입사원의 입사시험 성적과 입사 이후 업무성과의 상관관계를 조사하는 방법은 선발도구의 예측타당성(predictive validity)과 관련이 있다.

③ 행위기준고과법(BARS ; behaviorally anchored rating scales)은 중요사건기술법과 평정척도법을 응용하여 개발된 인사평가 방법이다.

④ 평가도구가 얼마나 평가목적을 잘 충족시키는가는 타당성(validity)과 관련이 있다.

⑤ 선발도구의 타당성을 측정하는 방법에는 내적 일관성(internal consistency) 측정방법, 양분법(split half method), 시험 재시험(test-retest) 방법 등이 있다.

선발도구의 신뢰성을 측정하는 방법으로 내적 일관성(internal consistency) 측정방법, 양분법(split half method), 시험 재시험(test-retest) 방법 등이 있다.

정답 ⑤

14

인사평가의 분배적 오류에 해당하는 것은?

① 후광효과

② 상동적 태도

③ 관대화 경향

④ 대비오류

⑤ 확증편향

분배적 오류란 평가자가 평가측정을 한 후 그 결과에 따라 다수의 피평가자에게 점수를 부여할 때 각 점수의 분포가 특정 방향으로 쏠리는 현상으로, 중심화 경향, 관대화 경향 및 가혹화 경향 등이 대표적이다.

정답 ③

15

가맹거래사 2017

A부장은 인사고과시 부하들의 능력이나 성과를 실제보다 높게 평가하는 경향이 있다. 이와 관련된 인사고과 오류는?

① 관대화 경향(leniency error)
② 상동적 오류(stereotyping)
③ 연공 오류(seniority error)
④ 후광효과(halo effect)
⑤ 대비 오류(contrast error)

인사평가시 실제보다 높게 평가하는 경향을 관대화 경향(leniency error)이라 한다.

정답 ①

16

가맹거래사 2018

평가자가 평가항목의 의미를 정확하게 이해하지 못했을 때 나타나는 인사평가의 오류는?

① 후광효과
② 상관편견
③ 시간적 오류
④ 관대화 경향
⑤ 대비 오류

평가자가 평가항목의 의미를 정확하게 이해하지 못했을 때 나타나는 인사평가의 오류는 상관편견이다.
① 후광효과는 어떤 사람이 가지고 있는 특성이 그 사람의 다른 특성을 평가하는데 영향을 주는 효과이다.
③ 시간적 오류는 평가기간 전체가 아닌 최근 실적을 중심으로 평가함으로써 발생하는 오류이다.
④ 관대화 경향은 평정결과의 분포가 우수한 쪽으로 집중되는 경향이다.
⑤ 대비 오류는 평가자가 자신과 반대되는 특성을 지닌 피고과자를 과대 혹은 과소평가하는 경향이다.

정답 ②

17

☑확인
Check!
○
△
×

복수의 평가자가 적성검사, 심층면접, 시뮬레이션, 사례연구, 역할연기 등의 평가 방법을 활용하여 지원자의 행동을 관찰 및 평가하여 선발하는 방법은?

① 다면평가법(360° appraisal)
② 행동평가법(behavioral observation method)
③ 종합평가제도(assessment center)
④ 패널면접법(panel interview)
⑤ 직무적성평가법(job aptitude appraisal)

종합평가제도(assessment center) 또는 평가센터법은 복수의 평가자가 적성검사, 심층면접, 시뮬레이션, 사례연구, 역할연기 등의 평가 방법을 활용하여 지원자의 행동을 관찰 및 평가하여 선발하는 방법으로 비용은 많이 발생하지만 다른 어떤 선발방식보다 우수하다고 알려져 있다.

정답 ③

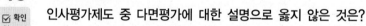

18

☑확인
Check!
○
△
×

인사평가제도 중 다면평가에 대한 설명으로 옳지 않은 것은?

① 업무 성격이 고도의 지식과 기술을 요구하는 경우가 많아 다면평가가 더욱 필요하게 되었다.
② 연공서열 위주에서 팀 성과 위주로 인적자원관리의 형태가 변화하면서 다면평가의 필요성이 증대되었다.
③ 원칙적으로 다면평가의 결과는 본인에게 공개하지 않기 때문에 인사평가 자료로는 제한적으로 사용된다.
④ 직속 상사를 포함한 관련 주변인들이 업무 측면 이외에도 여러 가지 능력을 평가하는 것이다.

다면평가의 결과는 본인에게 공개되어 피드백 된다.

정답 ③

19

국가직 7급 2017

인사평가의 오류 중 평가자가 평가측정을 하여 다수의 피평가자에게 점수를 부여할 때 점수의 분포가 특정방향으로 쏠리는 현상으로 인해 발생하는 분배적 오류(Distribution Error) 혹은 항상 오류(Constant Error)에 해당하는 것으로만 옳게 짝지은 것은?

① 유사성 오류, 대비 오류, 관대화 오류
② 유사성 오류, 관대화 오류, 중심화 오류
③ 대비 오류, 관대화 오류, 중심화 오류
④ 관대화 오류, 중심화 오류, 가혹화 오류

해설 콕

• **관대화 오류** : 평가결과가 대부분 우수한 쪽으로 집중되는 경향
• **중심화 오류** : 평가결과가 중간 수준으로 집중되는 경향
• **가혹화(엄격화) 오류** : 평가결과가 대부분 열등한 쪽으로 집중되는 경향

정답 ④

20

국가직 7급 2019

관리자 계층의 선발이나 승진에 사용되는 평가센터법(assessment center method)에 대한 설명으로 옳지 않은 것은?

① 피평가자의 언어능력이 뛰어나면 다른 능력을 평가하는데 현혹효과(halo effect)가 나타날 가능성이 있다.
② 다른 평가기법에 비해 평가 시간과 비용이 많이 소요된다.
③ 기존 관리자들의 공정한 평가와 인력개발을 위해서도 활용될 수 있다.
④ 전문성을 갖춘 한 명의 평가자가 다수의 피평가자를 동시에 평가한다.

해설 콕

평가센터법의 평가자와 피평가자는 복수(複數)이다.

정답 ④

21

행위기준고과법(BARS ; Behaviorally Anchored Rating Scales)에 대한 설명으로 가장 옳지 않은 것은?

① 인성적인 특질을 중시하는 전통적인 인사고과방법의 비판에 기초하여 피평가자의 실제 행동을 관찰하여 평가하는 방법이다.
② 평가범주마다 제시된 대표적인 행동패턴 가운데 하나를 선택하여 등급을 매기는 방식이다.
③ 평가방법의 개발에 시간 및 비용이 많이 들며 평가의 타당성 확보가 어렵다는 단점이 있다.
④ 척도를 실제 사용하는 평가자가 개발과정에 참여하지 않는다.

행위기준고과법(BARS ; Behaviorally Anchored Rating Scales)은 평가자와 평가를 받는 사람 모두 개발과정에 참여한다.

정답 ④

22

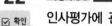

인사평가에 관한 설명으로 옳지 않은 것은?

① 조직에서 사람을 평가하는 방법을 제도화한 것으로 구성원 개개인의 잠재능력, 자질 및 업적 등을 평가하는 것이다.
② 조직에서 직무를 수행하는 구성원의 성과를 평가하고 개발지향적 의미를 포함한다.
③ 평가원칙으로는 타당성, 신뢰성, 수용성, 실용성이 있다.
④ 평가목적은 경영전략과의 연계성, 성과향상, 구성원 능력개발, 공정한 보상, 적재적소 배치 등이다.
⑤ 인사평가시 집단성과에 공헌하는 개인행위는 평가요소로 선정하지 않는다.

인사평가시 집단성과에 공헌하는 개인행위뿐만 아니라, 개인이 속한 집단이나 팀의 성과도 평가요소로 작용한다.

정답 ⑤

23

경영지도사 2018

관리직 인력을 선발할 때 주로 사용하며, 다수의 지원자들을 특정 장소에 모아놓고 여러 종류의 선발도구를 적용하여 지원자를 평가하는 방법은?

① 서열법
② 체크리스트법
③ 중요사건기술법
④ 평가센터법
⑤ 행위관찰척도평가법

🖑 해설 콕 ....

다수의 지원자들을 특정 장소에 모아놓고 여러 종류의 선발도구를 적용하여 지원자를 평가하는 방법을 평가센터법 또는 종합평가제도라 한다.

정답 ④

24

경영지도사 2018

타인에 대한 평가에 평가자 자신의 감정이나 특성을 귀속 또는 전가시키는데서 발생하는 오류는?

① 후광효과
② 상동적 태도
③ 주관의 객관화
④ 선택적 지각
⑤ 관대화 경향

🖑 해설 콕 ....

타인에 대한 평가에 평가자 자신의 감정이나 특성을 귀속 또는 전가시키는데서 발생하는 오류는 주관의 객관화이다.
① **후광효과** : 한 평가요소가 평가자의 판단에 연쇄적으로 영향을 주는 오류로, 현혹효과, 연쇄효과라고도 한다.
② **상동적 태도** : 선입견이나 고정관념에 의한 오류
④ **선택적 지각** : 자기에게 유리한 요소만 추론함으로써 발생하는 요류
⑤ **관대화 경향** : 평가자의 평가가 우수한 쪽으로만 집중되는 경향

정답 ③

25

경영지도사 2017

인사고과의 방법 중 상대평가의 기법에 해당하지 않는 것은?

① 단순서열법(simple ranking method)

② 교대서열법(alternative ranking method)

③ 쌍대비교법(paired comparison method)

④ 강제할당법(forced distribution method)

⑤ 평정척도법(rating scale method)

> **해설 콕**
>
> 평정척도법(rating scale method)은 다른 평가자와 비교하지 않고 평가하는 방식으로 절대평가의 기법
> 이다.
>
> **정답** ⑤

26

경영지도사 2016

평가자의 사람에 대한 경직된 고정관념이 평가에 영향을 미치는 인사고과의 오류는?

① 관대화 경향(leniency tendency)

② 중심화 경향(central tendency)

③ 주관의 객관화(projection)

④ 최근효과(recency tendency)

⑤ 상동적 태도(stereotyping)

> **해설 콕**
>
> 평가시 고정관념에 의해 평가에 오류가 생기는 현상을 상동적 태도(stereotyping)라 한다.
>
> **정답** ⑤

27

공인노무사 2015

선발시험 합격자들의 시험성적과 입사 후 일정 기간이 지나서 이들이 달성한 직무성과와의 상관관계를 측정하는 지표는?

① 신뢰도
② 대비효과
③ 현재타당도
④ 내용타당도
⑤ 예측타당도

해설 콕

예측타당도는 검사를 먼저 실시하고 이후 준거를 측정하여 두 점수간의 상관계수를 구하는 방법이다.
① 신뢰도는 검사가 측정하고자 하는 것을 얼마나 일관성 있게 측정하였는지를 나타내는 지표이다.
② 대비효과는 연속으로 평가되는 두 대상간의 평가점수 차이가 실제보다 더 크게 나타날 때를 지칭한다.
③ 현재타당도는 검사와 준거를 동시에 측정하여 두 점수간의 상관계수를 구하는 방법이다.
④ 내용타당도는 검사의 문항들이 측정하고자 하는 내용 영역을 얼마나 정확하게 측정하는지를 나타내는 지표이다.

정답 ⑤

28

공인노무사 2017

종업원 선발을 위한 면접에 관한 설명으로 옳은 것은?

① 비구조화 면접은 표준화된 질문지를 사용한다.
② 집단 면접의 경우 맥락효과(context effect)가 발생할 수 있다.
③ 면접의 신뢰성과 타당성을 높이기 위해 면접내용 개발 단계에서 면접관이나 경영진을 배제한다.
④ 위원회 면접은 한명의 면접자가 여러 명의 피면접자를 평가하는 방식이다.
⑤ 스트레스 면접은 여러 시기에 걸쳐 여러 사람이 면접하는 방식이다.

해설 콕

① 비구조화 면접은 자유질문으로 구성이 되어 있으며, 표준화된 질문지를 사용하는 것은 구조화 면접이다.
③ 면접내용 개발 단계에서 면접관이나 경영진을 참여하게 함으로써 조직에 필요한 역량 등을 질문에 반영하여 면접의 신뢰성과 타당성을 높인다.
④ 위원회 면접은 3명 이상의 면접자가 1명의 피면접자를 평가하는 방식이다.
⑤ 스트레스 면접이란 피면접자들이 스트레스에 어떻게 대응하는 지를 보는 것으로서 여러 시기에 걸쳐 여러 사람이 면접하는 방식은 아니다.

정답 ②

03 인력관리

(1) 모집관리
① 모집 : 선발을 전제로 하여 양질의 인력을 조직으로 유인하는 과정
② 사내모집방법과 사외모집방법의 장·단점

구 분	사내모집방법	사외모집방법
장 점	현종업원에 대한 인사기록을 보유하고 있어 해당 직위에 적합한 종업원의 선발이 쉽고 사기가 향상되며, 종업원의 능력을 최대로 활용할 수 있고 비용을 절약할 수 있다.	모집범위가 넓어 유능한 인재의 획득이 가능하고 인력개발 비용이 절감되며, 새로운 정보·지식을 제공하고 경쟁할 수 있다. 또한 활력을 불어넣을 수 있으며 기업홍보효과가 있다.
단 점	모집범위가 제한되므로 유능한 인재를 영입 할 수 없고 파벌조성이 이루어질 수 있으며, 급속한 성장기에는 인력공급이 불충분할 수 있다.	부적격자를 채용할 위험이 있고 입사 후 안정되기 까지는 적응기간이 소요되며, 내부인력의 사기가 저하될 수 있고 채용 비용이 많이 소요된다.

(2) 채용관리
① 시험 : 선발정보를 얻는 중요한 수단으로서 필기시험이 가장 일반적으로 사용되고 있다. 필기시험은 집단이나 개인을 동시에 용이하게 관리할 수 있으며, 다른 방법에 비해 비용도 적게 든다.
② 면 접
  ㉠ 정형적 면접 : 구조적 면접 또는 지시적 면접으로도 불리며, 직무명세서를 기초로 하여 미리 질문의 내용목록을 준비해 두고 이에 따라 면접자가 차례차례로 질문해 나가면서 이것에 벗어나는 질문은 하지 않는 방법
  ㉡ 비지시적 면접 : 피면접자인 응모자에게 최대한 의사표시의 자유를 주고, 그 가운데서 응모자에 관한 정보를 얻는 방법
  ㉢ 스트레스 면접 : 면접자가 매우 공격적이고 피면접자를 무시하는 태도를 취하여, 피면접자를 방어적이고 좌절하게 만들어 피면접자의 스트레스 하에서 감정의 안정성과 조절에 대한 인내도 등을 관찰하는 방법
  ㉣ 패널 면접 : 다수의 면접자가 하나의 피면접자를 면접평가 하는 방법
  ㉤ 집단 면접 : 각 집단단위로 특정문제에 따라 자유토론을 할 수 있는 기회를 부여하고, 토론과정에서 개별적으로 적격여부를 심사·판정하는 방법

(3) 직장 내 훈련 vs 직장 외 훈련

구 분	직장 내 훈련	직장 외 훈련
장 점	• 추상적이지 않은 실제적인 훈련이 가능 • 비용이 저렴 • 훈련자의 습득 능력에 맞는 훈련이 가능	• 예정된 계획대로 교육 진행 가능 • 한 번에 다수의 인원 교육 가능 • 전문적 지식을 갖춘 사람에게 교육 가능
단 점	• 우수한 교관이 우수한 교육자라고 할 수 없음 • 전문적인 고도의 내용에 대한 교육이 어려움	• 교육받은 내용을 현장에 바로 적용하기 곤란 • 비용이 많이 듦

(4) 교육훈련의 유형

① **분임연구** : 집단을 나누어 연구하게 한 후 집단별로 발표·토론을 하는 방법
② **모의연습(시뮬레이션)** : 가상의 상황을 꾸며 놓고 그 상황에 대처하게 하는 방법
③ **역할연기** : 어떤 사건이나 상황에 훈련자들이 연기로 표현하는 방법

(5) 교육훈련 평가 : 커크패트릭(Kirkpatrick)의 4단계 모형

① **1단계 반응평가** : 교육훈련 프로그램에 대한 만족도와 유용성에 대한 개인의 반응평가
② **2단계 학습평가** : 교육훈련을 통해 새로운 지식과 기술을 습득하였는가에 대한 학습평가
③ **3단계 행동평가** : 교육훈련을 통해 직무수행에서 행동의 변화를 보이거나 교육훈련내용을 실무에 활용하는가에 대한 행동평가
④ **4단계 결과평가** : 교육훈련으로 인해 부서와 조직의 성과가 향상되었는가에 대한 결과평가

모집 방법 중 사내공모제(job posting system)의 특징에 관한 설명으로 옳지 않은 것은?

① 종업원의 상위직급 승진 기회가 제한된다.

② 외부 인력의 영업이 차단되어 조직이 정체될 가능성이 있다.

③ 지원자의 소속부서 상사와의 인간관계가 훼손될 수 있다.

④ 특정부서의 선발시 연고주의를 고집할 경우 조직내 파벌이 조성될 수 있다.

⑤ 선발과정에서 여러번 탈락되었을 때 지원자의 심리적 위축감이 고조된다.

해설 콕 ....

상위직급의 경우 기존 구성원에게 승진기회 제공 및 사기진작을 할 수 있다.

정답 ①

참고 **사내공모제도(job posting system)의 장·단점**

장 점	• 상위직급의 경우, 기존 구성원에게 승진기회 제공 및 사기진작 • 지원자에 대한 평가의 정확성 확보 • 저렴한 모집비용 • 낮은 이직률
단 점	• 외부 인력의 영입이 차단되어 조직의 정체 가능성 • 성장기업의 경우, 사내 공급의 불충분성 • 특정 부서 선발시 조직내 파벌조성 가능성 • 지원자의 소속부서 상사와의 인간관계 훼손 가능성 • 선발과정에서 탈락되었을 때 지원자의 심리적 위축감 고조

02

교육훈련의 효과성을 평가하기 위해 커크패트릭(Kirkpatrick)은 4단계 평가 기준을 제안하였다. 평가의 기초를 기준으로 쉬운 것부터 차례대로 나열한 것으로 옳은 것은?

① 학습기준, 반응기준, 결과기준, 행동기준

② 반응기준, 학습기준, 행동기준, 결과기준

③ 행동기준, 결과기준, 반응기준, 학습기준

④ 결과기준, 행동기준, 학습기준, 반응기준

해설 콕 ....

커크패트릭의 4단계 평가모형은 1단계 반응평가, 2단계 학습평가, 3단계 행동평가, 4단계 결과평가로
구성되어 있다.

정답 ②

03

공인회계사 2019

☑ 확인
Check!
○
△
✕

교육훈련 평가에 관한 커크패트릭(Kirkpatrick)의 4단계 모형에서 제시된 평가로 가장 적절하지 않은 것은?

① 교육훈련 프로그램에 대한 만족도와 유용성에 대한 개인의 반응평가

② 교육훈련을 통해 새로운 지식과 기술을 습득하였는가에 대한 학습평가

③ 교육훈련을 통해 직무수행에서 행동의 변화를 보이거나 교육훈련내용을 실무에 활용하는가에 대한 행동평가

④ 교육훈련으로 인해 부서와 조직의 성과가 향상되었는가에 대한 결과평가

⑤ 교육훈련으로 인해 인지능력과 감성능력이 향상되었는가에 대한 기초능력평가

해설 콕 ·······

커크패트릭의 4단계 평가모형은 1단계 반응평가, 2단계 학습평가, 3단계 행동평가, 4단계 결과평가로 구성되어 있으며, 기초능력평가는 커크패트릭의 4단계 평가모형에 해당하지 않는다.

정답 ⑤

04

가맹거래사 2017

☑ 확인
Check!
○
△
✕

직장 내 훈련(OJT ; on-the-job training)에 관한 설명으로 옳지 않은 것은?

① 훈련이 실무와 연결되어 매우 구체적이다.

② 일을 실제로 수행하면서 학습할 수 있다.

③ 훈련비용을 절감할 수 있다.

④ 업무 우수자가 가장 뛰어난 훈련자이다.

⑤ 훈련자와 피훈련자간 의사소통이 원활해진다.

해설 콕 ·······

명선수는 명감독이 될 수 없다는 말처럼 업무 실력이 우수하다고 해서 지도력도 우수할 것이라고 단정할 수 없다.

정답 ④

05

공인노무사 2017

질적 인력수요 예측기법에 해당하지 않는 것은?

① 브레인스토밍법

② 명목집단법

③ 시나리오 기법

④ 자격요건 분석법

⑤ 노동과학적 기법

> **해설 콕** ··
>
> 노동과학적 기법은 작업시간연구를 기초로 조직의 하위 개별 작업장별 필요인력을 산출하는 기법으로 주로 생산직종의 인력을 예측하는데 활용되는 양적 인력수요 예측기법이다.
>
> **정답 ⑤**

06

공인회계사 2021

인적자원의 모집, 개발 및 교육훈련에 관한 설명으로 가장 적절하지 않은 것은?

① 교육훈련(training)은 종업원에게 현재 수행하고 있는 직무뿐만 아니라 미래의 직무에서 사용하게 할 목적으로 지식과 기술을 제공한다.

② 고용주들은 조직 내부의 인적자원을 개발하느냐 아니면 이미 개발된 개인들을 외부에서 채용하느냐의 선택에 직면한다.

③ 직무상 교육훈련(on-the-job training)은 직무에 대한 경험과 기술을 가진 사람이 피훈련자가 현장에서 직무 기술을 익히도록 도와주는 방법이다.

④ 오리엔테이션은 정규 교육훈련의 한 유형으로 신입사원에게 조직, 직무 및 작업집단에 대해 실시하는 계획된 소개를 말한다.

⑤ 사내공모제(job posting)는 모집에 있어서 투명성을 제고할 수 있고, 종업원들의 승진과 성장 및 발전에 대한 기회를 균등하게 제공할 수 있다.

> **해설 콕** ··
>
> 훈련은 특정한 업무 수행을 위해서 특정한 기술이나 지식 등을 경험하는 것을 말하며, 개발은 미래 직무와 그와 연관된 업무를 위해 경험하는 활동을 말한다.
>
> **정답 ①**

07
공인노무사 2018

교육훈련 필요성을 파악하기 위한 일반적인 분석방법이 아닌 것은?

① 전문가자문법   ② 역할연기법

③ 자료조사법   ④ 면접법

⑤ 델파이기법

> **해설 콕**
>
> 역할연기법은 경영관리상의 문제 해결이나 이해를 위해 당사자가 문제의 주인공처럼 실연해서 문제의 핵심을 파악하는 것으로, 감독자 훈련이나 세일즈맨에 대한 기술훈련 등에 사용되고 있다. 따라서 역할연기법은 훈련방법이지 훈련의 필요성을 분석하는 방법이 아니다.
>
> **정답** ②

08
공인노무사 2021

교육참가자들이 소규모 집단을 구성하여 팀워크로 경영상의 실제 문제를 해결하도록 하여 문제해결과정에 대한 성찰을 통해 학습하게 하는 교육방식은?

① Team Learning

② Organizational Learning

③ Problem Based Learning

④ Blended Learning

⑤ Action Learning

> **해설 콕**
>
> 교육참가자들이 소규모 집단을 구성하여 팀워크로 경영상의 실제 문제를 해결하도록 하여 문제해결과정에 대한 성찰을 통해 학습하게 하는 교육방식은 액션러닝(Action Learning)이다.
>
> ① **팀학습(Team Learning)** : 특정 주제에 대해 어떠한 제약 없이 발표·토론·비판하는 등 자유로운 의사소통을 하도록 하는 교육훈련방식
>
> ② **조직학습(Organizational Learning)** : 한 구성원의 개인차원의 학습결과를 다른 구성원과 공유함으로써 조직차원으로 승화시키는 교육훈련방식
>
> ③ **문제중심학습(Problem Based Learning)** : 구성원들 스스로가 경영상 발생할 수 있는 가상의 실제적 문제(Authentic Problem)를 해결하는 방법을 찾도록 하는 교육훈련방식
>
> ④ **혼합학습(Blended Learning)** : 오프라인교육에서 실시할 수 없는 교육훈련은 온라인교육으로 실시하고, 그 학습결과를 오프라인작업에 적용하는 교육훈련방식
>
> **정답** ⑤

공인회계사 2015

☑ 확인
Check!
○
△
✕

인력계획에 관한 설명으로 가장 적절하지 않은 것은?

① 마코프체인 기법(Markov chain method)에서는 전이확률행렬을 이용하여 인력의 수요량을 예측한다.

② 마코프체인 기법은 경영환경이 급격하게 변할 경우에는 적합하지 않다.

③ 기능목록(skill inventory)에는 종업원 개인의 학력, 직무경험, 기능, 자격증, 교육훈련 경험이 포함된다.

④ 델파이 기법(Delphi method)은 전문가들이 면대면(face to face) 토론을 통해 인력의 공급량을 예측하는 방법이다.

⑤ 조직의 규모가 급격하게 성장하고, 전략적 변화가 필요할 때에는 외부모집이 적절하다.

 해설 콕 ....

델파이 기법(Delphi method)은 대면접촉 없이 행해지는 의사결정기법이다.
① 마코프체인 기법(Markov chain method)에서 전이확률행렬을 이용하여 미래의 인력을 예측한다.
② 마코프체인 기법은 경영환경이 안정적일 때 적합하다.
③ 기능목록(skill inventory)에는 종업원 학력, 경력, 직무경험 등 인적사항이 포함된다.
⑤ 조직의 규모가 급격하게 성장하고, 전략적 변화가 필요할 때에는 내부인력만으로는 부족하기에 외부모집이 적절하다.

정답 ④

10

서울시 7급 2016

☑ 확인
Check!
○
△
✕

다음 중 경력관리의 목적으로 가장 옳지 않은 것은?

① 인적자원의 효율적인 확보 및 배분

② 효과적인 임금제도의 설계

③ 이직 방지 및 유능한 후계자 양성

④ 종업원의 성취동기 유발

 해설 콕 ....

경력관리의 목적은 개인의 자질향상과 우수인력의 이직방지를 통해 장기적으로 인재를 육성하고 적재적소 배치가 가능하며, 직책수행에 필요한 경력을 이룰 수 있도록 하는 것으로 효과적인 임금제도의 설계는 경력관리 목적에 적합하지 않다.

정답 ②

04 노동조합

(1) 노동조합의 의의

노동자가 주체가 되어 자주적으로 단결하여 근로조건의 유지 및 개선, 기타 노동자의 경제적·사회적인 지위의 향상을 도모하기 위한 목적으로 조직하는 단체 또는 그 연합단체

(2) 노동조합의 가입(Shop System)

오픈 숍 (Open shop)	사용자가 조합원 또는 비조합원의 여부에 상관없이 아무나 채용할 수 있으며, 근로자 또한 노동조합에 대한 가입이나 탈퇴가 자유로운 제도
유니온 숍 (Union shop)	사용자에게 조합원 또는 비조합원의 여부에 상관없이 종업원을 고용할 자유는 있으나, 일단 고용된 후 일정기간 이내에 종업원은 노동조합에 가입하여야 하는 제도
클로즈드 숍 (Closed shop)	• 사용자가 조합원만을 종업원으로 신규 채용할 수 있는 제도 • 비조합원은 원칙적으로 신규 채용할 수 없음
에이전시 숍 (Agency shop)	종업원들 중에서 조합가입의 의사가 없는 자에게는 조합가입이 강제되지 아니하나, 조합 가입에 대신하여 조합비를 조합에 납입하여야 하는 제도
기 타	• 조합원자격유지제도(maintenance of membership) • 조합원우대제도 등

(3) 노동조합의 조직형태

① 직업별 노동조합

기계적인 생산방법이 도입되지 못하던 수공업단계에서 산업이나 기계에 관련 없이 서로 동일한 직능(예 인쇄공이나 선반공 또는 목수 등)에 종사하는 숙련노동자들이 자신들이 소속되어 있는 회사를 초월해서 노동자 자신들의 직업적인 안정과 더불어 경제적인 부분에서의 이익을 확보하기 위해 만든 배타적인 노동조합이다.

② 산업별 노동조합

직종이나 계층 또는 기업에 상관없이 동일한 산업에 종사하는 모든 노동자가 하나의 노동조합을 결성하는 새로운 형태의 노동조합이다. 이들 산업별 노동조합은 노동조합 발생초기에 발달한 형태로 노동시장에 대한 공급통제를 목적으로 숙련 또는 비숙련 노동자들을 불문하고 동종 산업의 모든 노동자들을 하나로 해서 조직된다.

③ 기업별 노동조합

동일한 기업에 종사하는 노동자들이 해당 직종 또는 직능에 대한 차이 및 숙련의 정도를 무시하고 조직하는 노동조합으로서, 이는 개별기업을 존립의 기반으로 삼고 있는 것을 가리킨다.

④ 일반노동조합

기업 및 숙련도, 직능과는 상관없이 하나 또는 여러 개의 산업에 걸쳐서 각기 흩어져있는 일정 지역 내의 노동자들을 규합하는 노동조합을 가리킨다. 어느 특정한 직종이나 산업 및 기업에 소속되지 않는 노동자들도 자유로이 가입할 수 있는 반면에, 조직으로서 갖추어야 하는 단결력이 약화되므로 전반적인 이해관계에 대한 문제가 나타날 우려가 있다.

(4) 단체교섭

노동조합과 사용자 간의 노동자들의 임금이나 근로시간, 기타 근로조건에 대한 협약체결을 위해서 대표자를 통해 집단적인 타협을 하고 또 체결된 협약을 이행·관리하는 절차이다. 노사의 대표자가 노동자의 임금·근로시간 또는 제 조건에 대해서 협약의 체결을 위해서 평화적으로 타협점을 찾아가는 절차를 가리킨다.

(5) 단체협약

① 노동자들이 사용자에 대해서 평화적인 교섭 또는 쟁의행위를 거쳐서 쟁취한 유리한 근로조건을 협약이라는 형태로 서면화한 것이다.

② 단체교섭에 의해 노사 간의 입장의 합의를 보게 되었을 때 단체협약이 된다. 단체협약의 경우에 성립이 되고 나면, 그것이 법에 저촉되지 않는 한 취업규칙 및 개별근로계약에 우선해서 획일적인 적용을 하게 되는 상당히 강력하게 작용하는 것으로서, 이는 협약서 작성에 있어 상당한 규제로 가해진다.

(6) 부당노동행위

우리나라의 경우 개별적인 근로자를 대상으로 한 부당노동행위와 노동조합을 대상으로 하는 부당노동행위로 구별해서 다음과 같은 5가지 종류의 부당노동행위를 규정해서 이를 금지하고 있다.

> - 노동조합의 조직·가입·활동 등에 관한 불이익 대우
> - 황견계약의 체결
> - 단체교섭의 거부
> - 노동조합의 조직·운영에 대한 지배·개입과 경비원조
> - 단체행동에의 참가·기타 노동위원회와의 관계에 있어 행위에 관한 보복적 불이익 대우)

01
공인노무사 2015

☑ 확인
Check!

○
△
✕

조합원 및 비조합원 모두에게 조합비를 징수하는 shop제도는?

① open shop
② closed shop
③ agency shop
④ preferential shop
⑤ maintenance shop

해설 콕 ···

조합원 및 비조합원 모두에게 조합비를 징수하는 shop제도는 에이전시 숍(agency shop)이다.
① 오픈 숍(open shop)은 조합원 또는 비조합원의 여부에 상관없이 아무나 채용할 수 있으며, 근로자
   또한 노동조합에 대한 가입이나 탈퇴가 자유로운 제도이다.
② 클로즈드 숍(closed shop)은 조합가입을 고용조건으로 하는 것으로 고용될 근로자는 모두 채용과
   동시에 조합원이 되어야 하는 제도이다.
④ 우선 숍(preferential shop)은 채용에 있어 노동조합원에게 우선순위를 주는 제도이다.
⑤ 메인터넌스 숍(maintenance shop)은 조합원이 되면 일정기간 동안 조합원으로서의 자격을 유지해
   야 한다는 제도이다.

정답 ③

02
경영지도사 2019

☑ 확인
Check!

○
△
✕

**사용자가 노동조합원이 아닌 자도 고용할 수 있지만, 일단 고용된 근로자는 일정기간내 노동
조합에 가입해야 하는 제도는?**

① 플렉스 숍(flex shop)
② 레이버 숍(labor shop)
③ 오픈 숍(open shop)
④ 클로즈드 숍(closed shop)
⑤ 유니온 숍(union shop)

해설 콕 ···

고용된 근로자는 일정기간내 노동조합에 가입해야 하는 제도는 유니온 숍(union shop)이다.

정답 ⑤

안심Touch

03

가맹거래사 2018

조합원이 아니더라도 단체교섭의 당사자인 노동조합이 모든 종업원으로부터 조합비를 징수하는 제도는?

① open shop　　　　　　　　　② closed shop

③ union shop　　　　　　　　　④ agency shop

⑤ maintenance shop

> **해설 콕**
>
> 조합원 외 비조합원에게도 조합비를 징수하는 제도는 에이전시 숍(agency shop)이다.
>
> 정답 ④

04

국가직 7급 2015

노동조합의 가입 및 운영 요건을 정하는 숍 제도(shop system) 중 채용된 후 일정한 수습 기간이 지나 정식사원이 되면 조합 가입 의무가 있는 방식은?

① 오픈 숍(open shop)

② 유니온 숍(union shop)

③ 클로즈드 숍(closed shop)

④ 에이전시 숍(agency shop)

> **해설 콕**
>
> 노동조합의 가입 및 운영 요건을 정하는 숍 제도(shop system) 중 채용된 후 일정한 수습 기간이 지나 정식사원이 되면 조합 가입 의무가 있는 방식은 유니온 숍(union shop)이다.
> ① 오픈 숍(open shop)은 노조의 가입이 자유로운 방식이다.
> ③ 클로즈드 숍(closed shop)은 노조원이 아니면 채용이 안 되는 방식이다.
> ④ 에이전시 숍(agency shop)은 조합비 징수를 조합원과 비조합원 모두 하는 방식이다.
>
> 정답 ②

05

☑ 확인
Check!
○
△
×

노동조합과 노사관계에 대한 설명으로 옳지 않은 것은?

① 일반적으로 노동조합은 오픈 숍(open shop) 제도를 확립하려고 노력하고, 사용자는 클로즈드 숍(closed shop)이나 유니언 숍(union shop) 제도를 원한다.

② 노사관계는 생산의 측면에서 보면 협조적이지만, 생산의 성과배분 측면에서 보면 대립적이다.

③ 노동조합의 경제적 기능은 사용자에 대해 직접 발휘하는 노동력의 판매자로서의 교섭기능이다.

④ 노사 간에 대립하는 문제들이 단체교섭을 통해 해결되지 않으면 노사 간에는 분쟁상태가 일어나고, 양 당사자는 자기의 주장을 관철하기 위하여 실력행사에 들어가는데 이것을 '노동쟁의(labor disputes)'라고 한다.

🖑해설 🍜

오픈 숍(open shop) 제도는 사용자가 원하는 제도이며, 클로즈드 숍(closed shop) 제도는 노동조합이 원하는 제도이다.

정답 ①

06

☑ 확인
Check!
○
△
×

노사관계에 관한 설명으로 옳지 않은 것은?

① 좁은 의미의 노사관계는 집단적 노사관계를 의미한다.

② 메인트넌스 숍(maintenance shop)은 조합원이 아닌 종업원에게도 노동조합비를 징수하는 제도이다.

③ 우리나라 노동조합의 조직형태는 기업별 노조가 대부분이다.

④ 사용자는 노동조합의 파업에 대응하여 직장을 폐쇄할 수 있다.

⑤ 채용 이후 자동적으로 노동조합에 가입하는 제도는 유니온 숍(union shop)이다.

🖑해설 🍜

메인트넌스 숍은 조합원이 되면 일정기간 동안은 조합원의 신분을 유지토록 하는 제도를 말한다. 조합원이 아닌 종업원에게도 노동조합비를 징수하는 제도는 에이전시 숍이다.

정답 ②

07
경영지도사 2017

☑ 확인
Check!
○
△
✕

전국에 걸친 산업별 노조 또는 하부단위 노조로부터 교섭권을 위임받은 연합체노조와 이에 대응하는 산업별 혹은 사용자단체 간의 단체교섭은?

① 기업별 교섭
② 집단교섭
③ 통일교섭
④ 대각선교섭
⑤ 공동교섭

해설 콕 ....

통일교섭 : 전국적 또는 지역적 노동조합과 지역적인 사용자 단체의 교섭
① **기업별 교섭** : 특정기업과 그 기업의 근로자로 구성된 노동조합의 교섭
② **집단교섭** : 집단화 된 몇 개의 기업별 조합과 사용자측의 집단과의 교섭
④ **대각선교섭** : 기업별 노동조합으로 구성된 산업별 노동조합과 개별사용자와의 교섭
⑤ **공동교섭** : 산업별 노동조합과 그 지부가 공동으로 사용자와 교섭

정답 ③

08
가맹거래사 2018

☑ 확인
Check!
○
△
✕

단체교섭의 방식 중 단위노조가 소속된 상부단체와 각 단위노조에 대응하는 개별기업의 사용자간에 이루어지는 교섭형태는?

① 기업별 교섭
② 집단교섭
③ 대각선교섭
④ 복수사용자교섭
⑤ 통일교섭

해설 콕 ....

대각선교섭 : 기업별 노동조합으로 구성된 산업별 노동조합과 개별사용자와의 교섭
① **기업별 교섭** : 특정기업과 그 기업의 근로자로 구성된 노동조합의 교섭
② **집단교섭** : 집단화 된 몇 개의 기업별 조합과 사용자측의 집단과의 교섭
④ **복수사용자교섭** : 어떤 지역이나 산업 혹은 국가수준의 여러 회사나 공장의 복수 사용자들로 구성된 사용자단체가 그 수준의 노조와 교섭
⑤ **통일교섭** : 전국적 또는 지역적 노동조합과 지역적인 사용자 단체의 교섭

정답 ③

09

국가직 7급 2019

협동조합(cooperatives)에 대한 설명으로 옳지 않은 것은?

☑ 확인
Check!
○
△
✕

① 자신들의 경제적 권익을 보호하기 위해 두 명 이상이 공동출자로 조직한 공동기업이다.
② 조합원에게는 출자액에 비례하여 의결권이 부여된다.
③ 영리보다 조합원의 이용과 편익제공을 목적으로 운영된다.
④ 운영주체 또는 기능에 따라 소비자협동조합, 생산자협동조합 등으로 나눌 수 있다.

> 해설 **콕**
>
> 조합원의 의결권은 출자금액의 크기와는 상관없이 동일하다.
>
> 정답 ②

10

공인노무사 2019

노동조합의 조직형태에 관한 설명으로 옳지 않은 것은?

☑ 확인
Check!
○
△
✕

① 직종별 노동조합은 동종 근로자집단으로 조직되어 단결이 강화되고 단체교섭과 임금협상이 용이하다.
② 일반노동조합은 숙련근로자들의 최저생활조건을 확보하기 위한 조직으로 초기에 발달한 형태이다.
③ 기업별 노동조합은 조합원들이 동일기업에 종사하고 있으므로 근로조건을 획일적으로 적용하기가 용이하다.
④ 산업별 노동조합은 기업과 직종을 초월한 거대한 조직으로서 정책활동 등에 의해 압력단체로서의 지위를 가진다.
⑤ 연합체 조직은 각 지역이나 기업 또는 직종별 단위조합이 단체의 자격으로 지역적 내지 전국적 조직의 구성원이 되는 형태이다.

> 해설 **콕**
>
> 일반노동조합은 숙련도나 직종, 산업에 관계없이 일반근로자를 폭넓게 규합하는 노조이다. 초기에 발달한 형태는 산업별 노동조합에 해당한다.
>
> 정답 ②

안심Touch

11

국가직 7급 2019

노사협의회에 대한 설명으로 옳은 것은?

☑ 확인
Check!
○
△
✕

① 노사협의회는 근로자 대표와 사용자 대표로 구성되는데, 근로자 대표는 조합원이든 비조합원이든 구분 없이 전 종업원이 선출한다.

② 노사협의회는 경영참가제도의 일종으로 근로자의 지위향상 및 근로조건의 개선유지를 주요 목적으로 한다.

③ 노사협의가 결렬될 경우, 쟁의권에 의하여 쟁의행위가 수반된다.

④ 노사협의회의 주요 협의 대상이 되는 임금, 근로시간, 기타 근로조건 관련 사항에 대해서는 노사 간의 이해가 대립된다.

해설 콕 ┈┈

② 노사협의회의 주요 목적은 기업의 생산성과 근로생활의 질 향상의 도모이다.
③ 노사협의가 결렬되더라도 쟁의행위가 수반되지 않는다.
④ 임금과 기타 근로조건 관련 사항은 노사협의회가 아닌 단체교섭의 주요 협의 대상이다.

정답 ①

12

공인노무사 2020

사용자가 노동조합의 정당한 활동을 방해하는 것은?

☑ 확인
Check!
○
△
✕

① 태 업
② 단체교섭
③ 부당노동행위
④ 노동쟁의
⑤ 준법투쟁

 해설 콕 ┈┈

정당한 노동조합 활동을 이유로 불이익 취급을 하거나 노동조합 활동에 사용자가 지배 · 개입 하는 등 근로자의 노동3권(단결권, 단체교섭권, 단체행동권)을 침해하는 사용자의 행위를 부당노동행위라 한다.

정답 ③

13

경영지도사 2019

☑ 확인
Check!

○
△
✕

탄력적 근로시간제를 근로자대표와 합의하에 실시할 경우 단위기간 한도는?

① 2주
② 1개월
③ 3개월
④ 6개월
⑤ 1년

 해설 콕 ···

탄력적 근로시간제를 근로자대표와 합의하에 실시할 경우 단위기간 한도는 3개월이다.

정답 ③

참고 근로시간 및 탄력적 근로시간제

근로시간(근로기준법 제50조)
① 1주간의 근로시간은 휴게시간을 제외하고 40시간을 초과할 수 없다.
② 1일의 근로시간은 휴게시간을 제외하고 8시간을 초과할 수 없다.

탄력적 근로시간제(근로기준법 제51조)
① 사용자는 취업규칙(취업규칙에 준하는 것을 포함한다)에서 정하는 바에 따라 2주 이내의 일정한 단위기간을 평균하여 1주간의 근로시간이 제50조 제1항의 근로시간을 초과하지 아니하는 범위에서 특정한 주에 제50조 제1항의 근로시간을, 특정한 날에 제50조 제2항의 근로시간을 초과하여 근로하게 할 수 있다. 다만, 특정한 주의 근로시간은 48시간을 초과할 수 없다.
② 사용자는 근로자대표와의 서면 합의에 따라 다음 각 호의 사항을 정하면 3개월 이내의 단위기간을 평균하여 1주 간의 근로시간이 제50조 제1항의 근로시간을 초과하지 아니하는 범위에서 특정한 주에 제50조 제1항의 근로시간을, 특정한 날에 제50조 제2항의 근로시간을 초과하여 근로하게 할 수 있다. 다만, 특정한 주의 근로시간은 52시간을, 특정한 날의 근로시간은 12시간을 초과할 수 없다.
1. 대상 근로자의 범위
2. 단위기간(3개월 이내의 일정한 기간으로 정하여야 한다)
3. 단위기간의 근로일과 그 근로일별 근로시간
4. 그 밖에 대통령령으로 정하는 사항

CHAPTER 4 인사관리

안심Touch

05 임금 & 복리후생

(1) 임금

① 의 의
사용자가 근로의 대가로 근로자에게 임금, 봉급, 그 밖에 어떠한 명칭으로든지 지급하는 일체의 금품

② 종 류

구 분	내 용
연공급	근속연수에 따라 임금수준을 결정하는 방식
직무급	직무가 가지고 있는 상대적 가치를 평가하여 그에 상응하는 보수를 결정하는 방식
직능급	직무수행능력(노동력의 가치)에 따라 보수를 지급하는 방식
자격급	자격취득에 따라 보수에 차이를 두는 방식
성과급제	직무수행 성과에 따라 보수를 차등적으로 지급하는 방식

(2) 복리후생

① 의 의
기업이 종업원에게 지급하는 보상의 한 종류로 종업원의 동기부여에 공헌한다.

② 카페테리아식 복리후생

ㄱ 의 의
기업이 일방적으로 제공하는 복리후생이 아니라 종업원 니즈에 맞는 복리후생 항목과 수혜수준을 종업원이 자유롭게 선택하도록 하는 제도

ㄴ 장 점
종업원 개인이 선택권을 갖는다면 각자 욕구에 맞는 복리후생 설계가 가능하여 복리후생의 가치는 증대된다.

ㄷ 단 점
종업원 개인이 복리후생의 선택권을 갖는다면 복리후생 비용을 추정하기 어렵다.

③ 법정복리후생

ㄱ 1995년 고용보험의 실시로 고용보험을 포함한 건강보험, 연금보험, 산재보험 등 4대 보험 체계가 정립되었다.

ㄴ 우리나라에서 실시되는 복리후생으로는 고용보험, 건강보험, 연금보험, 산재보험, 퇴직연금, 유급휴가 제도 등이 있다.

(3) 성과배분제도

① 의 의
기업이 생산성 향상에 의해 얻어진 성과를 배분하는 제도로, 생산성 향상을 위한 인센티브 제도

② 종 류
㉠ 일반적 성과배분제도 : 상여금제, 이윤배분제, 종업원지주제도 등
㉡ 공장단위 성과배분제도 : 스캔런플랜(판매가치기준), 럭커플랜(부가가치 기준), 링컨플랜 (이윤분배 + 성과급 기준), 프렌치시스템(비용절감) 등

(4) 최저임금제도

① 최저임금제도의 의의
최저임금제도란 근로자의 생활안정과 근로능력향상을 목적으로 국가가 노·사 간의 임금결 정과정에 개입하여 근로자에게 임금의 최저수준을 보장하고, 사용자에게는 최저임금 수준 이상의 임금을 지급하도록 강제하는 제도를 말한다.

② 최저임금제의 필요성
㉠ 계약자유 원칙의 한계 보완 : 계약의 자유가 소유권과 결합하여 오히려 경제적 강자를 보호하고 경제적 약자를 지배하는 제도로 전환되는 한계를 보완
㉡ 사회적 약자 보호 : 생존임금과 생활임금을 보장하여 저임금 노동자 등의 사회적 약자들을 보호
㉢ 시장실패 보완 : 임금이 하락함에도 불구하고 노동공급은 줄어들지 않고 계속 증가하여 임금이 계속 떨어지는 현상인 왜곡된 임금구조를 개선
㉣ 유효수요 증대 : 저소득층의 한계소비성향을 높여 사회 전반적인 수요 증대

③ 최저임금의 결정기준
최저임금은 근로자의 생계비, 유사 근로자의 임금, 노동생산성 및 소득분배율 등을 고려하여 정한다.

④ 최저임금의 적용
사용자는 최저임금의 적용을 받는 근로자에게 최저임금액 이상의 임금을 지급해야 한다. 최 저임금액보다 적은 임금을 지급한 자에게는 3년 이하의 징역 또는 2천만원 이하의 벌금에 처한다(최저임금법 제28조 제1항).

⑤ 최저임금의 효력
㉠ 최저임금의 지급의무
㉡ 임금수준의 저하 금지
㉢ 근로계약의 변경(근로계약 중 최저임금액에 미치지 못하는 금액을 임금으로 정한 부분은 무효)
㉣ 도급인 및 직상수급인의 연대책임

01

서울시 7급 2019

☑ 확인
Check!

| ○ |
| △ |
| × |

직무급(job-based payment)에 대한 설명으로 가장 옳지 않은 것은?

① 직무급의 임금체계를 도입하기 위해서 직무평가가 선행적으로 요구된다.

② 직원의 연령, 근속 연수, 학력 등 속인적 요소가 강조된다.

③ 동일노동에 대한 동일임금의 원칙에 입각한 임금체계이다.

④ 조직내 직무들간 상대적 가치를 기준으로 임금이 결정된다.

해설 콕

직무급은 직원의 연령, 근속 연수, 학력 등 속인적 요소가 반영되는 것이 아닌 직무의 난이도, 직무의 위험 등이 반영되어 임금이 결정된다.

정답 ②

02

가맹거래사 2017

☑ 확인
Check!

| ○ |
| △ |
| × |

직무급에 관한 설명으로 옳지 않은 것은?

① 동일노동에 대한 동일임금의 원칙에 기반한다.

② 임금을 산정하는 절차가 단순하다.

③ 능력주의 인사풍토 조성에 도움이 된다.

④ 연공주의 풍토 하에서는 직무급 도입에 저항이 크다.

⑤ 직무를 평가하여 직무의 상대적 가치를 기준으로 임금을 결정한다.

해설 콕

직무급은 직무의 상대적 가치에 의해 임금이 결정되는 방식으로 직무의 상대적 가치를 평가하는 기준이 명확하지 않고 평가 방식 또한 복잡하다.

① 직무급 하에서는 같은 일을 할 경우에는 같은 임금이 지급된다.

③ 높은 임금을 받기 위해서는 어렵고 힘든 업무를 수행해야 하기에 어렵고 힘든 업무를 수행하기 위한 자기개발에 집중한다.

④ 직무의 변화가 없다면 근속연수가 오래되어도 동일한 임금을 받아야 하기에 연공주의 하에서는 직무급의 도입에 저항이 클 수밖에 없다.

⑤ 직무급은 직무의 상대적 가치에 의해 임금이 결정되는 방식이다.

정답 ②

03

직무급의 특징에 관한 설명으로 옳지 않은 것은?

① 직무의 상대적 가치에 따라 개별임금이 결정된다.
② 능력주의 인사풍토 조성에 유리하다.
③ 인건비의 효율성이 증대된다.
④ 동일노동 동일임금 실현이 가능해진다.
⑤ 시행 절차가 간단하고 적용이 용이하다.

> **해설 콕** ....
>
> 직무급은 그 시행 절차가 복잡하고, 기존의 학력이나 연공중심의 풍토에서 오는 저항이 강해서 적용이
> 어렵다.
>
> 정답 ⑤

04

경영지도사 2020

직무급(job-based pay)에서 중요하게 고려하는 요소는?

① 직무의 상대적 가치
② 기업의 매출 성과
③ 근속연수
④ 최저생계비
⑤ 직무수행 능력

> **해설 콕** ....
>
> 직무급은 직무가 가지고 있는 상대적 가치를 평가하여 그에 상응하는 보수를 결정하는 방식이다.
> ② 기업의 매출 성과를 고려하는 것은 성과급제이다.
> ③ 근속연수를 고려하는 것은 연공급이다.
> ④ 최저생계비를 고려하는 것은 최저임금제이다.
> ⑤ 직무수행 능력을 고려하는 것은 직능급이다.
>
> 정답 ①

05

경영지도사 2015

기업내 직무들 간의 상대적 가치를 기준으로 임금을 결정하는 유형은?

① 직무급(Job-based pay)

② 연공급(Seniority-based pay)

③ 역량위주의 임금(Competency-based pay)

④ 스킬위주의 임금(Skill-based pay)

⑤ 개인별 인센티브(Individual incentive plan)

기업내 직무들 간의 상대적 가치를 기준으로 임금을 결정하는 유형은 직무급(Job-based pay)이고, 근속연수에 비례해서 임금이 지급되는 방식은 연공급(Seniority-based pay)이다.

정답 ①

06

경영지도사 2018

임금체계에 관한 설명으로 옳지 않은 것은?

① 임금체계란 기업의 임금총액을 종업원 수로 나눈 것이다.

② 직무급이란 직무들을 평가하여 직무의 상대적 가치에 따라 임금을 결정하는 것이다.

③ 연공급이란 종업원의 근속연수, 학력 등을 기준으로 임금을 결정하는 것이다.

④ 직능급은 종업원이 보유하고 있는 직무수행능력을 기준으로 임금을 결정하는 것이다.

⑤ 임금의 내부공정성은 기업이 허용임금 총액을 종업원들에게 어떻게 배분하는냐와 관련이 있다.

기업의 임금총액을 종업원 수로 나눈 것은 기업의 평균임금이다.

정답 ①

07

공인노무사 2015

☑ 확인
Check!

○
△
✕

임금관리에 관한 설명으로 옳지 않은 것은?

① 임금체계는 공정성이 중요한 관심사이다.

② 연공급은 근속연수를 기준으로 임금을 차등화하는 제도이다.

③ 직무급은 직무의 표준화와 전문화가 선행되어야 한다.

④ 직능급은 동일 직무를 수행하면 동일 임금을 지급한다.

⑤ 임금수준을 결정하는 주요 요인에는 기업의 지불능력과 생산성 등이 있다.

> 직능급은 종업원의 직무수행능력을 기준으로 임금수준을 결정하는 것이다.
>
> 정답 ④

08

공인노무사 2016

☑ 확인
Check!

○
△
✕

임금수준의 관리에 관한 설명으로 옳지 않은 것은?

① 대외적 공정성을 확보하기 위해서는 노동시장의 임금수준 파악이 필요하다.

② 기업의 임금 지불능력을 파악하는 기준으로 생산성과 수익성을 들 수 있다.

③ 임금수준 결정시 선도전략은 유능한 종업원을 유인하는 효과가 크다.

④ 임금수준의 관리는 적정성의 원칙을 지향한다.

⑤ 임금수준의 하한선은 기업의 지불능력에 의하여 결정된다.

> 임금수준의 하한선은 생계비에 의하여 결정되며, 기업의 지불능력은 기업의 경제적 목표달성도와 관련이 있다.
>
> 정답 ⑤

안심Touch

인적자원계획 및 평등고용기회에 관한 설명으로 가장 적절하지 않은 것은?

① 인적자원계획(human resource planning)은 조직이 전략적 목표를 달성할 수 있도록 사람들의 수요와 가용성을 분석하고 확인하는 과정이다.

② 기업의 인력과잉 대처방안에는 임금의 삭감, 자발적 이직프로그램의 활용, 근로시간 단축 등이 있다.

③ 임금공정성(pay equity)은 실제 성과가 상당히 달라도 임무 수행에 요구되는 지식, 기술, 능력 수준이 유사하면 비슷한 수준의 급여가 지급되어야 한다는 개념이다.

④ 적극적 고용개선조치(affirmative action)는 여성, 소수집단, 장애인에 대해 역사적으로 누적된 차별을 해소하기 위한 적극적인 고용제도이다.

⑤ 고용주는 적법한 장애인에게 평등한 고용기회를 주기 위해 합리적인 편의(reasonable accommodation)를 제공해야 한다.

임금공정성(pay equity)에 의하면 실제 성과가 다를 경우 다른 급여가 지급되어야 한다.

정답 ③

임금공정성(pay equity)

1. 개 념

종업원이 받는 임금이 공정하게 대우 받았다는 지각을 임금공정성(pay equity)이라 한다.

2. 유 형

① 외부적 공정성 : 외부 조직의 유사한 직무를 수행하는 사람과 임금을 비교하여 거의 동일한 임금을 받을 때의 공정을 외부적 공정성이라 한다.

② 내부적 공정성 : 동일 조직내 상이한 직무를 담당하고 있는 종업원들 사이의 공정을 내부적 공정성이라 한다.

③ 개인적 공정성 : 동일 조직내 동일한 업무를 담당하고 있는 종업원들 사이의 연공, 공헌 등의 차이로 인해 발생하는 임금격차에 대한 공정을 개인적 공정성이라 한다.

임금체계에 대한 설명으로 옳지 않은 것은?

① 연공급 체계는 고용의 안정성과 직원의 귀속의식을 향상시킨다.

② 직무급 체계는 각 직무의 상대적 가치를 기준으로 임금을 결정한다.

③ 직능급 체계는 '동일노동 동일임금(Equal Pay for Equal Work)'이 적용된다.

④ 직능급 체계는 직원의 자기개발 의욕을 자극한다.

'동일노동 동일임금(Equal Pay for Equal Work)'은 직무급에 해당한다.

정답 ③

11

공인회계사 **2021**

성과관리와 보상제도에 관한 설명으로 가장 적절하지 않은 것은?

① 중요사건법(critical incident method)은 평가자가 전체 평정기간 동안 피평가자에 의해 수행된 특별히 효과적인 또는 비효과적인 행동 내지 업적 모두를 작성하도록 요구한다.

② 법정 복리후생은 국가가 사회복지의 일환으로 기업의 종업원들을 보호하기 위해 법률 제정을 통해 기업으로 하여금 강제적으로 도입하도록 한 제도를 말한다.

③ 성과관리(performance management)는 경영자들이 종업원들의 활동과 결과물이 조직 목표와 일치하는 지를 확인하는 과정을 말한다.

④ 변동급 체계는 직무가치와 급여조사에서 나온 정보를 사용하여 개발되며, 직무가치는 직무평가나 시장가격책정을 사용하여 결정될 수 있다.

⑤ 종업원의 관리자 평가는 유능한 관리자를 확인하고 관리자의 경력개발 노력을 향상시키는 데 기여할 수 있다.

해설 콕

직무가 가지고 있는 상대적 가치를 평가하여 그에 상응하는 보수를 결정하는 방식은 직무급으로 이는 기본급에 해당한다.

정답 ④

12

공인회계사 **2015**

보상관리에 관한 설명으로 가장 적절한 것은?

① 회사 재직 중에 종업원의 직무가 변하지 않을 경우, 직무급을 도입하면 종업원의 장기근속을 유도할 수 있다.

② 임금수준이란 개인이 받는 임금의 크기를 의미하며, 임금수준을 결정할 때에는 기업의 지불능력을 고려해야 한다.

③ 직능급을 도입할 경우, 우수 인재를 계속 보유하고 능력개발을 유도하는 장점이 있다.

④ 직무급은 직무담당자의 능력, 태도, 성과에 의해 결정된다.

⑤ 럭커플랜(Rucker plan)은 매출액을 기준으로 성과배분액을 계산하며, 종업원 제안제도를 채택하고 있다.

해설 콕

직능급은 능력에 따른 임금을 책정하는 것으로 우수 인재를 계속 보유하고 능력개발을 유도하는 장점이 있다.

① 회사 재직 중에 종업원의 직무가 변하지 않을 경우, 종업원의 장기근속을 유도하기 위해선 직무급이 아닌 근속년수가 증가할수록 임금이 증가하는 연공급을 도입하여야 한다.

② 임금수준은 개인이 받는 임금의 크기가 아니라 종업원에게 지급되는 평균임금을 의미한다. 임금수준을 결정할 때에는 기업의 지불능력 외 생계비 및 업계의 평균임금 등을 고려해야 한다.

④ 직무담당자의 능력, 태도, 성과에 의해 임금이 결정되는 것은 직능급이다.

⑤ 매출액을 기준으로 성과배분액을 계산하며, 종업원 제안제도를 채택하고 있는 것은 스캔론플랜이다.

정답 ③

13

☑ 확인
Check!

○
△
×

보상관리에 관한 설명 중 가장 적절한 것은?

① 보상관리 전략은 기업 성장주기(life cycle)와 관련이 있는데, 초기와 성장기에는 복리후생을 중시하고 안정기와 쇠퇴기에는 성과급을 강조하는 것이 일반적이다.
② '동일노동 동일임금'의 원칙을 실시하기 위해서는 연공급보다 직무급이 더 적합하다.
③ 임금조사(wage survey)를 통해 경쟁사 및 유사한 조직체의 임금자료를 조사하는 것은 보상관리의 내적 공정성을 확보하기 위해서이다.
④ 연공급의 문제점을 극복하기 위한 방안으로 제시된 직능급에서는 직무의 중요도, 난이도, 위험도 등이 반영된 직무의 상대가치를 기준으로 보상수준이 결정된다.
⑤ 스캔론플랜과 럭커플랜은 개인의 업무성과를 기초로 임금수준을 정하는 개인성과급 제도이다.

> 🔖 해설 콕 ···
>
> ① 보상관리 전략은 기업 성장주기(life cycle)와 관련이 있는데, 초기와 성장기에는 성과급을 중시하고 안정기와 쇠퇴기에는 복리후생을 강조하는 것이 일반적이다.
> ③ 임금조사(wage survey)를 통해 경쟁사 및 유사한 조직체의 임금자료를 조사하는 것은 보상관리의 외적 공정성을 확보하기 위해서이다.
> ④ 연공급의 문제점을 극복하기 위해 직무의 중요도, 난이도, 위험도 등이 반영된 직무의 상대가치를 기준으로 보상수준이 결정되는 것은 직무급이다.
> ⑤ 스캔론플랜과 럭커플랜은 개인의 업무성과를 기초로 하는 것이 아닌 집단의 업무성과를 기초로 임금수준을 정하는 집단성과급 제도이다.
>
> 정답 ②

14

☑ 확인
Check!

○
△
×

성과배분(gain sharing)에 관한 설명으로 옳지 않은 것은?

① 성과배분은 생산비 또는 원가의 절감효과를 측정하여 팀 또는 작업장 수준에서 배분하는데 초점을 둔다.
② 성과표준치는 스캔론플랜(Scanlon Plan)이 생산물 판매가액 대비 인건비를 사용하는데 반해 럭커플랜(Rucker Plan)은 부가가치 대비 인건비를 사용한다.
③ 프렌치시스템(French system)은 총투입액, 기대총산출액, 총산출액을 기준으로 하여 절약액의 성과를 계산한다.
④ 스캔론플랜과 럭커플랜이 노무비 절감에 중점을 두는데 반해 프렌치시스템은 모든 비용의 절감을 목표로 한다.
⑤ 스캔론플랜에서는 발생한 이득 모두를 사원에게 배분하는데 반해 럭커플랜은 발생한 이득을 사전 합의된 비율에 따라 회사가 사원과 배분한다.

>  해설 콕 ···
>
> 스캔론플랜에서는 발생한 이득은 중 일부를 회사와 사원이 갖게 된다.
>
> 정답 ⑤

15

공인노무사 2018

☑ 확인
Check!
○
△
×

다음에서 설명하는 것은?

- 기업이 주어진 인건비로 평시보다 더 많은 부가가치를 창출하였을 경우, 이 초과된 부가가치를 노사협동의 산물로 보고 기업과 종업원 간에 배분하는 제도
- 노무비 외 원재료비 및 기타 비용의 절감액도 인센티브 산정에 반영함

① 연봉제
② 개인성과급제
③ 임금피크제
④ 럭커플랜
⑤ 스캔론플랜

해설 콕 ··

럭커플랜은 성과배분이 부가가치 기준으로 산정되는 제도로 기업이 주어진 인건비로 평시보다 더 많은 부가가치를 창출하였을 경우 이 초과된 부가가치를 노사협동의 산물로 보고 기업과 종업원 간에 배분하는 제도이다.
① 연봉제는 개별 구성원의 능력·실적 및 조직 공헌도 등을 평가해 계약에 의해 연간 임금액을 책정하는 보수 체계이다.
② 개인성과급제는 노동의 성과를 측정하여 그 결과에 따라 임금을 지급하는 제도이다.
③ 임금피크제는 근로자들의 임금을 삭감하지 않고 고용을 유지하기 위해 근무시간을 줄여 고용을 보장하기 위한 제도이다.
⑤ 스캔론플랜은 생산액의 변동에 임금을 연결시켜 산출하는 것으로 일정기간 동안 구성원과 조직이 기대한 원가절감액에서 실제 절약한 비용을 뺀 나머지를 모든 구성원들에게 금전적 형태로 제공하는 제도이다.

정답 ④

16

공인회계사 2020

☑ 확인
Check!
○
△
×

보상제도에 관한 설명으로 가장 적절하지 않은 것은?

① 연공급(seniority-based pay)은 기업에서 종업원들의 근속연수나 경력 등의 연공요소가 증가함에 따라 그들의 숙련도나 직무수행능력이 향상된다는 논리에 근거를 둔다.
② 종업원에게 지급되는 직접적 형태의 보상에는 기본급(base pay), 변동급(variable pay), 복리후생(benefits) 등이 있다.
③ 임금피크제(salary peak system)란 일정의 연령부터 임금을 조정하는 것을 전제로 소정의 기간 동안 종업원의 고용을 보장하거나 연장하는 제도이다.
④ 이윤분배제도(profit-sharing plan)는 기업에 일정 수준의 이윤이 발생했을 경우 그 중의 일정 부분을 사전에 노사의 교섭에 의해 정해진 배분방식에 따라 종업원들에게 지급하는 제도이다.
⑤ 연봉제는 종업원 개인 간의 지나친 경쟁의식을 유발하여 위화감을 조성하고 조직내 팀워크를 약화시키며, 단기 업적주의의 풍토를 조장할 수 있다는 단점이 있다.

안심Touch

복리후생(benefits)은 간접적 형태의 보상이다.
- **직접적 보상** : 기본급, 기준 외 임금(직무수당, 자격수당), 상여금 등
- **간접적 보상** : 복리후생, 보험, 주택지원 등

정답 ②

17 공인회계사 2018

임금 및 보상에 관한 설명으로 가장 적절하지 않은 것은?

① 직무급은 해당기업에 존재하는 직무들을 평가하여 상대적 가치에 따라 임금을 결정하는 방식이다.
② 서열법, 분류법, 요소비교법, 점수법은 직무의 상대적 가치를 평가하는 방법이다.
③ 내재적 보상이 클수록 임금의 내부공정성이 높아지고, 외재적 보상이 클수록 임금의 외부공정성이 높아진다.
④ 직능급은 종업원이 보유하고 있는 직무수행능력을 고려하여 임금을 결정하는 방식이다.
⑤ 기업의 지불능력, 종업원의 생계비 수준, 노동시장에서의 수요와 공급 등은 기업의 임금수준을 결정하는 요인이다.

내재적 보상과 내부공정성의 관계와 외재적 보상과 외부공정의 관계에는 아무런 연관 관계가 존재하지 않는다.

정답 ③

참고 용어 설명
- **내재적 보상** : 일을 수행하는 과정에서 느끼는 만족감
- **내부공정성** : 조직내 다른 직원과 비교했을 때 느끼는 공정성
- **외재적 보상** : 급여나 작업조건 같은 근무로 인해 동반되는 혜택
- **외부공정성** : 동일한 일을 하는 다른 기업 직원과의 비교했을 때 느끼는 공정성

18

공인회계사 2016

☑ 확인
Check!
○
△
×

임금 및 보상에 관한 설명으로 가장 적절하지 않은 것은?

① 직무급은 종업원이 맡은 직무의 상대적 가치에 따라 임금을 결정하는 방식이다.

② 해당 기업의 종업원이 받는 임금수준을 타 기업 종업원의 임금수준과 비교하는 것은 임금의 외부공정성과 관련이 있다.

③ 해당 기업내 종업원간의 임금수준의 격차는 임금의 내부공정성과 관련이 있다.

④ 직능급은 종업원이 보유하고 있는 직무수행능력을 기준으로 임금을 결정하는 방식이다.

⑤ 기업의 임금체계와 임금의 내부공정성은 해당 기업의 지불능력, 생계비 수준, 노동시장에서의 임금수준에 의해 결정된다.

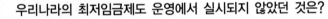 해설 콕

기업의 임금체계와 임금의 <u>외부공정성</u>은 해당 기업의 지불능력, 생계비 수준, 노동시장에서의 임금수준에 의해 결정된다.

정답 ⑤

19

경영지도사 2019

☑ 확인
Check!
○
△
×

우리나라의 최저임금제도 운영에서 실시되지 않았던 것은?

① 업종별 차등 적용

② 지역별 차등 적용

③ 직무별 차등 적용

④ 사업체 규모별 차등 적용

⑤ 근로자 연령별 차등 적용

해설 콕

1988년 최저임금이 시행된 이래로 지역별로 차등 적용되어 실시된 적은 없다.

정답 ②

20

최저임금제의 필요성으로 옳지 않은 것은?

① 계약자유 원칙의 한계 보완

② 저임금 노동자 보호

③ 임금인하 경쟁 방지

④ 유효수요 창출

⑤ 소비자 부담 완화

해설 콕

최저임금제의 필요성으로 소비자 부담 완화는 적절치 못하다.

정답 ⑤

참고 최저임금제의 필요성

- **계약자유 원칙의 한계 보완** : 계약의 자유가 소유권과 결합하여 오히려 경제적 강자를 보호하고 경제적 약자를 지배하는 제도로 전환되는 한계를 보완
- **사회적 약자 보호** : 생존임금과 생활임금을 보장하여 저임금 노동자 등의 사회적 약자들을 보호
- **시장실패 보완** : 임금이 하락함에도 불구하고 노동공급은 줄어들지 않고 계속 증가하여 임금이 계속 떨어지는 현상인 왜곡된 임금구조를 개선
- **유효수요 증대** : 저소득층의 한계소비성향을 높여 사회 전반적인 수요 증대

21

최저임금제도와 관련이 없는 것은?

① 계약자유의 존중

② 저임 근로자 보호

③ 임금인하 경쟁 방지

④ 유효수요 창출

⑤ 사회 안정

해설 콕

최저임금제는 국가가 임금 수준의 최저한도를 정하고 사용자로 하여금 이를 준수하도록 법적으로 강제하는 제도로서 임금의 수준은 근로계약 당사자들이 자유롭게 정하는 것이 원칙이나, 사적 자치에만 맡겨두면 당사자 간의 힘의 불균형으로 말미암아 근로자의 인간다운 생활을 해칠 정도로 낮은 임금이 책정·지급될 우려가 크다. 따라서 최저임금제는 계약자유 원칙의 한계를 보완하는 제도로 볼 수 있다.
② 저임 근로자 보호를 위해 임금의 하한선을 설정한다.
③ 임금의 하한선인 최저임금 이상의 임금으로 노동자의 임금을 설정한다.
④ 불황기에도 최저임금 이상의 임금을 받을 수 있기에 유효수요 창출이 가능하다.
⑤ 경제적으로 생활가능한 수준의 최저임금으로 생활 안정 효과가 발생한다.

정답 ①

경영지도사 2017

기업이 임금피크제를 도입하는 배경으로 볼 수 있는 것을 모두 고른 것은?

ㄱ. 고령화 사회
ㄴ. 세계화로 인한 무한경쟁체제로의 돌입
ㄷ. 지식집약산업의 확대에 따른 노동력 수요 증가
ㄹ. 단기적 임금인상보다 고용안정을 선호하는 근로자의 욕구

---

① ㄱ, ㄴ, ㄷ   ② ㄱ, ㄴ, ㄹ

③ ㄱ, ㄷ, ㄹ   ④ ㄴ, ㄷ, ㄹ

⑤ ㄱ, ㄴ, ㄷ, ㄹ

🖑해설 콕 ·····

지식집약산업의 확대에 따른 노동력 수요 증가는 임금피크제 도입 배경이라기보다는 오늘날 산업형태와 노동시장의 모습이다.
ㄱ. 고령화 사회로 연금 지급시기가 60세에서 65세로 늦어짐에 따라 노후의 소득보전의 필요성이 커졌다.
ㄴ. 세계화로 인한 무한경쟁체제로의 돌입함에 따라 인건비 절감을 통한 경쟁력 제고의 필요성이 커졌다.
ㄹ. 단기적 임금인상으로 노후에 퇴직압력을 받는 것보다는 노후까지 고용이 안정적인 것을 선호하는 성향이 커졌다.

정답 ②

안심Touch

CHAPTER **5**

생산운영관리

01 생산운영 및 관리

(1) 생산시스템의 의의

시스템은 하나의 전체를 이루도록 각각이 서로간 유기적으로 관련된 형태이며, 이는 환경과도 연관되어 있으며, 개체간 관계로서 결합된 개체들의 집합을 말한다.

(2) 생산시스템의 특징

① 생산시스템은 일정한 개체들의 집합이다.
② 생산시스템의 각 개체들은 각기 투입, 과정, 산출 등의 기능을 담당한다.
③ 단순하게 개체들을 모아놓은 것이 아닌 의미가 있는 하나의 전체이며, 어떠한 목적을 달성하는데 기여할 수 있다.
④ 각각의 개체는 각자의 고유 기능을 갖지만 타 개체와의 관련을 통해서 비로소 전체의 목적에 기여할 수 있다.
⑤ 생산시스템의 경계 외부에는 환경이 존재한다.

(3) 생산시스템의 유형

① 주문생산시스템 및 예측생산시스템(생산의 형태에 따라)
② 다품종 소량생산시스템과 소품종 다량생산시스템(제품의 종류 또는 생산량에 따라)
③ 연속생산, 반복생산 및 단속생산시스템(중단 여부에 따라)
  ㉠ 연속생산시스템 : 중단 없이 지속적으로 가동 생산되는 방식으로 화학, 정유, 시멘트 산업 등과 같은 화학적인 공정을 필요로 하는 산업들이 대표적이다.
  ㉡ 반복생산시스템 : 일정 크기의 로트를 설정해서 작업 실행 및 작업 중단을 반복하는 생산 방식으로 TV, 자동차, 전화기 등의 여러 분야에 활용되고 있다.
  ㉢ 단속생산시스템 : 주문된 제품의 수량 및 납기 등에 맞추어 생산하는 방식이다.

01

A기업은 8월에는 제품 2천 4백개를 생산했으며, 9월에는 2천개를 생산했다. 8월 한 달 동안 풀타임(160시간/월) 직원 6명과 파트타임(100시간/월) 직원 4명이 근무했다. 9월 한 달 동안 풀타임(160시간/월) 직원 6명과 파트타임(40시간/월) 직원 2명이 근무했다. A기업의 8월 대비 9월 '직원 근무 시간당 생산성'의 변화율(%)은?(단, 소수점 셋째자리에서 반올림한다)

① -17.65
② -1.76
③ 8.97
④ 15.84

해설 콕

- 8월 총 노동시간 = (160시간×6) + (100시간×4) = 1,360시간
- 8월 제품 생산량 = 2,400개
- 8월 근무 시간당 생산성 = $\dfrac{2,400개}{1,360시간}$ ≒ 1.76471개/시간
- 9월 총 노동시간 = (160시간×6) + (40시간×2) = 1,040시간
- 9월 제품 생산량 = 2,000개
- 9월 근무 시간당 생산성 = $\dfrac{2,000개}{1,040시간}$ ≒ 1.92308개/시간
- ∴ 직원 근무 시간당 생산성 변화율 = $\dfrac{1.92308 - 1.76471}{1.76471} \times 100$ ≒ 8.97

정답 ③

02

다음은 장기적인 생산능력(capacity)의 측정과 평가에 대한 설명이다. 가장 적절하지 않은 것은?

① 유효생산능력(effective capacity)은 설계생산능력(design capacity)을 초과할 수 없다.
② 실제산출률(실제생산능력)은 유효생산능력을 초과할 수 없다.
③ 생산능력이용률(utilization)은 생산능력 효율(efficiency)을 초과할 수 없다.
④ 설계생산능력이 고정된 상태에서 실제산출률이 증가하면 생산능력이용률은 향상된다.
⑤ 효과적인 생산관리 활동(제품 및 공정설계, 품질관리 등)을 통해 실제산출률은 증가하지만 유효생산능력은 변하지 않는다.

효과적인 생산관리 활동(제품 및 공정설계, 품질관리 등)을 통해 유효생산능력은 증가한다. 하지만 실제 산출량이 증가하는지는 명확하지 않다.

① 유효생산능력은 설계생산능력보다 작거나 같다.

② 유효생산능력은 생산가능한 최대생산량이며, 실제산출량은 실제 달성된 생산량으로 실제 상황에서는 기계의 고장이나 외부 환경 요인 등에 의해 산출량이 유효생산능력보다 적게 된다.

③ 생산능력이용률은 $\dfrac{\text{실제산출률}}{\text{설계생산능력}} \times 100$이고, 생산능력 효율은 $\dfrac{\text{실제산출률}}{\text{유효생산능력}} \times 100$ 이다. 유효생산능력이 설계생산능력보다 클 수는 없기에 생산능력이용률이 생산능력 효율을 초과하지 못한다.

④ 생산능력이용률은 실제생산량과 설계생산능력의 비율로 설계생산능력이 고정된 상태에서 실제산출률이 증가하면 생산능력이용률은 향상된다.

정답 ⑤

03 국가직 7급 2015

☑ 확인 Check!
○
△
×

커피를 생산하는 기업의 경쟁우위 확보를 위한 수단 및 효과에 대한 설명으로 옳지 않은 것은?

① 제품 생산 프로세스를 바꾸어 동일품질의 제품을 생산하는데 걸리는 시간을 단축하였다.

② 모든 구성원을 대상으로 종합적 품질경영에 참여하도록 독려하여 고객만족도를 향상시켰다.

③ 신기술 도입으로 원두 가공방식을 수정하여 커피의 품질을 향상시켰다.

④ 제품을 납품하는 대형마트의 재고시스템과 연계된 생산시스템을 도입하여 재고회전율을 낮췄다.

• 재고회전율 $= \dfrac{\text{매출원가}}{\text{평균재고자산}}$

재고시스템과 연계된 생산시스템을 도입하면 재고자산 도입과 판매가 원활하게 되므로 매출원가는 증가한다. 따라서 재고회전율 또한 높아지게 된다.

정답 ④

04

☑ 확인
Check!
○
△
×

자동차 제조기업 A사는 B국에 단순 수출이 아닌 자회사 설립을 준비하고 있다. A사가 B국에 해외직접투자를 하는 이유로 옳지 않은 것은?

① B국의 유통망 및 대정부 관계취약에서 발생하는 외국인 비용을 절감하기 위한 경우
② B국의 기술 및 브랜드와 같은 경영자원을 내부화하기 위한 경우
③ B국의 A사 신제품에 대한 소비 시점이 A사 자국내 소비 시점과 동일한 경우
④ B국의 환율 위험 및 무역장벽 회피를 위한 경우

 해설 콕 ·····

B국의 A사 신제품에 대한 소비 시점이 A사 자국내 소비 시점과 동일한 경우에 자회사를 설립하지 않고 수출하는 것이 더 효율적이다.

정답 ③

05

☑ 확인
Check!
○
△
×

제시된 생산운영관리의 목표를 달성하기 위한 방안 및 이에 관한 설명으로 가장 적절한 것은?

① 원가절감 : 설비 가동률의 최소화를 통한 규모의 경제(economies of scale) 달성
② 제품개발 시간의 단축 : 지도카(Jidoka) 및 안돈(Andon)의 도입을 통한 제품개발 프로세스 개선 및 고객중심설계 적용
③ 제품 믹스(mix)의 유연성 강화 : 작업준비시간(set-up time)의 단축 및 차별화지연 (delayed differentiation) 등의 활용
④ 품질향상 : 식스 시그마(Six Sigma)의 적용을 통한 프로세스 변동성(variation)의 최대화
⑤ 흐름시간(flow/throughput time)의 단축 : 프로세스 개선을 통한 재공품(work-in-process) 재고 및 주기시간(cycle time)의 최대화

 해설 콕 ·····

① 설비 가동률을 최대화해야 원가절감이 가능하다.
② 지도카(Jidoka) 및 안돈(Andon)의 도입은 품질향상과 관련이 있다.
④ 식스 시그마(Six Sigma)의 적용을 통해 프로세스 변동성(variation)을 최소화해야 품질향상이 가능하다.
⑤ 프로세스 개선을 통해 재공품(work-in-process) 재고 및 주기시간(cycle time)을 최소화해야 흐름시간(flow/throughput time)의 단축이 가능하다.

정답 ③

06

국가직 7급 2020

다국적기업이 선택할 수 있는 네 가지 전략을 평가하는 통합-적응모형(Integration-Responsiveness framework)에 대한 설명으로 옳지 않은 것은?

① 글로벌-표준화 전략(global-standardization strategy)은 높은 수준의 비용절감 압박과 낮은 수준의 현지적응 압박이 결합하여 나온 것이다.

② 국제적 전략(international strategy)은 상대적으로 규모가 큰 내수시장이 있고, 강력한 명성과 브랜드를 보유한 다국적기업들이 주로 사용한다.

③ 다국적 전략(multi-domestic strategy)을 추구하는 다국적기업들은 현지적응을 최대화하려고 시도한다.

④ 초국가적 전략(transnational strategy)을 추구하는 다국적기업이 창출하는 가치 대부분이 현지국에서 창출되기 때문에 환위험(foreign exchange risk)에 적게 노출된다.

 해설 콕 ···

초국가적 전략(transnational strategy)을 추구하는 다국적기업이 창출하는 가치 대부분이 현지국에서 창출되기 때문에 환위험(foreign exchange risk)에 많이 노출된다.

정답 ④

참고 다국적기업의 전략

• **글로벌-표준화 전략**(global-standardization strategy) : 저원가 우위를 통해 표준화된 제품을 개발하고 유통하는 전략
• **국제적 전략**(international strategy) : 자국에서 개발되는 차별화 상품을 해외시장에 이전함으로써 가치를 창조하는 전략
• **다국적 전략**(multi-domestic strategy) : 몇 개의 국가 혹은 지역에 대하여 각기 다른 시장으로 간주하여 적응하는 전략
• **초국가적 전략**(transnational strategy) : 원가 효율과 현재 대응 그리고 학습을 동시에 추구하는 전략

07

가맹거래사 2017

대량 맞춤화(mass customization)에 관한 내용이 아닌 것은?

① 개별고객을 만족시키기 위한 제품맞춤화
② 소프트웨어 융합을 통한 맞춤화 실현
③ 전용설비를 사용한 소품종 대량생산화
④ IT기술과 3D 프린터를 이용한 개별생산 가능
⑤ 일대일 마케팅의 현실화

해설 콕 ....

소품종 대량생산은 정해진 규격 내에서 소비자가 선택해야 하는 것으로 소비자 각각의 성향에 맞출 수 없다.

정답 ③

---

08 국가직 7급 2017

☑ 확인
Check!
○
△
✕

다양한 종류의 제품을 효율적으로 생산하기에 적합한 방식으로 옳지 않은 것은?

① 유연생산방식
② 린생산(Lean Production)방식
③ 대량생산방식
④ 컴퓨터지원설계·제조(CAD·CAM)방식

해설 콕 ....

대량생산방식은 소수의 제품을 대량으로 생산하는데 효율적인 생산방식이다.

정답 ③

---

09 가맹거래사 2018

☑ 확인
Check!
○
△
✕

GT(Group Technology)에 관한 설명으로 옳은 것은?

① 다품종 소량생산에서 유사한 가공물들을 집약·가공할 수 있도록 부품설계, 작업표준, 가공 등을 계통화시켜 생산효율을 높이는 기법
② 설계와 관련된 엔지니어링 지식을 병렬적으로 통합하는 기법
③ 제품설계, 공정설계, 생산을 완전히 통합하는 기법
④ 원가절감과 기능개선을 목적으로 가치를 향상시키는 기법
⑤ 기업전체의 경영자원을 최적으로 활용하기 위하여 업무 기능의 효율화를 추구하는 기법

해설 콕 ....

②·③·④ 동시공학(CE ; Concurrent Engineering)에 대한 설명이다.
⑤ 전사적자원관리(ERP ; Enterprise Resource Planning)에 대한 설명이다.

정답 ①

CHAPTER 5 생산운영관리

CHAPTER
5
생산운영관리

안심Touch

10

서울시 7급 2016

원가(cost)를 경쟁우선순위(competitive priority)로 하는 제조업체가 가지는 일반적인 특징으로 가장 옳은 것은?

① 다품종 소량생산체제를 가지고 있다.

② 다양한 일을 처리할 수 있도록 작업자들을 교차훈련시킨다.

③ 생산라인 자동화를 위한 투자가 비교적 많이 이루어진다.

④ 고객맞춤형 제품을 주력으로 생산한다.

①·②·④ 생산원가가 상승하는 원인이 되는 요인들이다.

정답 ③

11

서울시 7급 2019

기술혁신에 대한 설명으로 가장 옳지 않은 것은?

① 기술혁신은 주로 제품이나 서비스에 새로운 변화를 도입하여 실용화시켰을 때 나타난다.

② 기술혁신은 크게 공정혁신과 제품혁신으로 구분된다.

③ 공정혁신이란 조직이 그 구조, 절차, 관리방식 또는 정보통제시스템 등 경영관리체제와 관계된 새로운 제도를 도입하여 조직의 효율을 제고하는 혁신이다.

④ 제품혁신이란 새로운 시장 및 고객을 창출하거나 시장점유율을 높이기 위하여 신제품 혹은 신서비스를 개발하거나 기존의 제품 및 서비스를 개선하는 것을 뜻한다.

공정혁신은 생산과정에 관한 것으로 조직의 효율 제고와는 연관이 없다.

정답 ③

12

국가직 7급 2020

혁신에 대한 설명으로 옳은 것만을 모두 고르면?

> ㄱ. 존속적 혁신(sustaining innovation)은 기존의 기술을 지속해서 개선하되 기존의 시장에는 큰 영향을 주지 않는다.
> ㄴ. 선도기업은 존속적 혁신에 자원 대부분을 사용하기 때문에 파괴적 혁신(disruptive innovation)에 사용할 여유자원이 부족하다.
> ㄷ. 클레이튼 크리스텐슨(Clayton Christensen)은 혁신이 경제성장의 원동력인 동시에 경기순환을 발생시킨다고 처음으로 주장하였다.
> ㄹ. 보통 혁신의 산물인 독점적 이윤은 오래 지속되기 어렵다.

① ㄱ, ㄴ, ㄷ
② ㄱ, ㄴ, ㄹ
③ ㄱ, ㄷ, ㄹ
④ ㄴ, ㄷ, ㄹ

해설 콕

ㄷ. (×) 혁신이 경제성장의 원동력인 동시에 경기순환을 발생시킨다고 처음으로 주장한 사람은 슘페터이다.

정답 ②

13

국가직 7급 2017

기업의 연구개발(R&D) 활동에 대한 설명으로 옳지 않은 것은?

① 기술을 조달하는 전략은 자체 연구개발, 기술제휴, 기술도입(구입) 등으로 분류된다.
② 시장견인(Market Pull) 혹은 수요견인(Demand Pull)은 소비자의 요구가 기술개발의 동인이 된다는 것이다.
③ 연구개발은 일반적으로 기초연구(Basic Research), 개발연구(Development Research), 응용연구(Apply Research) 순서로 수행된다.
④ 기술 S-Curve란 특정기술이 발전하는 과정은 도입기, 발전기, 성숙기 및 쇠퇴기를 거치면서 S자 모양을 띤다는 기술예측 모형이다.

해설 콕

연구개발은 일반적으로 기초연구(Basic Research), 응용연구(Apply Research), 개발연구(Development Research) 순으로 수행된다.

정답 ③

14 가맹거래사 2015

☑ 확인
Check!
○
△
×

서비스시설과 관련된 입지요인이 아닌 것은?

① 고객과의 근접성
② 생산능력
③ 경쟁업자의 위치
④ 부지의 위치
⑤ 시장의 근접성과 운송비

생산능력은 생산설비와 작업자와 관련이 있지만 서비스시설 입지와는 관련이 없다.

정답 ②

15 국가직 7급 2018

☑ 확인
Check!
○
△
×

생산입지에 대한 설명으로 옳지 않은 것은?

① 원자재의 부피가 크거나 무겁다면 원자재 가공공장은 원자재 산지 근처에 두는 것이 유리하다.
② 지역별로 생활수준, 취업률, 노동인력의 숙련도 등이 다르기 때문에 임금수준의 격차가 발생한다.
③ 완제품의 수송비용이 많이 드는 경우에는 완제품 조립공장을 원자재 산지 근처에 두는 것이 유리하다.
④ 유사업체들이 이미 생산설비를 가동하고 있다면 원자재 공급업체 확보가 용이하다.

완제품의 수송비용이 많이 드는 경우에는 완제품 조립공장을 판매처 근처에 두는 것이 유리하다.

 정답 ③

☑ 확인
Check!
○
△
×

(주)가맹이 전자제품 조립공장 입지를 선정하기 위해 다음과 같이 3가지 대안에 관한 정보를 파악하였을 때, 입지대안 비교 결과로 옳지 않은 것은?

대 안	고정비(원)	단위당 변동비(원)
1	4,000	10
2	2,000	20
3	1,000	40

① 생산량이 40단위라면 대안 2와 대안 3의 입지비용은 동일하다.
② 생산량이 70단위라면 대안 2가 가장 유리하다.
③ 생산량이 100단위라면 대안 1과 대안 3의 입지비용은 동일하다.
④ 생산량이 200단위라면 대안 1과 대안 2의 입지비용은 동일하다.
⑤ 생산량이 210단위라면 대안 1이 가장 유리하다.

👆해설 콕 ··

① 생산량 40단위시
  • 대안 2의 입지비용=2,000원+(20원×40)=2,800원
  • 대안 3의 입지비용=1,000원+(40원×40)=2,600원
② 생산량 70단위시
  • 대안 1의 입지비용=4,000원+(10원×70)=4,700원
  • 대안 2의 입지비용=2,000원+(20원×70)=3,400원
  • 대안 3의 입지비용=1,000원+(40원×70)=3,800원
③ 생산량 100단위시
  • 대안 1의 입지비용=4,000원+(10원×100)=5,000원
  • 대안 3의 입지비용=1,000원+(40원×100)=5,000원
④ 생산량 200단위시
  • 대안 1의 입지비용=4,000원+(10원×200)=6,000원
  • 대안 2의 입지비용=2,000원+(20원×200)=6,000원
⑤ 생산량 210단위시
  • 대안 1의 입지비용=4,000원+(10원×210)=6,100원
  • 대안 2의 입지비용=2,000원+(20원×210)=6,200원
  • 대안 3의 입지비용=1,000원+(40원×210)=9,400원

정답 ①

CHAPTER 5

생산운영관리

안심Touch

한 투자자는 두 가지 투자대안을 고려하고 있으며, 그 성과는 앞으로의 불확실한 경제 상황에 따라 달라질 수 있다. 경제 상황별 발생 확률과 각 상황별 투자대안의 성과(순이익)가 표와 같을 때, 기대가치기준으로 의사결정나무 분석을 한다면 경제 상황에 대한 완전정보의 가치는 얼마인가?

대 안 \ 경제 상황	호 황	불 황
A1	200만원	−20만원
A2	150만원	30만원
발생 확률	0.3	0.7

① 15만원

② 20만원

③ 25만원

④ 30만원

해설 콕 ....

• 완전정보 이전의 기댓값
  ① A1의 기댓값=(200만원×0.3)+(−20만원×0.7)=46만원
  ② A2의 기대값=(150만원×0.3)+(30만원×0.7)=66만원
  ∴ 완전정보 이전의 기댓값은 기댓값의 크기가 큰 A2의 기댓값인 66만원이 된다.

• 완전정보하의 기댓값
  완전정보하의 기댓값=(200만원×0.3)+(30만원×0.7)=81만원

• 완전정보의 가치
  완전정보의 가치=완전정보하의 기댓값−완전정보 이전의 기댓값=81만원−66만원=15만원

정답 ①

18

공인회계사 2021

☑ 확인
Check!
○
△
✕

제품과 서비스의 생산에 관한 설명 중 적절한 항목만을 모두 선택한 것은?

> a. 서비스는 규격화가 용이하지 않으므로 제품에 비해 품질평가가 상대적으로 어렵다.
> b. 쉬메너(Shemenner)의 서비스 프로세스 매트릭스에서는 고객화의 정도와 노동집약도가 높은 경우를 서비스공장(service factory)으로 분류하고, 원가관리와 서비스품질 유지를 강조한다.
> c. 제품은 서비스에 비해 수요와 공급을 일치시키기 위한 평준화전략(level strategy)을 사용하기가 상대적으로 용이하다.
> d. 서비스는 생산프로세스에 대한 고객참여도가 높기 때문에 제품에 비해 산출물의 품질변동이 줄어든다.

① a
② c
③ a, b
④ a, c
⑤ c, d

🖐해설 콕 ·······

> b. (✕) 쉬메너(Shemenner)의 서비스 프로세스 매트릭스에서는 고객화의 정도와 노동집약도가 낮은 경우를 서비스 공장(service factory)으로 분류한다. 서비스 공장(service factory)의 목적은 대량 서비스를 통해 비용을 낮추는 것이다.
> d. (✕) 서비스는 생산프로세스에 대한 고객참여도가 높기 때문에 제품에 비해 산출물의 품질변동이 높아진다.

정답 ④

⚖참고· **쉬메너(Shemenner)의 서비스 프로세스 매트릭스**

		고객접촉 및 고객화 정도	
		낮음 • 마케팅이 중요 • 서비스 표준화가 높음	높음 • 일관된 서비스와 품질 유지 必 • 종업원 충성도 관리
노동집약도	낮음 • 자본집약적 • 비수기와 성수기 관리 必	**서비스 공장** 효율성 중시(예 항공사, 운송회사, 호텔, 리조트 등)	**서비스 숍** 스케줄 관리 중시(예 병원, 자동차 수리소 등)
	높음 • 인력의 교육과 복지 중요	**대량 서비스** 인적 자원 투입 높음(예 도·소매상, 학교 등)	**전문 서비스** 고객 맞춤형(예 변호사, 의사, 회계사 등)

CHAPTER 5 생산운영관리

안심Touch

경영지도사 2020

☑확인
Check!
○
△
✕

고성과 작업시스템이 성공적으로 이루어지기 위한 조건이 아닌 것은?

① 분권화된 의사결정을 배제한다.
② 종업원들이 선발에 참여한다.
③ 종업원 보상은 조직의 재무성과와 연동된다.
④ 종업원들이 다양한 기술을 사용할 수 있도록 업무가 설계된다.
⑤ 지속적인 교육훈련이 이루어진다.

해설 콕 ....

고성과 작업시스템은 높은 성과를 낼 수 있도록 설계한 시스템으로 자발적 참여, 수평적 팀제, 협력과 소통, 자체적 안건 실천 및 진행 결정, 직무지식 습득 등을 특징으로 한다.

정답 ①

참고 고성과 작업시스템(HPWS)

1. **개 념**
   조직이 지속적으로 경쟁우위를 얻기 위해 조직내 인적자원에 주목하여, 인적자원관리 정책 및 제도를 통해 조직구성원의 인적자본 및 사회적 자본을 향상시켜 개인 및 조직성과에 기여하는 시스템

2. **기본원리**

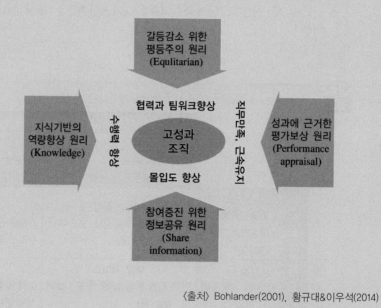

〈출처〉 Bohlander(2001), 황규대&이우석(2014)

국가직 7급 2020

고성과 작업시스템에 대한 설명으로 옳지 않은 것은?

① 노사 간의 협력과 신뢰에 기반을 두어 구성원들의 자발적인 참여와 헌신을 끌어냄으로써 더욱 높은 성과의 달성을 유도한다.

② 교육훈련 및 인적자원개발에 대한 투자와 다양한 교육훈련 및 인적자원개발 프로그램을 제공하고자 노력한다.

③ 직무는 개인 단위로 설계되고, 시장지향적 고용관계를 지향하며, 세밀하고 명확한 직무규정을 강조한다.

④ 인적자원을 통한 경쟁력 향상을 도모하고, 업무와 조직에 대한 구성원들의 정서적 몰입을 높이는데 초점을 둔다.

🖑 해설 콕 ....

고성과 작업시스템은 개인 단위로 설계되는 것이 아닌 팀 단위로 설계된다.

정답 ③

02 수요예측

(1) 수요예측 질적(정성적) 방법

경험적 자료나 이론이 없는 경우에 전문가의 주관적 판단에 의해 미래를 예측하는 방법

① **델파이법** : 다수의 전문가로부터 그 시스템에 관해 문의를 하고, 그 집계 결과를 각 회답자에게 되돌려주어 이것을 참고로 하여 회답자는 다시 의견을 보내게 하는 과정을 반복하여 시스템에 관한 평가를 다듬어 가는 방법
② **시장조사법** : 설문지나 전화 등을 통해 수집한 자료를 이용하여 수요를 예측하는 방법
③ **패널조사법** : 전문가, 소비자, 담당자 등으로 구성된 위원회에서 공개적으로 구성원끼리 자유롭게 의사를 표시하여 결론을 유도하는 방법
④ **판매원추정법** : 판매원들이 작성한 수요추정치를 근거로 예측하는 방법
⑤ **경영자판단법** : 경영자들의 경험 및 지식 등을 이용하여 예측하는 방법

(2) 수요예측 양적(시계열 예측) 방법

시계열상의 변동을 구분하여 측정하는 방법

① **단순이동평균법** : 현재시점을 전후로 하여 산술평균을 계산한 수치를 추세치로 간주하는 방법
② **가중이동평균법** : 평균 계산시 가중치의 합이 1인 범위 내에서 다른 가중치를 부여하는 방법
③ **지수평활법** : 최근 값에 큰 가중치를 부여하고 오래될수록 가중치를 작게 하여 미래의 추세를 예측하는 방법

(3) 수요예측 인과형 예측 방법

과거와 현재 자료에 입각하여 미래를 예측하는 방법

① **회귀분석** : 독립변수와 종속변수 사이에 형성된 인과관계를 통해 계산하는 방법
② **상관관계분석** : 변수들 간에 관련성의 방향과 정도를 분석하여 예측하는 방법
③ **투입 – 산출모형** : 투입과 산출 간의 관계를 이용하여 수요를 예측하는 방법

01

가맹거래사 2017

☑ 확인
Check!
○
△
×

수요예측 방법 중 정성적(qualitative) 예측법이 아닌 것은?

① 경영자판단
② 델파이법
③ 회귀분석
④ 소비자조사법
⑤ 판매원의견종합법

해설 콕 ··

회귀분석은 정성적 예측법이 아닌 인과형 예측법에 해당한다.

정답 ③

참고 **수요예측 방법의 종류와 예**
1. **정성적 예측법** : 시장조사법, 델파이법, 패널조사법, 판매원추정법(판매원의견종합법), 경영자 판단법, 소비자조사법 등
2. **인과형 예측법** : 회귀분석, 선형계획, 모의실험(시뮬레이션), 투입 – 산출모형, 의사결정나무분 석법, 이론지도작성 등
3. **시계열 예측법** : 단순이동평균법, 가중이동평균법, 지수평활법(지수가중치법), 최소자승 시계 율분석법, 검은줄기법 등

02

경영지도사 2020

☑ 확인
Check!
○
△
×

생산관리에서 수요예측 방법 중 양적 기법(quantitative method)이 아닌 것은?

① 이동평균법(moving average)

② 델파이(Delphi) 기법

③ 지수평활법(exponential average)

④ 회귀모형(regression model)

⑤ 시계열분해법(decomposition of a time series)

해설 콕 ··

델파이(Delphi) 기법은 수요예측 방법 중 질적 방법에 해당한다.

정답 ②

안심Touch

03

서울시 7급 2017

다음 중 시계열 수요예측 기법에 대한 설명으로 가장 옳은 것은?

① 과거에 발생하지 않았던 요소를 고려하여 미래의 수요를 예측한다.

② 시계열 수요예측 기법에는 델파이 방법과 회귀분석 방법 등이 있다.

③ 일반적으로 시계열은 추세, 계절적 요소, 주기 등과 같은 패턴을 갖는다.

④ 전략적 계획을 수립하는데 필요한 장기적인 시장 수요를 파악하기 위하여 주로 사용된다.

> **해설 콕**
>
> ① 과거에 발생한 요소들을 고려하여 미래의 수요를 예측한다.
> ② 델파이 방법은 정상적 분석, 회귀분석 방법은 인과관계 분석에 속한다.
> ④ 시계열 수요예측 기법은 단기적인 시장 수요를 예측하는데 사용된다.
>
> 정답 ③

04

서울시 7급 2019

정성적 예측방법 중 하나인 델파이법(Delphi method)에 대한 설명으로 가장 옳은 것은?

① 다수의 전문가들로 전문가그룹을 구성하고 이들에게 수차례에 걸쳐 설문지를 배부하여 예측사안에 대해 의견을 수렴하는 방법이다.

② 사내 다양한 부서로부터 경험과 지식이 풍부한 전문가들로 위원회를 구성하여 자유토론을 통해 의견일치를 도출하는 방법이다.

③ 실제 조사하고자 하는 내용에 대한 가설을 세우고 설문지, 인터뷰 등을 통해 자료를 수집해서 가설을 검증하는 방법이다.

④ 판매원들로 하여금 그들이 담당하고 있는 지역 내의 수요를 예측하게 한 다음, 모든 판매원들이 예측한 자료를 종합하여 전체 수요를 예측하는 방법이다.

> **해설 콕**
>
> ② 델파이법(Delphi method)은 대면하지 않고 서로간의 의견을 교환하지만 위원회는 대면방식으로 서로간의 의견을 교환한다.
> ③ 실제 조사하고자 하는 내용에 대한 가설을 세우고 설문지, 인터뷰 등을 통해 자료를 수집해서 가설을 검증하는 방법은 시장조사방식에 대한 설명이다.
> ④ 판매원들로 하여금 그들이 담당하고 있는 지역 내의 수요를 예측하게 한 다음, 모든 판매원들이 예측한 자료를 종합하여 전체 수요를 예측하는 방법은 판매원추정법에 대한 설명이다.
>
> 정답 ①

05

수요예측기법 중 인과형 예측기법(causal forecasting methods)에 해당하는 것은?

① 델파이법

② 패널동의법

③ 회귀분석법

④ 판매원의견종합법

⑤ 자료유추법

> **해설 콕**
>
> 회귀분석법은 변수들 사이의 인과관계를 규명하고자 하는 분석방법이다. 회귀분석법에서 다른 변수에 영향을 주는 원인에 해당하는 변수를 독립변수라고 하며, 영향을 받는 결과에 해당하는 변수를 종속변수라고 한다. 회귀분석의 목적은 독립변수와 종속변수 사이의 구체적인 함수식을 찾아내고, 독립변수로부터 종속변수를 예측하는 것이다.
> ① 델파이법은 익명의 전문가 집단으로부터 합의를 도출하는 방법으로 전문가들을 한자리에 모으지 않고, 서신에 의하여 일치된 예측을 얻기 위하여 실시하는 순환적인 집단질문기법을 말한다.
> ② 패널동의법은 특정한 개인보다 다수의 의견이 더 나은 예측차를 도출할 것이라는 가정에서 시작하여, 소비자, 판매원, 경영자들을 모아서 패널을 구성하고 자유롭게 의견을 제시하도록 하고, 이들의 의견을 모아서 예측치로 활용하는 방법이다.
> ④ 판매원의견종합법은 판매원들이 소비자와 가장 근접해 있기 때문에 수요에 가장 많은 정보를 가지고 있을 것이라는 가정 하에 이를 근거로 수요를 예측하는 방법이다.
> ⑤ 자료유추법은 기존 제품과 아주 유사한 새로운 제품을 시판하고자 할 때 그 제품의 성공여부를 예측하기 위하여 기존 제품과 관련된 자료를 사용하는 방법이다.
>
> 정답 ③

06

수요예측에 관한 설명 중 가장 적절한 것은?

① 정량적 수요예측 기법에는 시장조사법(market research), 유추법(historical analogy), 시계열분석법(time series analysis), 인과분석법(causal analysis) 등이 있다.

② 가중이동평균법(weighted moving average)의 일종인 단순지수평활법(simple exponential smoothing)에서는 다음 시점의 수요예측치로 이번 시점의 수요예측치와 실제 수요의 가중평균을 사용한다.

③ 평균절대편차(MAD)는 예측오차의 절대적인 크기 뿐 아니라 예측치의 편향(bias) 정도를 측정하기 위해서도 사용된다.

④ 수요는 평균수준, 추세, 계절적 변동, 주기적 변동, 우연 변동 등으로 구성되며, 이 중 우연 변동에 대한 예측 정확도가 수요예측의 정확도를 결정한다.

⑤ 일반적으로 단기예측보다는 장기예측의 정확도가 더 높다. 、

07

공인회계사 2021

수요예측에 관한 설명으로 가장 적절하지 않은 것은?

① 이동평균(moving average)에서 이동평균기간이 길수록 평활효과(smoothing effect)는 커지고, 실제치의 변동에 반응하는 시차(time lag)도 커진다.
② 추세조정지수평활법(trend-adjusted exponential smoothing)은 2개의 평활상수를 사용하며 단순지수평활법에 비해 추세의 변화를 잘 반영하는 장점이 있다.
③ 순환변동(cycles)은 계절변동(seasonality)에 비해 보다 장기적인 파동모양의 변동을 의미한다.
④ 계절지수(seasonal index)는 계절변동을 반영하는 기법 중 가법모형(additive model)에서 사용되며 1.0 이상의 값을 갖는다.
⑤ 수요예측의 정확성을 평가하기 위한 방법 중 평균제곱오차(MSE)는 큰 오차에 더 큰 가중치를 부여할 수 있으며, 평균절대백분율오차(MAPE)는 실제치 대비 상대적인 오차를 측정할 수 있다.

08

가맹거래사 2020

☑ 확인
Check!

○
△
×

생산활동에 수요예측기법에 관한 설명으로 옳은 것은?

① 델파이법은 공개적으로 진행되며, 과반수로 결정하는 방법이다.

② 전문가패널법은 비공개적으로 진행되며, 만장일치제로 결정하는 방법이다.

③ 추세분석법, 자료유추법 등은 대표적 시계열분석기법에 해당한다.

④ 가중이동평균법은 단순이동평균법에 비해 환경변화를 민감하게 반영하게 된다.

⑤ 지수평활법은 비교적 장기 자료만으로 수요예측이 가능한 정성적 기법이다.

해설 콕 ....

① · ② 델파이법(＝전문가패널법)은 비공개적으로 진행되며, 의견이 일치될 때까지 설문지를 통해 반복적 질의를 하는 방법이다.

③ 자료유추법은 정성적 예측법이다.

⑤ 지수평활법은 최근 값에 큰 가중치를 부여하고 오래될수록 가중치를 작게 하여 미래의 추세를 예측하는 시계열 예측방법이다.

정답 ④

09

서울시 7급 2016

☑ 확인
Check!

○
△
×

수요예측에 대한 설명으로 가장 옳은 것은?

① 전문가 그룹에 대해 설문조사를 하는 델파이법은 대표적인 정량적(quantitative) 예측기법이다.

② 종속변수가 독립변수를 설명하는 능력은 결정계수의 크기로 측정한다.

③ 단순이동평균법(simple moving average method)에서 이동평균기간을 길게 잡을수록 최근의 추세변화에 민감하게 반응할 수 있다.

④ 인과형 예측모형의 대표적인 기법으로 회귀분석을 들 수 있다.

해설 콕 ....

① 전문가 그룹에 대해 설문조사를 하는 델파이법은 대표적인 정성적 예측기법이다.

② 결정계수는 회귀식의 적합도를 재는 척도로서 0과 1 사이의 값을 가진다. 결정계수가 1에 가까울수록 회귀식의 적합도는 높아진다.

③ 단순이동평균법(simple moving average method)에서 이동평균기간을 길게 할 경우에 우연 변동이 더 많이 상쇄되어 예측선은 고르게 된다.

정답 ④

10

국가직 7급 2015

수요예측기법(demand forecasting technique)의 평가에 대한 설명으로 옳은 것은?

① 수요예측과정에서 발생하는 예측오차들(forecasting errors)의 합은 영(zero)에 수렴하는 것이 바람직하다.

② 평균절대편차(mean absolute deviation)는 편차들의 평균이 사전에 설정한 절댓값을 초과하는지 여부를 평가하는 방법이다.

③ 평균제곱오차(mean squared error)는 매 기간 발생하는 수요예측오차를 제곱한 값들의 평균으로, 영(zero)에서 멀어질수록 바람직하다.

④ n기간 동안(단, n≥2) 예측오차들의 합이 영(zero)이라면 동일기간 평균절대편차값도 반드시 영(zero)이 된다.

> **해설 콕**
>
> ② 평균절대편차(mean absolute deviation)는 오차 절대값의 평균을 말한다.
> ③ 평균제곱오차(mean squared error)는 매 기간 발생하는 수요예측오차를 제곱한 값들의 평균으로, 평균제곱오차(mean squared error)가 작을수록 정확히 예측하였음을 나타낸다.
> ④ 예측오차들의 합이 영(zero)이 된다 하더라도 평균절대편차가 0이 아닐 수 있다.
>
> **정답** ①

11

경영지도사 2017

A자동차 회사의 3월 판매예측치는 20,000대, 3월 판매실적치는 21,000대이며 지수평활계수는 0.3일 때, 지수평활법을 활용한 4월의 판매예측치는 얼마인가?

① 20,000대　　　　　　　　② 20,100대

③ 20,200대　　　　　　　　④ 20,300대

⑤ 20,400대

> **해설 콕**
>
> 4월 예측치＝3월 예측치＋지수평활계수(3월 실적치－3월 예측치)
> 　　　　＝20,000대＋0.3(21,000대－20,000대)＝20,300대
>
> **정답** ④

참고 지수평활법 공식

$$F_{t+1} = \alpha D_t + (1-\alpha)F_t = F_t + \alpha(D_t - F_t)$$

*F : 예측치, D : 실적치, α : 지수평활계수

12

공인회계사 2020

☑ 확인
Check!
○
△
✕

단순지수평활법(simple exponential smoothing)을 활용한 수요예측에 관한 설명으로 가장 적절하지 않은 것은?

① 당기 예측치는 전기 예측치에 전기 예측오차(전기 실제치와 전기 예측치의 차)의 일정부분을 더하는 방식으로 계산한다.
② 평활상수의 값을 크게 하면 최근의 수요변화에 더 민감하게 반응하고, 작게 하면 평활효과(smoothing effect)가 커진다.
③ 평활상수의 값을 작게 하면 전기 실제치에 부여되는 가중치가 작아진다.
④ 과거 수요의 변동이 크고 평활상수의 값이 1.0인 경우, 당기 예측치는 전기 예측치와 같다.
⑤ 과거 실제치에 대한 가중치는 현재로부터 멀어질수록 지수적으로 하락한다.

🖐해설 콕 ···

과거 수요의 변동이 크고 평활상수의 값이 1.0인 경우, 당기 예측치는 전기 실제치와 동일하게 된다.

정답 ④

13

가맹거래사 2016

☑ 확인
Check!
○
△
✕

다음 자료를 이용하여 지수평활법에 의해 계산한 6월의 판매예측치는?

• 5월 예측치 : 10,000대
• 5월 실제치 : 11,000대
• α(평활상수) : 0.3

① 10,100대 　　　　　　② 10,200대
③ 10,300대 　　　　　　④ 10,400대
⑤ 10,500대

🖐해설 콕 ···

6월 예측치=5월 예측치+평활상수(5월 실적치−5월 예측치)
　　　　　=10,000대+0.3(11,000대−10,000대)=10,300대

정답 ③

14

대리점의 4월 판매예측치는 1,000대, 4월 판매실제치는 1,100대이다. 지수평활법에 의한 5월의 판매예측치가 1,030대인 경우 평활상수는?

① 0.2
② 0.3
③ 0.4
④ 0.5
⑤ 0.6

 해설 콕

1,030대＝1,000대＋(1,100대－1,000대)×평활상수
∴ 평활상수＝0.3

정답 ②

15

이번달의 수요예측치가 1,000개이고 실제 수요는 900개일 때, 지수평활법을 이용하여 다음 달의 수요예측치를 계산하면?(단, 평활상수(α)는 0.1이다)

① 990개
② 1,090개
③ 1,100개
④ 1,190개

해설 콕

다음 달의 수요예측치＝지난달의 수요예측치＋[평활상수×(지난달 실제수요－지난달의 수요예측치)]
＝1,000개＋[0.1×(900개－1,000개)]＝990개

정답 ①

16

최근 3개월 자료로 가중이동평균법을 적용할 때, 5월의 예측생산량은?(단, 가중치는 0.5, 0.3, 0.2를 적용한다)

구 분	1월	2월	3월	4월
제품생산량(개)	90만	70만	90만	110만

① 87만개
② 90만개
③ 93만개
④ 96만개
⑤ 99만개

- 가중이동평균법이란 가까운 기간에 더 큰 가중치를 부여함으로써 최근의 변화를 예측하는 것이다. 따라서 가까운 기간에 더 큰 가중치를 부여하게 되므로 4월에 가중치 0.5, 3월에는 0.3, 2월에는 0.2의 가중치를 적용하게 된다.
- 5월 예측생산량=(110만개×0.5)+(90만개×0.3)+(70만개×0.2)=96만개

정답 ④

17 국가직 7급 2020

판매활동의 경제성과 효율성을 높이기 위하여 제조업자가 중간상을 이용할 때 줄어드는 총 거래 수는?

제조업자 100개, 고객 10만명, 중간상 2개

① 9,599,600개
② 9,699,700개
③ 9,799,800개
④ 9,899,900개

- 중간상 없을 경우의 총 거래수=100×100,000=10,000,000
- 중간상이 있을 경우의 총 거래수=(100×2)+(100,000×2)=200,200
- ∴ 중간상으로 인한 감소 거래수=10,000,000-200,200=9,799,800

정답 ③

03 자재소요계획 & 작업일정계획

(1) 자재소요계획(MRP)

① 의 의
소요량에 의해 최초의 주문을 계획하는데, 자재소요의 양적·시간적인 변화에 맞춰 기주문을 재계획함으로써 정확한 자재의 수요를 계산해 나가는 방법

② 특 징
- ㉠ 설비가동능률의 증진
- ㉡ 적시 최소비용으로 공급
- ㉢ 소비자에 대한 서비스의 개선
- ㉣ 의사결정의 자동화에 기여
- ㉤ 생산계획의 효과적인 도구

(2) 생산계획의 구분

① **장기계획** : 통상적으로 1년 이상의 계획기간을 대상으로 매년 작성되며, 기업에서의 전략계획, 판매 및 시장계획, 재무계획, 사업계획, 자본·설비투자계획 등과 같은 내용을 포함한다.

② **중기계획** : 대체로 6~8개월의 기간을 대상으로 해서 분기별 또는 월별로 계획을 작성하고, 계획기간 동안에 발생하는 총 생산비용을 최소로 줄이기 위해 월별 재고수준, 노동력 규모 및 생산율 등을 결정하는 수요예측, 총괄생산계획, 대일정계획, 대일정계획에 의한 개괄적인 설비능력계획 등을 포함한다.

③ **단기계획** : 대체로 주 별로 작성되며, 1일 내지 수주 간의 기간을 대상으로 한다.

(3) 총괄생산계획

특정한 시간에 대해 예측수요량을 기반으로 제품 생산능력을 적절하게 할당 및 배분해서 생산시설을 효과적으로 운용하기 위한 기준이자, 시설능력의 제약적 조건 하에서 단위기간별 수요를 충족시키기 위해 작업자의 증원, 잔업, 하청 또는 재고의 비축 등의 변수 등 어떠한 것을 활용할 것인지를 결정하는 것을 의미한다.

01

경영지도사 2016

☑ 확인
Check!
○
△
✕

다음은 어떤 생산시스템에 관한 설명인가?

- 원재료·부품·반제품 등과 같은 종속적 수요의 재고에 대한 주문 및 생산계획을 처리하도록 만들어진 정보시스템
- 재고관리, 일정계획과 통제의 두 가지 기능을 동시에 수행하는 기법

① 공급사슬관리(SCM)
② 자재소요계획(MRP)
③ 적시생산시스템(JIT)
④ 컴퓨터통합생산(CIM)
⑤ 유연제조시스템(FMS)

해설 콕

원재료·부품·반제품 등과 같은 종속적 수요의 재고에 대한 주문 및 생산계획을 처리하도록 만들어진 정보시스템은 자재소요계획과 적시생산시스템이 해당되며, 재고관리, 일정계획과 통제의 두 가지 기능을 동시에 수행하는 기법은 적시생산시스템은 해당되지 않지만 자재소요계획에는 해당된다.

정답 ②

02

공인노무사 2017

☑ 확인
Check!
○
△
✕

생산수량과 일정을 토대로 필요한 자재조달 계획을 수립하는 관리시스템은?

① CIM
② FMS
③ MRP
④ SCM
⑤ TQM

해설 콕

MRP는 자재소요량계획으로서 생산수량과 일정을 토대로 자재가 투입되는 시점 및 양을 관리하기 위한 시스템이다.
① CIM은 제조부터 판매까지 연결되는 정보 흐름의 과정을 정보시스템으로 통합한 종합적인 생산관리 시스템이다.
② FMS는 다량의 종류를 소량생산하게 하는 시스템이다.
④ SCM은 공급망관리라고 하며, 공급망 전체를 하나의 통합된 개체로 보고, 이를 최적화하고자 하는 경영방식이다.
⑤ TQM은 제품 및 서비스의 품질을 향상시켜 장기적인 경쟁우위를 확보하기 위하여 조직 내의 모든 사람이 집단적 노력을 하는 것이다.

정답 ③

03

☑ 확인
Check!
○
△
✕

최종품목 또는 완제품의 주생산일정계획(master production schedule)을 기반으로 제품생산에 필요한 각종 원자재, 부품, 중간조립품의 주문량과 주문시기를 결정하는 재고관리방법은?

① 자재소요계획(MRP) 　　　　 ② 적시(JIT) 생산시스템
③ 린(Lean) 생산 　　　　　　 ④ 공급사슬관리(SCM)
⑤ 칸반(Kanban) 시스템

해설 콕

최종품목 또는 완제품의 주생산일정계획(master production schedule)을 기반으로 제품생산에 필요한 각종 원자재, 부품, 중간조립품의 주문량과 주문시기를 결정하는 재고관리방법은 자재소요계획(MRP)이다.
② 적시(JIT) 생산시스템은 필요한 때에 맞추어 물건을 생산·공급하는 것으로 제조업체가 부품업체로부터 부품을 필요한 시기에 필요한 수량만큼만 공급받아 재고가 없도록 해주는 재고관리시스템이다.
③ 린(Lean) 생산은 작업 공정 혁신을 통해 비용은 줄이고 생산성은 높이는 것으로 숙련된 기술자의 편성과 자동화 기계의 사용으로 적정량의 제품을 생산하는 방식이다.
④ 공급사슬관리(SCM)은 어떤 제품을 판매하는 경우 자재조달, 제품생산, 유통, 판매 등의 흐름을 적절히 관리하여 공급망 체인을 최적화함으로써 조달시간 단축, 재고비용이나 유통비용 삭감, 고객문의에 대한 빠른 대응을 실현하는 것이다.
⑤ 칸반(Kanban) 시스템은 JIT 시스템의 생산통제수단으로 낭비를 제거하고 필요한 때에 필요한 물건을 필요한 양만큼만 만들어서 보다 빨리, 보다 싸게 생산하기 위한 목적으로 활용되는 시스템이다.

정답 ①

04

☑ 확인
Check!
○
△
✕

MRP(자재소요계획)에 관한 설명 중 적절한 항목만을 모두 선택한 것은?

a. MRP를 위해서는 재고기록, MPS(기준생산계획), BOM(자재명세서)의 입력 자료가 필요하다.
b. 각 품목의 발주시점은 그 품목에 대한 리드타임을 고려하여 정한다.
c. MRP는 BOM의 나무구조(tree structure)상 하위품목에서 시작하여 상위품목 방향으로 순차적으로 작성한다.
d. MRP를 위해서는 BOM에 표시된 하위품목에 대한 별도의 수요예측(forecasting) 과정이 필요하다.

① a, b 　　　　　　　　　 ② a, c
③ b, c 　　　　　　　　　 ④ b, d
⑤ c, d

c. (×) MRP는 Top-down 방식으로 나무구조상 상위품목에서 시작하여 하위품목 방향으로 순차적으로 작성한다.

d. (×) MRP는 종속수요품목을 대상으로 하기에 하위품목에 대한 별도의 수요예측(forecasting) 과정이 필요하지 않다.

정답 ①

05 공인회계사 2017

☑ 확인
Check!
○
△
×

품목 A의 생산을 위해 품목 B 2개가 필요하다. A의 현재 보유재고는 20개, 조달기간(lead time)은 1주이며, A의 발주에는 필요한 만큼씩만 발주하는 L4L(lot for lot) 방식이 사용된다. A의 주차별 총 소요(gross requirements)가 다음 표와 같을 때, 자재소요계획(MRP)의 전개에 따른 B의 2주차 총 소요는?(단, A와 B 모두 안전재고(safety stock)는 필요 없으며, 계획된 예정입고(scheduled receipts)는 없다)

주 차	1	2	3
품목 A의 총 소요(개)	0	0	40

① 0개
② 20개
③ 40개
④ 60개
⑤ 80개

3주차 품목 A의 총 소요는 40개이다. A의 현재 보유재고는 20개이며, 안전재고는 0개이다. 따라서 품목 A가 추가로 20개 생산이 되어야 한다.

품목 A의 생산을 위해 품목 B 2개가 필요하므로 품목 A 20개 생산을 위해선 품목 B 40개가 필요하다.

정답 ③

06

자재소요계획(MRP)을 효과적으로 수립하고 원활히 실행하기 위해서 직접적으로 필요한 정보가 아닌 것은?

① 총괄생산계획(aggregate production planning)
② 자재명세서(bill of materials)
③ 재고기록철(inventory record file)
④ 자재조달기간(lead time)
⑤ 주일정계획(master production scheduling)

자재소요계획(MRP)의 입력자료로는 주생산계획(주일정계획), 자재명세서, 재고기록(재고기록철)이다. 그 외 자재조달기간도 자재소요계획(MRP)을 설계하는데 필요하다. 하지만 총괄생산계획은 자재소요계획(MRP)의 상위 단계이므로 직접적으로 필요한 정보가 아니다.

정답 ①

07

변동적 수요에 효과적으로 대처하기 위해 생산자원을 효율적으로 분배하고 비용 최소화를 목적으로 장래 일정기간의 생산율, 고용수준, 재고수준, 잔업 및 하청 등을 중심으로 수립하는 계획은?

① 일정계획
② 자재소요계획
③ 총괄생산계획
④ 주일정계획
⑤ 전략적 능력계획

총괄생산계획은 1년 동안 변하는 수요를 비용 효율적으로 충족시킬 수 있도록 생산율, 고용수준, 재고수준, 잔업 및 하청 등을 결정하는 중기계획이다.

정답 ③

08

가맹거래사 **2016**

총괄생산계획에서 선택할 수 있는 공급능력의 대안으로 옳지 않은 것은?

① 노동력의 규모를 조정하는 전략
② 노동력의 이용률을 조정하는 전략
③ 재고수준을 조정하는 전략
④ 추후납품(back-order)을 통해 조정하는 전략
⑤ 하청(subcontracting)을 이용하는 전략

> **해설 콕** ....
>
> 추후납품(back-order)을 통해 조정하는 전략은 수요에 의해 생산량 및 고용수준이 결정되는 전략으로 공급능력의 대안으로는 옳지 못하다.
>
> **정답** ④

09

공인회계사 **2015**

총괄생산계획(aggregate production planning)에 관한 설명 중 적절한 항목만으로 구성된 것은?

a. 총괄생산계획은 주생산계획(master production schedule) 이후에 수립한다.
b. 수요추종전략(chase strategy)은 설비의 확장 및 축소를 통해 공급량을 조절하는 전략이다.
c. 혼합전략은 수요추종전략이나 평준화전략(level strategy)에 비해 총비용이 증가하는 단점이 있다.
d. 평준화전략은 수요추종전략에 비해 재고수준의 변동폭이 크다.
e. 총괄생산계획을 위해 도표법, 선형계획법, 휴리스틱이 사용된다.

① a, b   ② b, c
③ c, d   ④ d, e
⑤ a, e

> **해설 콕** ....
>
> a. (×) 총괄생산계획은 주생산계획(master production schedule) 이전에 수립한다.
> b. (×) 수요추종전략(chase strategy)은 노동력 규모의 조정을 통해 공급량을 조절하는 전략이다.
> c. (×) 혼합전략은 수요추종전략이나 평준화전략(level strategy)에 비해 총비용이 더 적다.
>
> **정답** ④

생산계획에 관한 설명으로 적절한 항목만을 모두 선택한 것은?

a. 총괄계획(aggregate planning)을 수립할 때 재고유지비용이 크다면, 수요추종전략(chase strategy)이 생산수준평준화전략(level strategy)보다 유리하다.
b. 자재소요계획(MRP)을 통해 하위품목에 대한 조달일정이 정해진 이후, 완제품에 대한 주생산계획(MPS)을 수립한다.
c. 로트크기(lot size)는 총괄계획의 주요결과물 중 하나이다.
d. 주생산계획은 완제품의 생산시점과 생산량을 결정하고, 이를 통해 그 제품의 예상재고를 파악할 수 있다.

① a, b
② a, c
③ a, d
④ b, c
⑤ a, c, d

해설 콕

b. (×) 주생산계획(MPS)을 통해 하위품목에 대한 조달일정이 정해진 이후, 완제품에 대한 자재소요계획(MRP)을 수립한다.
c. (×) 로트크기(lot size)는 총괄계획의 내용이 아니다.

정답 ③

04 품질관리

(1) 품질관리

① 의 의

소비자들의 요구에 부응하는 품질의 제품 및 서비스를 경제적으로 생산 가능하도록 기업조직 내 여러 부문이 제품에 대한 품질을 유지·개선하는 관리적 활동의 체계

② 목 표

㉠ 제품시장에 일치시킴으로써 소비자들의 요구를 충족시킨다.

㉡ 다음 공정의 작업을 원활화한다.

㉢ 불량, 오작동의 재발을 방지한다.

㉣ 요구품질의 수준과 비교함으로써 공정을 관리한다.

㉤ 현 공정능력에 따른 제품의 적정품질수준을 검토해서 설계의 지침으로 한다.

㉥ 불량품 및 부적격 업무를 감소시킨다.

(2) 식스 시그마(six sigma)

① 의 의

100만 개의 제품 중 3~4개의 불량만을 허용하는 3~4PPM(Parts Per Million) 경영, 즉 품질 혁신 운동을 의미

② 프로세스 개선 5단계

㉠ 정의(Define) : 문제와 고객, 프로젝트 요건, 최종 목표, 고객의 기대치 등을 정의한다.

㉡ 측정(Measure) : 결함 판단 및 지표 수집을 위한 데이터 수집 계획을 수립해 현재 공정의 성과를 측정한다.

㉢ 분석(Analyze) : 공정을 분석해 변동과 결함의 근본 원인을 알아내고, 이를 통해 현 전략의 문제점 중 최종 목표에 방해가 되는 문제점을 파악한다.

㉣ 개선(Improve) : 혁신적인 해결책을 통해 결함의 근본 원인을 제거하고 공정을 개선한다.

㉤ 통제(Control) : 다시 과거의 습관에 빠지지 않고 제 궤도를 유지하도록 신규 공정을 통제한다.

(3) 종합적 품질경영(TQM ; Total Quality Management)

경영자의 열의 및 리더십을 기반으로 지속된 교육 및 참여에 의해 능력이 개발된 조직의 구성원들이 합리적이면서 과학적인 관리방식을 활용해서 기업조직내 절차를 표준화하며, 이를 지속적으로 개선해 나가는 과정에서 종업원의 니즈를 만족시키고 소비자 만족 및 기업조직의 장기적인 성장을 추구하는 관점에서의 경영시스템

01

생산품의 결함발생률을 백만 개 중 3~4개 수준으로 낮추려는 데서 시작된 경영혁신운동으로 '측정 – 분석 – 개선 – 관리(MAIC)'의 과정을 통하여 문제를 찾아 개선해 가는 과정은?

① 학습조직(Learning organization)
② 리엔지니어링(Reengineering)
③ 식스 시그마(6-sigma)
④ ERP(Enterprise Resource Planning)
⑤ BSC(Balanced Score Card)

 해설 콕

식스 시그마(6-sigma)는 100만 개의 제품 중 3~4개의 불량만을 허용하는 3~4PPM(Parts Per Million) 경영, 즉 품질 혁신 운동을 의미한다.

정답 ③

02

기업이 직면한 문제를 해결하기 위하여 정의 – 측정 – 분석 – 개선 – 관리(DMAIC)의 과정을 통하여 문제해결을 해나가는 경영혁신기법은?

① IRS
② CRM
③ TQM
④ DSS
⑤ 6-sigma

해설 콕

식스 시그마 프로세스 개선 5단계
• **정의(Define)** : 문제와 고객, 프로젝트 요건, 최종 목표, 고객의 기대치 등을 정의한다.
• **측정(Measure)** : 결함 판단 및 지표 수집을 위한 데이터 수집 계획을 수립해 현재 공정의 성과를 측정한다.
• **분석(Analyze)** : 공정을 분석해 변동과 결함의 근본 원인을 알아내고, 이를 통해 현 전략의 문제점 중 최종 목표에 방해가 되는 문제점을 파악한다.
• **개선(Improve)** : 혁신적인 해결책을 통해 결함의 근본 원인을 제거하고 공정을 개선한다.
• **통제(관리, Control)** : 다시 과거의 습관에 빠지지 않고 제 궤도를 유지하도록 신규 공정을 통제한다.

정답 ⑤

03

공인노무사 2016

☑ 확인
Check!
○
△
×

다음에서 설명하는 경영혁신 기법으로 옳은 것은?

> 통계적 품질관리를 기반으로 품질혁신과 고객만족을 달성하기 위하여 전사적으로 실행하는 경영 혁신 기법이며, 제조과정뿐만 아니라 제품개발, 판매, 서비스, 사무업무 등 거의 모든 분야에서 활용 가능함

① 학습조직(learning organization)　　② 다운사이징(downsizing)
③ 리스트럭처링(restructuring)　　　　④ 리엔지니어링(reengineering)
⑤ 6 시그마(six sigma)

해설 콕

① **학습조직(learning organization)** : 조직구성원이 학습할 수 있는 기회와 자원을 제공하고, 학습 결과에 따라 지속적인 변화를 이루는 것
② **다운사이징(downsizing)** : 불필요한 인원 및 경비를 축소하여 낭비되는 요소를 제거하는 것
③ **리스트럭처링(restructuring)** : 한 기업이 여러 사업을 보유하고 있는 경우, 미래 변화를 예측하여 사업구조를 개혁하는 것
④ **리엔지니어링(reengineering)** : 기업의 체질 및 구조와 경영방식을 근본적으로 재설계하여 경쟁력을 확보하는 것

정답 ⑤

04

공인회계사 2016

☑ 확인
Check!
○
△
×

식스 시그마(Six Sigma) DMAIC 방법론의 M(Measure) 단계에서 수행되는 활동으로 가장 적절한 것은?

① 품질의 현재 수준을 파악한다.
② 핵심인자(vital few)를 찾아낸다.
③ 통계적 방법을 활용하여 핵심인자의 최적 운영 조건을 도출한다.
④ 관리도(control chart)를 이용하여 개선 결과를 측정하고 관리하는 방안을 마련한다.
⑤ 고객의 니즈(needs)를 바탕으로 핵심품질특성(CTQ ; Critical to Quality)을 파악한다.

해설 콕

식스 시그마(Six Sigma) DMAIC 방법론의 M(Measure) 단계는 품질의 현재 수준을 파악하고 잠재적인 변수들을 발굴하는 것이다.
② 식스 시그마(Six Sigma) DMAIC 방법론의 A(Analyze) 단계
③ 식스 시그마(Six Sigma) DMAIC 방법론의 I(Improve) 단계
④ 식스 시그마(Six Sigma) DMAIC 방법론의 C(Control) 단계
⑤ 식스 시그마(Six Sigma) DMAIC 방법론의 D(Define) 단계

정답 ①

〈보기〉는 식스 시그마(six sigma) 방법론에서 활용되는 프로세스 성과 개선 5단계(DMAIC)에 관한 설명이다. 이 중 세 번째 단계(A)와 다섯 번째 단계(C)에 해당하는 것은?

〈보기〉
(가) 새로운 성과 목표를 달성하기 위하여 기존 방법을 변경하거나 재설계한다.
(나) 프로세스를 관찰하여 높은 성과 수준이 유지되는지 확인한다.
(다) 고객만족에 핵심적인 프로세스 산출의 특징을 결정하고, 이 특징과 프로세스 능력의 격차를 인지한다.
(라) 성과지표에 관련된 자료를 이용하여 프로세스를 분석한다.
(마) 성과격차에 영향을 미치는 프로세스 업무를 계량화한다.

	(A)	(C)		(A)	(C)
①	(가)	(라)	②	(나)	(마)
③	(다)	(가)	④	(라)	(나)

해설 콕

식스 시그마 개선 모형
정의(define) → 측정(measure) → 분석(analyze) → 개선(improve) → 통제(control)
(가) 새로운 성과 목표를 달성하기 위하여 기존 방법을 변경하거나 재설계한다. – 개선(improve)
(나) 프로세스를 관찰하여 높은 성과 수준이 유지되는지 확인한다. – 통제(control)
(다) 고객만족에 핵심적인 프로세스 산출의 특징을 결정하고, 이 특징과 프로세스 능력의 격차를 인지한다. – 정의(define)
(라) 성과지표에 관련된 자료를 이용하여 프로세스를 분석한다. – 분석(analyze)
(마) 성과격차에 영향을 미치는 프로세스 업무를 계량화한다. – 측정(measure)

정답 ④

6 시그마 프로젝트의 과정을 순서대로 나열한 것은?

① 정의(define) → 분석(analyze) → 측정(measure) → 개선(improve) → 통제(control)
② 정의(define) → 분석(analyze) → 개선(improve) → 통제(control) → 측정(measure)
③ 정의(define) → 분석(analyze) → 개선(improve) → 측정(measure) → 통제(control)
④ 정의(define) → 측정(measure) → 개선(improve) → 분석(analyze) → 통제(control)
⑤ 정의(define) → 측정(measure) → 분석(analyze) → 개선(improve) → 통제(control)

해설 콕

6 시그마 프로젝트의 과정은 정의(define) → 측정(measure) → 분석(analyze) → 개선(improve) → 통제(control) 순이다.

정답 ⑤

07 국가직 7급 2015

친환경 경영과 직접적인 관련이 없는 것은?

① 식스 시그마(6 sigma)
② 탄소배출권
③ 지속가능한 경영
④ 교토의정서

> 📌 해설 **콕** ....
>
> 식스 시그마(6 sigma)는 불량률을 줄이는 것을 목표로 하는 품질경영 전략이다.
>
> **정답** ①

08 공인회계사 2020

식스 시그마 방법론에 관한 설명으로 가장 적절한 것은?

① 하향식(top-down) 프로젝트활동보다는 품질분임조나 제안제도와 같은 자발적 상향식(bottom-up) 참여가 더 강조된다.
② 시그마수준(sigma level) 6은 품질특성의 표준편차(σ)를 지속적으로 감소시켜 규격상하한선(specification limit) 사이의 폭이 표준편차의 6배와 같아지는 상태를 의미한다.
③ 고객이 중요하게 생각하는 소수의 핵심품질특성(CTQ, critical to quality)을 선택하여 집중적으로 개선하며, 블랙벨트와 같은 전문요원을 양성한다.
④ 품질자료의 계량적 측정과 통계적 분석보다는 정성적 품질목표의 설정과 구성원의 지속적 품질개선노력이 더 강조된다.
⑤ 품질특성의 표준편차가 감소하면 불량률과 시그마수준 모두 감소한다.

> 📌 해설 **콕** ....
>
> ① 상향식(bottom-up) 참여보다는 하향식(top-down) 활동이 더 강조된다.
> ② 시그마수준 $=\dfrac{\text{규격 상한선} - \text{규격 하한선}}{2 \times \text{품질특성 표준편차}} = 6$이라는 것은 규격상하한선의 폭이 표준편차의 12배라는 의미이다.
> ④ 목표설정에서 식스 시그마는 구체적이면서 정량적이고, TQM은 추상적이면서 정성적이다.
> ⑤ 품질특성의 표준편차가 감소하면 불량률은 감소하나 시그마수준은 증가한다.
>
> **정답** ③

식스 시그마 경영에 대한 설명으로 가장 옳지 않은 것은?

① 측정기준은 3.4 DPMO로, 100만 개당 3.4개의 불량 수준이다.

② 추진방법론으로는 DMAIC가 있다.

③ 식스 시그마는 톱다운(top-down)식으로 추진된다.

④ 추진요원 중 식스 시그마 추진에 필요한 자원을 할당하는 사업부 책임자는 마스터 블랙벨트이다.

추진요원 중 식스 시그마 추진에 필요한 자원을 할당하는 사업부 책임자는 챔피언이다.

정답 ④

 식스 시그마 벨트 제도

구 분	주요인력	역 할	교 육
챔피언	사업부 책임자	• 식스 시그마 추진에 필요한 자원을 할당하고 블랙벨트의 개선 프로젝트 수행을 뒷받침 • 성과에 대한 보상 실시	1주간 챔피언 교육
마스터 블랙벨트	교육 및 지도 전문요원	• 블랙벨트 등과 같은 품질요원 양성 및 교육 • 블랙벨트 지도 및 지원	블랙벨트 교육 후 2주간 추가교육
블랙벨트	개선 프로젝트 추진 책임자	식스 시그마 개선 프로젝트의 실무책임자	4주간 교육 포함 4개월 간의 교육 및 실습
그린벨트	현업 담당자	• 블랙벨트의 개선 프로젝트에 파트타임 참여 • 상대적으로 작은 규모의 프로젝트 수행	블랙벨트와 동일한 교육을 받는 것이 좋으나 통상 1~2개월의 교육 및 실습

10

서울시 7급 2016

☑ 확인
Check!

○
△
×

전사적 품질경영(TQM)에 대한 설명으로 가장 옳은 것은?

① TQM은 프로세스의 지속적인 개선을 중요시한다.

② TQM은 경영 전략이라기보다 서비스 품질관리기법이다.

③ TQM은 결과지향적인 경영방식으로 완성품의 검사를 강조한다.

④ TQM은 단기적인 품질혁신 프로그램이다.

👆해설 **콕** ·······

TQM은 "카이젠"이라 불리는 일본 개념에 근거를 두고 있는 것으로 지속적 개선을 중요시한다.

② TQM은 서비스뿐만 아니라 마케팅, 구매, 회계 등 경영 전 부문을 아우르는 경영철학이다.

③ 결과지향적인 경영방식은 과거의 경영관리기법이며, TQM은 품질의 지속적 개선을 강조한다.

④ TQM은 단기적인 프로그램이 아닌 지속적 개선을 통해 품질 개선을 목표로 하는 장기적 품질혁신 프로그램이다.

정답 ①

11

가맹거래사 2015

☑ 확인
Check!

○
△
×

6 시그마와 TQM을 비교한 설명으로 옳은 것은?

① 목표설정에서 6 시그마는 추상적이면서 정성적이고, TQM은 구체적이면서 정량적이다.

② 방침결정에서 6 시그마는 하의상달이고, TQM은 상의하달이다.

③ 6 시그마는 불량품의 발생을 줄이고자 하며, TQM은 조직의 모든 구성원들과 자원을 결집한 지속적인 품질개선을 도모한다.

④ 6 시그마는 내·외부 고객, 공급자, 종업원, 경영자에 초점을 맞추고, TQM은 통계적 방법을 사용하여 공정성과를 개선하고자 한다.

⑤ 6 시그마는 구성원의 자발적 참여를 중시하고, TQM은 체계적이고 의무적인 행동을 강조한다.

👆해설 **콕** ·······

① 목표설정에서 6 시그마는 구체적이면서 정량적이고, TQM은 추상적이면서 정성적이다.

②·⑤ 6 시그마와 TQM은 구성원들이 자발적으로 모여서 결정한다.

④ 6 시그마는 통계적 방법을 사용하여 공정성과를 개선하고자 하며, TQM은 내·외부 고객, 공급자, 종업원, 경영자에 초점을 맞춘다.

정답 ③

안심Touch

12

공인회계사 2019

☑ 확인
Check!
○
△
✗

품질경영에 관한 설명으로 가장 적절하지 않은 것은?

① CTQ(Critical To Quality)는 고객입장에서 판단할 때 중요한 품질특성을 의미하며, 집중적인 품질개선 대상이다.

② 전체 품질비용을 예방, 평가, 실패비용으로 구분할 때 일반적으로 예방비용의 비중이 가장 크다.

③ DMAIC은 6시그마 프로젝트를 수행하는 절차이며, 정의 – 측정 – 분석 – 개선 – 통제의 순으로 진행된다.

④ 품질특성의 표준편차가 작아지면 공정능력(process capability)은 향상되고 불량률은 감소한다.

⑤ TQM(Total Quality Management)은 결과보다는 프로세스 지향적이고 고객만족, 전원참여, 프로세스의 지속적인 개선을 강조한다.

해설 콕

전체 품질비용을 예방, 평가, 실패비용으로 구분할 때 가장 비중이 큰 부분은 실패비용이다.
① CTQ(Critical To Quality)는 TQM이나 6 Sigma에서 상품이나 서비스, 그리고 상품 제조 등의 프로세스가 TQM(Total Quality Management)의 기준에 맞거나 구매자의 구매 기준 Quality에 충족되는 품질 기준으로 고객입장에서 판단할 때 중요한 품질특성을 의미하며, 집중적인 품질개선 대상이다.

④ 공정능력비율$(C_p) = \dfrac{규격상한 - 규격하한}{6\sigma}$

공정능력지수$(C_{pk}) = \mathrm{Min}\left(\dfrac{규격상한 - 평균}{3\sigma}, \ \dfrac{평균 - 규격하한}{3\sigma} \right)$

분모에 해당하는 품질특성의 표준편차가 작아지면 공정능력을 측정하는 공정능력비율과 공정능력지수의 값이 커지게 되며, 공정능력의 향상으로 불량률이 감소함을 알 수 있다.

정답 ②

13

가맹거래사 2016

☑ 확인
Check!
○
△
✗

고객의 요구를 기술적 특성과 연결시켜 제품에 반영하는 기법은?

① 품질기능전개(QFD)

② 동시공학(CE)

③ 가치분석(VA)

④ 가치공학(VE)

⑤ 유연생산시스템(FMS)

> ✋해설 **콕** ....
>
> 고객의 요구를 기술적 특성과 연결시켜 제품에 반영하는 기법은 품질기능전개(QFD)이다.
> ② 동시공학(CE)은 제품개발 초기부터 관련부서 모두 개발과정에 참여하는 것을 말한다.
> ③·④ 가치분석(VA)과 가치공학(VE)은 고객의 요구를 충족시키면서 원가 절감과 제품과 서비스 향상을
> 추구하는 것을 말한다.
> ⑤ 유연생산시스템(FMS)은 생산현장에 기계와 로봇의 도입으로 효율성과 생산성을 충족시키는 것을
> 말한다.
>
> 정답 ①

14 가맹거래사 2019

제품설계과정에서 활용되는 방법과 이에 관한 설명의 연결이 옳은 것은?

ㄱ. 가치분석(VA)
ㄴ. 품질기능전개(QFD)
ㄷ. 모듈러 설계(modular design)

---

a. 낮은 부품다양성으로 높은 제품다양성을 추구하는 방법
b. 제품의 원가대비 기능의 비율을 개선하려는 체계적 노력
c. 고객의 다양한 요구사항과 제품의 기능적 요소들을 상호 연결

	ㄱ	ㄴ	ㄷ
①	a	b	c
②	a	c	b
③	b	a	c
④	b	c	a
⑤	c	a	b

> ✋해설 **콕** ....
>
> • 낮은 부품다양성으로 높은 제품다양성을 추구하는 방법은 모듈러 설계(modular design)이다.
> • 제품의 원가대비 기능의 비율을 개선하려는 체계적 노력은 가치분석(VA)이다.
> • 고객의 다양한 요구사항과 제품의 기능적 요소들을 상호 연결은 품질기능전개(QFD)이다.
>
> 정답 ④

15

공인회계사 2015

☑ 확인
Check!
○
△
✕

다음의 설계기법과 이에 대한 설명을 가장 적절하게 연결한 것은?

> ㉠ VE(value engineering)
> ㉡ DFA(design for assembly)
> ㉢ QFD(quality function deployment)
> ㉣ Robust Design

> a. 부품수 감축, 조립 방법 및 순서에 초점을 맞추는 설계
> b. 품질에 나쁜 영향을 미치는 노이즈(noise)로부터 영향정도를 최소화 할 수 있도록 설계
> c. 제품의 원가대비 기능의 비율을 개선하려는 노력
> d. 고객의 다양한 요구사항과 제품의 기능적 요소들을 상호 연결함

① ㉠ – a, ㉡ – c, ㉢ – d
② ㉠ – c, ㉡ – a, ㉣ – d
③ ㉠ – a, ㉢ – b, ㉣ – d
④ ㉠ – c, ㉢ – a, ㉣ – b
⑤ ㉡ – a, ㉢ – d, ㉣ – b

해설 콕 ......

> ㉠ VE(value engineering) – c. 제품의 원가대비 기능의 비율을 개선하려는 노력
> ㉡ DFA(design for assembly) – a. 부품수 감축, 조립 방법 및 순서에 초점을 맞추는 설계
> ㉢ QFD(quality function deployment) – d. 고객의 다양한 요구사항과 제품의 기능적 요소들을 상호 연결함
> ㉣ Robust Design – b. 품질에 나쁜 영향을 미치는 노이즈(noise)로부터 영향정도를 최소화 할 수 있도록 설계

정답 ⑤

16

가맹거래사 2019

공정중심이 100이고, 규격하한과 규격상한이 각각 88과 112이며, 표준편차가 4인 공정의 시그마수준은?

① 1
② 3
③ 4
④ 6
⑤ 10

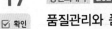

- 공정능력비율 $= \dfrac{\text{규격의 폭}}{\text{산포의 폭}} = \dfrac{\text{상한값}-\text{하한값}}{6\sigma} = \dfrac{112-88}{6 \times 4} = 1$
- 시그마수준 = 공정능력비율 $\times$ 3 = 3

정답 ②

 참고

공정능력비율(상한값이나 하한값 하나만 있을 경우)

- **상한값만 있을 경우** : 공정능력비율 $= \dfrac{\text{상한값}-\text{평균}}{3\sigma}$

- **하한값만 있을 경우** : 공정능력비율 $= \dfrac{\text{평균}-\text{하한값}}{3\sigma}$

---

17 공인회계사 2021

☑ 확인
Check!
○
△
×

품질관리와 품질비용에 관한 설명으로 가장 적절하지 않은 것은?

① 공정능력(process capability)은 공정이 안정상태(under control)에서 설계규격(specification)에 적합한 제품을 생산할 수 있는 능력을 의미하며 공정능력이 커질수록 불량률은 줄어든다.

② 품질특성 산포의 평균이 규격한계(specification limit)의 중앙에 있고 공정능력지수(C_p)가 1.0인 공정에서 규격한계의 폭이 12라면, 산포의 표준편차는 1.0이다.

③ 파레토의 원리(또는 80 : 20 법칙)는 소수의 핵심품질인자(vital few)에 집중하는 것이 전체 품질개선에 효율적인 방안임을 시사한다.

④ 품질비용을 예방·평가·실패 비용으로 구분할 때 예방 및 평가 비용을 늘리면 일반적으로 품질수준은 향상되고 실패비용은 감소한다.

⑤ 실패비용은 불량품이 발생했을 경우 이를 기업 내·외부에서 처리하는데 발생하는 비용을 포함한다.

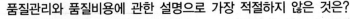

- 공정능력지수 $= \dfrac{\text{규격의 폭}}{\text{산포의 폭}} = \dfrac{\text{상한값}-\text{하한값}}{6\sigma} = \dfrac{12}{6\sigma} = 1$

$\therefore \sigma = 2$

정답 ②

18

☑ 확인
Check!
○
△
×

공정능력분석에 사용되는 공정능력비율(process capability ratio, C_p)에 관한 설명으로 가장 적절하지 않은 것은?

① 공정능력비율은 공정이 설계규격(specification)에 적합한 제품을 생산하는 능력이 어느 정도인지를 측정하는 도구이다.

② 공정능력비율이 증가하면 일반적으로 제품 불량률은 감소한다.

③ 설계규격한계(specification limit)가 일정할 때 공정변동(표준편차)이 감소하면 공정능력비율은 증가한다.

④ 공정능력비율이 증가하면 공정의 시그마수준(sigma level)도 증가한다.

⑤ 공정능력비율이 1.0 미만이면 공정이 안정상태(under control)를 벗어났다고 판단한다.

 해설 쿡

$$C_p(\text{공정능력비율}) = \frac{\text{설계규격의 범위}}{\text{공정의 범위}}$$

공정능력비율과 공정능력

공정능력비율 범위	공정능력
$C_p > 1.33$	공정능력이 충분함
$1.00 \leq C_p < 1.33$	공정능력이 있음
$0.67 \leq C_p < 1.00$	공정능력이 부족함
$C_p < 0.67$	공정능력이 매우 부족함

공정능력이 1.0 미만이면 공정능력이 부족한 상태이므로 안정상태를 벗어났다고 판단할 수 없다.

정답 ⑤

19

☑ 확인
Check!
○
△
×

다음에서 공통으로 설명하는 개념은?

• MRP, MRP Ⅱ를 거치면서 등장하였으며, 전체 기업 내부의 운영효율화를 위해 정보시스템을 활용한다.
• 기업내 구매, 생산, 물류, 판매, 회계영역의 프로세스를 개선하기 위해 통합된 데이터베이스를 운영한다.

① business intelligence

② customer relationship management

③ enterprise resource planning

④ supplier relationship management

⑤ supply chain management

전사적 지원관리(ERP)는 기업의 중심적 활동에 속하는 원자재, 생산, 판매, 인사, 회계 등의 업무를 통합·관리해주는 소프트웨어 패키지로서 전사적 경영자원의 체계적 관리를 통한 생산성 향상을 목표로 한다.

정답 ③

20

공인노무사 2017

☑ 확인
Check!
○
△
✕

전사적 자원관리(ERP) 도입의 효과가 아닌 것은?

① 신기술 수용 및 활용
② 사업장 및 업무통합
③ 고객 이미지 개선
④ 정보 적시 제공
⑤ 업무프로세스 복잡화

전사적 자원관리(ERP)란 기업의 중심적 활동에 속하는 원자재, 생산, 판매, 인사, 회계 등의 업무를 통합·관리해 주는 소프트웨어 패키지로서 전사적 경영자원의 체계적 관리를 통한 생산성 향상을 목표로 한다. 적용 시에 데이터의 일관성, 통합성으로 업무의 표준화를 실현시킬 수 있다.

정답 ⑤

21

가맹거래사 2017

☑ 확인
Check!
○
△
✕

ERP(enterprise resource planning) 시스템에 관한 설명으로 옳지 않은 것은?

① ERP 시스템은 기능영역 정보시스템들 사이의 커뮤니케이션 결여를 바로 잡고자 하는 것이다.
② ERP 시스템은 기능영역에 걸친 기업성과에 대한 기업정보를 제공하여 관리자의 의사결정 능력을 향상시킬 수 있다.
③ ERP 시스템은 비즈니스 프로세스를 통합하여 고객서비스를 개선시킬 수 있다.
④ ERP 시스템을 구축·실행하는데 초기비용이 적게 소요된다.
⑤ ERP 시스템 도입 후에는 통합 데이터베이스를 운영하게 되어 정보의 공유가 용이해진다.

ERP 시스템을 구축·실행하는데 초기비용이 많이 소요된다.

정답 ④

22

가맹거래사 2019

전사적 자원관리(ERP) 시스템의 도입효과로 옳지 않은 것은?

① 부서간 실시간 정보공유

② 데이터의 일관성 유지

③ 적시 의사결정 지원

④ 조직의 유연성과 민첩성 증진

⑤ 기존 비즈니스 프로세스 유지

전사적 지원관리(ERP)는 다양한 소비자의 요구와 점점 짧아지는 라이프사이클에 대응하기 위해 비즈니스 프로세스도 그에 맞춰 변화하고 있다.

정답 ⑤

23

경영지도사 2020

많은 개별 고객들의 요구를 만족시키기 위해 제품들을 맞춤화하여 생산하는 것은?

① 서비타이제이션(servitization)

② 가치공학(value engineering)

③ 린 생산(lean production)

④ 매스커스터마이제이션(mass customization)

⑤ 대량생산(mass production)

매스커스터마이제이션(mass customization)은 대량의 의미를 가진 매스(mass)와 고객맞춤을 의미하는 커스터마이제이션(customization)의 합성어로 많은 고객의 요구를 만족시키기 위해 제품을 맞춤화하여 생산하는 것을 말한다.

① 서비타이제이션(servitization)은 기업이 제품, 서비스, 지식 등을 하나의 묶음으로 고객에게 제공하는 것을 말한다.

② 가치공학(value engineering)은 고객의 요구를 충족시키면서 원가 절감과 제품 및 서비스 향상을 추구하는 것을 말한다.

③ 린 생산(lean production)은 생산과정내 낭비를 제거하여 제조방법의 합리화를 추구하는 것을 말한다.

⑤ 대량생산(mass production)은 표준화된 제품을 대량으로 생산하여 제조원가를 낮추는 것을 말한다.

정답 ④

24

☑확인
Check!
○
△
×

제품설계방법 중 하나로서 추상적인 고객의 욕구, 필요성, 기호 등을 설계, 생산에서 적용할 수 있는 구체적인 기술적 명세로 전환시키는 기법은?

① 품질기능전개(quality function deployment)
② 가치공학(value engineering)
③ 동시공학(concurrent engineering)
④ 모듈러 설계(modular design)

> 🖐해설 콕
>
> 추상적인 고객의 욕구, 필요성, 기호 등을 설계, 생산에서 적용할 수 있는 구체적인 기술적 명세로 전환시키는 기법은 품질기능전개(quality function deployment)에 대한 설명이다.
> ② 가치공학과 가치분석은 고객의 요구를 충족시키면서 원가 절감과 제품 및 서비스 향상을 추구하는 것을 말한다.
> ③ 동시공학(concurrent engineering)은 제품개발 초기부터가 관련부서가 모두 개발과정에 참여하는 것을 말한다.
> ④ 모듈러 설계(modular design)는 제품구성요소를 표준화 시켜 생산원가를 낮추며 다양한 제품을 만들어 제품차별화를 이루려는 방법을 말한다.
>
> **정답** ①

25

☑확인
Check!
○
△
×

제품설계 및 개발에 관한 설명으로 옳지 않은 것은?

① 제조용이성설계(DFM) : 제품의 생산이 용이하고 경제적으로 이뤄질 수 있도록 하는 제품설계 방법
② 품질기능전개(QFD) : 고객의 요구사항을 제품이나 서비스의 설계명세에 반영하는 방법
③ 로버스트 설계(robust design) : 제품의 성능 특성이 제조 및 사용 환경의 변화에 민감하도록 설계하는 방법
④ 모듈러 설계(modular design) : 제품의 다양성을 높이면서 동시에 제품라인의 생산에 사용되는 구성품의 수를 최소화하는 제품설계 방법
⑤ 가치분석(VA) : 기능적 요구조건을 충족시키는 범위 내에서 불필요하게 원가를 유발하는 요소를 제거하고자 하는 체계적인 방법

> 🖐해설 콕
>
> 로버스트 설계(robust design)는 제품의 성능 특성이 제조 및 사용 환경의 변화에 민감하지 않도록 설계하는 방법이다.
>
> **정답** ③

26

공인노무사 2015

생산관리의 전형적인 목표(과업)로 옳지 않은 것은?

① 촉진강화　　　　　　　　② 품질향상
③ 원가절감　　　　　　　　④ 납기준수
⑤ 유연성제고

해설 콕

기업 전체의 목표를 이윤극대화 또는 기업가치의 극대화라 할 때 생산관리는 이들 목표의 달성을 위한 주요수단으로서의 역할을 하게 된다. 일반적으로 생산관리를 담당하는 부서는 원가, 품질, 납기, 유연성에 초점을 두고 관리활동을 펼치게 된다.

정답 ①

27

가맹거래사 2020

생산관리의 목표에 해당하지 않는 것은?

① 원가우위
② 고객만족을 통한 순현가 극대화
③ 품질우위
④ 납기준수 및 단축
⑤ 생산시스템 유연성 향상

해설 콕

생산관리의 목표는 미리 규정한 제품을 기간 내에 가장 저렴하게 생산하는 것으로 비용, 시간, 품질, 유연성에 기준을 두고 있다.

정답 ②

28

공인노무사 2016

생산시스템 설계에 해당하는 것은?

① 일정관리　　　　　　　　② 시설입지
③ 재고관리　　　　　　　　④ 품질관리
⑤ 수요예측

해설 콕

시설입지를 정한다는 것은 생산이나 서비스 활동을 위한 지리적 장소를 결정하는 과정이다.

정답 ②

29

☑ 확인
Check!
○
△
×

생산시스템은 유형의 제품과 무형의 서비스에 대한 생산으로 구분된다. 제품과 서비스에 관한 설명으로 가장 적절하지 않은 것은?

① 제품은 서비스에 비해 상대적으로 투입물과 산출물의 균질성이 높다.

② 서비스는 제품에 비해 수요와 공급을 일치(matching supply with demand) 시키기가 용이하다.

③ 서비스는 제품에 비해 생산프로세스에 대한 특허취득이 어렵다.

④ 서비스는 제품에 비해 산출물 품질에 대한 측정과 품질보증이 어렵다.

⑤ 서비스는 제품에 비해 생산프로세스에 대한 고객참여도가 높다.

 해설 콕

> 서비스는 제품처럼 재고보유를 할 수 없으므로 수요와 공급을 일치(matching supply with demand) 시키기가 용이하지 않다.
>
> 정답 ②

30

☑ 확인
Check!
○
△
×

라인밸런싱(line balancing)에 관한 설명으로 가장 적절하지 않은 것은?

① 연속된 두 작업장에 할당된 작업부하(workload)의 균형이 맞지 않을 경우 작업장애(blocking) 또는 작업공전(starving) 현상이 발생한다.

② 라인밸런싱의 결과, 모든 작업장의 이용률(utilization)이 100%라면 전체 생산라인의 효율(efficiency)도 100%이다.

③ 각 작업장의 이용률은 유휴시간(idle time)이 클수록 낮아진다.

④ 주기시간(cycle time)은 작업장 수를 늘릴수록 줄어든다.

⑤ 목표 산출률을 높이기 위해서는 이를 달성할 수 있는 목표 주기시간도 늘어나야 한다.

 해설 콕

> $$효율 = \frac{작업처리시간}{주기시간 \times 작업장의 수}$$
>
> 목표 주기시간을 늘리면 효율이 감소하기 때문에 목표 산출률을 높이는데 도움을 주지 못한다.
>
> ① 연속된 두 작업장에 할당된 작업부하(workload)의 균형이 맞지 않을 경우에는 작업장애(blocking) 또는 작업공전(starving) 현상이 발생한다.
>
> ② 모든 작업장의 이용률(utilization)이 100%라는 것은 모든 작업자의 유휴시간이 발생하지 않는다는 의미가 되므로 전체 생산라인의 효율(efficiency)도 100%가 된다.
>
> ③ 이용률과 유휴시간은 반비례 관계이므로 각 작업장의 이용률은 유휴시간이 클수록 낮아진다.
>
> ④ 동일한 처리 시간 내에 일을 해야하는 경우 작업장 수를 늘리게 되면 주기시간(cycle time)은 줄어든다.
>
> 정답 ⑤

31

라인밸런싱(line balancing)에 관한 설명으로 가장 적절하지 않은 것은?

① 라인밸런싱은 제품별 배치(product layout)의 설계를 위해 사용한다.
② 라인밸런싱의 목적은 작업장(work-station)별 작업시간의 균형을 이루어 유휴시간(idle time)을 최소화하는 것이다.
③ 생산라인의 주기시간(cycle time)은 병목(bottleneck) 작업장의 작업시간보다 작다.
④ 생산라인의 총유휴시간이 감소하면 라인효율(efficiency)은 증가한다.
⑤ 생산라인의 총유휴시간이 감소하면 밸런스 지체(balance delay)는 감소한다.

해설 콕

생산라인의 주기시간(cycle time)은 병목(bottleneck) 작업장의 작업시간보다 같거나 크다.

정답 ③

32

라인밸런싱(line balancing)에 관한 설명으로 가장 적절하지 않은 것은?

① 밸런스 효율(balance efficiency)과 밸런스 지체(balance delay)를 합하면 항상 100%가 된다.
② 최다 후속작업 우선규칙이나 최대 위치가중치(positional weight) 우선규칙 등의 작업할당 규칙은 휴리스틱(heuristic)이므로 최적해를 보장하지 않는다.
③ 주기시간(cycle time)은 병목(bottleneck) 작업장의 작업시간과 동일하다.
④ 주기시간을 줄이기 위해서는 작업장 수를 줄일 필요가 있다.
⑤ 작업장 수를 고정하면 주기시간을 줄일수록 밸런스 효율은 향상된다.

해설 콕

주기시간을 줄이기 위해서는 작업장 수를 늘려야 한다.

정답 ④

참고 밸런스 효율과 밸런스 지체

• **밸런스 효율** : 전체 시간 중 생산적인 시간의 비율을 백분율로 나타낸 것

$$밸런스\ 효율 = \frac{\sum t}{nc} \times 100$$

• **밸런스 지체** : 생산라인의 비능률

$$밸런스\ 지체 = 100\% - 효율$$

33

공인회계사 2020

확인 Check!
○
△
×

관리도(control chart)를 활용한 공정관리에 관한 설명으로 가장 적절하지 않은 것은?

① 관리도의 관리한계선(control limit)의 폭이 넓을수록 공정에 발생한 이상변동(assignable variation)을 탐지하지 못할 가능성은 더 커진다.

② 관리도는 공정에 발생한 이상변동의 원인과 해결방안을 찾아주고 공정능력(process capability)을 향상시켜 준다.

③ 관리도를 계량형(변량형)과 계수형(속성형)으로 구분할 때, $\overline{X} - R$ 관리도는 계량형 관리도이며 p 관리도(불량률관리도)는 계수형 관리도이다.

④ 3σ 관리도를 사용하면, 관리상하한선 사이의 폭은 표준편차의 6배가 된다.

⑤ 우연변동(random variation)에 의해서도 타점(plot)이 관리한계선을 벗어날 가능성은 존재한다.

👆해설 콕

공정에 발생한 이상변동의 원인을 관리도 자체만으로 파악하기 어렵다.

정답 ②

⚖ 참고

관리도(control chart)

1. 개 념

관심 있는 임의의 통계량(표본평균, 표본표준편차, 표본범위 등)이나 임의의 품질특성치의 평균을 나타내는 중심선(center line)과 중심선 상하에 한 쌍의 관리한계(control limits)로 구성된 그래프를 관리도(control chart)라 한다.

2. 관리도 사용 절차

① 수집(자료 취합 및 관리도 상의 그림)

② 관리(공정데이터로 관리한계 계산, 변동의 특별원인 식별과 이에 대한 조치)

③ 분석 및 개선(변동의 일상원인 파악과 이의 감소를 위한 조치 시행)

※ 지속적 공정 개선을 위해 3단계를 반복 실시해야 한다.

3. 관리도의 구성

① 중심선(Center Line): 안정상태에 있는 공정의 평균 품질특성

② 관리상한(U_{CL} : Upper Control Limit) : 공정의 안정상태가 존재할 때 최대허용 우연변동

③ 관리하한(L_{CL} : Lower Control Limit) : 공정의 안정상태가 존재할 때 최소허용 우연변동

CHAPTER 5 생산운영관리

4. Shewhart의 3σ 법

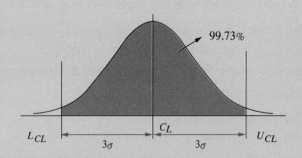

5. 관리도의 유형

① 계량형
- $\overline{X} - R$ 관리도 : 생산량이 많으며, 시료 채취가 용이하고, 부분군 크기가 3~5인 경우
- $\overline{X} - S$ 관리도 : 부분군 크기가 10보다 클 때 $\overline{X} - R$ 대신 사용
- $X - MR$ 관리도 : 생산량이 적거나 부분군 크기가 1인 경우

② 계수형
- p 관리도 : 부적합품률을 알고자 할 때 사용하며, 표본 크기가 일정하지 않아도 됨
- np 관리도 : 부적합품수를 알고자 할 때 사용하며, 표본 크기가 일정해야 됨
- c 관리도 : 부적합수를 알고자 할 때 사용하며, 표본 크기가 일정함
- u 관리도 : 단위당 부적합수를 알고자 할 때 사용하며, 표본 크기가 일정하지 않아도 됨

③ 특수관리도
- $EWMA$, $CUSUM$ 관리도 : 작은 변동을 탐지해 낼 필요가 있는 경우
- CV 관리도 : 변동 계수를 관리하고자 하는 경우
- MA 관리도 : 이동범위를 관리하고자 하는 경우

6. 관리도의 장점

① 공정의 현행 관리를 위해 작업자에 의해 이용될 수 있음
② 품질과 비용을 위한 공정의 일관되고, 예상 가능한 수행을 지원할 수 있음
③ 우수한 품질, 낮은 단위 비용, 높은 유효 생산능력을 달성할 수 있음
④ 공정 수행도의 논의를 위한 공통 용어를 제공할 수 있음
⑤ 국소적인 조치나 시스템에 대한 조치를 위한 지침으로서 변동의 일상원인으로부터 특별원인을 구별할 수 있음

〈출처〉 한국가치경영인증원

05 공정과 배치

(1) 공정관리의 의의

일정 품질 및 수량의 제품을 적시에 생산이 가능하도록 인적 노력 및 기계설비 등의 생산자원을 합리적으로 활용할 것을 목적으로 공장 생산 활동을 전체적으로 통제하는 것을 말한다.

(2) 공정관리의 기능

① 계획기능과 통제기능

㉠ 계획기능 : 절차계획, 공수계획, 일정계획 등

㉡ 통제기능 : 작업할당, 진도관리 등

② 절차계획의 주요 결정사항

제품생산에 있어 필요로 하는 작업의 내용 및 방법, 각 작업의 실시장소 및 경로, 각 작업의 실시순서, 각 작업의 소요시간·표준시간, 경제적 제조 로트의 결정, 제품생산에 있어 필요로 하는 자재의 종류 및 수량, 각 작업에 사용할 기계 및 공구 등이다.

③ 공수계획

계획생산량 완성에 있어 필요로 하는 인원 또는 기계의 부하를 결정해서 이를 현재의 인원 및 기계의 능력 등과 비교해서 조정하는 것으로 가장 많이 활용되는 기준은 작업시간으로서 기계시간(Machine Hour)과 인시(Man Hour)가 대표적이다.

④ 일정계획

생산계획을 구체화하는 과정을 말하며 기준일정 결정과 생산일정 결정으로 나누어진다. 통상적으로 대일정계획, 중일정계획, 소일정계획의 3단계로 분류한다.

⑤ 작업할당

절차계획에서 결정된 공정절차표 및 일정계획에서 수립된 일정표에 의해 실제 생산 활동을 시작하도록 허가하는 것을 가리킨다.

⑥ 진도관리

진행 중인 작업에 대해 첫 작업으로부터 완료되기까지의 진도상태를 관리하는 것을 의미한다. 통상적으로 간트 차트식의 진도표 또는 그래프식 진도표, 작업관리판 등이 활용된다.

01

생산·서비스 공정 및 설비 배치에 관한 설명으로 가장 적절한 것은?

① 배치공정(batch process)은 조립라인공정(assembly line process)에 비해 일정계획 수립 및 재고통제가 용이하고 효율성이 높다.

② 주문생산공정(make-to-order process)은 원하는 서비스수준(service level)을 최소 비용으로 충족시키는 것이 주요 목적이며, 재고생산공정(make-to-stock process)은 생산시간을 최소화하는 것이 주요 목적이다.

③ 고객접촉의 정도가 높을수록 서비스공정의 불확실성이 낮아지고 비효율성이 감소하게 된다.

④ 공정별 배치를 셀룰러(cellular) 배치로 변경함으로써 생산준비시간을 단축시키는 것이 가능하다.

⑤ 제품별 배치에서는 제품이 정해진 경로를 따라 이동하지만 프로젝트 배치와 공정별 배치에서는 다양한 이동경로를 갖는다.

> **해설 콕** ....
>
> ① 배치공정(batch process)은 조립라인공정(assembly line process)에 비해 일정계획 수립 및 재고통제가 용이하고 효율성이 낮다.
> ② 주문생산공정(make-to-order process)은 생산시간을 최소화 하는 것이 주요 목적이며, 재고생산공정(make-to-stock process)은 비용을 최소화하는 것이 주요 목적이다.
> ③ 고객접촉의 정도가 높을수록 서비스공정의 불확실성과 비효율성이 높아지게 된다.
> ⑤ 제품이 다양한 이동경로를 갖는 것에 프로젝트 배치는 해당하지 않는다.
>
> 정답 ④

02

설비 배치 유형에 관한 비교설명으로 가장 적절한 것은?

① 공정별 배치(process layout)는 대량생산을 통한 원가의 효율성이 제품별 배치(product layout)보다 상대적으로 높다.

② 제품별 배치는 생산제품의 다양성과 제품설계변경에 대한 유연성이 공정별 배치보다 상대적으로 높다.

③ 제품별 배치는 설비의 활용률(utilization)이 공정별 배치에 비해 상대적으로 낮다.

④ 제품별 배치는 경로설정(routing)과 작업일정계획(scheduling)이 공정별 배치에 비해 상대적으로 단순하다.

⑤ 공정별 배치는 설비의 고장에 따른 손실이 제품별 배치보다 상대적으로 크다.

① 공정별 배치(process layout)는 대량생산에 부적합하고, 원가효율도 제품별 배치(product layout)보다 상대적으로 낮다.
② 제품별 배치는 생산제품의 다양성과 제품설계 변경에 대한 유연성이 공정별 배치보다 상대적으로 낮다.
③ 제품별 배치는 설비의 활용률(utilization)이 공정별 배치에 비해 상대적으로 높다.
⑤ 공정별 배치는 설비의 고장에 따른 손실이 제품별 배치보다 상대적으로 낮다.

정답 ④

03 국가직 7급 2016

확인 Check!
○ △ ×

생산시설 배치(facility layout)에 대한 설명으로 옳지 않은 것은?

① 제품형 시설배치(product layout)는 특정 제품을 생산하는데 필요한 작업순서에 따라 시설을 배치하는 방식을 말한다.
② 공정형 시설배치(process layout)는 다품종 소량생산에 적합하고 범용기계 설비의 배치에 많이 이용된다.
③ 항공기, 선박의 생산에 효과적인 생산시설 배치의 유형은 고정형 시설배치(fixed-position layout)이다.
④ 제품형 시설배치는 재공품 재고의 수준이 상대적으로 높으며 작업기술이 복잡하다.

해설 콕

제품형 시설배치는 단순한 작업으로 작업기술이 복잡하지 않다.

정답 ④

04 국가직 7급 2019

확인 Check!
○ △ ×

설비 배치에 대한 설명으로 옳은 것은?

① 같은 기능을 갖는 기계를 작업장(workstation)에 모아 놓은 방식으로, 모든 작업자가 유사한 작업을 수행하는 방식을 제품별 배치(product layout)라고 한다.
② 반복적이고 연속적으로 제품을 생산하는 공정형태이며, 가공 혹은 조립에 필요한 기계를 일렬로 배치하여 모든 기계를 순차적으로 거치면서 제품이 완성되는 방식을 공정별 배치(process layout)라고 한다.
③ 제품별 배치와 공정별 배치 등을 혼합한 형태로 준비시간과 대기시간 단축의 장점이 있는 방식을 셀 배치(cellular layout)라고 한다.
④ TV를 제작하는데 있어 섀시 조립, 회로기판 장착, 브라운관 장착, 스피커 장착, 외장박스 장착, 최종검사 등을 거치는 방식을 고정형 배치(fixed position layout)라고 한다.

① 같은 기능을 갖는 기계를 작업장(workstation)에 모아 놓은 방식으로, 모든 작업자가 유사한 작업을 수행하는 방식을 공정별 배치(process layout)라고 한다.

② 반복적이고 연속적으로 제품을 생산하는 공정형태이며, 가공 혹은 조립에 필요한 기계를 일렬로 배치하여 모든 기계를 순차적으로 거치면서 제품이 완성되는 방식을 제품별 배치(product layout)라고 한다.

④ TV를 제작하는데 있어 섀시 조립, 회로기판 장착, 브라운관 장착, 스피커 장착, 외장박스 장착, 최종검사 등을 거치는 방식을 제품별 배치(product layout)라고 한다.

정답 ③

05 경영지도사 2016

☑ 확인
Check!
○ →
△
×

공장내 설비 배치에 관한 설명으로 옳지 않은 것은?

① 공정별 배치는 비슷한 작업을 수행하는 기계, 활동들을 그룹별로 모아 놓은 것으로 개별 주문생산시스템에 적합하다.

② 제품별 배치는 공정의 순서에 따라 배치하는 것으로 연속적인 대량생산에 적합하고, 재공품과 물류비 감소 및 생산 통제가 용이하다.

③ 위치고정형 배치는 대단위 제품들을 한 곳에 모아 놓고 조립하는 형태로 프로젝트 기법을 활용하여 생산계획과 통제를 한다.

④ 혼합형 배치는 공정과 제품요소를 동시에 혼합하는 것으로 소품종 대량생산의 경우에 적합하다.

⑤ 프로세스별 배치는 특정제품을 생산하는 일련의 고정된 순서에 의해 배치하는 것으로 주로 특수화된 공구와 장치 생산에 적합하다.

혼합형 배치는 공정과 제품요소를 동시에 혼합하는 것으로 다품종 대량생산의 경우에 적합하다.

정답 ④

06

공인회계사 2018

☑ 확인
Check!
○
△
✕

생산공정 및 설비 배치에 관한 설명으로 가장 적절한 것은?

① 제품이 다양하고 뱃치크기(batch size)가 작을수록 잡숍공정(job shop process)보다는 라인공정이 선호된다.

② 주문생산공정은 계획생산공정보다 유연성이 높지만 최종제품의 재고수준이 높아지는 단점이 있다.

③ 제품별 배치에서는 공정별 배치에 비해 설비의 고장이나 작업자의 결근 등이 발생할 경우 생산시스템 전체가 중단될 가능성이 낮으며 노동 및 설비의 이용률이 높다.

④ 그룹테크놀로지(GT)를 이용하여 설계된 셀룰러 배치는 공정별 배치에 비해 가동준비시간과 재공품재고가 감소되는 등의 장점이 있다.

⑤ 프로젝트공정에 주로 사용되는 고정위치 배치에서는 장비와 인원 등이 작업장의 특정위치에 고정되므로 작업물의 이동경로 관리가 중요하다.

해설 콕 ‥‥‥‥‥‥‥‥‥‥‥‥‥‥‥‥‥‥‥‥‥‥‥‥‥‥‥‥‥‥‥‥‥‥

① 제품이 다양하고 뱃치크기(batch size)가 작을수록 라인공정보다는 잡숍공정(job shop process)이 선호된다.

② 주문생산공정은 계획생산공정보다 유연성이 높고 최종제품의 재고수준이 높아지는 것은 단점이 아닌 장점에 해당한다.

③ 제품별 배치에서는 공정별 배치에 비해 설비의 고장이나 작업자의 결근 등이 발생할 경우 생산시스템 전체가 중단될 가능성이 높다.

⑤ 프로젝트공정에 주로 사용되는 고정위치 배치에서는 장비와 인원 등이 작업장의 특정위치에 고정되므로 작업시간 관리가 중요하다.

정답 ④

07

서울시 7급 2016

☑ 확인
Check!
○
△
✕

설비 배치의 유형 중 공정별 배치와 제품별 배치를 비교한 것으로 옳은 것은?

① 제품별 배치는 다양한 제품을 소량으로 생산하는 경우에 적합하다.

② 공정별 배치는 제품별 배치에 비해 생산속도가 빠르며 생산설비의 효율성이 높다.

③ 특정 제품만을 생산하기 위한 전용생산라인은 제품별 배치에 해당한다.

④ 공정별 배치는 제품의 공정 순서에 따라 일자형의 형태를 취하는 것이 보통이다.

해설 콕 ‥‥‥‥‥‥‥‥‥‥‥‥‥‥‥‥‥‥‥‥‥‥‥‥‥‥‥‥‥‥‥‥‥‥

① 다양한 제품을 소량으로 생산하는 경우에는 공정별 배치가 적합하다.

② 제품별 배치가 제품별 배치와 비교해서 생산속도가 빠르고 생산설비의 효율성이 높다.

④ 제품의 공정 순서에 따라 일자형의 형태를 취하는 것은 제품별 배치에 대한 설명이다.

정답 ③

제품별 배치(product layout)가 공정별 배치(process layout)에 비해 상대적으로 유리한 장점만을 모두 선택한 것은?

a. 산출률이 높고 단위당 원가가 낮다.
b. 장비의 이용률(utilization)이 높다.
c. 장비의 구매와 예방보전(preventive maintenance) 비용이 적다.
d. 자재운반이 단순하고 자동화가 용이하다.
e. 재공품 재고(WIP)가 적다.
f. 훈련비용이 적게 들고 작업감독이 쉽다.

① a, b, d, e, f
② b, c, d, e, f
③ b, d, e, f
④ a, d, e
⑤ a, b, c

해설 콕 ....

a. (O) 제품별 배치(product layout)는 단일제품을 대량으로 생산하는데 적합하기에 산출률이 높고 단위당 원가가 낮다.
b. (O) 제품별 배치(product layout)는 단일제품을 생산하는 전용설비가 있기 때문에 장비의 이용률이 높은 반면에 공정별 배치(process layout)는 다양한 제품을 생산하는 범용설비를 이용하고 있어 장비의 이용률이 낮다.
c. (×) 제품별 배치(product layout)를 위한 장비는 고가여서 구매와 예방보전(preventive maintenance) 비용이 높다.
d. (O) 제품별 배치(product layout)는 자동화 설비 내에서 연속적으로 이동하기 때문에 자재운반이 단순하다.
e. (O) 제품별 배치(product layout)는 자동화 설비 내에서 연속적으로 이동하기 때문에 대기 재고인 재공품 재고(WIP)가 적다.
f. (O) 제품별 배치(product layout)는 단순반복업무 위주이며, 분업화하여 관리·감독이 가능하므로 훈련비용이 적게 들고 작업감독이 쉽다.

정답 ①

09

☑ 확인
Check!

○
△
✕

시설의 입지를 결정하는 모형에 대한 설명으로 옳지 않은 것은?

① 중심지법(centroid, center of gravity)은 새로운 시설과 기존 시설들과의 거리 및 수송할 물량을 평가요소로 활용한다.

② 요인평점법(factor-rating)은 각 입지 요인의 상대적 중요도를 반영한 가중치를 활용하여 양적 및 질적 요인을 함께 고려할 수 있다.

③ 수송계획법(transportation method)은 선형계획법의 한 유형으로 최소비용법(minimum cell cost method), 보겔의 추정법(Vogel's approximation method) 등으로 초기해를 도출한 후 수정배분법(modified distribution method) 등으로 최적해를 도출하는 방법이다.

④ 손익분기점분석법(break-even analysis)은 총생산비용과 총수익의 상관관계를 이용하여 수요가 최대가 되는 최적입지를 찾는 분석법이다.

해설 콕

손익분기점분석법(break-even analysis)은 총생산비용과 총수익이 일치하는 판매량을 분석하는 방법을 말한다.

 정답 ④

10

☑ 확인
Check!

○
△
✕

재고관리 비용을 최소화하기 위한 재고관리 기법에 해당하지 않는 것은?

① EOQ(Economic Order Quantity)

② JIT(Just-in-Time)

③ MRP(Material-Requirements Planning)

④ PERT(Program Evaluation and Review Technique)

해설 콕

PERT(Program Evaluation and Review Technique)는 재고관리 기법이 아닌 프로젝일정관리 기법이다.

 정답 ④

11

경영지도사 2019

☑ 확인
Check!
○
△
✕

다음 분석 기법을 설명하는 용어는?

> • 프로젝트내 각 활동들의 시간 추정에 확률적 모형을 사용하며, 단계보다 활동을 중심으로 하는 시스템
> • 프로젝트 완료를 위한 활동순서를 표시하고, 각 활동과 관련하여 시간과 비용을 나타내는 흐름 도표

① Markov chain analysis
② Gantt chart
③ LP(linear programming)
④ PERT(program evaluation & review technique)
⑤ VE(value engineering)

해설 콕

PERT(program evaluation & review technique)는 최소의 시간과 비용으로 사업을 완수하는 경로 및 기간공정을 관리하는 기법이다.

정답 ④

12

공인회계사 2018

☑ 확인
Check!
○
△
✕

공정성능을 나타내는 지표들에 관한 설명으로 가장 적절한 것은?

① 주기시간(cycle time)의 변동 없이 처리시간(flow 또는 throughput time)을 감소시키면 재공품재고도 감소되는 경향이 있다.
② 병목공정(bottleneck process)의 이용률(utilization)은 비병목공정의 이용률보다 낮다.
③ 생산능력(capacity)이 증가하면 이용률이 증가하는 경향이 있다.
④ 생산능력이 감소하면 주기시간이 짧아지는 경향이 있다.
⑤ 가동준비(setup)가 필요한 배치공정(batch process)에서 가동준비시간이 늘어나면 생산능력이 증가되는 효과가 있다.

해설 콕

② 병목공정(bottleneck process)의 이용률(utilization)은 비병목공정의 이용률보다 높다.
③ 생산능력이 증가하면 이용률은 감소하는 경향이 있다.
④ 생산능력이 감소하면 제품을 생산하는데 소요되는 시간이 길어지므로 주기시간은 길어지는 경향이 있다.
⑤ 가동준비시간이 늘어나면 생산하는데 소요되는 시간이 길어지므로 생산능력이 감소되는 효과가 있다.

정답 ①

공인회계사 2018

☑ 확인
Check!
○
△
✕

다음 표는 6개의 활동(activity) A~F로 이루어진 프로젝트에서 각 활동의 활동시간과 직전 선행활동을 나타낸 것이다. B의 여유시간(slack time)은 0이며, 각 활동의 여유시간을 모두 합하면 8일이 된다. 프로젝트의 최단완료시간이 45일이라고 할 때, C의 활동시간은?

활 동	A	B	C	D	E	F
활동시간(일)	8	10	?	12	10	15
직전 선행활동	–	A	A	B, C	C	D, E

① 5일
② 6일
③ 7일
④ 8일
⑤ 9일

> 🖐️해설 콕

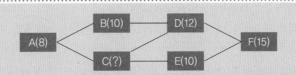

주경로는 여유시간이 0인 활동을 연결한 것으로 B활동의 여유시간이 0이므로 B활동이 주경로에 포함되면 최단완료시간이 45일이 되는 최단경로 주경로는 A → B → D → F가 된다.
따라서 여유경로는 A → C → D → F와 A → C → E → F가 된다.
각 활동의 여유시간을 모두 합할 경우 8일 됨을 이용하여 C의 활동시간(x)을 구해보면
$(45-8-x-12-5)+(45-8-x-10-15)=15$
따라서, C의 활동시간(x)은 7일이 된다.

정답 ③

CHAPTER
5 생산운영관리

14 공인회계사 2017

다음 그림은 병렬로 배치된 공정 A와 B에서 각각 생산된 부품을 공정 C에서 조립한 후 공정 D에서 마무리 작업을 실시하는 생산시스템을 나타낸 것이다. 버퍼(buffer)는 존재하지 않으며, 각 공정의 (   ) 안에 표시된 숫자는 공정의 작업시간(단위 : 분)이다. 생산시스템은 최소주기시간에 맞추어 운영되고 있으며, 생산시스템 가동 전 모든 공정에는 작업가능한 재공품이 존재한다. 이 생산시스템에 관한 설명으로 가장 적절한 것은?

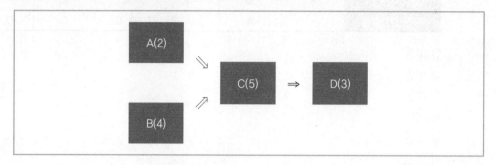

① A는 병목공정(bottleneck process)이다.

② B에 작업자 1명을 더 투입하여 작업시간을 단축시키면, B의 이용률(utilization)은 증가한다.

③ C에서는 작업공전(starving)과 작업장애(blocking)가 동시에 발생한다.

④ 흐름시간(flow/throughput time)은 10분이다.

⑤ 시간당 12개의 제품 생산이 가능하다.

해설 콕 ··

하나의 제품이 생산되는데 5분이 소요되므로 시간당 12개의 제품이 생산될 수 있다.

① 공정의 작업시간이 가장 긴 C공정이 병목공정(bottleneck process)이다.

② 병목공정(bottleneck process)이 아닌 B에 작업자 1명을 더 투입하여 작업시간을 단축시킨다 하더라도 이용률(utilization)은 증가하지 않는다.

③ 병목공정인 C공정에는 작업공전이 발생하지 않는다.

④ 병렬로 연결된 A작업과 B작업의 처리시간은 작업기간이 더 긴 4분으로 보면 흐름시간(flow/throughput time) 12분이 된다.

정답 ⑤

국가직 7급 2015

각 공장에서 각 창고로 수송하는 단위당 비용이 아래 표와 같을 때 총 수송비용을 최소화하는 최적해는?(단, 공장의 총 공급량과 창고의 총 수요량은 450단위로 일치한다)

	창고 1	창고 2	창고 3	공급량
공장 A	3	2	4	150
공장 B	3	4	1	300
수요량	150	200	100	450

① 공장 A에서 창고 1로 150개, 공장 B에서 창고 2로 200개, 공장 B에서 창고 3으로 100개를 수송한다.

② 공장 A에서 창고 2로 150개, 공장 B에서 창고 1로 100개, 공장 B에서 창고 2로 50개, 공장 B에서 창고 3으로 150개를 수송한다.

③ 공장 A에서 창고 1로 50개, 공장 A에서 창고 3으로 100개, 공장 B에서 창고 1로 100개, 공장 B에서 창고 2로 200개를 수송한다.

④ 공장 A에서 창고 2로 150개, 공장 B에서 창고 1로 150개, 공장 B에서 창고 2로 50개, 공장 B에서 창고 3으로 100개를 수송한다.

해설 콕 ·····················

전체 수송비용을 최소화하기 위해선 단위당 수송비용이 최소인 공장의 창고부터 수행해야 한다. 따라서 단위당 수송비용이 가장 적은 곳부터 시작해서 총 공급량과 총 수요량 450단위로 할당하면 다음 표와 같다.

	창고 1	창고 2	창고 3	공급량
공장 A	3	2 150	4	150
공장 B	3 150	4 50	1 100	300
수요량	150	200	100	450

정답 ④

16

국가직 7급 2017

다음과 같이 순서의 변경이 가능한 7개의 작업요소로 구성된 조립라인에서 시간당 20개의 제품을 생산한다. 공정균형화(Line-Balancing)를 고려한 주기시간(Cycle Time)과 공정효율(Efficiency)은?

작업요소	A	B	C	D	E	F	G
시간(초)	100	90	45	110	50	100	85

① 110초, 약 81%

② 110초, 약 107%

③ 180초, 약 81%

④ 180초, 약 107%

 해설 콕

• 주기시간은 시간당 20개 제품을 생산하므로 3분, 즉 180초이다.

• 공정효율 $= \dfrac{\text{총 작업소요시간의 합}}{\text{주기시간} \times \text{작업장의 수}}$

$= \dfrac{100+90+45+110+50+100+85}{180 \times 4}$

$\fallingdotseq 0.81 (=81\%)$

정답 ③

17

서울시 7급 2018

기업의 성과측정기준으로 〈보기〉와 같은 세 가지 운영적 지표를 사용하여야 한다고 주장하는 생산이론은?

〈보기〉
• 판매를 통하여 시스템에 의해 창출된 돈
• 판매를 목적으로 한 물건들을 구매하는데 투자된 모든 돈
• 재고를 산출로 전환하는데 시스템이 소비하는 모든 돈

① 린 생산이론(lean manufacturing)

② 제약이론(theory of constraints)

③ 식스 시그마(six sigma)

④ 가치분석(value analysis)

해설 콕

제약이론(theory of constraints)의 목표 중 운영적 기준에 대한 설명이다.
• 판매를 통하여 시스템에 의해 창출된 돈 – 산출
• 판매를 목적으로 한 물건들을 구매하는데 투자된 모든 돈 – 재고
• 재고를 산출로 전환하는데 시스템이 소비하는 모든 돈 – 운영비용

정답 ②

18

가맹거래사 2016

☑ 확인
Check!
○
△
×

셀룰러 배치(cellular layouts)의 장점으로 옳지 않은 것은?

① 작업자의 전문성이 향상된다.
② 준비시간을 줄일 수 있다.
③ 재공품 재고를 줄일 수 있다.
④ 자재처리 및 가공대기시간을 줄일 수 있다.
⑤ 생산자동화가 쉽지 않다.

 해설 콕 ···

셀룰러 배치는 금속, 컴퓨터 칩 등을 제작하는 생산자동화 기업에서 사용된다.

정답 ⑤

19

경영지도사 2016

☑ 확인
Check!
○
△
×

다음은 어떤 생산공정에 관한 설명인가?

• 고객의 주문에 따라 일정기간 동안에 정해진 제품만을 생산한다.
• 이 공정의 예로는 건축, 선박제조, 신제품 개발 등이 있다.

① 프로젝트공정   ② 대량생산공정
③ 유연생산공정   ④ 자동생산공정
⑤ 연속생산공정

해설 콕 ···

프로젝트공정은 완성하는데 오랜 시간이 소요되는 건축, 선박의 제조나 영화와 같은 예술품을 제작하는 것으로 고객의 주문에 따라 일정기간 동안에 정해진 단일품목만 생산한다.

정답 ①

20

공인노무사 2020

☑ 확인
Check!
○
△
×

품질의 산포가 우연원인에 의한 것인지, 이상원인에 의한 것인지를 밝혀 주는 역할을 하며, 제조공정의 상태를 파악하기 위해 공정관리에 이용되는 것은?

① 파레토도   ② 관리도
③ 산포도   ④ 특성요인도
⑤ 히스토그램

21

헤이즈와 휠라이트(Hayes and Wheelwright)의 제품－공정행렬(product-process matrix)에서 제시한 최적 조합이 아닌 것은?

① 소품종소량생산－조립라인생산
② 표준품대량생산－연속생산
③ 다품종소량생산－묶음생산
④ 비표준품소량생산－주문생산

참고

헤이즈(Hayes)와 휠라이트(Wheelwright)의 제품－공정행렬
공정과 제품간의 관계를 행렬의 행태로 표현한 것으로 경쟁업체와의 차별을 위해 행렬의 대각선으로의 이탈은 가능하지만 그 성과는 기업의 경쟁능력에 따라 상이하다.

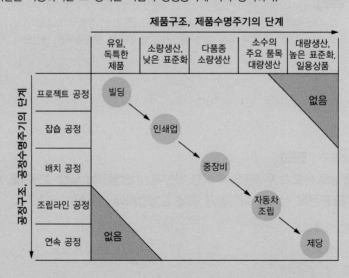

06 적시생산시스템 & 제조물책임(PL)

(1) 적시생산시스템

① 의 의

필요한 시기에 필요한 양만큼 생산해내는 것을 말한다.

② 효 과

납기의 100% 달성, 고설계 적합성, 생산 리드타임의 단축, 수요변화의 신속한 대응, 낮은 수준의 재고를 통한 작업의 효율성, 작업 공간 사용의 개선, 분권화를 통한 관리의 증대, 재공품(在工品) 재고변동의 최소화, 각 단계간 수요변동의 증폭전달 방지, 불량 감소, 유연성 등을 확보할 수 있다.

(2) 제조물책임(PL ; product liability)

① 의 의

소비자에게 판매된 제품에 하자로 인하여 소비자 또는 이용자에게 인적·재산적 손해를 가한 경우에 제조사가 부담하는 배상책임

② 제조물책임법의 결함

㉠ 제조상의 결함 : 원래 의도한 설계와 다르게 제조되어 안전하지 못하게 된 제조물로 인해 손해가 발생한 경우

㉡ 설계상의 결함 : 피해나 위험을 줄이거나 피할 수 있는 합리적 대체설계를 채용하지 않아 안전하지 못하게 된 제조물로 인해 손해가 발생한 경우

㉢ 표시상의 결함 : 피해나 위험을 줄이거나 피할 수 있는 합리적 설명이나 경고를 하지 않은 제조물로 인해 손해가 발생한 경우

01

경영지도사 2021

☑ 확인
Check!

○
△
✕

생산에 필요한 요소를 제때에 투입함으로써 재고가 없도록 하는 생산방식은?

① 유연생산시스템(FMS : flexible manufacturing system)

② 컴퓨터통합생산(CIM : computer integrated manufacturing)

③ 스마트팩토리(smart factory)

④ 무결점운동(zero defects program)

⑤ 적시생산(JIT : just in time)

해설 콕

필요한 시기에 필요한 양만큼 생산하여 재고가 없도록 하는 생산방식은 적시생산(JIT : just in time)이다.

① 유연생산시스템(FMS : flexible manufacturing system)은 생산 및 제품설계에 로봇과 기계를 이용하는 생산 시스템이다.

② 컴퓨터통합생산(CIM : computer integrated manufacturing)은 제조부터 판매까지 연결되는 정보흐름의 과정을 정보시스템으로 통합한 종합적인 생산관리 시스템이다.

③ 스마트팩토리(smart factory)는 제품의 기획부터 판매까지 전 과정을 정보통신기술로 통합하여 최소비용과 시간으로 고객맞춤형 제품을 생산하는 생산시스템이다.

④ 무결점운동(zero defects program)은 작업상의 결점을 0(zero)으로 하여 제품의 품질향상 및 원가절감 등을 달성하고자 한 시스템이다.

정답 ⑤

02

서울시 7급 2016

☑ 확인
Check!

○
△
✕

다음 중 적시생산방식(JIT)시스템의 특징이 아닌 것은?

① 풀 시스템(pull system)

② 칸반(Kanban)에 의한 생산통제

③ 생산평준화

④ 소품종 대량생산체제

해설 콕

적시생산방식(JIT)시스템의 특징은 다품종 대량생산체제이다.

정답 ④

적시생산방식(JIT)시스템에 대한 설명 중 가장 옳은 것은?

① 로트(lot)의 크기를 최대화하여 단위 제품당 생산시간과 생산비용을 최소화한다.

② 생산활동에서 낭비적인 요인들을 제거하는 것이 필수적이다.

③ JIT시스템이 원활하게 진행되기 위해서는 제조준비(set-up)시간의 충분한 증가가 먼저 이루어져야 한다.

④ 사전에 수립된 계획에 따라 실제 생산이 이루어지도록 지시하는 일종의 풀(pull) 시스템이다.

> 해설 콕
>
> ① 적시생산방식(JIT)시스템은 로트(lot)의 크기를 가능하면 작게 한다.
> ③ JIT시스템이 원활하게 진행되기 위해서는 제조준비(set-up)시간을 단축해야 한다.
> ④ 적시생산방식(JIT)시스템의 특징인 풀(pull) 시스템은 사전에 계획을 수립하는 것이 아닌 고객이 주문하면 생산하는 방식이다.
>
> 정답 ②

04

JIT시스템의 구성요소로 옳지 않은 것은?

① 간판방식

② 생산의 평준화

③ 공급자 네트워크

④ 다기능작업자

⑤ 대규모 로트 사이즈

> 해설 콕
>
> JIT시스템은 로트 크기가 작다.
>
> 정답 ⑤

05

JIT(Just in Time) 구매방식의 특징이 아닌 것은?

① 소량 구매
② 소수의 협력업체
③ 품질과 적정가격에 의한 장기계약
④ 구매에 관한 문서의 최소화
⑤ 적은 납품횟수

해설 콕

JIT(Just in Time) 구매방식은 로트 크기를 작게 한다. 따라서 납품횟수는 많고, 납품 수량은 적어진다.

정답 ⑤

06

적시생산시스템(JIT)에 관한 설명으로 옳지 않은 것은?

① 유럽의 자동차회사에서부터 시작되었음
② 공간절약을 통해 비용을 절감하고자 함
③ 재고를 최소화하고자 함
④ 이 시스템은 대량의 반복생산체제에 적합함
⑤ 유통망의 장애를 고려하지 않는다는 단점이 존재

해설 콕

적시생산시스템(JIT)은 일본 도요타에서 시작되었다.

정답 ①

07

적시생산시스템(JIT) 구성요소에 해당하지 않는 것은?

① 간판방식
② 대로트생산
③ 생산의 평준화
④ 다기능작업
⑤ 준비시간 최소화

해설 콕

적시생산시스템(JIT)은 소규모 로트로 재고수준을 낮게 유지한다.

정답 ②

08

공인노무사 2015

☑ 확인
Check!
○
△
✕

JIT(Just-in-Time) 시스템의 특징으로 옳지 않은 것은?

① 푸시(push) 방식이다.

② 필요한 만큼의 자재만을 생산한다.

③ 공급자와 긴밀한 관계를 유지한다.

④ 가능한 한 소량 로트(lot) 크기를 사용하여 재고를 관리한다.

⑤ 생산지시와 자재이동을 가시적으로 통제하기 위한 방법으로 칸반(Kanban)을 사용한다.

> **해설 콕** ……………………………………………………………………………………
>
> JIT시스템은 무재고 생산방식 또는 도요타 생산방식이라고도 하며, 필요한 것을 필요한 양만큼 필요한 때에 만드는 생산방식이다. 재고가 생산의 비능률을 유발하는 원인이기 때문에 이를 없애야 한다는 사고 방식에 의해 생겨난 기법이다. 고품질, 저원가, 다양화를 목표로 한 철저한 낭비제거 사상을 수주로부터 생산, 납품에 이르기까지 적용하는 것으로 풀(Pull) 시스템을 도입하고 있다.
>
> **정답** ①

09

가맹거래사 2020

☑ 확인
Check!
○
△
✕

JIT 및 MRP 시스템에 관한 설명으로 옳은 것은?

① JIT는 재고를 자산으로 인식한다.

② JIT는 계획추진시스템이다.

③ MRP의 관리목표는 재고의 최소화이다.

④ JIT는 생산준비시간과 로트크기를 최소화하고자 한다.

⑤ MRP는 무결점을 지향한다.

> **해설 콕** ……………………………………………………………………………………
>
> ① JIT는 재고를 낭비로 인식한다.
> ② MRP는 계획추진시스템이다.
> ③ MRP는 자재소요량계획으로서 생산수량과 일정을 토대로 자재가 투입되는 시점 및 양을 관리하는 것에 목표를 두고 있다.
> ⑤ JIT는 무결점을 지향한다.
>
> **정답** ④

CHAPTER 5 생산운영관리

10

국가직 7급 2015

제조물책임(PL ; Product Liability)에서 규정하는 결함의 유형에 해당하지 않는 것은?

① 설계상의 결함

② 제조상의 결함

③ 분류상의 결함

④ 경고상의 결함

> 해설 콕
>
> 제조물책임법의 결함에는 제조상의 결함, 설계상의 결함, 표시상의 결함(경고상의 결함)으로 분류된다.
>
> 정답 ③

11

국가직 7급 2019

우리나라 「제조물책임법」상 제조업자의 손해배상책임 대상에 해당하지 않는 것은?

① 원래 의도한 설계와 다르게 제조되어 안전하지 못하게 된 제조물로 인해 손해가 발생한 경우

② 피해나 위험을 줄이거나 피할 수 있는 합리적 대체설계를 채용하지 않아 안전하지 못하게 된 제조물로 인해 손해가 발생한 경우

③ 피해나 위험을 줄이거나 피할 수 있는 합리적 설명이나 경고를 하지 않은 제조물로 인해 손해가 발생한 경우

④ 제조물을 공급한 당시의 과학·기술 수준으로 발견할 수 없었던 결함으로 인해 손해가 발생한 경우

> 해설 콕
>
> 우리나라 「제조물책임법」상 제조업자의 손해배상책임에는 제조상의 결함, 설계상의 결함, 표시상의 결함(경고상의 결함)으로 분류된다.
> ① 원래 의도한 설계와 다르게 제조되어 안전하지 못하게 된 제조물로 인해 손해가 발생한 경우 – 제조상의 결함
> ② 피해나 위험을 줄이거나 피할 수 있는 합리적 대체설계를 채용하지 않아 안전하지 못하게 된 제조물로 인해 손해가 발생한 경우 – 설계상의 결함
> ③ 피해나 위험을 줄이거나 피할 수 있는 합리적 설명이나 경고를 하지 않은 제조물로 인해 손해가 발생한 경우 – 표시상의 결함(경고상의 결함)
>
> 정답 ④

재고관리

(1) 재고의 기능
① 고객에 대한 서비스
② 생산의 안정화
③ 부문간 완충
④ 취급수량의 경제성
⑤ 재고보유를 통한 판매촉진

(2) 경제적 주문량모형(EOQ ; Economic Order Quantity)
① 의 의
재고유지비용인 자본비용과 보유재고유지비용의 합을 최소화 시키는 1회 주문량
② 경제적 주문량의 결정
㉠ $EOQ = \sqrt{\dfrac{2DS}{H}}$ (D : 연간 수요량, S : 로트당 주문비용 또는 가동준비비용, H : 단위당 연간 재고유지비용)

㉡ 최적주문횟수 $= \dfrac{연간\ 수요량}{EOQ}$

㉢ 연간 총비용(TC) = 연간 재고유지비용 + 연간 주문비용

㉣ 연간 재고유지비용 = 평균재고량 × 단위당 연간 재고유지비용

㉤ 연간 주문비용 = 연간 주문횟수 × 1회 주문비용

(3) 정기발주시스템(P시스템) vs 정량발주시스템(Q시스템)

	정기발주시스템(P시스템)	정량발주시스템(Q시스템)
내 용	발주 간격을 정해서 정기적으로 발주하는 방식으로 발주할 때마다 발주량이 변하며 발주시 발주량 결정에 어려움이 있음	재고가 일정 수준의 주문점에 다다르면 정해진 주문량을 주문하는 시스템으로 매회 주문량이 동일하며, 다만 소비의 변동에 따라 발주시기는 변동함
특 징	• 일정 기간별 발주 및 발주량 변동 • 운용자금의 절약 • 재고량의 발주 빈도 감소 • 고가품, 수요변동, 준비기간 장기 • 사무처리 수요 증가 • 수요예측제도의 향상 • 품목별 관리	• 일정량을 발주하고 발주 시기는 비정기적 • 발주 비용이 저렴 • 계산이 편리해서 사무관리가 용이 • 저가품, 수요안정, 준비기간 단기 • 재고량의 증가 우려 • 정기적인 재고량 점검

01
가맹거래사 2018

대리점의 연간 타이어 수요량은 1,000개이다. 타이어의 단위당 재고유지비는 100원이고 1회 주문비는 2,000원이다. 발주량을 경제적 발주량(EOQ)으로 하는 경우 연간 주문횟수는?

① 5

② 10

③ 12

④ 15

⑤ 24

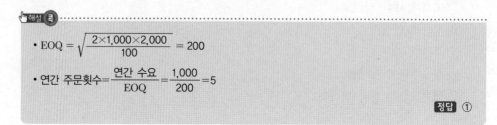

- $EOQ = \sqrt{\dfrac{2 \times 1,000 \times 2,000}{100}} = 200$

- 연간 주문횟수 $= \dfrac{\text{연간 수요}}{EOQ} = \dfrac{1,000}{200} = 5$

정답 ①

02
경영지도사 2020

(주)경지사의 연간 수요는 10,000단위, 회당 주문비용은 200원, 연간 단위당 재고유지비용은 400원일 경우 경제적 주문량(EOQ)은?

① 100단위

② 200단위

③ 300단위

④ 400단위

⑤ 500단위

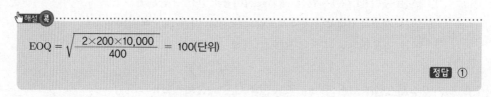

$EOQ = \sqrt{\dfrac{2 \times 200 \times 10,000}{400}} = 100(단위)$

정답 ①

03
가맹거래사 2015

제품 A의 연간 수요는 1,000단위로 예측되며, 단위당 연간 재고유지비용 1,000원, 1회 경제적 주문량이 100단위일 경우 경제적 주문량(EOQ) 모형을 이용한 1회당 주문비용은?

① 1,000원

② 2,000원

③ 3,000원

④ 4,000원

⑤ 5,000원

04

공인노무사 2019

☑ 확인
Check!
○
△
×

(주)한국의 A부품에 대한 연간 수요는 4,000개이며, A부품 구입가격은 단위당 8,000원이다. 1회당 주문비용은 4,000원이고, 단위당 연간 재고유지비용은 구입가격의 10%일 때 A부품의 경제적 주문량(EOQ)은?

① 100개   ② 200개
③ 300개   ④ 400개
⑤ 600개

해설 콕 ...

$$경제적 \ 주문량 = \sqrt{\frac{2 \times 수요량 \times 주문비용}{재고유지비용}} = \sqrt{\frac{2 \times 4,000 \times 4,000}{8,000 \times 0.1}} = \sqrt{40,000} = 200(개)$$

정답 ②

05

공인노무사 2018

☑ 확인
Check!
○
△
×

A점포의 연간 자전거 판매수량은 500대이고, 한 번 주문할 때 소요되는 주문비용은 10만원이다. 자전거 한 대의 구입가격은 15만원이며, 재고유지를 위해 매년 부담하는 비용은 대당 1만원이다. A점포의 경제적 주문량(EOQ)과 최적주문횟수는 각각 얼마인가?

① 50대, 5회   ② 50대, 10회
③ 100대, 5회   ④ 100대, 7회
⑤ 250대, 2회

해설 콕 ...

• $EOQ = \sqrt{\dfrac{2 \times 주문비용 \times 연간 \ 수요량}{연간 \ 단위 \ 재고비용}} = \sqrt{\dfrac{2 \times 10만원 \times 500}{1만원}} = 100(대)$

• 최적주문횟수 $= \dfrac{연간 \ 수요량}{EOQ} = \dfrac{500}{100} = 5(회)$

정답 ③

A제품의 수요는 연간 900개로 연중 균일하다. 1회 주문비용은 10만원이고, 재고유지비용은 개당 연간 5만원이다. 현재는 2개월에 한번씩 150개를 주문하고 있으며, 리드타임(lead time)은 2일이다. 재고비용을 주문비용과 재고유지비용의 합이라고 할 때 다음 설명 중 가장 적절한 것은?

① 현재의 주문방식을 고수할 경우 연간 재고비용은 750만원이다.
② EOQ(경제적 주문량)로 주문량을 변경하면 현재에 비해 연간 135만원의 재고비용을 절감할 수 있다.
③ EOQ로 주문량을 변경하면 연간 주문비용은 200만원이 되고, 이는 연간 재고유지비용과 동일하다.
④ EOQ로 주문량을 변경하면 안전재고(safety stock)는 리드타임 동안의 수요량이 된다.
⑤ EOQ 재고모형은 고정주문량모형(fixed-order quantity model)이므로 현재의 수요량과 리드타임이 변경되더라도 EOQ의 변동은 없다.

> **해설 콕**
>
> 연간 수요(D)=900개, 1회 주문비용(H)=50,000원, 주문량(Q)=150개, 조달기간(L)=2일
>
> $$EOQ = \sqrt{\frac{2DS}{H}} = \sqrt{\frac{2 \times 900 \times 100,000}{50,000}} = 60$$
>
> $$TC = \frac{QH}{2} + \frac{DS}{Q} = \frac{60 \times 50,000}{2} + \frac{900 \times 100,000}{60} = 1,500,000 + 1,500,000 = 3,000,000(원)$$
>
> ∴ EOQ(경제적 주문량)로 주문량을 변경하면 현재에 비해 연간 135만원의 재고비용을 절감할 수 있다.
>
> ① 연간 수요(D)=900개, 1회 주문비용(H)=50,000원, 주문량(Q)=150개, 조달기간(L)=2일
>
> $$TC = \frac{QH}{2} + \frac{DS}{Q} = \frac{150 \times 50,000}{2} + \frac{900 \times 100,000}{150} = 3,750,000 + 600,000 = 4,350,000(원)$$
>
> ③ 연간 수요는 900개, 경제적 주문량은 60개, 따라서 주문횟수는 15회이 된다.
> ∴ 연간 주문비용=15회×10만원/회=150만원
> ④ 문제 조건에서 수요는 연간 900개로 연중 균일하다고 했기 때문에 확정적 재고모형임을 알 수 있다. 확정적 재고모형은 확률적 재고모형과는 달리 안전재고가 필요하지 않다.
> ⑤ EOQ 재고모형이 고정주문량모형일지라도 현재 수요량이 변경되면 EOQ도 변경되며, 리드타임이 변경되면 재주문점이 변경된다.
>
> 정답 ②

07

서울시 7급 2017

기본 경제적 주문량(EOQ) 모형에 관한 설명으로 옳지 않은 것은?

① 기본 경제적 주문량 모형에서는 주문은 한 번에 배달되고, 주문량에 따른 수량 할인은 없다고 가정한다.

② 기본 경제적 주문량 모형에서 재주문점(reorder point)은 리드타임에 일일 수요를 곱하여 구할 수 있다.

③ 기본 경제적 주문량 모형에서 발주비용은 발주량과 선형의 역비례 관계를 갖는다.

④ 기본 경제적 주문량 모형에서 주문사이클은 주문량을 연간 수요량으로 나눈 후 연간 조업일수를 곱하여 구할 수 있다.

기본 경제적 주문량 모형에서 발주비용은 발주량의 크기와 상관없이 일정하다.

정답 ③

08

가맹거래사 2019

재고관리에 관한 설명으로 옳지 않은 것은?

① 동일 공급자로부터 여러 품목을 납품받는 경우에 고정주문간격모형이 많이 사용된다.

② 다른 조건이 일정할 때 연간 수요가 증가하면 경제적 주문량은 감소한다.

③ 고정주문간격모형은 주문할 때마다 주문량이 일정하지 않을 수 있다.

④ 고정주문량모형은 재고수준이 재주문점에 도달하면 주문하고, 고정주문간격모형은 정해진 시기에 주문한다.

⑤ 고정주문량모형은 주문할 때마다 주문량이 동일하다.

$\mathrm{EOQ} = \sqrt{\dfrac{2DS}{H}}$ (D : 연간 수요량, S : 로트당 주문비용 또는 가동준비비용, H : 단위당 연간 재고유지비용)으로 분자인 연간 수요가 증가하면 경제적 주문량은 증가한다.

정답 ②

09

경영지도사 2015

개당 10,000원에 판매되는 제품 A의 연간 수요는 400개로 일정하게 발생하고 있으며, 1회 주문비용은 5,000원, 개당 연간 재고유지비용은 판매가격의 25% 정도로 추산하고 있다. 경제적 주문량(EOQ) 모형을 적용하여도 큰 무리가 없다고 가정할 때, 경제적 주문량은?

① 25개　　　　　　　　　　② 30개
③ 35개　　　　　　　　　　④ 40개
⑤ 50개

 해설 콕

$$EOQ = \sqrt{\frac{2 \times 400 \times 5,000}{10,000 \times 0.25}} = 40(개)$$

정답 ④

10

경영지도사 2018

(주)경지사에서는 연중 일정하게 판매되고 있는 A제품에 대하여 해리스(F. W. Harris)의 경제적 주문량 모형을 활용하여 최적의 주문량을 결정하고 있다. 연간 수요는 2,000개이며, 1회 주문비용은 2,500원, 개당 연간 재고유지비용은 250원으로 추산하고 있을 때의 평균재고수준은?

① 50개　　　　　　　　　　② 100개
③ 150개　　　　　　　　　　④ 200개
⑤ 250개

해설 콕

- $EOQ = \sqrt{\dfrac{2 \times 2,000 \times 2,500}{250}} = 200$

- 평균재고수준 $= \dfrac{EOQ}{2} = \dfrac{200}{2} = 100(개)$

정답 ②

11

공인노무사 2015

☑ 확인
Check!
○
△
×

A기업은 1년간 400개의 부품을 사용한다. 부품가격은 개당 1,000원, 주문비용은 회당 10,000원, 단위당 연간 재고유지비용은 부품가격의 20%라면 이 부품의 경제적 주문량 (EOQ)은?

① 100개
② 150개
③ 200개
④ 250개
⑤ 300개

👆해설 콕 ··

$$경제적\ 주문량(EOQ) = \sqrt{\frac{2 \times 주문비용 \times 연간\ 수요량}{연간\ 단위\ 재고비용}}$$

$$= \sqrt{\frac{2 \times 10,000원 \times 400}{1,000원 \times 0.2}} = 200(개)$$

정답 ③

12

공인노무사 2016

☑ 확인
Check!
○
△
×

해리스(F. W. Harris)가 제시한 EOQ(경제적 주문량) 모형의 가정으로 옳은 것은?

① 단일품목만을 대상으로 한다.
② 조달기간은 분기 단위로 변동한다.
③ 수량할인이 적용된다.
④ 연간 수요량은 알 수 없다.
⑤ 주문비용은 주문량에 정비례한다.

👆해설 콕 ··

EOQ(경제적 주문량) 모형의 가정
• 단일품목만을 대상으로 한다.
• 조달기간이 일정하다.
• 주문량이 다량이라도 할인이 인정되지 않는다.
• 연간 수요량이 알려져 있다.
• 주문량은 전부 동시에 도착한다.
• 수요는 일정하며 연속적이다.
• 재고부족현상이 일어나지 않는다.
• 재고유지비는 평균재고량에 비례한다.
• 다른 품목과 독립적으로 의사결정을 한다.

정답 ①

안심Touch

13

확인
Check!

○
△
✕

EOQ(Economic Order Quantity) 모형의 가정으로 가장 옳지 않은 것은?

① 단위기간 동안에 발생하는 수요율은 일정하며 확정적이다.

② 제품의 주문은 로트(lot)단위로 이루어지며, 로트크기에 제약이 없다.

③ 주문리드타임(lead time)은 일정하고 주문한 양은 정확하게 공급받을 수 있다.

④ 동일한 공급업체에 대해 여러 개의 품목을 주문하는 경우 이를 결합해서 주문한다.

> **해설 콕**
>
> EOQ(경제적 주문량) 모형의 가정에 의하면 다른 품목과 독립적으로 의사결정을 하기 때문에 동일한 공급업체에 대해 여러 개의 품목을 주문하는 경우 이를 결합해서 주문하지 않고 다른 품목과 무관하게 주문하게 된다.
>
> **정답** ④

14

확인
Check!

○
△
✕

재고관리시스템에 관한 설명 중 가장 적절한 것은?

① 정량발주시스템(Q시스템)은 주문시점마다 재고수준을 점검하고, 정기발주시스템(P시스템)은 재고에 변동이 발생할 때마다 재고수준을 점검한다.

② 정량발주시스템은 재고수준이 재주문점(reorder point) 이하로 떨어지는 경우 사전에 결정한 주문량과 현 재고 수준과의 차이만큼을 주문하고, 정기발주시스템은 일정 시점마다 사전에 결정한 주문량만큼을 주문한다.

③ 정량발주시스템에서는 품절이 발생하지 않으며, 정기발주시스템에서는 주문시점부터 주문량이 도착할 때까지의 기간에만 품절이 발생한다.

④ 수요의 변동성이 커질수록, 특정 서비스수준(service level)의 달성을 위해 정량발주시스템에서는 재주문점이 증가하고 정기발주시스템에서는 주문량이 증가하는 것이 일반적이다.

⑤ 정량발주시스템에서 EOQ모형을 사용하는 경우, 주문량은 1회 주문비용 및 단위당 연간 재고유지비용에 정비례한다.

> **해설 콕**
>
> ① 주문시점마다 재고수준을 점검하는 것은 정기발주시스템(P시스템)이고, 재고에 변동이 발생할 때마다 재고수준을 점검하는 것은 정량발주시스템(Q시스템)이다.
>
> ② 재고수준이 재주문점(reorder point) 이하로 떨어지는 경우 정량발주시스템은 사전에 결정한 주문량만큼을 주문하고, 정기발주시스템은 일정 시점의 재고수준과 목표재고수준의 차이만큼을 주문한다.
>
> ③ 정량발주시스템과 정기발주시스템 모두 품절위험이 존재한다. 정량발주시스템은 주문시점부터 주문량이 도착할 때까지의 기간에 품절위험이 존재하고, 정기발주시스템은 주문기와 조달기간 전체 품절위험이 존재한다.
>
> ⑤ 정량발주시스템에서 EOQ모형을 사용하는 경우, 주문량은 1회 주문비용에는 정비례하지만, 단위당 연간 재고유지비용에는 반비례한다.
>
> **정답** ④

15

 국가직 7급 | 2016

재고관리 P시스템(P-모형)과 Q시스템(Q-모형)에 대한 설명으로 옳은 것은?

① Q시스템은 P시스템보다 일반적으로 더 많은 안전재고가 필요하다.

② P시스템에서는 주문시점마다 주문량이 달라지지만 Q시스템에서는 주문주기가 고정된다.

③ 투-빈(two-bin)법은 재고량을 절반으로 나누어 안전재고를 확보하는 방법으로 P시스템의 내용을 시각화한 것이다.

④ Q시스템은 현재의 재고량을 수시로 조사하여 재주문점 도달 여부를 판단해야 하므로 관리 부담이 많다.

 해설 콕 ....

① P시스템이 Q시스템보다 더 많은 안전재고가 필요하다.
② Q시스템은 고정주문량모형으로 주문주기는 고정되지 않고 주문량이 고정되는 모형이다.
③ 투-빈(two-bin)법은 Q시스템을 시각화한 것이다.

정답 ④

16

 서울시 7급 | 2019

재고관리 Q시스템에 대한 설명으로 가장 옳지 않은 것은?

① 주기적으로 재고를 보충하기 때문에 관리하기가 쉽다.

② 품목별로 조사 빈도를 달리할 수 있다.

③ 고정 로트크기는 수량할인으로 나타나기도 한다.

④ 안전재고 수준이 낮아져서 비용을 절감할 수도 있다.

해설 콕 ....

재고관리 Q시스템은 주문사이의 시간간격은 변화하지만 주문량은 일정한 방식으로 주기적으로 재고를 보충하지 못한다.

정답 ①

CHAPTER 5 생산운영관리

17

☑ 확인
Check!
○
△
✕

재고품목을 가치나 상대적 중요도에 따라 차별화하여 관리하는 ABC 재고관리에 관한 설명으로 옳은 것은?

① A등급은 재고가치가 낮은 품목들이 속한다.
② A등급 품목은 로트 크기를 크게 유지한다.
③ C등급 품목은 재고유지비가 높다.
④ ABC등급 분석을 위해 롱테일(long tail) 법칙을 활용한다.
⑤ 가격, 사용량 등을 기준으로 등급을 구분한다.

 해설 콕 ....

① A등급은 재고가치가 높은 품목들이 속한다.
② A등급 품목은 로트 크기를 작게 유지한다.
③ C등급 품목은 재고유지비가 낮다.
④ ABC등급 분석을 위해 파레토 법칙을 활용한다.

정답 ⑤

참고 ABC 재고관리

재고품목을 연간 사용금액에 따라 A등급, B등급, C등급으로 나눈다.
• **A등급** : 상위 15% 정도, 연간 사용금액이 가장 큰 항목, 아주 엄격한 재고 통제
• **B등급** : 35% 정도, 연간 사용금액이 중간인 항목, 중간정도의 재고 통제
• **C등급** : 50% 정도, 연간 사용금액이 작은 항목, 느슨한 재고 통제

18

☑ 확인
Check!
○
△
✕

재고와 재고관리에 대한 설명으로 옳지 않은 것은?

① ABC 재고관리 시스템은 재고품목을 연간 사용횟수에 따라 A등급, B등급, C등급으로 구분한다.
② 경제적 주문량(EOQ) 모형은 확정적 재고관리모형에 속한다.
③ 조달기간의 수요변동에 대비하여 보유하는 부가적 재고를 안전재고라고 한다.
④ 경제적 생산량(EPQ) 모형은 주문량이 한 번에 모두 도착하는 것을 전제로 하지 않는다.

 해설 콕 ....

ABC 재고관리 시스템은 재고품목을 <u>연간 사용금액</u>에 따라 3가지로 구분한다.

정답 ①

19

공인회계사 2020

생산시스템 지표들 간의 관계에 관한 설명으로 가장 적절하지 않은 것은? [단, 아래의 각 보기마다 보기 내에서 언급된 지표를 제외한 나머지 지표들과 생산환경은 변하지 않는다고 가정하며, 생산능력(capacity)은 단위시간당 생산되는 실제 생산량(산출량)을 나타낸다]

① 수요와 리드타임(lead time)의 변동성이 커지면 재고는 증가한다.

② 준비시간(setup time)이 길어지면 생산능력은 감소한다.

③ 주기시간(cycle time)을 단축하면 생산능력은 증가한다.

④ 설비의 고장과 유지보수로 인해 시간지연이 길어지면 처리시간(flow time)은 커지고 생산능력은 감소한다.

⑤ 로트크기(lot size)를 크게 하면 생산능력은 증가하고 재고는 감소한다.

로트크기(lot size)를 크게 하면 생산능력은 증가하지만 증가된 생산능력에 따른 증가된 생산의 수요가 그만큼 증가하지 않을 경우 재고는 증가하게 된다.

정답 ⑤

20

공인회계사 2015

재고관리에 관한 설명으로 가장 적절하지 않은 것은?

① 확률적 고정주문량모형(fixed-order quantity model, Q-system)에서는 재고수준이 재주문점(reorder point)에 도달할 때 새로운 주문을 하게 된다.

② 확률적 고정주문량모형에서 주문주기(order cycle)는 일정하지 않다.

③ 투빈시스템(two-bin system)은 주기별 주문량이 일정한 고정주문량모델이다.

④ 조달기간(lead time) 동안의 평균수요가 커지면 안전재고량은 증가한다.

⑤ 서비스수준(service level)을 높이면 품절확률은 감소하고 안전재고량은 증가한다.

조달기간(lead time) 동안의 수요의 표준편차가 커질수록 안전재고량이 증가한다.

정답 ④

21

국가직 7급 2020

☑ 확인
Check!
○
△
×

시장의 수요 변동성에 의한 위험에 대응하기 위하여 다양한 제조전략을 활용할 수 있는데, 동일한 제품에 대하여 고객의 주문 시점부터 제품의 인도 시점까지인 리드타임(lead-time)이 가장 긴 제조전략은?

① 재고생산(make-to-stock)

② 주문생산(make-to-order)

③ 재고조립생산(assemble-to-stock)

④ 주문조립생산(assemble-to-order)

 해설 콕 ....

원가 중심 생산보다 고객 중심 생산 전략이 리드타임(lead-time) 더 길기 때문에 주문생산(make-to-order)의 리드타임(lead-time)이 가장 길다.

정답 ②

참고 ◆ 제조 방법에 따른 재고량 및 리드타임(lead-time)

주문설계생산 – 주문생산 – 주문조립생산 – 재고생산		
낮은 재고량	◄───────────────────►	높은 재고량
긴 리드타임	◄───────────────────►	짧은 리드타임

22

서울시 7급 2018

☑ 확인
Check!
○
△
×

재고관리에 대한 설명으로 가장 옳지 않은 것은?

① 안전재고(safety stock)는 일정기간의 평균수요를 충족시키기 위해 보관하는 재고이다.

② 1일 수요량은 연간 수요량을 연간 작업일수로 나누어 계산한다.

③ 경제적 생산량(EPQ) 모형에서는 연간 생산량이 수요량을 초과하는 것으로 가정한다.

④ 경제적 주문량(EOQ)은 연간 재고보관비용과 주문 비용의 합을 최소화하는 1회당 주문량이다.

해설 콕 ....

안전재고(safety stock)는 예측하지 못한 수요에 대응하기 위해 보관하는 재고이다.

정답 ①

23

☑ 확인
Check!
○
△
×

재고유형과 이에 관한 설명이 다음과 같을 때, (A), (B), (C)의 내용으로 옳은 것은?

재고유형	설 명
파이프라인 재고	공장, 유통센터, 고객 간에 이동 중인 재고
(A)	경제성을 위해 필요 이상 구입하거나 생산하여 남은 재고
(B)	수요나 생산의 불확실성에 대비하여 보유하는 재고
(C)	향후 급격한 수요증가에 대비하여 사전에 확보한 재고

	A	B	C
①	주기재고	안전재고	예비재고
②	주기재고	대응재고	예비재고
③	주기재고	예비재고	수요재고
④	필요재고	안전재고	예비재고
⑤	필요재고	예비재고	대응재고

🖑해설 콕

- **주기재고** : 경제성을 위해 필요 이상 구입하거나 생산하여 남은 재고
- **안전재고** : 수요나 생산의 불확실성에 대비하여 보유하는 재고
- **예비재고** : 향후 급격한 수요증가에 대비하여 사전에 확보한 재고

정답 ①

24

☑ 확인
Check!
○
△
×

재고관리모형에 대한 설명으로 가장 옳지 않은 것은?

① 재고모형을 이용하여 수요와 조달기간에 대한 계량적인 확률 수요를 도출할 수 있다.

② 시장의 수요에 대비할 수 있도록 적시에 적량의 재고를 보유해야 한다.

③ 고객이 서비스를 요청하여 제공 완료까지의 조달기간을 확정적 모형을 통해 확률분포로 계산한다.

④ 재고의 과다한 보유 및 부족 현상을 관리하기 위해 주문량과 시점을 결정해야 한다.

🖑해설 콕

재고관리모형은 고객이 서비스를 요청하여 제공 완료까지의 조달기간을 <u>확률적 모형</u>을 통해 확률분포로 계산한다.

정답 ③

안심Touch

08 공급사슬관리(SCM)

(1) 의 의

공급망관리라고 하며, 공급망 전체를 하나의 통합된 개체로 보고, 이를 최적화하고자 하는 경영 방식

(2) 채찍효과

① 정 의

고객의 수요가 상부단계 방향으로 전달될수록 각 단계별 수요의 변동성이 증가하는 현상

② 발생원인

공급망에 있어서 수요의 작은 변동이 제조업체에 전달될 때 확대되어 제조업자에게는 수요의 변동이 매우 불확실하게 보이게 된다. 이와 같이 정보가 왜곡되어 공급측에 재고가 쌓이면 고객에 대한 서비스 수준도 저하된다. 또한 생산계획이 차질을 빚고, 수송의 비효율과 같은 악영향도 발생되며, 배치(Batch)식 주문으로 인하여 필요 이상의 기간이 소요되는 등의 문제가 발생된다.

③ 대응방안

채찍효과를 막기 위해서는 정보를 공유하며, 배치식 주문을 없애야 하고, 가격정책의 안정화와 철저한 판매예측을 거친 뒤 공급하는 방안이 필요하다.

(3) 공급사슬의 성과척도

① 평균 총재고액＝(A의 일상적 보유량×A의 단가)＋(B의 일상적 보유량×B의 단가)

② 재고공급일수＝$\dfrac{\text{평균 총재고액}}{\text{연간 매출원가}}$

③ 재고자산회전율＝$\dfrac{\text{연간 매출원가}}{\text{평균 총재고액}}$

01

공인노무사 2021

공급자에서 기업내 변환과정과 유통망을 거쳐 최종고객에 이르기까지 자재, 제품, 서비스 및 정보의 흐름을 전체 시스템관점에서 설계하고 관리하는 것은?

① EOQ
② MRP
③ TQM
④ SCM
⑤ FMS

☑ 확인
Check!
○
△
×

해설 콕

공급사슬관리(Supply Chain Management)란 자제조달, 제품의 생산·유통·판매 등 공급자로부터 생산자 그리고 고객까지 상호 연결된 일련의 흐름인 공급사슬을 관리함으로써 공급과 수요를 통합하여 조달시간 단축, 재고·유통비용 삭감 및 고객요구에 대한 빠른 대응 등을 실현하는 관리기법을 말한다.
① 경제적 주문량(Economic Order Quantity)이란 주문비용과 단위당 재고유지비용의 합계가 최소가 되는 최적의 주문량을 말한다.
② 자재소요계획(Material Requirements Planning)이란 종속수요품목의 재고관리를 위해 컴퓨터를 활용하여 필요한 품목을 필요한 때에 필요한 양만큼 조달하는 관리기법을 말한다.
③ 전사적 품질경영(Total Quality Management)이란 제품과 서비스뿐만 아니라 기업의 업무 또한 관리대상에 포함시킴으로써 구성원 모두가 품질향상을 위해 노력하도록 하는 관리기법을 말한다.
⑤ 유연생산시스템(Flexible Manufacturing System)이란 컴퓨터와 로봇, 셀(Cell)형 제조방식을 이용하여 동일한 생산라인에서 상이한 제품을 다양하게 생산할 수 있고, 생산량 또한 유연하게 조절할 수 있는 고도로 자동화된 관리기법을 말한다.

정답 ④

02

가맹거래사 2015

동일한 목표를 달성하고 새로운 가치창출을 위해 공급업체들과 자원 및 정보를 협력하여 하나의 기업처럼 움직이는 생산시스템은?

① 공급사슬관리(SCM)
② 적시생산시스템(JIT)
③ 자재소요계획(MRP)
④ 유연제조시스템(FMS)
⑤ 컴퓨터통합생산(CIM)

☑ 확인
Check!
○
△
×

해설 콕

공급사슬관리(SCM)은 공급망관리라고 하며, 공급망 전체를 하나의 통합된 개체로 보고 이를 최적화하고자 하는 경영방식이다.
② 적시생산시스템(JIT)은 필요한 시기에 필요한 양만큼 생산해내는 경영방식이다.
③ 자재소요계획(MRP)은 자재소요량계획으로서 생산수량과 일정을 토대로 자재가 투입되는 시점 및 양을 관리하기 위한 시스템이다.
④ 유연제조시스템(FMS)은 다양한 종류를 소량생산하게 하는 시스템이다.
⑤ 컴퓨터통합생산(CIM)은 제조부터 판매까지 연결되는 정보 흐름의 과정을 정보시스템으로 통합한 종합적인 생산관리 시스템이다.

정답 ①

03
가맹거래사 2016 경영지도사 2019

공급사슬 내에서 소비자로부터 생산자로 갈수록 수요변동 폭이 확대되는 것은?

① 채찍효과(bullwhip effect)
② 크로스도킹(cross docking)
③ 동기화(synchronization)
④ 순환변동(cyclical movement)
⑤ 불규칙변동(random variation)

해설 콕

고객의 수요가 상부단계 방향으로 전달될수록 각 단계별 수요의 변동성이 증가하는 현상을 채찍효과라한다.

정답 ①

04
서울시 7급 2016

고객 주문 및 수요에 대한 예측 정보가 소매업체, 도매업체, 물류센터, 제조업체, (원료)공급자 방향으로 전달되는 과정에서 지연이나 왜곡현상이 발생하여 과잉재고 등의 문제가 발생하는 것을 무엇이라 하는가?

① 시장실패
② 인지부조화
③ 집단사고
④ 채찍효과

해설 콕

고객 주문 및 수요에 대한 예측 정보가 소매업체, 도매업체, 물류센터, 제조업체, (원료)공급자 방향으로 전달되는 과정에서 지연이나 왜곡현상이 발생하여 과잉재고 등의 문제가 발생하는 것을 채찍효과라 한다.

정답 ④

05  경영지도사 2017

공급사슬의 상류로 올라갈수록 수요의 변동폭이 증폭되어 나타나는 현상인 채찍효과
(bullwhip effect)의 원인에 해당하지 않는 것은?

① 수요정보처리과정의 정보왜곡
② 배급게임(rationing game)
③ 일괄주문의 영향
④ 가격변동의 영향
⑤ 실시간 수요정보 공유

 해설 콕 ……………………………………………………………………………………………

실시간 수요정보 공유를 하게 되면 채찍효과의 크기는 감소된다.

정답 ⑤

06 국가직 7급 2018

공급사슬상 채찍효과(Bullwhip Effect)가 발생하는 원인으로 옳지 않은 것은?

① 과잉 주문　　　　　　　② 일괄 주문
③ 큰 가격 변동　　　　　　④ 짧은 리드타임

해설 콕 ……………………………………………………………………………………………

짧은 리드타임이 아닌 긴 리드타임이 공급사슬상 채찍효과(Bullwhip Effect)가 발생하는 원인이다.

정답 ④

07 서울시 7급 2020

공급사슬관리에서 황소채찍효과(bullwhip effect)의 발생 원인으로 가장 거리가 먼 것은?

① 수요정보의 공유　　　　② 배치(batch)식 주문
③ 가격할인　　　　　　　④ 공급자의 전략적 분배

해설 콕 ……………………………………………………………………………………………

채찍효과를 막기 위해서는 정보를 공유하며, 배치식 주문을 없애야 하고, 가격정책의 안정화와 철저한
판매예측을 거친 뒤 공급하는 방안이 필요하다.

정답 ①

08

경영지도사 2016

☑ 확인
Check!

○
△
✕

공급사슬관리(SCM)가 중요해지는 이유에 해당하는 것은?

① 경영환경의 불확실성 증가
② 물류비용의 감소
③ 채찍효과로 인한 예측의 불확실성 감소
④ 기업의 경쟁강도 약화
⑤ 리드타임의 영향력 감소

> 해설 콕 ⋯⋯⋯⋯⋯⋯⋯⋯⋯⋯⋯⋯⋯⋯⋯⋯⋯⋯⋯⋯⋯⋯⋯⋯⋯⋯⋯⋯⋯⋯⋯⋯⋯⋯⋯⋯
>
> 경영환경의 불확실성이 증가함에 따라 공급사슬관리(SCM)가 중요해지고 있다.
> ② 물류비용의 증가로 공급사슬관리(SCM)가 중요해지고 있다.
> ③ 채찍효과로 인한 예측의 불확실성 증가로 공급사슬관리(SCM)가 중요해지고 있다.
> ④ 기업의 경쟁강도가 강화됨에 따라 공급사슬관리(SCM)가 중요해지고 있다.
> ⑤ 리드타임의 영향력이 커짐에 따라 공급사슬관리(SCM)가 중요해지고 있다.
>
> 정답 ①

09

경영지도사 2017

☑ 확인
Check!

○
△
✕

공급사슬관리(SCM)의 필요성이 증대되고 있는 이유로 볼 수 없는 것은?

① 생산, 재무, 마케팅 등 기업기능의 독립적 수행 필요 증대
② 아웃소싱(outsourcing)의 증대
③ 고객화 요구 증대
④ 기업간의 경쟁 치열
⑤ 글로벌화 증대

> 해설 콕 ⋯⋯⋯⋯⋯⋯⋯⋯⋯⋯⋯⋯⋯⋯⋯⋯⋯⋯⋯⋯⋯⋯⋯⋯⋯⋯⋯⋯⋯⋯⋯⋯⋯⋯⋯⋯
>
> 생산, 재무, 마케팅 등 기업기능의 통합적 관리를 위해 공급사슬관리(SCM)의 필요성이 증대되고 있다.
>
> 정답 ①

10

가맹거래사 2015

☑ 확인
Check!

○
△
✕

공급사슬관리가 중요해지는 이유에 해당하는 것은?

① 경영활동의 글로벌화에 따른 리드타임과 불확실성의 증가
② 물류비용의 중요성 감소
③ 채찍효과로 인한 예측의 불확실성 감소
④ 기업의 경쟁강도 약화
⑤ 고객맞춤형 서비스의 감소

11

가맹거래사 **2018**

공급사슬 구조 개선방법이 아닌 것은?

① 주요 제품설계 개선

② 공급사슬의 수직적 통합

③ 아웃소싱

④ 준비 시간의 단축

⑤ 공급사슬의 네트워크의 구성과 입지개선

준비 시간의 단축은 공급사슬이 아닌 재고관리 효율성 향상과 관련이 있다.

정답 ④

12

국가직 7급 **2017**

공급사슬관리에서 "현재 세대의 자원 운영 계획이 미래세대의 자원 활용 가능성을 제한하지 않아야 한다."라고 정의되는 지속가능성(Sustainability)의 3요소가 아닌 것은?

① 재무적(경제적) 가치 ② 기술적 가치

③ 환경적 가치 ④ 사회적 가치

지속가능성(Sustainability)의 3요소는 경제적 가치, 환경적 가치, 사회적 가치이다.

정답 ②

13

공급사슬관리(SCM)에 관한 설명으로 옳지 않은 것은?

① 공급사슬은 제품과 서비스를 생산하여 소비자에게 제공하는 일련의 과정이다.
② 공급사슬관리란 공급사슬의 모든 활동을 조정하고 관리하는 것이다.
③ 공급사슬 성과지표에는 배송성과와 환경성과 등이 있다.
④ 반응적 공급사슬은 수요의 불확실성에 대비하여 재고의 크기와 생산 능력의 위치를 설정함으로써 시장수요에 민감하게 반응하도록 설계하는 것이다.
⑤ 효율적 공급사슬의 목표는 영업비용을 최소화하기 위해 제품의 물류 및 판매시간을 단축하는데 있다.

> 효율적 공급사슬의 목표는 물류비용을 최소화하기 위해 제품의 물류 및 판매시간을 단축하는데 있다.
>
> 정답 ⑤

14

공급사슬관리의 주요 기법에 관한 설명으로 옳지 않은 것은?

① 특화된 제품들에 사용되는 공통부품의 수요 변동성은 특화된 각 제품의 개별 수요 변동성보다 작게 되는 리스크 풀링(risk pooling) 특성을 반영하여 재고관리의 효율성을 높일 수 있다.
② 공급자 재고관리(VMI)는 수요자의 측면에서 공급자가 재고를 추적하고 납품 일정 및 주문량을 결정하여 주문시간비용과 재고유지비용을 줄일 수 있는 방식이다.
③ 생산프로세스에서 제품별로 특화된 부품의 재고량을 줄이기 위하여 제품의 차별화 시점을 최종 단계로 이전시키는 공정 재설계 방안을 지연 차별화(delayed differentiation)라고 한다.
④ 정보공유는 기업내 생산프로세스의 부서와 팀이 실시간으로 정보를 공유함으로써 정보의 지연시간 없이 재고관리와 수요 대비를 가능하게 하는 원동력이다.

> 정보공유는 <u>기업 간의</u> 생산프로세스의 부서와 팀이 실시간으로 정보를 공유함으로써 정보의 지연시간 없이 재고관리와 수요 대비를 가능하게 하는 원동력이다.
>
> 정답 ④

15

공인회계사 2019

☑ 확인
Check!

○
△
×

공급사슬관리(SCM)에 관한 설명으로 가장 적절하지 않은 것은?

① 수요 변동이 있는 경우에 창고의 수를 줄여 재고를 집중하면 수요처별로 여러 창고에 분산하는 경우에 비해 리스크 풀링(risk pooling) 효과로 인하여 전체 안전재고(safety stock)는 감소한다.

② 공급사슬의 성과척도인 재고자산회전율(inventory turnover)을 높이기 위해서는 재고공급일수(days of supply)가 커져야 한다.

③ 지연차별화(delayed differentiation)는 최종 제품으로 차별화하는 단계를 지연시키는 것으로 대량 고객화(mass customization)의 전략으로 활용될 수 있다.

④ 크로스 도킹(cross docking)은 입고되는 제품을 창고에 보관하지 않고 재분류를 통해 곧바로 배송하는 것으로 재고비용과 리드타임(lead time)을 줄일 수 있다.

⑤ 묶음단위 배치주문(order batching)과 수량할인으로 인한 선구매(forward buying)는 공급사슬의 채찍효과(bullwhip effect)를 초래하는 원인이 된다.

> 🖐해설 콩
>
> 재고자산회전율을 높이기 위해선 연간 매출원가가 커져야 하는데 연간 매출원가가 증가하면 재고공급일수는 작아진다. 즉, 재고공급일수가 작아져야 재고자산회전율을 높일 수 있다.
>
> • 재고공급일수 $= \dfrac{평균\ 총재고액}{연간\ 매출원가}$
>
> • 재고자산회전율 $= \dfrac{연간\ 매출원가}{평균\ 총재고액}$
>
> 정답 ②

CHAPTER **6**

경영정보론

01 정보 및 정보시스템

(1) 지식의 순환과정

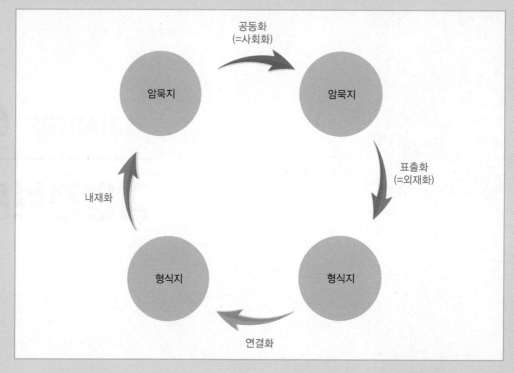

(2) 정보시스템

① 의 의

경영정보시스템(MIS ; Management Information System)은 기업조직의 목표를 달성하기 위해 정보, 업무, 조직원 및 정보기술 등이 조직적으로 결합된 것이다. 킨(P. Keen)에 의하면 기업조직의 정보시스템을 효율적으로 설계하고 설치 및 활용하는 것이라고 한다.

② 역 할

기업경영에서 정보시스템을 이용하므로, 업무처리방식의 효율화, 의사결정의 정확성·신속성 증가, 공급자 및 소비자와의 밀착화, 조직과 업무분담의 재정비, 세계화에의 대응, 경영전략의 혁신도모, 새로운 분야로의 진출 등이 가능하게 되었다.

(3) 경영정보시스템 개발 프로세스의 핵심활동

구 분	핵심활동
시스템분석 (systems analysis)	기존 시스템의 문제점을 분석하여 발견된 문제점을 해소하기 위한 해결책에 요구되는 사항들을 정의하는 단계이다.
시스템설계 (system design)	기술적, 조직적 구성요소들의 결합방법을 보여주는 정보시스템 해결책의 명세서를 제공하는 단계이다.
프로그래밍 (programming)	단계를 거치면서 설계 단계에서 만들어진 시스템 명세서는 소프트웨어 프로그램 코드로 전환하는 단계이다.
검사(Testing)	시스템이 올바른 결과를 산출하는지 확인하는 단계로 단위검사(unit testing), 시스템검사(system testing), 인수검사(acceptance testing)로 구분된다.
전환(conversion)	기존 시스템에서 새로운 시스템으로 변환하는 단계이다.

지식경영에 대한 설명으로 옳은 것은?

① 언어로 표현하기 힘든 주관적 지식을 형식지라고 한다.

② 암묵지에서 형식지로 지식이 전환되는 과정을 내면화라고 한다.

③ 수집된 데이터를 문제해결과 의사결정에 도움이 될 수 있도록 일정한 패턴으로 정리한 것을 정보라고 한다.

④ 지식경영은 형식지를 기업 구성원들에게 체화시킬 수 있는 암묵지로 전환하여 공유하는 경영방식이다.

> **해설 콕**
>
> ① 언어로 표현하기 힘든 주관적 지식을 암묵지라 하며, 언어로 표현되는 객관적 지식을 형식지라 한다.
> ② 암묵지에서 형식지로 지식이 전환되는 과정을 표출화(외재화)라 한다.
> ④ 지식경영은 암묵지를 형식지로 전환하여 기업 내에 축적하는 것이다.
>
> 정답 ③

02 경영지도사 2016

일본의 지식 경영학자인 노나카(I. Nonaka)의 지식변환 과정에서 형식지에서 암묵지로의 전환은?

① 자본화(capitalization) ② 연결화(combination)

③ 외부화(externalization) ④ 내면화(internalization)

⑤ 사회화(socialization)

> **해설 콕**
>
> 지식변환 과정에서 형식지에서 암묵지로의 전환은 내면화이다.
> ② **연결화(combination)** : 형식지에서 형식지로의 전환
> ③ **외부화(externalization)** : 암묵지에서 형식지로의 전환
> ⑤ **사회화(socialization)** : 암묵지에서 암묵지로의 전환
>
> 정답 ④

03 경영지도사 2018

노나카(I. Nonaka)의 지식변환 과정 중 다음의 설명에 해당하는 것은?

- 개인 간의 직접적인 상호작용을 통해 암묵지가 암묵지 그대로 전달되는 경우를 말한다.
- 장인들이 관찰, 모방, 지도와 같은 도제관계를 통해 장기적으로 지식을 전수하는 경우를 말한다.

① 연결화(combination) ② 외부화(externalization)
③ 사회화(socialization) ④ 내면화(internalization)
⑤ 정보화(information)

해설 콕 ....
암묵지가 암묵지 그대로 전달되는 과정을 사회화 또는 공동화라 한다.

정답 ③

04 경영지도사 2020

지식을 형식지와 암묵지로 구분할 때 암묵지의 특징으로 볼 수 없는 것은?

① 언어로 표현 가능한 객관적 지식
② 경험을 통해 몸에 밴 지식
③ 은유를 통한 전달
④ 다른 사람에게 전이하기가 어려움
⑤ 노하우, 이미지, 숙련된 기능

해설 콕 ....
언어로 표현 가능한 객관적 지식은 형식지, 언어로 표현 가능한 주관적 지식은 암묵지이다.

정답 ①

05 가맹거래사 2017

암묵지(tacit knowledge)에 관한 설명으로 옳은 것은?

① 다른 사람에게 전수하기 쉽다.
② 경험을 통해 쌓여진 지식이다.
③ 공식성과 체계성을 갖고 있다.
④ 제품설명서, 매뉴얼 등이 해당된다.
⑤ 객관적 지식이다.

① 암묵지는 말로서 설명하기 어려운 내용으로 다른 사람에게 전수하기 어렵다.
③ 암묵지는 추상적이며 비체계적이다.
④ 제품설명서, 매뉴얼 등은 형식지에 해당한다.
⑤ 암묵지는 주관적 지식이며, 형식지는 객관적 지식이다.

정답 ②

---

06 국가직 7급 2016

지식기반사회의 인적자원에 대한 설명으로 옳지 않은 것은?

① 타인과 협력하는 태도도 중요하다.
② 암묵적 지식보다 명시적 지식이 중요하다.
③ 경험이나 지혜도 인적자원의 구성요소에 포함된다.
④ 논리적 지식(Know-Why)과 정보적 지식(Know-Who)이 중요하다.

명시적 지식보다 형식화 되어 있지 않은 암묵적 지식이 더 중요하다.

정답 ②

경영지도사 2016

다음은 무엇에 관한 설명인가?

> 기업이 가지고 있는 지적 자산뿐만 아니라 구성원 개개인의 지식이나 노하우를 체계적으로 발굴
> 하여 조직내부의 보편적인 지식으로 공유하고, 공유지식의 활용을 통해 조직전체의 문제해결 능
> 력과 기업가치를 향상시키는 경영방식

① Knowledge Management

② Enterprise Resource Planning

③ Value Engineering

④ Business Process Reengineering

⑤ Executive Information Systems

해설 콕

지식경영(Knowledge Management)에 대한 설명이다.
② 전사적 자원관리(Enterprise Resource Planning)는 기업내 제반요소를 통합하고 기업내 자원을 관리하여 기업의 경쟁력을 강화시켜 주는 통합정보시스템이다.
③ 가치공학(Value Engineering)은 고객의 요구를 충족시키면서 원가절감과 제품의 성능향상을 이루는 것이다.
④ 리엔지니어링(Business Process Reengineering)은 비즈니스 시스템 전체를 재구성하여 경영효율을 높이는 경영기법이다.
⑤ 중역정보시스템(Executive Information Systems)은 기업 임원들이 주요 성공요인에 관한 기업 내부 정보를 쉽게 접근하도록 해주는 시스템이다.

정답 ①

08

☑ 확인
Check!
○
△
✕

가맹거래사 2016

조직의 가치창출을 위해 지식을 생성, 저장, 공유, 활용하는 일련의 활동은?

① 공급망관리

② 고객관계관리

③ 전사적 품질경영

④ 지식경영

⑤ 기술경영

해설 콕

조직의 가치창출을 위해 지식을 생성, 저장, 공유, 활용하는 일련의 활동은 지식경영이다.
① 공급망관리는 제품을 생산하는 것부터 판매하는 모든 과정을 관리하는 과정이다.
② 고객관계관리는 고객과의 관계를 유지 및 구축하기 위해 고객의 정보를 관리하는 과정이다.
③ 전사적 품질경영은 품질향상을 위해 조직 구성원이 지속적으로 노력하는 경영방식이다.
⑤ 기술경영은 엔지니어링, 과학과 경영의 원리를 연결하여 기술적 역량을 중심으로 조직의 전략과 운영 상의 목표를 만들고 달성하는 것이다.

정답 ④

09

☑ 확인
Check!

○
△
✕

기업내 판매, 생산, 회계, 인사 등 여러 부문의 데이터를 일원화하여 관리함으로써 경영 자원을 효율적으로 운용할 수 있도록 하는 기법은?

① 전사적 자원관리(ERP : enterprise resource planning)
② 공급사슬관리(SCM : supply chain management)
③ 자재소요계획(MRP : material requirements planning)
④ PERT(program evaluation and review technique)
⑤ 컴퓨터지원생산(CAM : computer-aided manufacturing)

👆해설 콕

전사적 자원관리(ERP : enterprise resource planning)는 기업내 제반요소를 통합하고 기업내 자원을 관리하여 기업의 경쟁력을 강화시켜 주는 통합정보시스템이다.
② 공급사슬관리(SCM : supply chain management)은 공급망 전체를 하나의 통합된 개체로 보고 이를 최적화하고자 하는 경영방식이다.
③ 자재소요계획(MRP : material requirements planning)은 생산수량과 일정을 토대로 자재가 투입되는 시점 및 양을 관리하기 위한 시스템이다.
④ PERT(program evaluation and review technique)는 최소의 시간과 비용으로 사업을 완수하는 경로 및 기간공정을 관리하는 기법이다.
⑤ 컴퓨터지원생산(CAM : computer-aided manufacturing)은 컴퓨터를 이용하여 제작 기간의 단축이나 품질향상, 비용절감 등을 실현하는 방법이다.

정답 ①

10

☑ 확인
Check!

○
△
✕

다음에서 설명하는 것은?

기업의 자재, 회계, 구매, 생산, 판매, 인사 등 모든 업무의 흐름을 효율적으로 지원하기 위한 통합정보 시스템

① CRM
② SCM
③ DSS
④ KMS
⑤ ERP

전사적 자원관리(ERP)란, 기업의 중심적 활동에 속하는 원자재, 생산, 판매, 인사, 회계 등의 업무를 통합·관리해주는 소프트웨어 패키지로서 전사적 경영자원의 체계적 관리를 통한 생산성 향상을 목표로 한다.

① CRM(Customer Relationship Management)은 고객관계관리라고 하며, 기업이 고객의 정보를 축적 및 관리하여 필요한 서비스를 제공할 수 있도록 하는 것이다.

② SCM(Supply Chain Management)는 공급망관리라고 하며, 공급망 전체를 하나의 통합된 개체로 보고 이를 최적화하고자 하는 경영 방식이다.

③ DSS(Decision Support System)는 의사결정지원시스템이라고 하며, ERP를 통해서 수집된 자료를 요약, 분석, 가공하여 경영관리자의 의사결정을 지원하는 시스템이다.

④ KMS(Knowledge Management System)는 지식관리시스템이라고 하며, 기업내 흩어져 있는 지적 자산을 활용할 수 있는 형태로 변환하여 관리 및 공유할 수 있도록 하는 시스템이다.

정답 ⑤

11

조직의 구매, 인적자원, 생산, 판매, 회계 활동 등에 대한 모든 데이터를 하나의 시스템으로 통합한 것은?

① 경영정보시스템(MIS)

② 그룹의사결정지원시스템(GDSS)

③ 공급사슬관리시스템(SCM)

④ 고객관리시스템(CRM)

⑤ 전사적 자원관리(ERP)

기업의 중심적 활동에 속하는 원자재, 생산, 판매, 인사, 회계 등의 업무를 통합·관리해 주는 소프트웨어 패키지로서 전사적 경영자원의 체계적 관리를 통한 생산성 향상을 목표로 한 방식은 전사적 자원관리(ERP)이다.

정답 ⑤

12

경영지도사 2018

☑ 확인
Check!
○
△
×

조직 내의 인적자원들이 보유하고 있는 지식을 체계화하고 서로가 공유하기 위하여 구축하는 시스템은?

① CRM
② FMS
③ ERP
④ KMS
⑤ SCM

해설 콕 ·······

조직 내의 인적자원들이 보유하고 있는 지식을 체계화하고 서로가 공유하기 위하여 구축하는 시스템은 KMS(지식관리시스템)이다.
① CRM(고객관계관리)은 기업이 고객의 정보를 축적 및 관리하여 필요한 서비스를 제공할 수 있도록 하는 것이다.
② FMS(유연생산시스템)는 생산 및 제품설계에 로봇과 기계를 이용하는 생산시스템이다.
③ ERP(전사적 자원관리)는 기업의 중심적 활동에 속하는 원자재, 생산, 판매, 인사, 회계 등의 업무를 통합·관리해 주는 소프트웨어 패키지이다.
⑤ SCM(공급사슬관리)은 공급망관리라고 하며, 공급망 전체를 하나의 통합된 개체로 보고 이를 최적화하고자 하는 경영 방식이다.

정답 ④

13

가맹거래사 2015

☑ 확인
Check!
○
△
×

다음 설명에 해당하는 용어는?

다양한 분석기법을 활용하여 고객 데이터로부터 개별고객의 가치, 욕구, 행동패턴 등을 예측하여 고객만족을 위한 고객관리전략을 수립하고 고객과의 관계를 지속하는 마케팅 방식

① RFM
② EDLP
③ CRM
④ MIS
⑤ CSR

해설 콕 ·······

해당 보기 지문은 고객관계관리(CRM)이다.
① RFM은 고객의 최근성(Recency), 고객의 구매빈도(Frequency), 고객의 구매금액(Monetary)를 활용하는 시장분석기법이다.
② EDLP는 Every Day Low Price의 약자로 모든 상품을 언제나 싸게 판다는 월마트가 내건 경영철학이다.
④ MIS는 경영정보시스템이다.
⑤ CSR은 기업의 사회적 책임이다.

정답 ③

14

경영지도사 2019

☑ 확인
Check!
○
△
×

고객관계관리(CRM)의 성공 전제조건이 아닌 것은?

① 고객을 분석할 수 있는 데이터 마이닝 도구가 필요하다.
② 고객관계관리를 위하여 인적 네트워크가 필수적이다.
③ 대용량 데이터분석을 위한 대용량 컴퓨터가 필요하다.
④ 전략실행을 위한 다양한 마케팅채널과 연계되어야 한다.
⑤ 고객통합 데이터베이스가 구축되어야 한다.

🖑해설 콕 ·····

고객관계관리를 위하여 인적 네트워크보다는 데이터에 기반한 분석이 더 중요하다.

정답 ②

15

공인노무사 2016

☑ 확인
Check!
○
△
×

경영정보시스템의 분석 및 설계 과정에서 수행하는 작업이 아닌 것은?

① 입력 자료의 내용, 양식, 형태, 분량 분석
② 출력물의 양식, 내용, 분량, 출력주기 정의
③ 시스템 테스트를 위한 데이터 준비, 시스템 수정
④ 자료가 출력되기 위해 필요한 수식연산, 비교연산, 논리연산 설계
⑤ 데이터베이스 구조 및 특성, 자료처리 분량 및 속도, 레코드 및 파일 구조 명세화

🖑해설 콕 ·····

시스템 테스트를 위한 데이터 준비, 시스템 수정은 분석 및 설계가 완료된 후 시행하는 시스템 구현과
시스템 지원과정에 해당하는 작업이다.

정답 ③

참고

시스템 개발 생명주기(SDLC ; Systems Development Life Cycle)
시스템 조사 → 시스템 분석 → 시스템 설계 → 시스템 구현 → 시스템 지원

16

경영지도사 2015

조직의 말단부에서 이루어지는 일상적인 업무처리를 자동화하여 처리해주는 시스템은?

① 전략계획시스템(Strategic planning system)
② 운영통제시스템(Operational control system)
③ 거래처리시스템(Transactional processing system)
④ 관리통제시스템(Managerial control system)
⑤ 의사결정지원시스템(Decision support system)

> **해설 콕**
>
> 거래처리시스템(Transactional processing system)은 조직의 말단부에서 이루어지는 일상적이면서 반복적으로 수행되는 거래를 쉽게 기록·처리하는 정보시스템이다.
> ① 전략계획시스템(Strategic planning system)은 <u>조직의 상층부에</u> 이루어지는 의사결정시스템이다.
> ② 운영통제시스템(Operational control system)은 <u>현장경영층에서</u> 이루어지는 의사결정 시스템이다.
> ④ 관리통제시스템(Managerial control system)은 <u>중간경영층에서</u> 이루어지는 의사결정시스템이다.
> ⑤ 의사결정지원시스템(Decision support system)은 반복구조적 또는 비구조적 의사결정을 지원하기 위해 <u>의사결정자가</u> 데이터와 모델을 활용할 수 있게 해주는 대화식 시스템이다.
>
> **정답** ③

17

공인노무사 2021

급여계산, 고객주문처리, 재고관리 등 일상적이고 반복적인 과업을 주로 수행하는 정보시스템은?

① EIS
② DSS
③ ES
④ SIS
⑤ TPS

> **해설 콕**
>
> 거래처리시스템(TPS ; Transactional Processing System)은 일선종업원의 일상 업무처리를 지원하는 시스템으로, 입고·출고, 판매·주문, 급여·인사기록 관리 등을 처리한다.
> ① 임원정보시스템(EIS ; Executive Information System)은 고위관리자의 전략적 의사결정을 지원하는 시스템으로, 의사결정에 필요한 정보를 제공하는데 집중한다.
> ② 의사결정지원시스템(DSS ; Decision Support System)은 주로 중간관리자의 비일상적 의사결정을 지원하는 시스템으로, 예측할 수 없이 빠르게 변화하는 문제의 해결을 돕는다.
> ③ 전문가시스템(ES ; Expert System)은 전문가의 지식, 경험 등을 컴퓨터에 축적하여 전문가와 동일하거나 그 이상의 문제해결능력을 갖춘 시스템으로, 전문지식 이용에 편의를 제공한다.
> ④ 전략정보시스템(SIS ; Strategic Information System)은 기존의 경영정보시스템에 통신망을 연결하여 정보기술을 기업전략으로 활용하는 시스템으로, 기업이 경쟁우위를 확보하는데 필요한 다양한 정보를 제공한다.
>
> **정답** ⑤

18

가맹거래사 2018

☑ 확인
Check!

○
△
✕

정보시스템을 구축할 때 최소 규모의 개발 팀을 이용하여 프로젝트를 능률적으로 신속하게 개발하는 방식은?

① 최종 사용자(end – user)개발

② 컴포넌트 기반(component – based)개발

③ 폭포수 모델(waterfall model)개발

④ 웹마이닝(web mining)개발

⑤ 애자일(agile)개발

> 🖐 해설 콕 ·····
>
> 애자일(agile)개발은 빠르고 날렵하며 민첩하게 개발하기 위해 최소 규모로 팀을 구성해 프로젝트를 신속히 개발하는 방식이다.
> ① 최종 사용자(end – user)개발은 정보를 필요로 하는 사람이 직접 정보를 얻거나 입력 및 수정을 하는 방식이다.
> ② 컴포넌트 기반(component – based)개발은 기존의 컴포넌트를 이용해 새로운 프로그램을 만드는 방식이다.
> ③ 폭포수 모델(waterfall model)개발은 소프트웨어 요구사항을 시작으로 설계, 구현, 테스트, 유지보수 순으로 접근하는 방식이다.
> ④ 웹마이닝(web mining)개발은 웹에서 얻은 많은 양의 정보를 이용해 유용한 정보를 찾아내 분석하는 방식이다.
>
> 정답 ⑤

19

가맹거래사 2019

☑ 확인
Check!

○
△
✕

정보시스템 활동 중 일부분을 아웃소싱하는 이유로 옳지 않은 것은?

① IT와 비즈니스 지식을 겸비한 자체인력 양성

② 적은 노력으로 전문지식과 경험 확보

③ 외부인력 활용을 통한 비용 절감

④ 일정 수준의 품질 보장을 통한 리스크 감소

⑤ 인터넷 확산으로 국외 위탁 용이

> 🖐 해설 콕 ·····
>
> 아웃소싱을 할 경우 IT와 비즈니스 지식을 겸비한 자체인력을 양성할 수 없다는 문제점이 발생한다.
>
> 정답 ①

20

가맹거래사 2016

정보시스템 개발을 위한 절차는?

① 분석 → 설계 → 구축 → 구현
② 설계 → 분석 → 구축 → 구현
③ 설계 → 구축 → 분석 → 구현
④ 설계 → 분석 → 구현 → 구축
⑤ 분석 → 설계 → 구현 → 구축

> 해설 콕 ....
>
> 정보시스템 개발을 위한 절차는 분석 → 설계 → 구축 → 구현이다.
> • **분석** : 문제 파악 및 목표 범위 설정
> • **설계** : 분석한 결과를 이용해서 문제점 해결 및 업무과정을 수립
> • **구축** : 분석하고 설계한 내용으로 시스템을 구축
> • **구현** : 시스템을 가동하고 문제점 발생시 개선점 찾아 구축
>
> 정답 ①

21

서울시 7급 2019

전문가시스템(expert system)에 대한 설명으로 가장 옳지 않은 것은?

① 인간의 지식을 규칙의 집합으로 모델링한 것이다.
② 입력층, 은닉층, 출력층으로 구성되어 있다.
③ 지식베이스를 검색하기 위해 사용되는 추론엔진을 포함한다.
④ 오작동 기계의 진단이나 신용대출 여부 결정 같은 업무에 적용할 수 있다.

> 해설 콕 ....
>
> 입력층, 은닉층, 출력층은 신경망과 관련 있다.
> ① 전문가시스템(expert system)은 인간의 지식을 규칙의 집합으로 모델링하며, 이런 규칙의 집합을 지식베이스라 한다.
> ③ 지식베이스를 검색하기 위해 사용되는 전략을 추론엔진이라 한다.
> ④ 전문가시스템(expert system)은 오작동 기계의 진단이나 신용대출 여부 결정 같은 전문가들이 짧은 시간에 해결할 수 있는 업무를 대상으로 한다.
>
> 정답 ②

22

정보시스템으로 인한 조직변화에 관한 설명으로 옳은 것은?

☑ 확인
Check!
○
△
×

① 중간관리자의 역할이 늘어난다.
② 권위적인 리더십이 필요해진다.
③ 경영자층과 하위층의 의사소통이 더욱 쉬워진다.
④ 조직계층의 수가 늘어난다.
⑤ 조직 내의 의사결정 권한이 상위계층에 집중된다.

 해설 콕

① 중간관리층은 축소된다.
② 권위적인 리더십보다는 수평적 리더십이 필요해진다.
④ 조직계층과 관리구조의 감축현상이 발생한다.
⑤ 의사결정이 구성원에게 위임되는 분권화 현상이 발생한다.

정답 ③

23

소비자뿐만 아니라 회사의 직원, 일반대중까지 폭넓은 사람들의 커뮤니티를 신제품 혁신과정에 초대하여 혁신의 가능성을 높이는 정책은?

☑ 확인
Check!
○
△
×

① 클라우드(cloud) 컴퓨팅
② 크라우드(crowd) 소싱
③ MOT(Moment of Truth)
④ 오프-쇼어(off-shore) 파이낸싱

해설 콕

소비자뿐만 아니라 회사의 직원, 일반대중까지 폭넓은 사람들의 커뮤니티를 신제품 혁신과정에 초대하여 혁신의 가능성을 높이는 정책은 크라우드(crowd) 소싱이다.
① 클라우드(cloud) 컴퓨팅은 컴퓨터를 활용하는 작업에 필요한 다양한 요소들을 인터넷 상의 서비스를 통해 다양한 종류의 컴퓨터 단말 장치로 제공하는 것을 말한다.
③ MOT(Moment of Truth)는 고객이 서비스를 제공하는 조직과 직원의 서비스 품질에 대한 인상을 받는 순간을 말한다.
④ 오프-쇼어(off-shore) 파이낸싱은 해외의 자금시장으로부터 마련한 자금을 해외거래처에 대출해 주는 금융을 말한다.

정답 ②

24

정보를 자신의 컴퓨터가 아닌 인터넷에 연결된 다른 컴퓨터들을 이용하여 처리하는 기술은?

☑ 확인
Check!

○
△
✕

① 매시업(mashup) 서비스

② 클라우드 컴퓨팅(cloud computing)

③ 사물인터넷(IoT)

④ 크라우드 소싱(crowdsourcing)

⑤ 정보 사일로(information silo)

 해설 콕

> 클라우드 컴퓨팅(cloud computing)은 컴퓨터를 활용하는 작업에 필요한 다양한 요소들을 인터넷 상의 서비스를 통해 다양한 종류의 컴퓨터 단말 장치로 제공하는 것을 말한다.
> ① 매시업(mashup) 서비스는 각종 콘텐츠와 웹 서비스를 결합하여 새로운 서비스를 만드는 것을 말한다.
> ③ 사물인터넷(IoT)은 센서와 통신을 사용하여 데이터를 수집, 저장, 분석하는 기술을 말한다.
> ④ 크라우드 소싱(crowdsourcing)은 소비자뿐만 아니라 회사의 직원, 일반대중까지 폭넓은 사람들의 커뮤니티를 신제품 혁신과정에 초대하여 혁신의 가능성을 높이는 정책을 말한다.
> ⑤ 정보 사일로(information silo)는 서로 다른 정보시스템에서 데이터가 고립되어 상호작용이 어려운 관리시스템이다.
>
> **정답** ②

25

클라우드 컴퓨팅(cloud computing)에 관한 설명으로 옳지 않은 것은?

☑ 확인
Check!

○
△
✕

① 비즈니스 데이터 및 시스템 보안에 대한 우려를 없애준다.

② 자신 소유의 하드웨어 및 소프트웨어에 많은 투자를 할 필요가 없다.

③ 사용자는 광대역 네트워크 통신망을 통해 클라우드에 접속해 업무를 수행할 수 있다.

④ 필요한 IT 자원을 빌려 쓸 때 용량 등에 있어 확장성이 있다.

⑤ 인터넷을 통해 원격으로 제공되는 자원이나 응용프로그램을 사용하는 것이다.

 해설 콕

> 개인 목적으로 저장해 둔 자료들이 유출되거나 삭제될 위험이 있다.
>
> **정답** ①

26

경영지도사 2019

혁신을 위한 환경요소가 아닌 것은?

① 유기적 조직구조

② 세밀하고 철저한 일정관리

③ 긍정적 피드백

④ 갈등에 대한 포용

⑤ 낮은 외부 통제

해설 콕

세밀하고 철저한 일정관리는 억압된 환경으로 자유롭게 의사소통이 이루어지기 힘들다.

① 기계적 조직보다 유기적 조직이 자유롭게 의사소통을 할 수 있는 환경에 적합하다.

③ 긍정적 피드백은 의사소통을 통해 대안을 이끌어내는데 도움이 된다.

④ 갈등을 해결하기 위해 의사소통을 하다보면 창의적인 아이디어 도출의 가능성이 높아진다.

⑤ 높은 통제 하에서 의사소통을 하는 것 보다는 낮은 통제 하에서 의사소통을 하는 것이 자유롭게 의사소통을 할 수 있어 창의적인 아이디어 도출이 잘 이루어진다.

정답 ②

27

경영지도사 2020

직접적인 대면 접촉에 의한 전통적인 구전(word of mouth)과 비교할 때, 인터넷을 매개로 하는 온라인 구전의 특성에 해당하는 것을 모두 고른 것은?

ㄱ. 불특정 다수에게 정보의 전달이 가능

ㄴ. 더 많은 대상에게 정보의 전달이 가능

ㄷ. 직접적인 연관성이 낮은 대상에게도 정보의 전달이 가능

① ㄱ

② ㄱ, ㄴ

③ ㄱ, ㄷ

④ ㄴ, ㄷ

⑤ ㄱ, ㄴ, ㄷ

해설 콕

온라인 구전은 정보와 직접적 유대 관계가 없는 사람에게까지 정보가 전달되기 때문에 전통적인 구전보다 더 많은 대상에게 정보가 전달된다.

정답 ⑤

28

정보 사일로(information silo)의 의미는?

① 2개 이상의 독립적인 공유하는 것
② 다양한 업무부서의 활동을 지원하기 위한 정보시스템
③ 서로 다른 정보시스템에서 데이터가 고립되어 상호작용이 어려운 관리시스템
④ 고객과의 상호작용 업무와 관련된 모든 시스템을 연결한 통합관리시스템
⑤ 고유프로세스, 어플리케이션, 데이터베이스를 단일한 플랫폼으로 연결한 집합체

> 해설 콕
>
> 사일로는 곡식이나 사료를 저장하는 굴뚝 모양의 창고를 의미하는 것으로 경영학에서는 사일로를 각자 이익에만 몰두하여 조직 부서간 협력하지 않는 이기주의적인 면을 말한다.
>
> 정답 ③

29

홈페이지를 통해 피자 한 판을 주문한 고객은 피자가 배달되었을 때 변심하여 주문하지 않았다고 주장하였다. 전자상거래에서 발생할 수 있는 이러한 상황을 방지하고자 하는 정보보호 요소는?

① 무결성(integrity)
② 자기부정방지(non-repudiation)
③ 인증(authentication)
④ 기밀성(confidentiality)

> 해설 콕
>
> 자기부정방지(non-repudiation)는 송·수신 거래 사실을 사후에 증명하여 거래 사실을 부인하지 못하게 한다는 정보보호 요소를 말한다.
> ① **무결성(integrity)** : 정보가 변형되지 않고 전달되는 되어야 한다는 정보보호 요소
> ③ **인증(authentication)** : 신원확인을 가능하게 하는 정보보호 요소
> ④ **기밀성(confidentiality)** : 인가된 사람에게만 공개하는 정보보호 요소
>
> 정답 ②

데이터베이스 관리

(1) 데이터 용량 단위

단 위	Byte	KB	MB	GB	TB	PB	EB
저장용량	8Bit	1024Byte	1024KB	1024MB	1024GB	1024TB	1024PB

(2) 데이터 처리 속도 단위(단위 : 초)

단 위	ms	μs	ns	ps	fs	as
처리 속도	10^{-3}	10^{-6}	10^{-9}	10^{-12}	10^{-15}	10^{-18}

(3) 데이터 구성 단위

비트(Bit)	• 자료(정보) 표현의 최소 단위 • 0과 1로 표시하는 2진수 1자리
니블(Nibble)	• 4개의 비트(Bit)가 모여 1개의 니블(Nibble)를 구성 • 4비트로 구성되어 16진수 1자리를 표현
바이트(Byte)	• 문자를 표현하는 최소의 단위 • 8개의 비트(Bit)가 모여 1바이트(Byte)를 구성
워드(Word)	• 중앙처리장치가 한 번에 처리하게 하는 명령 단위
필드(Field)	• 파일 구성의 최소 단위 • 의미 있는 정보를 표현하는 최소 단위
레코드(Record)	• 여러 개의 필드가 모여 레코드를 구성
블록(Block)	• 프로그램 입출력 단위
파일(File)	• 프로그램의 구성 단위 • 여러 개의 레코드가 모여 파일을 구성
데이터베이스(Database)	• 서로 관련된 파일들의 집합

01

가맹거래사 2015

☑ 확인
Check!
○
△
×

가장 기본적인 데이터의 구성요소로 0과 1을 표현하는 비트가 모여 조합을 이룬 것으로 하나의 문자를 표현하는 단위는?

① 필 드
② 바이트
③ 레코드
④ 파 일
⑤ 데이터베이스

🖑해설 콕 ···

바이트는 문자를 표현하는 최소 단위로 0과 1을 표현하는 비트가 8개 모여 1바이트를 구성한다.
① **필드** : 자료 처리의 최소 단위이다.
③ **레코드** : 하나 이상의 관련 필드가 모여서 구성된다.
④ **파일** : 프로그램의 구성 단위로서 여러 레코드가 모여 구성된다.
⑤ **데이터베이스** : 여러개 관련 파일이 모인 집합이다.

정답 ②

02

가맹거래사 2020

☑ 확인
Check!
○
△
×

컴퓨터가 다룰 수 있는 데이터의 가장 작은 단위는?

① 비트(bit)
② 바이트(byte)
③ 필드(field)
④ 레코드(record)
⑤ 파일(file)

🖑해설 콕 ···

자료(정보) 표현의 최소 단위는 비트(bit)이다.

정답 ①

03

가맹거래사 2015

☑ 확인
Check!
○
△
×

기업 경영 활동 과정에서 발생한 대규모 데이터에 담겨있는 변수들 간에 존재하는 패턴과 관계를 발견하여 가치 있는 정보를 추출하는 기법은?

① 델파이법
② 데이터 마이닝
③ 명목집단법
④ 데이터베이스
⑤ 신디케이트 조사

🖑해설 콕 ···

데이터 마이닝은 기업 경영 활동 과정에서 발생한 대규모 데이터에 담겨있는 변수들 간에 존재하는 패턴과 관계를 발견하여 가치 있는 정보를 추출하는 기법이다.

정답 ②

04 가맹거래사 2017

대규모 데이터베이스에서 숨겨진 패턴이나 관계를 발견하여 의사결정 및 미래예측에 활용할
수 있도록 데이터를 모아서 분석하는 것은?

① 데이터 웨어하우스(data warehouse)
② 데이터 마이닝(data mining)
③ 데이터 마트(data mart)
④ 데이터 정제(data cleansing)
⑤ 데이터 세정(data scrubbing)

데이터 마이닝은 기업 경영 활동 과정에서 발생한 대규모 데이터에 담겨있는 변수들 간에 존재하는 패턴
과 관계를 발견하여 가치 있는 정보를 추출하는 기법이다.

정답 ②

05 공인노무사 2020

기업이 미래 의사결정 및 예측을 위하여 보유하고 있는 고객, 거래, 상품 등의 데이터와 각종
외부데이터를 분석하여 숨겨진 패턴이나 규칙을 발견하는 것은?

① 데이터 관리(data management)
② 데이터 무결성(data integrity)
③ 데이터 마이닝(data mining)
④ 데이터 정제(data cleaning)
⑤ 데이터 마트(data mart)

기업 경영 활동 과정에서 발생한 대규모 데이터에 담겨있는 변수들 간에 존재하는 패턴과 관계를 발견하
여 가치 있는 정보를 추출하는 기법은 데이터 마이닝(data mining)이다.

정답 ③

06

가맹거래사 2016

여러 개의 데이터베이스를 통합한 보다 큰 데이터베이스로서 의사결정에 필요한 정보를 제공하는 것은?

① 아웃소싱관계관리
② 데이터 웨어하우스
③ 중역정보시스템
④ 거래처리시스템
⑤ 경영지원시스템

데이터 웨어하우스는 분산되어 있는 데이터를 수집하여 하나의 집중화된 저장소에 저장하여 효율적으로 사용할 수 있도록 한 대용량 데이터 저장소이다.

정답 ②

07

가맹거래사 2019

데이터 웨어하우스에 관한 설명으로 옳지 않은 것은?

① 데이터는 의사결정 주제 영역별로 분류되어 저장된다.
② 대용량 데이터에 숨겨져 있는 데이터간 관계와 패턴을 탐색하고 모형화한다.
③ 데이터는 통일된 형식으로 변환 및 저장된다.
④ 데이터는 읽기 전용으로 보관되며, 더 이상 갱신되지 않는다.
⑤ 데이터는 시간정보와 함께 저장된다.

대용량 데이터에 숨겨져 있는 데이터간 관계와 패턴을 탐색하고 모형화 하는 것은 데이터 웨어하우스가 아니라, 데이터 마이닝에 대한 설명이다.

정답 ②

08

가맹거래사 2019

관계형 데이터베이스 설계에서 연관된 테이블들 간의 관계성이 일관성 있게 유지될 수 있도록 해주는 규칙은?

① 정규화
② 핵심업무 무결성 제약조건
③ 개념적 데이터 설계
④ 참조 무결성
⑤ 자료 중복성

09

공인노무사 2015

☑ 확인
Check!
○
△
×

데이터 중복을 최소화하고 무결성을 극대화하며, 최상의 성능을 달성할 수 있도록 관계형 데이터베이스를 분석하고 효율화하는 과정을 지칭하는 용어는?

① 통합화(integration)
② 최적화(optimization)
③ 정규화(normalization)
④ 집중화(centralization)
⑤ 표준화(standardization)

10

공인노무사 2016

☑ 확인
Check!
○
△
×

빅데이터 기술에 관한 설명으로 옳지 않은 것은?

① 관계형 데이터베이스인 NoSQL, Hbase 등을 분석에 활용한다.
② 구조화되지 않은 데이터도 분석 대상으로 한다.
③ 많은 양의 정보를 처리한다.
④ 빠르게 변화하거나 증가하는 데이터도 분석이 가능하다.
⑤ 제조업, 금융업, 유통업 등 다양한 분야에 활용된다.

CHAPTER 6 경영정보론

11

공인노무사 2017

빅데이터(big data)의 기본적 특성(3V)으로 옳은 것을 모두 고른 것은?

확인
Check!
○
△
×

ㄱ. 거대한 양(Volume)	ㄴ. 모호성(Vagueness)
ㄷ. 다양한 형태(Variety)	ㄹ. 생성 속도(Velocity)

① ㄱ, ㄴ   ② ㄴ, ㄷ

③ ㄱ, ㄴ, ㄹ   ④ ㄱ, ㄷ, ㄹ

⑤ ㄴ, ㄷ, ㄹ

해설 콕 ···

빅데이터의 기본적 특성은 거대한 양(Volume), 다양한 형태(Variety), 생성 속도(Velocity)이다.

정답 ④

12

경영지도사 2017

빅데이터의 요건인 4V에 해당하지 않는 것은?

확인
Check!
○
△
×

① Volume   ② Velocity

③ Variety   ④ Virtuality

⑤ Value

해설 콕 ···

- 빅데이터 3V : Volume(정보의 양), Variety(정보의 다양성), Velocity(정보 생성과 처리의 속도)
- 빅데이터 4V : Volume(정보의 양), Variety(정보의 다양성), Velocity(정보 생성과 처리의 속도), Value(정보의 가치) or Veracity(정보의 진실성과 정확성)

정답 ④

IT용어 & 정보보호

(1) 경영혁신기법

다운사이징 (downsizing)	조직의 인력, 계층, 직무, 부서 등의 규모를 축소시켜 생산성과 효율성을 높여 조직의 경쟁력을 개선하는 경영기법
아웃소싱 (outsourcing)	기업의 업무과정 일부를 외부에 위탁하는 방식
리엔지니어링 (reengineering)	기존의 업무처리방식을 고려하지 않고 비용, 품질, 서비스, 속도 등 기업의 성과를 대폭 향상시키기 위하여 업무처리 과정이나 절차를 근본적으로 다시 생각하고 과감하게 재설계하는 경영기법
전략적 제휴 (strategic alliance)	2개 이상의 기업이 법적인 부분과 경제적인 부분에서 독립성을 유지한 상황에서 제품이나 서비스 개발 및 판매 과정에서 협력하는 경영기법
벤치마킹 (benchmarking)	기업의 성과를 높이기 위해 최고수준의 성과를 내고 있는 기업의 제품, 서비스, 업무방식 중 가장 좋은 방식을 창조적으로 모방함으로써 기업의 경쟁력을 확보해 나가는 경영기법

(2) 레윈(Lewin)의 3단계 변화관리 모델

구 분	내 용
해빙기	• 조직변화를 위한 준비단계를 말한다. • 문제해결을 통해 변화하고자 하는 필요성과 동기를 갖는 단계이다.
변화기	• 구체적으로 변화하는 단계이다. • 다양한 방법으로 변화를 시도하는 단계이다.
재결빙기	• 변화를 지속시키기 위한 단계이다. • 변화가 조직 내에 자리 잡게 안정화시키는 단계이다.

(3) 정보 관련 법칙

법 칙	내 용
그로슈의 법칙	• 컴퓨터의 성능이 규모에 제곱이 비례한다는 법칙
무어의 법칙	• 반도체 집적회로의 성능이 18개월(or 24개월)마다 2배로 증가한다는 법칙 • 컴퓨터의 규모가 작아지면서도 성능이 향상됨을 설명
황의 법칙	• 반도체 집적회로의 성능이 12개월마다 2배로 증가한다는 법칙
멧칼프의 법칙	• 네트워크의 가치는 네트워크 사용자 수의 제곱에 비례한다는 법칙
사소함의 법칙	• 파킨슨이 주장한 정보처리의 일반적 행태에 관한 법칙으로 평소에 다루는 익숙한 숫자에 관해서는 엄격히 심사한다는 내용
그레샴의 법칙	• 악화가 양화를 구축한다. • 무료정보시스템에서는 유료정보시스템에 비해 상대적으로 가치가 적은 정보가 축적된다.

01

경영지도사 2019

☑ 확인
Check!
○
△
✕

기업간 전자상거래를 의미하는 용어는?

① B2B   ② B2C

③ B2G   ④ G2C

⑤ C2C

해설 콕 ....

B2B(Business-to-Business) : 기업과 기업 간의 거래
② B2C(Business-to-Customer) : 기업과 소비자 간의 거래
③ B2G(Business-to-Government) : 기업과 정부와의 거래
④ G2C(Government-to-Customer) : 정부와 소비자 간의 거래
⑤ C2C(Customer-to-Customer) : 소비자와 소비자 간의 거래

정답 ①

02

가맹거래사 2015

☑ 확인
Check!
○
△
✕

e-비즈니스 관련 기술을 활용한 정부 - 시민간 서비스 제공유형은?

① B2B   ② B2C

③ C2B   ④ G2C

⑤ G2B

해설 콕 ....

G2C(Government-to-Customer) : 정부와 소비자 간의 거래
① B2B(Business-to-Business) : 기업과 기업 간의 거래
② B2C(Business-to-Customer) : 기업과 소비자 간의 거래
③ C2B(Customer-to-Business) : 소비자와 기업 간의 거래
⑤ G2B(Government-to-Business) : 정부와 기업 간의 거래

정답 ④

03

경영지도사 2016

☑ 확인
Check!
○
△
✕

인터넷 쇼핑몰, 인터넷 뱅킹, 공연이나 여행관련 예약 등 기업과 소비자 간에 이루어지는 전자상거래의 형태는?

① B2B   ② C2C

③ B2C   ④ B2G

⑤ G2C

04

경영지도사 2018

✓ 확인
Check!
○
△
✕

원자재가 필요한 회사가 인터넷 온라인을 통해 불특정 다수의 기업으로부터 입찰을 받아서 공급회사를 결정하는 전자상거래 형태는?

① B2B
② C2C
③ B2C
④ G2C
⑤ B2G

05

공인노무사 2020

✓ 확인
Check!
○
△
✕

전자(상)거래의 유형에 관한 설명으로 옳은 것은?

① B2E는 기업과 직원간 전자(상)거래를 말한다.
② B2C는 소비자와 소비자간 전자(상)거래를 말한다.
③ B2B는 기업내 전자(상)거래를 말한다.
④ C2C는 기업과 소비자간 전자(상)거래를 말한다.
⑤ C2G는 기업간 전자(상)거래를 말한다.

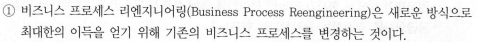

B2E(Business-to-Employee) : 기업과 직원 간의 거래
② B2C(Business-to-Customer) : 기업과 소비자 간의 거래
③ B2B(Business-to-Business) : 기업과 기업 간의 거래
④ C2C(Customer-to-Customer) : 소비자와 소비자 간의 거래
⑤ C2G(Customer-to-Government) : 소비자와 정부 간의 거래

정답 ①

06

공인노무사 2020

경영정보시스템 용어에 관한 설명으로 옳지 않은 것은?

① 비즈니스 프로세스 리엔지니어링(Business Process Reengineering)은 새로운 방식으로 최대한의 이득을 얻기 위해 기존의 비즈니스 프로세스를 변경하는 것이다.

② 비즈니스 인텔리전스(Business Intelligence)는 사용자가 정보에 기반하여 보다 나은 비즈니스 의사결정을 돕기 위한 응용프로그램, 기술 및 데이터 분석 등을 포함하는 시스템이다.

③ 의사결정지원시스템(Decision Support System)은 컴퓨터를 이용하여 의사결정자가 효과적인 의사결정을 할 수 있도록 지원하는 시스템이다.

④ 위키스(Wikis)는 사용자들이 웹페이지 내용을 쉽게 추가·편집할 수 있는 웹사이트의 일종이다.

⑤ 자율컴퓨팅(Autonomous Computing)은 지리적으로 분산된 네트워크 환경에서 수많은 컴퓨터와 데이터베이스 등을 고속네트워크로 연결하여 공유할 수 있도록 한다.

지리적으로 분산된 네트워크 환경에서 수많은 컴퓨터와 저장장치, 데이터베이스 시스템 등과 같은 자원들을 고속 네트워크로 연결하여 그 자원을 공유할 수 있도록 하는 방식은 그리드 컴퓨팅(Grid Computing)이다.

정답 ⑤

🔲 참고 자율컴퓨팅(Autonomous Computing)
컴퓨터 시스템들이 스스로의 상태를 인식해 인간의 관여 없이(또는 최소한의 관여로) 스스로를 복구, 재구성, 보호 및 자원 재할당을 할 수 있다는 개념으로 우리 신체의 모든 기관이 자율적으로 반응하고 작동 및 통제되고 있기 때문에 모든 인체 기능이 정상적으로 작동하는 것처럼 컴퓨터도 그렇게 작동시키겠다고 하는 IBM의 마케팅 개념으로, 관련 시스템들이 서로 협력하여 전반적인 자율컴퓨팅 기능을 수행하는 시스템의 집합적 행동을 말한다. 현재로는 고장시 애프터서비스 처리나 사용에 따른 설정 정보 변경 등 번거로운 관리 작업을 컴퓨터가 스스로 알아서 자동화한다는 개념 수준 정도이나 수많은 컴퓨팅 디바이스가 존재하고, 그것도 사용자가 인지하지 않는 상태가 대부분인 유비쿼터스 컴퓨팅 환경에서는 자율컴퓨팅이 중요한 이슈의 하나로 등장하고 있다.
〈출처〉 한국정보통신기술협회

07

공인노무사 2018

☑ 확인
Check!
○
△
✕

다음에서 설명하는 것은?

> 지리적으로 분산된 네트워크 환경에서 수많은 컴퓨터와 저장장치, 데이터베이스 시스템 등과 같은 자원들을 고속 네트워크로 연결하여 그 자원을 공유할 수 있도록 하는 방식

① 전문가시스템(Expert System)
② 그린 컴퓨팅(Green Computing)
③ 사물인터넷(Internet of Things)
④ 그리드 컴퓨팅(Grid Computing)
⑤ 인트라넷(Intranet)

> 🖑 **해설 🍀** ┄┄┄
>
> 지리적으로 분산된 네트워크 환경에서 수많은 컴퓨터와 저장장치, 데이터베이스 시스템 등과 같은 자원들을 고속 네트워크로 연결하여 그 자원을 공유할 수 있도록 하는 방식은 그리드 컴퓨팅(Grid Computing)이다.
> ① 전문가시스템(Expert System)은 전문가가 지닌 전문 지식과 경험, 노하우 등을 컴퓨터에 축적하여 전문가와 동일한 또는 그 이상의 문제해결 능력을 가질 수 있도록 만들어진 시스템이다.
> ② 그린 컴퓨팅(Green Computing)은 컴퓨팅에 이용되는 에너지를 절약하자는 운동으로 컴퓨터 자체의 구동 뿐 아니라 컴퓨터의 냉각과 주변기기의 운용에 소요되는 전력을 줄이기 위해 새로운 CPU의 설계, 대체에너지 사용 등의 다양한 방안이 제시되고 있다.
> ③ 사물인터넷(Internet of Things)은 인터넷을 기반으로 모든 사물을 연결하여 사람과 사물, 사물과 사물 간의 정보를 상호 소통하는 지능형 기술 및 서비스이다.
> ⑤ 인트라넷(Intranet)은 회사나 학교와 같은 조직 내부만 사용하는 근거리 통신망으로 인터넷 관련기술과 통신규약을 이용하여 조직 내부 업무를 통합하는 정보시스템이다.
>
> **정답** ④

08

가맹거래사 2016

☑ 확인
Check!
○
△
✕

그리드 컴퓨팅(Grid Computing)에 관한 설명으로 옳지 않은 것은?

① 그리드 상의 모든 관련 컴퓨터의 계산능력을 결합하여 저렴한 가격으로 복잡한 연산을 수행한다.
② 할당 받은 작업을 처리용량에 여유가 있는 PC에 할당한다.
③ 지리적으로 멀리 떨어져 있는 컴퓨터들을 하나의 네트워크로 연결한다.
④ 컴퓨터 자원을 효율적으로 사용하지만 기존 컴퓨터보다는 업무 처리 속도가 느리다.
⑤ 그리드 컴퓨팅의 보편화를 위해서는 컴퓨팅 기술표준과 보안문제가 해결되어야 한다.

> 🖑 **해설 🍀** ┄┄┄
>
> 그리드 컴퓨팅(Grid Computing)은 업무처리 속도가 빠르다.
>
> **정답** ④

CHAPTER 6 경영정보론

CHAPTER 6 경영정보론

가맹거래사 2020

☑ 확인
Check!
○
△
✕

인공지능시스템 중 실제 세상 또는 상상 속의 행위를 모방한 컴퓨터 생성 시뮬레이션은?

① 인공신경망(artificial neutral network)
② 전문가시스템(expert system)
③ 지능형에이전트(intelligent agent)
④ 영상인식시스템(visionary recognition system)
⑤ 가상현실시스템(virtual reality system)

해설 콕

인공지능시스템 중 실제 세상 또는 상상 속의 행위를 모방한 컴퓨터 생성 시뮬레이션은 가상현실시스템
(virtual reality system)이다.
① **인공신경망(artificial neutral network)** : 신경세포 뉴런을 추상화한 가상 뉴런으로 구성된 네트워크
② **전문가시스템(expert system)** : 전문가가 지닌 지식이나 경험 등을 컴퓨터에 저장하여 전문가 그
이상의 문제해결 능력을 가질 수 있도록 만든 시스템
③ **지능형에이전트(intelligent agent)** : 주변 환경을 인지하여 자율적으로 작동하는 프로그램
④ **영상인식시스템(visionary recognition system)** : 영상인식을 기반으로 작동하는 시스템

정답 ⑤

가맹거래사 2018

☑ 확인
Check!
○
△
✕

지리적으로 떨어져 있는 많은 컴퓨터들을 연결해서 가상 슈퍼컴퓨터를 구축함으로써 복잡한 연산을 수행하는 방식은?

① 가상화
② 서버 컴퓨팅
③ 클라이언트 컴퓨팅
④ 그리드 컴퓨팅
⑤ 전사적 컴퓨팅

해설 콕

그리드 컴퓨팅은 지리적으로 떨어져 있는 많은 컴퓨터들을 연결해서 가상 슈퍼컴퓨터를 구축함으로써
복잡한 연산을 수행하는 방식이다.
② 서버 컴퓨팅은 모든 데이터는 서버에 두고 개인 컴퓨터는 보는 역할만 하는 방식이다.
③ 클라이언트 컴퓨팅은 정보가 인터넷상의 서버에 영구적으로 저장되고, 데스크톱·태블릿컴퓨터·노
트북·넷북·스마트폰 등의 IT 기기 등과 같은 클라이언트에는 일시적으로 보관되는 컴퓨터 환경이
다.

정답 ④

11

기존의 업무처리방식을 고려하지 않고 비용, 품질, 서비스, 속도 등 기업의 성과를 대폭 향상시키기 위하여 업무처리 과정이나 절차를 근본적으로 다시 생각하고 과감하게 재설계하는 경영기법은?

① 아웃소싱(outsourcing)
② 다운사이징(downsizing)
③ 리엔지니어링(reengineering)
④ 전략적 제휴(strategic alliance)
⑤ 벤치마킹(benchmarking)

해설 콕

기존의 업무처리방식을 고려하지 않고 비용, 품질, 서비스, 속도 등 기업의 성과를 대폭 향상시키기 위하여 업무처리 과정이나 절차를 근본적으로 다시 생각하고 과감하게 재설계하는 경영기법은 리엔지니어링(reengineering)이다.

정답 ③

12

높은 성과를 올리고 있는 회사와 비교·분석하여 창조적 모방을 통해 개선하고자 하는 경영혁신 기법은?

① 동료그룹(peer group) 평가
② 벤치마킹(benchmarking)
③ 구조조정(restructuring)
④ 6시그마(six sigma)
⑤ 종합적 품질경영(TQM : total quality management)

해설 콕

기업의 성과를 높이기 위해 최고수준의 성과를 내고 있는 기업의 제품, 서비스, 업무방식 중 가장 좋은 방식을 창조적으로 모방함으로써 기업의 경쟁력을 확보해 나가는 경영기법을 벤치마킹(benchmarking)이라 한다.

정답 ②

13

경영지도사 2018

국제표준화기구(ISO)에서 제정한 기업의 사회적 책임에 관한 국제표준은?

☑ 확인
Check!
○
△
✕

① ISO 9000

② ISO 14000

③ ISO 22000

④ ISO 26000

⑤ ISO/IEC 27000

해설 콕

ISO 26000은 국제표준화기구(ISO)에서 개발한 기업의 사회적 책임(CSR ; Corporate Social Responsibility) 의 세계적인 표준이다.
- 품질규격 : ISO 9000
- 환경경영시스템 표준 : ISO 14000
- 식품안전경영시스템 : ISO 22000
- 정보보안규격 : ISO/IEC 27000

정답 ④

14

경영지도사 2015

국제표준화기구(ISO)에서 제정한 환경경영체제와 관련된 국제표준은?

☑ 확인
Check!
○
△
✕

① ISO 9001

② ISO 14001

③ ISO 22000

④ ISO 26000

⑤ ISO/IEC 27001

해설 콕

ISO 14001은 기업활동의 전 과정에 걸쳐 지속적 환경성과를 개선하는 일련의 경영활동을 위해 국제표준 화기구(ISO)에서 제정한 환경경영시스템(EMS)에 관한 국제표준이다.
① 품질경영시스템 표준 : ISO 9001
③ 식품안전경영시스템 표준 : ISO 22000
④ 기업의 사회적 책임의 세계적인 표준 : ISO 26000
⑤ 정보보안경영시스템 표준 : ISO/IEC 27001

정답 ②

15

가맹거래사 2019

☑ 확인
Check!
○
△
✕

식품의 원재료 생산부터 최종 소비자가 섭취하기 전까지 발생할 수 있는 모든 위해요소를 관리함으로써 식품의 안전성을 확보하기 위한 관리체계는?

① HACCP

② QS 9000

③ ISO 9001

④ ISO 14000

⑤ TL 9000

> 해설 콕 ·
>
> 안전관리인증기준(HACCP) : 식품의 원재료 생산부터 최종 소비자가 섭취하기 전까지 발생할 수 있는 모든 위해요소를 관리함으로써 식품의 안전성을 확보하기 위한 관리체계
> ② QS 9000 : 미국의 Big3(GM, FORD, DAIMLER CHRYSLER사)가 ISO 9000의 규격 및 요구사항에 필요한 사항을 추가하여 규격화한 품질시스템
> ③ ISO 9001 : 국제표준기구가 제정한 품질경영시스템 표준
> ④ ISO 14000 : 국제표준기구가 제정한 환경경영시스템 표준
> ⑤ TL 9000 : ITC산업과 관련된 제품 및 서비스의 설계에서부터 개발, 생산, 구축 및 유지관리에 이르는 IT 분야 전 과정에 대한 품질경영시스템
>
> 정답 ①

16

가맹거래사 2018

☑ 확인
Check!
○
△
✕

국제표준화기구(ISO)에서 제정한 환경경영시스템의 국제표준은?

① ISO 9000

② ISO 14000

③ ISO 26000

④ ISO 37001

⑤ ISO 50001

> 해설 콕 ·
>
> • 품질규격 : ISO 9000
> • 환경경영시스템 표준 : ISO 14000
> • 기업의 사회적 책임의 세계적인 표준 : ISO 26000
> • 반부패경영시스템 표준 : ISO 37001
> • 에너지경영시스템 표준 : ISO 50001
>
> 정답 ②

17
경영지도사 2019

기업의 환경경영체제를 평가하여 인증하는 국제환경규격은?

① ISO 9000
② ISO 14000
③ ISO 26000
④ ISO 27000
⑤ ISO 31000

해설 콕

- **품질규격** : ISO 9000
- **환경경영시스템 표준** : ISO 14000
- **기업의 사회적 책임의 세계적인 표준** : ISO 26000
- **정보보안규격** : ISO 27000
- **리스크관리규격** : ISO 31000

정답 ②

18
가맹거래사 2020

ISO에서 제정한 환경경영시스템에 관한 국제표준규격은?

① ISO 5000
② ISO 9000
③ ISO 14000
④ ISO 18000
⑤ ISO 20000

해설 콕

ISO 14000은 기업활동의 전 과정에 걸쳐 지속적 환경성과를 개선하는 일련의 경영활동을 위해 국제표준화기구(ISO)에서 제정한 환경경영시스템(EMS)에 관한 국제표준이다.

정답 ③

19
가맹거래사 2017

온라인 상의 사회적 관계를 나타내는 소셜 그래프(social graph)의 아이디어에 바탕을 두고 이루어지는 전자상거래는?

① 전자지갑(digital wallet)

② 고객관계관리(customer relationship management)

③ 홈쇼핑(home shopping)

④ T-커머스(T-commerce)

⑤ 소셜 커머스(social commerce)

해설 콕

소셜 커머스(social commerce) : 온라인 상의 사회적 관계를 나타내는 소셜 그래프(social graph)의 아이디어에 바탕을 두고 이루어지는 전자상거래
① 전자지갑(digital wallet) : 전자상거래를 할 때에 대금을 결제해주는 소프트웨어
② 고객관계관리(customer relationship management) : 기업이 고객의 정보를 축적 및 관리하여 필요한 서비스를 제공할 수 있도록 하는 것
④ T-커머스(T-commerce) : 디지털방송 환경에서 리모컨을 사용해 제품거래가 가능하게 해주는 서비스

정답 ⑤

20

☑ 확인
Check!
○
△
✕

가맹거래사 2018

창고나 물류센터로 입고되는 상품이 곧바로 소매 점포로 배송되는 방식은?

① 동기화
② 채찍효과
③ 최적화 분석
④ 자동발주 시스템
⑤ 크로스도킹 시스템

 해설 콕

크로스도킹 시스템은 월마트에서 처음 도입된 방식으로 창고나 물류센터로 입고되는 상품이 곧바로 소매 점포로 배송되는 방식을 말한다.

정답 ⑤

21

☑ 확인
Check!
○
△
✕

가맹거래사 2018

사용자의 컴퓨터를 조정하거나 성가신 팝업 메시지들을 띄워서 컴퓨터시스템을 악성코드로 감염시켜 사용자의 돈을 갈취하는 악성 프로그램은?

① 웜
② 엑스트라넷
③ 트로이 목마
④ 스파이웨어
⑤ 랜섬웨어

 해설 콕

랜섬웨어 : 사용자의 컴퓨터를 조정하거나 성가신 팝업 메시지들을 띄워서 컴퓨터시스템을 악성코드로 감염시켜 사용자의 돈을 갈취하는 악성 프로그램
① 웜 : 일반적인 컴퓨터 바이러스와는 달리 자체적으로 실행되면서 다른 컴퓨터에 전파할 수 있는 프로그램
② 엑스트라넷 : 권한을 부여받은 납품기업과 공급기업만 접속을 허용하는 기업 웹사이트
③ 트로이 목마 : 겉보기에는 문제가 없어 보이지만 악성 루틴이 숨어 있는 프로그램
④ 스파이웨어 : 사용자 동의 없이 프로그램이 설치되어 컴퓨터의 정보를 수집하고 전송하는 악성 소프트웨어

정답 ⑤

CHAPTER
6
경영정보론

안심Touch

22

가맹거래사 2018

☑ 확인 Check!
○
△
×

가상이미지들이 실제 시야와 통합되어 증강디스플레이를 만드는 기술은?

① AR
② LBS
③ GPS
④ VR
⑤ EA

해설 콕

증강현실(AR)은 실제 형태에 가상의 이미지가 통합되는 컴퓨터그래픽 기법이다.
② **위치기반서비스(LBS)** : 무선인터넷 사용자 위치에 관계된 정보를 제공하는 서비스
③ **GPS** : 지리정보를 알려주는 시스템
④ **가상현실(VR)** : 가상의 환경을 실제 환경처럼 만들어내는 기술
⑤ **전사적 아키텍처(EA)** : 기업의 비즈니스, 데이터, 기술, 보안 등을 분석하여 기업의 현재 모습을 조감하고 앞으로의 지침을 제시하는 프로그램 또는 전략

정답 ①

23

가맹거래사 2019

☑ 확인 Check!
○
△
×

인터넷 비즈니스에서 성공한 기업들이 20%의 히트상품보다 80%의 틈새상품을 통해 더 많은 매출을 창출하는 현상과 관련된 용어는?

① 파레토(pareto) 법칙
② 폭소노미(folksonomy)
③ 네트워크 효과(network effect)
④ 롱테일(long tail)
⑤ 확장성(scalability)

해설 콕

① 파레토(pareto) 법칙은 전체 결과의 80%는 전체 인원의 20%에 기인한다는 법칙이다.
② 폭소노미(folksonomy)는 사람들에 의한 분류법으로 불리는 것으로 사용자가 자유롭게 선택한 키워드를 통해 여러 사람의 정보를 체계화하는 분류방식이다.
③ 네트워크 효과(network effect)는 사이트 이용자수가 많아질수록 그 사이트의 가치가 높아지는 것을 말한다.
⑤ 확장성(scalability)은 시스템 규모에 관계없이 기능을 계속 유지할 수 있는 능력을 말한다.

정답 ④

24

☑ 확인
Check!

○
△
✕

e-비즈니스에 관한 설명으로 옳지 않은 것은?

① e-비즈니스는 전자상거래와 인터넷 비즈니스를 포괄하는 개념이다.

② 인터넷 비즈니스는 네트워크의 규모가 클수록 새로운 참여자에 대한 가치가 커지는 무어의 법칙(Moore's Law)이 존재한다.

③ 인터넷 애플리케이션이란 고객에게 가치를 제공하는 인터넷 기반의 소프트웨어를 의미한다.

④ e-비즈니스에서 정보를 전략적으로 활용하는 능력은 경쟁우위의 확보와 직결된다.

⑤ e-비즈니스 기업은 빠르게 변화하는 초고속 정보화 시대에 적응하기 위해 학습조직화 되어야 한다.

> 🖑 해설 콕 ....
> 인터넷 비즈니스는 네트워크의 규모가 작을수록 새로운 참여자에 대한 가치가 커지는 무어의 법칙(Moore's Law)이 존재한다.
>
> 정답 ②

25

☑ 확인
Check!

○
△
✕

개인 사용자, 비즈니스 프로세스, 소프트웨어 응용프로그램을 대상으로 반복적이고 예측가능한 특정 작업들을 수행하기 위해 구축되거나 학습된 지식 베이스를 이용하는 소프트웨어 프로그램은?

① 지능형 에이전트(intelligent agent)

② 유전자 알고리즘(genetic algorithm)

③ 신경망(neural network)

④ 기계학습(machine learning)

⑤ 퍼지논리(fuzzy logic)

> 🖑 해설 콕 ....
> 특정한 작업을 수행하기 위해 사용자를 대신해서 작업을 수행하는 자율적 프로세스로 개인 사용자, 비즈니스 프로세스, 소프트웨어 응용프로그램을 대상으로 반복적이고 예측가능한 특정 작업들을 수행하기 위해 구축되거나 학습된 지식 베이스를 이용하는 소프트웨어 프로그램은 지능형 에이전트(intelligent agent)이다.
> ② **유전자 알고리즘(genetic algorithm)** : 생물체의 유전과 진화를 모방하여 최적해를 찾아내는 검색 방법이다.
> ③ **신경망(neural network)** : 뉴런 구조 모형을 모방한 모델
> ④ **기계학습(machine learning)** : 컴퓨터의 학습을 위해 알고리즘과 기술을 개발하는 분야
> ⑤ **퍼지논리(fuzzy logic)** : 애매한 기준을 다루는 수학적 이론
>
> 정답 ①

안심Touch

26

m-Business로 창출되는 서비스에 해당하지 않는 것은?

☑ 확인
Check!
○
△
✕

① 위치지리정보서비스
② 위치확인서비스
③ 개인특화서비스
④ 콘텐츠제공서비스
⑤ 인터넷TV서비스

해설 콕

e-Business에서 이동통신과 무선인터넷을 기반으로 한 m-Business가 부상하였다. 인터넷 TV 서비스는 e-Business로 창출되는 서비스에 해당한다.

정답 ⑤

27

모바일 비즈니스의 특성으로 옳지 않은 것은?

☑ 확인
Check!
○
△
✕

① 편재성
② 접근성
③ 고정성
④ 편리성
⑤ 접속성

해설 콕

모바일 비즈니스는 편재성(Ubiquity), 접근성(Reachability), 보안성(Security), 편리성(Convenience), 지역성(Localization), 즉시성(Instatant Connectivity), 개인성(Personalization)의 특징을 지닌다.

정답 ③

28

무선 PAN(personal area network) 기술로 휴대전화, 컴퓨터 및 다른 장치들 사이의 짧은 거리에서 신호를 전송해 주는 근거리 무선통신기술은?

☑ 확인
Check!
○
△
✕

① 블루투스(bluetooth)
② 와이브로(wibro)
③ 웹브라우저(web browser)
④ 텔레매틱스(telematics)
⑤ 소셜네트워킹(social networking)

무선 PAN(personal area network) 기술로 휴대전화, 컴퓨터 및 다른 장치들 사이의 짧은 거리에서 신호를 전송해 주는 근거리 무선통신기술은 블루투스(bluetooth)이다.
② 와이브로(wibro) : 이동하면서도 초고속 인터넷이 사용가능한 무선 휴대 인터넷
③ 웹브라우저(web browser) : 인터넷 검색이 가능하게 하는 응용프로그램
④ 텔레매틱스(telematics) : 무선통신과 GPS기술이 결합된 이동통신 서비스
⑤ 소셜네트워킹(social networking) : 소셜네트워크 기술을 기반으로 개인의 의견을 공유하고 타인과 관계를 형성해 나가는 것

정답 ①

29

공인노무사 2019

스마트폰에 신용카드 등의 금융정보를 담아 10~15cm의 근거리에서 결제를 가능하게 하는 무선통신기술은?

① 블루투스(Bluetooth)
② GPS(Global Positioning System)
③ NFC(Near Field Communication)
④ IoT(Internet of Things)
⑤ 텔레매틱스(Telematics)

NFC(Near Field Communication)는 10cm 이내의 가까운 거리에서 다양한 무선데이터를 주고받는 통신 기술이다.
① 블루투스(Bluetooth) : 디지털 통신기기를 위한 개인 근거리 무선통신 산업 표준
② GPS(Global Positioning System) : 음성데이터 영상전송을 포함하는 위성항법시스템
④ IoT(Internet of Things) : 사물에 통신기능을 내장해 인터넷에 연결하는 기술
⑤ 텔레매틱스(Telematics) : 무선통신과 GPS기술이 결합된 이동통신서비스

정답 ③

30

공인노무사 2018

네트워크 붕괴를 목적으로 다수의 잘못된 통신이나 서비스 요청을 특정 네트워크 또는 웹 서버에 보내는 방식을 의미하는 것은?

① 스푸핑(spoofing)
② 스니핑(sniffing)
③ 서비스 거부 공격(denial-of-service attack)
④ 신원도용(identity theft)
⑤ 피싱(phishing)

네트워크 붕괴를 목적으로 다수의 잘못된 통신이나 서비스 요청을 특정 네트워크 또는 웹 서버에 보내는 방식을 의미하는 것은 서비스 거부 공격(denial-of-service attack)이다.

① **스푸핑(spoofing)** : 의도적인 행위를 위해 타인의 신분으로 위장하는 것으로 호스트의 IP주소나 이메일 주소를 바꾸어서 이를 통해 해킹을 하는 것

② **스니핑(sniffing)** : 네트워크 주변을 지나다니는 패킷을 엿보면서 계정(ID)과 패스워드를 알아내기 위한 행위

④ **신원도용(identity theft)** : 다른 누군가로 가장하려고 그 사람의 주민번호, 운전면허증번호, 신용카드번호 등 개인의 핵심정보를 빼내는 범죄

⑤ **피싱(phishing)** : 금융기관 등으로부터 개인정보를 불법적으로 알아내 이를 이용하는 사기수법

정답 ③

---

31 공인노무사 2015

USB는 컴퓨터와 주변장치(키보드, 마우스, 메모리스틱 등)를 연결하는 장치이다. 여기서, USB는 U=Universal, S=Serial, B=(　)의 약자이다. 괄호 안에 들어갈 단어는?

① Bit
② Bus
③ Box
④ Boot
⑤ Base

해설 콕

USB=Universal Serial Bus

정답 ②

---

32 가맹거래사 2020

Web 2.0의 4가지 규정적 특징이 아닌 것은?

① 상호작용성
② 실시간 사용자 통제
③ 사회적 참여 및 정보공유
④ 사용자 생성 콘텐츠(user-generated content)
⑤ 시맨틱 검색(semantic search)

해설 콕

시맨틱 검색(semantic search)은 시맨틱 웹의 특징이다.

정답 ⑤

33

세계 각국의 근로조건을 국제적으로 표준화할 목적으로 추진되는 다자간 무역협상을 설명하는 용어는?

① Blue Round
② Green Round
③ Technology Round
④ Competition Round
⑤ Ethics Round

> **해설 콕**
>
> 세계 각국의 근로조건을 국제적으로 표준화할 목적으로 추진되는 다자간 무역협상은 블루 라운드(Blue Round)이다.
> ② 그린 라운드(Green Round)는 환경보호를 목적으로 추진되는 환경정책과 무역의 연계를 말한다.
> ③ 기술 라운드(Technology Round)는 나라마다 서로 상이한 기술개발 지원정책을 국제적으로 표준화하려는 협상을 말한다.
> ④ 경쟁 라운드(Competition Round)는 나라마다 서로 상이한 경쟁조건을 표준화하려는 협상을 말한다.
> ⑤ 윤리 라운드(Ethics Round)는 나라마다 상이한 경제 활동의 윤리적 환경과 조건을 표준화하려는 협상을 말한다.
>
> **정답** ①

34

사용자가 올바른 웹페이지 주소를 입력해도 가짜 웹페이지로 보내는 피싱기법은?

① 파밍(pharming)
② 투플(tuple)
③ 패치(patch)
④ 쿠키(cookie)
⑤ 키 로거(key logger)

> **해설 콕**
>
> 파밍(pharming) : 사용자가 올바른 웹페이지 주소를 입력해도 가짜 웹페이지로 보내는 피싱기법
> ② **투플(tuple)** : 관계 데이터베이스(RDB)에서 관계(표) 내의 속성과 관계되는 값의 집합
> ③ **패치(patch)** : 프로그램이나 데이터를 업데이트하는 소프트웨어
> ④ **쿠키(cookie)** : 사이트 이용시 사용자 컴퓨터에 설치되는 정보 파일
> ⑤ **키 로거(key logger)** : 키보드를 통한 입력의 기록을 제작하는 장치
>
> **정답** ①

35

가맹거래사 2019

비즈니스 프로세스 리엔지니어링의 특징에 관한 설명으로 옳은 것은?

① 업무 프로세스 변화의 폭이 넓다.
② 업무 프로세스 변화가 점진적이다.
③ 업무 프로세스 재설계는 쉽고 빠르다.
④ 조직 구조의 측면에서 상향식으로 추진한다.
⑤ 실패 가능성과 위험이 적다.

> **해설 콕**
>
> ② 비즈니스 프로세스 리엔지니어링은 업무 프로세스 변화가 급진적이다.
> ③ 비즈니스 프로세스 리엔지니어링은 시간과 비용이 많이 발생한다.
> ④ 비즈니스 프로세스 리엔지니어링은 조직의 구조 측면에서 하향식으로 추진한다.
> ⑤ 비즈니스 프로세스 리엔지니어링은 실패 가능성과 위험이 크다.
>
> 정답 ①

36

가맹거래사 2016

'언제, 어디서나 존재한다'라는 의미로, 사용자가 시간과 장소에 상관없이 네트워크를 사용할 수 있는 환경은?

① 무선망
② 인터넷
③ 유비쿼터스
④ 홈네트워크
⑤ 전자상거래

> **해설 콕**
>
>
> '언제, 어디서나 존재한다'라는 의미 = Ubiquitous(유비쿼터스)
>
> 정답 ③

37

가맹거래사 2019

레윈(K. Lewin)의 3단계 변화모형에서 변화과정을 순서대로 나열한 것은?

① 각성(arousal) → 해빙(unfreezing) → 변화(changing)

② 각성(arousal) → 실행(commitment) → 재동결(refreezing)

③ 해빙(unfreezing) → 변화(changing) → 재동결(refreezing)

④ 해빙(unfreezing) → 실행(commitment) → 수용(acceptance)

⑤ 진단(diagnosis) → 변화(changing) → 수용(acceptance)

 해설 콕

레윈(K. Lewin)의 3단계 변화모형에서 변화과정을 순서대로 나열하면 '해빙(unfreezing) → 변화(changing) → 재동결(refreezing)'이 된다.

정답 ③

38

경영지도사 2015

마이클 해머(M. Hammer)가 주장한 경영혁신 기법으로서 서비스 부문의 프로세스·공정·절차 등을 근본적으로 변혁, 개선하고자 하는 것은?

① 리엔지니어링(Reengineering)

② 다운사이징(Downsizing)

③ 벤치마킹(Benchmarking)

④ 전사적 품질경영(TQM ; Total Quality Management)

⑤ 카이젠(Kaizen)

해설 콕

마이클 해머(M. Hammer)가 주장한 경영혁신 기법으로서 서비스 부문의 프로세스·공정·절차 등을 근본적으로 변혁, 개선하여 업무과정을 효율화 하고자 하는 기법은 리엔지니어링(Reengineering)이다.

정답 ①

39

☑ 확인
Check!

○
△
×

기업정보자원의 이용목적 및 정보접근권한 보유자를 규정하는 것은?

① 인증정책
② 보안정책
③ 재난 복구계획
④ 비즈니스 연속성 계획
⑤ 위험도 평가

 해설 콕 ....

기업정보자원의 이용목적 및 정보접근권한 보유자를 규정하는 것은 보안정책에 해당한다.
※ '비즈니스 연속성 계획'은 재해·재난 발생시 핵심 업무를 연속적으로 수행하여 고객에 대한 신뢰도를
높이고 기업의 가치를 높여주는 방법론이다.

정답 ②

40

☑ 확인
Check!

○
△
×

개인정보보호 방안에 관한 설명으로 옳지 않은 것은?

① 업무를 위해 수집한 개인정보를 타 부서에 제공할 경우에 외부 유출방지를 위해 해당 부서
의 서면 동의만 받는다.
② 방화벽을 설치하여 허가 받지 않은 사용자의 불법 침입을 막는다.
③ 침입탐지장치를 설치하여 네트워크를 감시하고 이상 징후를 기록한다.
④ 기밀정보를 암호화하여 지정된 수취인만 해독할 수 있게 한다.
⑤ 사용자의 업무에 따른 최소한의 권한을 부여하도록 한다.

해설 콕 ....

업무를 위해 수집한 개인정보를 타 부서에 제공할 경우에 외부 유출방지를 위해 해당 부서의 서면 동의
외에 다양한 방식으로 동의를 받을 수 있다.

정답 ①

CHAPTER **7**

경영관리

01 인수 합병

(1) 인수와 합병의 의의

    ① 인수 : 인수되는 기업을 존속시키면서 인수되는 기업의 경영권을 확보하는 것

    ② 합병 : 한 기업이 다른 기업을 흡수하여 한 개의 기업이 되는 것

(2) 인수 합병의 장점

    ① 새로운 시장에 진출하는데 필요한 시간과 자본이 줄어든다.

    ② 기존 기업의 역량을 취할 수 있다.

    ③ 무역장벽 회피

    ④ 해외 유통망 확대

(3) 인수 합병의 단점

    ① 회사 간의 정착된 문화의 차이로 갈등 발생

    ② 비 우호적인 인수 합병의 경우 우수한 인재의 유출 위험 발생

    ③ 차임금에 의한 인수 합병의 경우 기업의 재무구조는 악화될 우려가 있음

(4) 적대적 M&A에 대한 방어전략 vs 공격전략

적대적 M&A에 대한 방어전략	적대적 M&A에 대한 공격전략
① 정관수정	① 그린메일
② 불가침계약	② 파킹(지분 감춰 두기)
③ 왕관의 보석	③ 공개 매수
④ 독약처방	④ 토요일밤 기습작전
⑤ 황금낙하산	⑤ 곰의 포옹
⑥ 백기사	
⑦ 사기업화	

01

국가직 7급 2015

☑ 확인
Check!
○
△
×

기업 인수·합병(M&A)의 여러 동기 중 합병 기업의 기업가치 제고효과에 해당하지 않는 것은?

① 세금효과(tax effect)

② 저평가설(under-valuation hypothesis)

③ 재무시너지효과(financial synergy effect)

④ 황금낙하산(golden parachute)

👆해설 콕 ....

황금낙하산(golden parachute)은 합병 기업의 기업가치 제고효과가 아닌 적대적 인수·합병을 방어하는 전략이다.

① 세금효과(tax effect) : 일반적으로 기업 인수·합병(M&A)으로 법인세 절감이 가능하다.

② 저평가설(under-valuation hypothesis) : 새롭게 사업을 시작하는 것보다는 기존의 저평가 기업을 인수하는 것이 기업가치 증가에 더 효율적이다.

③ 재무시너지효과(financial synergy effect) : 기업 인수·합병(M&A)으로 기업규모가 커지면 기업에 대한 평가가 좋아져 자본비용이 감소하게 된다.

정답 ④

02

국가직 7급 2017

☑ 확인
Check!
○
△
×

인수 합병에서 인수기업의 성과에 대한 설명으로 옳은 것은?

① 인수 합병을 성공으로 이끄는 가장 중요한 요인은 높은 인수 프리미엄이다.

② 두 조직을 유기적으로 결합하는 합병 후 통합과정은 인수 합병 성패의 주요 요인이 된다.

③ 인수 합병의 최종목표는 경쟁기업과의 입찰에서 승리하는 것이다.

④ 모든 인수 합병은 기업성장을 위해 긍정적으로 작용한다.

👆해설 콕 ....

① 인수 프리미엄이 높을수록 실패한 인수합병이다.

③ 인수비용이 인수한 기업의 가치보다 크다면 성공적인 인수 합병이라 할 수 없다.

④ 인수 합병이 기업을 위험에 빠지게 하는 부정적 작용을 하기도 한다.

정답 ②

03

서울시 7급 2018

☑ 확인
Check!
○
△
✕

적대적 인수 및 합병(M&A) 방어 전략으로 가장 옳지 않은 것은?

① 독약조항(poison pill)

② 황금낙하산(golden parachute)

③ 백기사(white knight)

④ 주식옵션(stock option)

 해설 콕 ....

주식옵션(stock option)은 적대적 인수 및 합병(M&A) 방어 전략이 아닌 특정한 가격에 주식을 사고 팔 수 있는 권리를 의미한다.

① 독약조항(poison pill)은 적대적 M&A에 맞서는 방어전략으로 적대적 M&A 시도가 있을 때 주주에게 싼값에 회사 주식을 팔거나 비싼값으로 주식을 회사에 되팔 수 있는 권리 등을 주는 방법을 말한다.

② 황금낙하산(golden parachute)은 적대적 M&A에 맞서는 방어전략으로 기업 인수로 인해 기존 경영진이 퇴사할 경우에 퇴직금 외 거액의 추가보상을 요구하는 방법을 말한다.

③ 백기사(white knight)는 적대적 M&A에 맞서는 방어전략으로 우호적인 제3의 백기사에게 기업을 넘겨줌으로써 적대적 인수기업에게 인수실패를 맛보게 하고 향후 재반환 가능성을 높이는 방법을 말한다.

정답 ④

04

가맹거래사 2015

☑ 확인
Check!
○
△
✕

적대적 인수 합병의 방어수단 중의 하나로 거액의 퇴직보상금을 인수 합병되는 기업 경영진에게 지급하도록 하는 내용을 고용계약에 규정하는 것은?

① 독약조항(poison pill)

② 왕관의 보석(crown jewel)

③ 백기사(white knight)

④ 황금낙하산(golden parachute)

⑤ 그린메일(green mail)

 해설 콕 ....

적대적 인수 합병의 방어수단 중의 하나로 거액의 퇴직보상금을 인수 합병되는 기업 경영진에게 지급하도록 하는 내용을 고용계약에 규정하는 것은 황금낙하산(golden parachute)이다.

① 독약조항(poison pill)은 적대적 M&A에 맞서는 방어전략으로 적대적 M&A 시도가 있을 때 주주에게 싼값에 회사 주식을 팔거나 비싼값으로 주식을 회사에 되팔 수 있는 권리 등을 주는 방법을 말한다.

② 왕관의 보석(crown jewel)은 적대적 M&A에 맞서는 방어전략으로 기업의 가장 중요한 자산을 매각하는 방법을 말한다.

③ 백기사(white knight)는 적대적 M&A에 맞서는 방어전략으로 우호적인 제3의 백기사에게 기업을 넘겨줌으로써 적대적 인수기업에게 인수실패를 맛보게 하고 향후 재반환 가능성을 높이는 방법을 말한다.

⑤ 그린메일(green mail)은 특정 기업의 일정 지분을 시장에서 사들인 뒤 경영권을 쥔 대주주를 협박하여, 비싼 값에 주식을 되파는 방법을 말한다.

정답 ④

05

☑ 확인
Check!
○
△
✕

인수대상 기업이 인수 위협을 느꼈을 때 가치가 높은 자산을 처분함으로써 인수 기업에게 적대적 M&A 추진동기를 상실하게 만드는 전략은?

① 왕관보석(crown jewel)
② 황금낙하산(golden parachute)
③ 백기사(white knight)
④ 극약처방(poison pill)
⑤ 역공개매수(counter tender offer)

👉해설 콕 ....

적대적 M&A에 맞서는 방어전략으로 기업의 가장 중요한 자산을 매각하는 방법은 왕관보석(crown jewel)이다.
② 황금낙하산(golden parachute)은 적대적 M&A에 맞서는 방어전략으로 기업 인수로 인해 기존 경영진이 퇴사할 경우에 퇴직금 외 거액의 추가보상을 요구하는 방법을 말한다.
③ 백기사(white knight)는 적대적 M&A에 맞서는 방어전략으로 우호적인 제3의 백기사에게 기업을 넘겨줌으로써 적대적 인수기업에게 인수실패를 맛보게 하고 향후 재반환 가능성을 높이는 방법을 말한다.
④ 극약처방(poison pill)은 적대적 M&A에 맞서는 방어전략으로 적대적 M&A 시도가 있을 때 주주에게 싼값에 회사 주식을 팔거나 비싼값으로 주식을 회사에 되팔 수 있는 권리 등을 주는 방법을 말한다.
⑤ 역공개매수(counter tender offer)는 적대적 M&A에 맞서는 방어전략으로 적대적 인수기업이 공개매수하는 경우에 오히려 적대적 인수기업의 주식을 매수함으로써 정면대결하는 방법을 말한다.

정답 ①

06

☑ 확인
Check!
○
△
✕

우호적인 제3자를 통해 지분을 확보하게 한 뒤, 주주총회에서 제3자로 하여금 투표권을 행사하게 하여 기습적으로 경영권을 탈취하는 방법은?

① 팩맨(Pac man)
② 파킹(Parking)
③ 그린메일(Green mail)
④ 공개매수(Tender offer)
⑤ 독약처방(Poison pill)

👉해설 콕 ....

우호적인 제3자를 통해 지분을 확보하게 한 뒤, 주주총회에서 제3자로 하여금 투표권을 행사하게 하여 기습적으로 경영권을 탈취하는 방법을 파킹(Parking ; 지분감춰두기)이라 한다.
① 팩맨(Pac man)은 극단적인 반격의 전략으로 적대적 인수를 추진하는 회사가 공개매수를 하면 이에 맞서 대상 기업이 오히려 적대적 인수기업의 주식을 매입하여 정면 대응하는 전략을 말한다.
③ 그린메일(Green mail)은 특정 기업의 일정 지분을 시장에서 사들인 뒤 경영권을 쥔 대주주를 협박하여 비싼 값에 주식을 되파는 방법을 말한다.
④ 공개매수(Tender offer)는 특정 기업의 주주들로부터 공개적으로 주식을 사들이는 행위를 말한다.
⑤ 독약처방(Poison pill)은 적대적 M&A에 맞서는 방어전략으로 적대적 M&A 시도가 있을때 주주에게 싼값에 회사 주식을 팔거나 비싼값으로 주식을 회사에 되팔 수 있는 권리 등을 주는 방법을 말한다.

정답 ②

안심Touch

02 해외시장 진출 전략

(1) 아웃소싱

기업의 비핵심 업무를 다른 기업에 위탁하는 것을 말한다.

(2) 수입과 수출

해외시장에 가장 단순히 진출하는 전략으로 수입과 수출이 있다.

(3) 계약방식

① 라이선싱(Licensing) : 다른 기업에 상표명이나 특허권 등의 사용을 허가하고 매출의 일정비율을 사용료로 받는 계약방식

② 프랜차이징(Franchising) : 음식점, 커피숍 등 서비스업종에서 많이 사용하는 방법으로 가맹점이 모기업의 상표, 제품, 이미지 등을 사용하고 사용료나 수익의 일정 부분을 제공하는 계약

③ 계약생산(Contract manufacturing) : 해외에 진출하고 하는 기업이 해외 투자 대상국의 기업과 납품계약을 체결하는 것

④ 관리계약 : 계약을 통해서 특정한 외국 기업의 경영업무를 대신해 주고 대가를 받는 형태

⑤ 턴키계약(Turn-key Contract) : 공장이나 생산설비를 직접 활용하기 직전 단계까지 준비한 후 인도하는 방식

(4) 전략적 제휴

경쟁관계에 있는 기업이 상호이익을 도모하기 위해 동반자 관계를 맺는 것을 말한다.

01
국가직 7급 2017

☑ 확인
Check!
○
△
✕

부문화에 대한 설명으로 옳지 않은 것은?

① 기능별 부문화는 지식과 기술의 유사성을 근거로 부서화함으로써 높은 범위의 경제를 달성할 수 있다는 장점이 있다.

② 제품별 부문화는 특정제품 생산에 관한 모든 활동이 1명의 경영자에 의해 감독되기 때문에 제품성과에 대한 책임이 확실하다는 장점이 있다.

③ 고객별 부문화는 다양한 고객요구와 구매력에 맞추어 서비스를 함으로써 고객에게 최상의 서비스를 제공할 수 있다는 이점이 있다.

④ 과정별 부문화는 업무와 고객의 흐름을 기반으로 집단활동이 이루어지며, 부서는 각자 하나의 특정과정만을 담당한다.

 해설 콕 ....

기능별 부문화는 지식과 기술의 유사성을 근거로 부서화함으로써 높은 <u>규모의 경제</u>를 달성할 수 있다는 장점이 있다.

정답 ①

 참고 | 규모의 경제 & 범위의 경제

규모의 경제	소량의 제품을 생산하는 것보다 다량의 제품을 생산할 때 제품의 생산비용이 감소하는 것
범위의 경제	산업 연관성이 있는 제품을 한 기업이 생산하게 되면 비용 감소 효과가 발생하는 것

02
국가직 7급 2018

☑ 확인
Check!
○
△
✕

라이선싱(Licensing)과 프랜차이징(Franchising)에 대한 설명으로 옳지 않은 것은?

① 진출예정국에 수출이나 해외직접투자에 대한 무역장벽이 존재하는 경우 라이선싱은 무역장벽을 극복하는 방법이다.

② 프랜차이징은 음식점, 커피숍 등 서비스업종에서 많이 사용하는 방법이다.

③ 라이선싱은 브랜드와 기술 등 무형자산과 함께 품질관리, 경영방식, 기업체 조직 및 운영, 마케팅 지원 등과 같은 경영관리 노하우까지 포함하기 때문에 철저한 통제가 가능하다.

④ 라이선싱과 프랜차이징은 잠재적인 경쟁자를 만들 위험이 있다.

 해설 콕 ....

라이선싱보다는 프랜차이징이 더 철저한 통제가 가능하다.

정답 ③

03

국가직 7급 2019

해외직접투자에 대한 설명으로 옳지 않은 것은?

① 기업이 현지에서 경영에 직접 참가할 목적으로 추구하는 국제화 전략의 하나이다.

② 각종 자원 확보는 해외직접투자의 주요 동기 중 하나이다.

③ 수출 대신 해외직접투자를 하는 이유를 내부화 이론으로 설명할 수 있다.

④ 신설투자, 합작투자, 라이선싱, 인수합병 등이 해외직접투자 유형에 속한다.

해설 콕

라이선싱은 계약방식을 통해 해외에 진출하는 방식으로 해외직접투자라 할 수 없다.

정답 ④

04

경영지도사 2015

다른 기업에게 수수료를 받는 대신 자사의 기술이나 상품 사양을 제공하고, 그 결과로 생산과 판매를 허용하는 것은?

① 아웃소싱(Outsourcing) ② 합작투자(Joint venture)

③ 라이선싱(Licensing) ④ 계약생산(Contract manufacturing)

⑤ 턴키프로젝트(Turn-key project)

해설 콕

라이선싱(Licensing)은 다른 기업에 상표명이나 특허권 등의 사용을 허가하고 매출의 일정비율을 사용료로 받는 계약방식을 말한다.

① 아웃소싱(Outsourcing)은 기업의 비핵심업무를 다른 기업에 위탁하는 것을 말한다.

② 합작투자(Joint venture)는 다수의 기업이 공동으로 투자해서 새로운 시장에 진출하는 것을 말한다.

④ 계약생산(Contract manufacturing)은 해외에 진출하고 하는 기업이 해외 투자 대상국의 기업과 납품계약을 체결하는 것을 말한다.

⑤ 턴키프로젝트(Turn-key project)는 공장이나 생산설비를 직접 활용하기 직전 단계까지 준비한 후 인도하는 방식을 말한다.

정답 ③

05

가맹거래사 2015

아웃소싱의 기대효과가 아닌 것은?

① 조직구조를 유연하게 유지하여 환경대응력을 강화할 수 있다.

② 조직에서 핵심 및 비핵심 분야를 포괄하는 다양한 인재의 역량을 육성할 수 있다.

③ 외부 인력을 활용하여 아웃소싱 업무의 생산성을 높일 수 있다.

④ 핵심역량을 가진 사업분야에 경영자원을 집중할 수 있다.

⑤ 조직구조 혁신을 시도할 때 유용한 수단이 될 수 있다.

해설 콕 ⋯⋯

아웃소싱은 조직의 비핵심 분야를 외부에 위탁하는 것으로 비핵심 분야의 인재는 육성할 수 없다.

정답 ②

06

경영지도사 2016

☑ 확인
Check!
○
△
×

아웃소싱(outsourcing)에 관한 설명으로 옳지 않은 것은?

① 기업이 생산·유통·포장·용역 등 업무의 일부분을 기업외부에 위탁하는 것이다.
② 기업을 혁신하고 경쟁력을 높일 수 있는 방법 중 단기간에 많은 효과를 얻을 수 있는 방법이다.
③ 성장과 경쟁력 및 핵심역량 강화를 위한 대안으로 활용되고 있다.
④ 독립 가능한 사업부와 조직 단위를 개개의 조직 단위로 나누어 소형화하는 것이다.
⑤ 기업은 고유업무에 집중함으로써 생산성 향상을 도모할 수 있다.

해설 콕 ⋯⋯

독립 가능한 사업부와 조직 단위를 개개의 조직 단위로 나누어 소형화하는 것은 사업부제 조직에 대한 설명이다. 아웃소싱(outsourcing)은 기업의 핵심업무 이외의 업무를 외부에 위탁하는 것을 말한다.

정답 ④

07

경영지도사 2018

☑ 확인
Check!
○
△
×

금융기관들이 한 자리에 모여 협약을 체결한 다음 그에 따라 채권을 출자로 전환하거나, 원리금 상환을 유예시키거나 또는 신규자금을 지원하여 기업을 회생시키는 제도는?

① 부도(dishonor)   ② 협조융자(joint financing)
③ 인수합병(merger & acquisition)   ④ 워크아웃(work-out)
⑤ 턴어라운드(turn-around)

해설 콕 ⋯⋯

금융기관들이 한 자리에 모여 협약을 체결한 다음 그에 따라 채권을 출자로 전환하거나, 원리금 상환을 유예시키거나 또는 신규자금을 지원하여 기업을 회생시키는 제도는 워크아웃(work-out)이다.
② 협조융자(joint financing)는 동일한 융자에 대해 2개 이상의 금융기관이 사전에 융자조건을 협의하는 대출행위를 말한다.
⑤ 턴어라운드(turn-around)는 기업 회생을 의미하는 용어이다.

정답 ④

08

경영지도사 2020

기업조직 내의 각 사업부가 각기 다른 전략을 동시에 채용하는 전략유형은?

① 확장전략   ② 성장전략

③ 축소전략   ④ 안정전략

⑤ 결합전략

> **해설 콕**
>
> 기업조직 내의 각 사업부가 각기 다른 전략을 동시에 채용하는 전략유형은 결합전략이다.
>
> **정답** ⑤

09

경영지도사 2019

과거의 목표설정과 관리방식을 유지하면서 주요 정책이나 방침에 변화를 주지 않는 전략은?

① 안정전략   ② 확장전략

③ 축소전략   ④ 결합전략

⑤ 차별화전략

> **해설 콕**
>
> 기존의 방식을 유지하고 변화를 주지 않는 방식은 안정전략이다.
>
> **정답** ①

10

경영지도사 2018

다음과 같은 전략유형은?

> • 기업이 내부개발이나 인수·합병을 통해 새로운 사업에 진출하는 것이 여의치 않을 경우 고려할 수 있는 대안이다.
> • 둘 이상의 기업이 상호이익을 도모하기 위하여 동반자 관계를 맺는 것을 말한다.

① 구조조정   ② 전략적 제휴

③ 직접확장전략   ④ 청산전략

⑤ 영업양도전략

> **해설 콕**
>
> 전략적 제휴란 경쟁관계에 있는 기업이 상호이익을 도모하기 위해 동반자 관계를 맺는 것을 말한다.
>
> **정답** ②

경영지도사 2015

경영전략의 수준에 관한 설명으로 옳지 않은 것은?

☑ 확인
Check!

○
△
✕

① 경영전략은 조직규모에 따라 차이가 있으나, 일반적으로 기업차원의 전략, 사업부 단위 전략, 기능별 전략으로 구분된다.

② 성장, 유지, 축소, 철수, 매각, 새로운 사업에의 진출 등에 관한 전략적 의사결정은 기업차원의 전략 영역에 포함된다.

③ 사업부 전략은 각 사업영역과 제품분야에서 어떻게 경쟁우위를 획득하고 유지해 나갈 것인지를 결정하는 전략을 말한다.

④ 기능별 전략은 사업단위들 간의 시너지효과를 높이는데 초점을 둔다.

⑤ 생산, 재무, 인사, 마케팅 등의 활동 방향을 정하기 위한 것은 기능별 전략이다.

해설 콕 ......

사업단위들 간의 시너지효과를 높이는데 초점을 두는 것은 전사적 수준의 전략(기업차원의 전략)이다.

정답 ④

12

경영지도사 2015

전략적 의사결정의 특징으로 옳지 않은 것은?

☑ 확인
Check!

○
△
✕

① 전사적

② 비반복적

③ 비구조적

④ 분권적

⑤ 비정형적

해설 콕 ......

전략적 의사결정은 최고경영자가 행하는 의사결정으로서 집권적이다.

정답 ④

13

내부노동시장에서 지원자를 모집하는 내부모집에 관한 설명으로 옳지 않은 것은?

☑ 확인
Check!
○
△
×

① 외부모집에 비해 비용이 적게 든다.
② 구성원의 사회화기간을 단축시킬 수 있다.
③ 외부모집에 비해 지원자를 정확하게 평가할 가능성이 높다.
④ 빠르게 변화하는 환경에 적응하는데 외부모집보다 효과적이다.
⑤ 모집과정에서 탈락한 직원들은 사기가 저하될 수 있다.

> **해설 콕**
>
> 외부모집이 내부모집보다 빠르게 변화하는 환경에 적응하는데 효과적이다.
>
> **정답** ④

14

해외직접투자의 유형인 그린필드투자(green-field investment)와 브라운필드투자(brown-field investment)에 대한 설명으로 적절한 것은?

☑ 확인
Check!
○
△
×

① 그린필드투자 – 새로운 기업의 설립
   브라운필드투자 – 기존에 존재하는 현지 기업의 합병/인수
② 그린필드투자 – 서비스업에 대한 투자
   브라운필드투자 – 제조업에 대한 투자
③ 그린필드투자 – IT/정보/콘텐츠/문화 등 지식 산업에 대한 투자
   브라운필드투자 – 기존 굴뚝 산업에 대한 투자
④ 그린필드투자 – 정부/공공기관 주도의 직접 투자
   브라운필드투자 – 순수 민간 주도의 직접 투자

> **해설 콕**
>
> 그린필드투자(green-field investment)는 직접투자의 형태로 회사가 직접 새로운 시장에 투자하고 운영하는 형태이다. 반면에 브라운필드투자(brown-field investment)는 간접투자의 형태로 회사가 이미 설립되어 운영되는 기업을 인수하고 회사의 사업방향에 적합하게 운영하는 형태이다.
>
> **정답** ①

CHAPTER **8**

회계학

01 회계학의 기초

(1) 재무회계 vs 관리회계

구 분	재무회계	관리회계
의 의	외부보고 목적, 기업의 재무상태 및 경영성과, 현금흐름에 대한 정보 제공	내부보고 목적 및 경영의사결정을 위한 정보 제공
목 적	정보이용자의 경제적 의사결정에 유용한 정보 제공(투자 및 신용결정)	경영자의 의사결정에 적합한 정보 제공(경영계획 및 통제)
보고 대상	불특정 다수인 외부 이해관계자	경영자 외 내부 이해관계자
정보 성격	과거에 대한 정보가 많음	미래에 대한 예측정보가 많음
보고 양식	정해진 양식이 있음	일정한 양식이 없음
법적 규제	일반적으로 인정된 회계원칙(GAAP, 기업회계기준, 외부감사 등)	없음

(2) 재무정보의 질적 특성

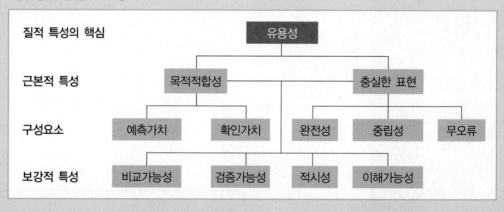

(3) 차변 vs 대변

차 변	대 변
자산의 증가	자산의 감소
부채의 감소	부채의 증가
자본의 감소	자본의 증가
비용의 발생	수익의 발생

01

가맹거래사 2018

☑ 확인
Check!
○
△
✕

경영자가 기업 내의 투자 및 운영 등에 관한 의사결정을 할 때 필요한 정보를 제공하는 회계 분야는?

① 고급회계
② 재무회계
③ 관리회계
④ 세무회계
⑤ 정부회계

🖑해설 콕 ·····

경영자가 기업 내의 투자 및 운영 등에 관한 의사결정을 할 때 필요한 정보를 제공하는 회계분야는 관리회계이다.

정답 ③

02

가맹거래사 2019

☑ 확인
Check!
○
△
✕

재무정보의 질적 특성이 아닌 것은?

① 충실한 표현
② 비교가능성
③ 발생주의
④ 적시성
⑤ 이해가능성

🖑해설 콕 ·····

• 재무정보의 근본적 질적 특성 : 목적적합성, 충실한 표현(표현의 충실성)
• 재무정보의 보강적 질적 특성 : 비교가능성, 검증가능성, 적시성, 이해가능성

정답 ③

03

가맹거래사 2017

☑ 확인
Check!
○
△
✕

회계정보 또는 재무정보의 질적 특성 중 정보이용자가 항목 간의 유사점과 차이점을 식별하고 이해할 수 있도록 하는 것은?

① 적시성(timeliness)
② 비교가능성(comparability)
③ 목적적합성(relevance)
④ 검증가능성(verifiability)
⑤ 표현충실성(representational faithfulness)

비교가능성(comparability) : 정보이용자가 항목 간의 유사점과 차이점을 식별하고 이해할 수 있게 하는 질적 특성이다.
① **적시성(timeliness)** : 의사결정에 영향을 줄 수 있도록 정보를 적절한 시점에 제공해야 한다.
③ **목적적합성(relevance)** : 정보이용자의 의사결정에 목적적합한 정보이어야 한다.
④ **검증가능성(verifiability)** : 정보이용자가 정보내용을 판단할 수 있어야 한다.
⑤ **표현충실성(representational faithfulness)** : 재무정보 내용을 충실히 표현해야 한다.

정답 ②

04

☑ 확인
Check!
○
△
✕

재무정보의 근본적 질적 특성에 해당하는 것은?

① 의사결정에 영향을 미칠 수 있도록 적시성 있는 재무정보가 제공되어야 한다.
② 재무정보는 이용자가 쉽게 이해할 수 있도록 제공되어야 한다.
③ 정보이용자가 현상을 이해하는데 필요한 모든 재무정보가 제공되어야 한다.
④ 기업간 비교가능성과 기간간 비교가능성이 있는 재무정보가 제공되어야 한다.

정보이용자가 현상을 이해하는데 필요한 모든 재무정보가 제공되어야 한다. → 재무정보의 근본적 질적 특성 중 목적적합성
① 의사결정에 영향을 미칠 수 있도록 적시성 있는 재무정보가 제공되어야 한다. → 재무정보의 보강적 질적 특성 중 적시성
② 재무정보는 이용자가 쉽게 이해할 수 있도록 제공되어야 한다. → 재무정보의 보강적 질적 특성 중 이해가능성
④ 기업간 비교가능성과 기간간 비교가능성이 있는 재무정보가 제공되어야 한다. → 재무정보의 보강적 질적 특성 중 비교가능성

정답 ③

05

☑ 확인
Check!
○
△
✕

회계정보가 정보로서 가치가 있기 위해 갖추어야 할 질적 특성에 관한 설명으로 옳은 것은?

① 신뢰성 있는 정보란 주관적으로 검증가능하여야 한다.
② 회계정보가 중립적이려면 편의(bias)가 있어야 한다.
③ 중립적이라 함은 회계정보가 의도된 결과를 유도할 목적으로 정보이용자의 의사결정이나 판단에 영향을 미쳐야 함을 뜻한다.
④ 분기재무제표는 연차재무제표에 비해 적시성 있는 정보를 제공하기 때문에 목적적합성을 높일 수 있다.
⑤ 연차재무제표는 분기재무제표에 비해 신뢰성과 목적적합성이 높은 정보를 제공할 수 있다.

④·⑤ 목적적합성을 높일 수 있는 것은 분기재무제표이고, 신뢰성을 높일 수 있는 것은 연차재무제표이다.

① 신뢰성 있는 정보란 객관적으로 검증가능하여야 한다.

② 회계정보가 중립적이려면 편의(bias)가 없어야 한다.

③ 중립적이라 함은 회계정보가 의도된 결과를 유도할 목적으로 정보이용자의 의사결정이나 판단에 영향을 미치지 않음을 뜻한다.

정답 ④

06

가맹거래사 **2019**

☑ 확인
Check!
○
△
×

회계상 거래가 아닌 것은?

① 상품 3,000만원을 구입하면서 전액 현금으로 지급하였다.

② 태풍으로 인해 창고에 보관되어 있는 상품 1,000만원이 훼손되었다.

③ 신규 프로젝트를 위해 매월 급여 200만원을 지급하기로 하고 종업원을 채용하였으며, 그 종업원은 다음 달부터 출근하기로 하였다.

④ 단기간 자금 운영을 위하여 은행으로부터 2,000만원을 차입하였다.

⑤ 영업 목적으로 취득한 자동차의 연간 보험료 120만원을 미리 납부하였다.

종업원을 채용하고 그 종업원을 다음 달부터 출근하기로 한 것은 자산과 부채 및 자본의 증감이 나타나지 않고 수익과 비용에도 영향을 주지 않기 때문에 회계상 거래가 아니다.

정답 ③

07

가맹거래사 **2018**

☑ 확인
Check!
○
△
×

회계상 거래가 아닌 것은?

① 은행에서 현금 300,000원을 인출하였다.

② 상품 150,000원을 도난당하였다.

③ 급료 18,000원을 현금으로 지급하였다.

④ 거래처의 파산으로 외상채권 3,000원이 회수불능이 되었다.

⑤ 다른 회사와 2,000,000원의 상품 판매계약을 체결하였으나, 계약금 등을 받지 않았고 아직 상품을 판매하지 않았다.

상품 판매계약의 체결은 자산과 부채 및 자본의 증감이 나타나지 않고 수익과 비용에도 영향을 주지 않기 때문에 회계상 거래가 아니다.

정답 ⑤

08

☑ 확인
Check!

○
△
✕

회계상의 거래가 아닌 것은?

① 의자를 ₩300,000에 현금으로 구입하다.
② 화재로 재고 ₩100,000이 소실되다.
③ 은행에 현금 ₩100,000을 예금하다.
④ 책상을 ₩500,000에 주문하다.
⑤ 비품을 ₩600,000에 외상으로 구입하다.

해설 콕

책상을 주문한 것은 자산과 부채 및 자본의 증감이 나타나지 않고 수익과 비용에도 영향을 주지 않기 때문에 회계상 거래가 아니다.

정답 ④

09

공인노무사 2017

☑ 확인
Check!

○
△
✕

회계감사의 감사의견에 포함되지 않는 것은?

① 적정의견   ② 부적정의견
③ 한정의견   ④ 불한정의견
⑤ 의견거절

해설 콕

회계감사의 감사의견 종류에는 적정의견, 한정의견, 부적정의견, 의견거절 등 4가지가 있다.

정답 ④

10

가맹거래사 2020

☑ 확인
Check!

○
△
✕

거래 8요소의 차변과 대변의 결합 관계로 옳은 것은?

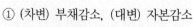

① (차변) 부채감소, (대변) 자본감소
② (차변) 자산증가, (대변) 자본증가
③ (차변) 자본증가, (대변) 수익발생
④ (차변) 비용발생, (대변) 자산증가
⑤ (차변) 자산감소, (대변) 부채감소

👆해설 콕

거래 8요소

차 변	대 변
자산의 증가	자산의 감소
부채의 감소	부채의 증가
자본의 감소	자본의 증가
비용의 발생	수익의 발생

정답 ②

11

가맹거래사 2016

☑ 확인
Check!
○
△
✕

회계처리 요소 중 차변요소로 옳지 않은 것은?

① 비용의 발생　　　　　　　　② 부채의 감소
③ 자본의 감소　　　　　　　　④ 자산의 증가
⑤ 수익의 발생

👆해설 콕

- **차변요소** : 자산의 증가, 부채의 감소, 자본의 감소, 비용의 발생
- **대변요소** : 자산의 감소, 부채의 증가, 자본의 증가, <u>수익의 발생</u>

정답 ⑤

12

공인노무사 2015

☑ 확인
Check!
○
△
✕

액면가액 5,000원인 주식 100주를 발행하여 회사를 설립할 경우 올바른 분개는?

①	(차) 현금	500,000	(대) 부채	500,000
②	(차) 자본금	500,000	(대) 부채	500,000
③	(차) 자본금	500,000	(대) 현금	500,000
④	(차) 현금	500,000	(대) 자본금	500,000
⑤	(차) 부채	500,000	(대) 자본금	500,000

👆해설 콕

분개란 거래가 발생하면 거래의 내용을 어느 계정에 얼마의 금액을 기입할 것인가를 구체적인 과목별로 결정하는 것을 말한다.
문제와 같이 주식발행인 경우 액면가액에 주식수를 곱한 금액을 현금출자로 보아 차변에 기재하고, 같은 금액을 자본금의 증가로 보아 대변에 기재한다.

정답 ④

CHAPTER 8 회계학

13

공인노무사 2021

공장을 신축하고자 1억원의 토지를 현금으로 취득한 거래가 재무제표 요소에 미치는 영향은?

① 자본의 감소, 자산의 감소

② 자산의 증가, 자산의 감소

③ 자산의 증가, 자본의 증가

④ 자산의 증가, 부채의 증가

⑤ 비용의 증가, 자산의 감소

해설 콕

• 1억원의 토지를 취득 : 자산의 증가

• 토지 취득을 위해 지출한 1억원 현금 : 자산의 감소

정답 ②

14

공인노무사 2015

내용연수를 기준으로 초기에 비용을 많이 계상하는 감가상각방법은?

① 정액법

② 정률법

③ 선입선출법

④ 후입선출법

⑤ 저가법

해설 콕

정률법은 매년 감가하는 자산의 잔존가격에 일정률을 곱하여 매년의 감가액을 계산하는 방법이다.

① 정액법은 고정자산의 내용연수의 기간 중 매기 동일액을 상각해 가는 방법이다.

③ 선입선출법은 매입순법이라고도 하며, 가장 먼저 취득된 것부터 순차로 출고된 것으로 보고 기말재고액을 결정하는 방법이다.

④ 후입선출법은 가장 최근에 매입한 상품 또는 원재료로 만든 물품부터 팔렸다고 보고 기말재고액을 평가하는 방법이다.

⑤ 저가법은 재고자산의 가액을 결정함에 있어서 원가법이나 시가법에 따르지 않고 원가와 시가 중 낮은 가액을 계산가액으로 하는 방법이다.

정답 ②

15

가맹거래사 2019

감가상각에 관한 설명으로 옳지 않은 것은?

① 감가상각은 자산의 내용연수 동안 체계적인 방법에 의해 감가상각대상금액을 회계기간별로 배분하는 절차이다.

② 감가상각비의 결정요소는 감가상각대상금액, 내용연수, 감가상각방법이다.

③ 감가상각누계액은 자산의 취득원가 중 비용으로 계상되어 현재까지 소멸된 원가를 누계한 값이다.

④ 취득원가에서 감가상각누계액을 차감한 값을 장부가액이라 한다.

⑤ 정률법은 매 회계기간에 동일한 금액을 상각하는 방법으로 균등액상각법이라고도 한다.

> **해설 콕**
> • **정액법** : 고정자산의 내용연수의 기간 중 매기 동일액을 상각해 가는 방법이다.
> • **정률법** : 매년 감가하는 자산의 잔존가격에 일정률을 곱하여 매년의 감가액을 계산하는 방법이다.
>
> 정답 ⑤

16

가맹거래사 2016

(주)가맹은 2016년 1월 1일 건물을 5,000,000원에 취득하고, 취득세 300,000원과 등록세 200,000원을 현금으로 지급하였다. 감가상각방법은 정액법이고, 건물내용연수는 10년, 10년 후 잔존가액이 취득원가의 10%라면 2016년 감가상각비는?

① 450,000원

② 495,000원

③ 500,000원

④ 550,000원

⑤ 620,000원

> **해설 콕**
> • 취득원가=5,000,000원+300,000원+200,000원=5,500,000원
> • 잔존가액=5,500,000원×0.1=550,000원
> • 2016년 감가상각비(정액법)=$\dfrac{5,500,000원-550,000원}{10}$=495,000원
>
> 정답 ②

17

가맹거래사 2016

선입선출법에 관한 설명으로 옳은 것은?

① 물가 상승시 기말재고자산이 과소 표시된다.
② 물가 상승시 세금이 줄어든다.
③ 물가 상승시 재무상태 측면에서 보수적인 회계처리 방법이다.
④ 기말재고액은 시가인 현행원가에 근접한다.
⑤ 나중에 매입한 상품을 먼저 출고한다.

 해설 **콕**

선입선출법은 먼저 구입된 물건이 먼저 판매된다고 보기 때문에 기말재고자산은 가장 늦게 구입된 물건이 된다. 따라서 기말재고자산은 현행원가에 근접하게 된다.
① 물가 상승시 기말재고자산은 과다 표시된다.
②·③ 물가 상승하게 되면 낮은 매출원가로 인해 높은 당기순이익을 보인다. 따라서 보수적 회계처리 관점에서는 바람직하지 않다.
⑤ 먼저 구입한 상품이 먼저 출고된다.

정답 ④

18

가맹거래사 2020

재고자산의 단가평가 방법인 후입선출법에 관한 설명으로 옳지 않은 것은?(단, 판매량이 급증하여 기초재고가 판매되는 재고청산의 문제는 발생하지 않는다고 가정한다)

① 물가가 상승하는 경우 세금이 줄어든다.
② 나중에 매입한 상품이 먼저 판매되는 것으로 가정한다.
③ 물가가 상승하는 경우 기말재고자산 금액은 시가인 현행원가에 근접한다.
④ 물가가 상승하는 경우 기말재고자산 금액이 선입선출법에 비해 낮게 평가된다.
⑤ 물가가 상승하는 경우 재무적 관점에서 보수적인 회계처리 방법이다.

 해설 **콕**

물가가 상승하는 경우 기말재고자산 금액이 시가인 현행원가에 근접하는 방법은 선입선출법이다.
① 물가가 상승하는 경우 매출원가의 크기가 커져 당기순이익의 감소로 세금이 줄어든다.
② 후입선출법은 나중에 매입한 상품이 먼저 판매되는 것으로 가정한다.
④ 물가가 상승하는 경우 기말재고자산 금액은 선입선출법이 후입선출법보다 크다.
⑤ 후입선출법은 물가가 상승하는 경우 매출원가가 가장 큰 방법으로 재무적 관점에서 보수적 회계처리 방법이다.

정답 ③

참고 | 물가 상승시 단가 결정방법에 따른 특징

매출총이익, 기말재고자산이 큰 방법	선입선출법 > 이동평균법 > 총평균법 > 후입선출법
매출원가가 가장 많은 보수적 방법	후입선출법 > 총평균법 > 이동평균법 > 선입선출법

19

(주)가맹은 20×1년 1월 1일에 캐드용 기자재 1대를 구입하였다. 정률법에 의하여 감가상각하는 경우 20×2년의 감가상각비는?(단, 회계기간은 매년 1월 1일부터 12월 31일까지 이다)

• 취득원가 : 20,000,000원	• 내용연수 : 7년
• 잔존가치 : 3,500,000원	• 정률 : 20%

① 2,560,000원　　　　　　　　② 3,000,000원

③ 3,200,000원　　　　　　　　④ 4,000,000원

⑤ 4,500,000원

해설 콕 ....

• 20×1년 감가상각비＝20,000,000원×20%＝4,000,000원
• 20×2년 감가상각비＝(20,000,000원－4,000,000원)×20%＝3,200,000원

정답 ③

20

(주)가맹은 상품매매 기업으로 20×1년도 재고자산 관련 자료는 다음과 같다. 이 회사가 선입선출법을 사용할 경우, 20×1년도 매출원가와 당기순이익은?(단, 다른 거래는 없다고 가정한다)

구 분		수 량	단 가
1월 1일	기초재고	200개	2,000원(구입가)
4월 20일	매 입	240개	2,300원(구입가)
6월 20일	매 출	320개	3,000원(판매가)
12월 15일	매 입	280개	2,400원(구입가)

① 매출원가 676,000원, 당기순이익 284,000원

② 매출원가 692,480원, 당기순이익 267,520원

③ 매출원가 712,200원, 당기순이익 248,000원

④ 매출원가 734,400원, 당기순이익 225,600원

⑤ 매출원가 792,000원, 당기순이익 168,000원

해설 콕 ....

• **매출액** : 320개×3,000원/개＝960,000원
• **매출원가** : (200개×2,000원/개)＋(120개×2,300원)＝676,000원
• **당기순이익** : 960,000원－696,000원＝284,000원

정답 ①

02 재무제표

(1) 재무제표

일정 기간 동안 기업의 경영 성적 및 재정 상태 등을 이해관계자에게 보고하기 위해 정기적으로 작성하는 회계 보고서

(2) 자 산

① 의 의

과거 사건의 결과로 기업이 통제하고 있고, 미래 경제적 효익이 기업에 유입될 것으로 기대되는 자원

② 유동자산과 비유동자산

㉠ 유동자산 : 재무상태표로부터 1년내 현금화되는 자산
- 당좌자산 : 단기금융상품, 현금 및 현금성 자산, 매출채권, 유가증권 등
- 재고자산 : 기업이 소유한 상품, 반제품, 원재료, 재공품, 저장품 등
- 기타 유동자산 : 선급비용, 선급금 등

㉡ 비유동자산 : 현금화되는 기간이 1년 이상인 것을 말하며, 경제 활동에 있어 활용할 목적으로 오랜기간 동안 보유하는 자산
- 투자자산 : 투자유가증권, 장기금융상품, 장기대여금, 투자부동산 등
- 유형자산 : 건물, 토지, 차량운반구, 기계장치 등
- 무형자산 : 저작권, 개발비, 산업재산권, 라이선스 및 프랜차이즈 등
- 기타 비유동자산 : 장기미수금, 장기매출채권, 임차보증금 등

(3) 부 채

① 의 의

과거 사건의 결과로 생긴 현재의무로서, 기업이 가진 경제적 효익이 있는 자원의 유출을 통해 그 이행이 예상되는 의무

② 유동부채와 비유동부채

㉠ 유동부채(1년 내) : 매입채무, 단기금융부채, 단기차입금, 미지급금 등
㉡ 비유동부채(1년 후) : 장기성매입채무, 장기금융부채, 이연법인세대 등

(4) 자 본

기업이 자산에서 모든 부채를 차감한 후의 잔여분

(5) 포괄손익계산서

일정 기간 동안의 기업의 경영성과를 보고하는 동태적 재무제표

(6) 현금흐름표

기업조직이 일정기간 현금흐름의 변동을 알기 위해 만든 동태적 보고서

01

가맹거래사 2015

재무상태표 등식은?

☑ 확인
Check!
○
△
✕

① 자산= 부채+ 자본
② 자산= 부채− 자본
③ 자본= 부채+ 자산
④ 자산+ 부채= 수익+ 비용
⑤ 자산+ 비용= 부채+ 수익

해설 콕
부채와 자본의 합은 자산이다.

정답 ①

02

공인노무사 2018

시산표는 재무상태표 구성요소와 포괄손익계산서 구성요소를 한 곳에 집계한 표이다. 다음 시산표 등식에서 (　　)에 들어갈 항목으로 옳은 것은?

☑ 확인
Check!
○
△
✕

자산+ 비용= 부채+ (　　)+ 수익

① 매출액
② 자 본
③ 법인세
④ 미지급금
⑤ 감가상각비

해설 콕
자산+ 비용= 부채+ (자본)+ 수익

정답 ②

03

가맹거래사 2017

재무상태표의 현금 및 현금성 자산에 해당하지 않는 것은?

☑ 확인
Check!
○
△
✕

① 사 채
② 보통예금
③ 우편환
④ 배당금지급통지표
⑤ 당좌수표

해설 콕

현금 및 현금성 자산 : 현금이나 현금과 동일하게 취급할 수 있는 금융상품

		통화	지폐, 주화
현금 및 현금성 자산	현금	통화대용증권	타인발행당좌수표, 배당금지급통지표, 우편환, 당좌수표
		요구불예금	보통예금, 당좌예금
	현금성 자산	금융상품	현금전환이 쉽고, 취득 당시 만기가 3개월 이내인 금융상품

정답 ①

04

가맹거래사 **2017**

☑ 확인
Check!
○
△
✕

부채총계 4억원, 자본총계 6억원, 유동자산 3억원인 기업의 비유동자산은?

① 7억원

② 9억원

③ 11억원

④ 13억원

⑤ 15억원

해설 콕

• 자본=자산−부채=자산−4억원=6억원

∴ 자산=10억원

• 자산=유동자산+비유동자산=3억원+비유동자산=10억원

∴ 비유동자산=7억원

정답 ①

05

가맹거래사 **2018**

☑ 확인
Check!
○
△
✕

재무상태표 상의 유동자산에 포함되지 않는 것은?

① 특허권 등의 산업재산권

② 건설회사가 판매목적으로 건설하였으나, 아직 판매되지 않은 아파트

③ 생산에 사용할 목적으로 보유하고 있는 원재료

④ 만기가 6개월 이내에 도래하는 받을어음

⑤ 3개월 이내에 받기로 약정되어 있는 외상매출금

해설 콕

특허권 등의 산업재산권은 비유동자산 중 무형자산에 해당한다.

정답 ①

06

공인노무사 2020

부채에 관한 설명으로 옳지 않은 것은?

① 매입채무는 일반적인 상거래에서 발생한 외상매입금과 지급어음을 말한다.

② 예수금은 거래처나 종업원을 대신하여 납부기관에 납부할 때 소멸하는 부채이다.

③ 미지급금은 비유동자산의 취득 등 일반적인 상거래 이외에서 발생한 채무를 말한다.

④ 장기차입금의 상환기일이 결산일로부터 1년 이내에 도래하는 경우 유동성장기차입금으로 대체하고 유동부채로 분류한다.

⑤ 매입채무, 차입금, 선수금, 사채 등은 금융부채에 속한다.

> **해설 콕** ....
>
> 선수금은 재화 혹은 용역을 인도해야 하기 때문에 금융부채에 속하지 않는다.
>
> **정답** ⑤

07

공인노무사 2021

재무상태표의 부채에 해당하지 않는 것은?

① 매입채무   ② 선급비용

③ 선수금   ④ 사 채

⑤ 예수금

> **해설 콕** ....
>
> 선급비용은 자산에 해당한다.
>
> **정답** ②

08

가맹거래사 2017

식별가능성(identifiability)을 충족하는 무형자산이 아닌 것은?

① 영업권   ② 프랜차이즈

③ 라이선스   ④ 저작권

⑤ 산업재산권

> **해설 콕** ....
>
> 식별가능성(identifiability)을 충족하기 위해서는 자산이 분리가능해야 하는데 영업권은 분리가능성이 없기 때문에 무형자산임에도 불구하고 식별가능성(identifiability)을 충족한다고 볼 수 없다.
>
> **정답** ①

09

가맹거래사 2019

유형자산의 취득 후 발생되는 지출 중 수익적 지출에 해당하는 것은?

☑ 확인
Check!

○
△
×

① 상당한 원가절감을 가져오는 지출
② 생산력 증대를 가져오는 지출
③ 경제적 내용연수를 연장시키는 지출
④ 마모된 자산의 원상복구에 사용된 지출
⑤ 품질향상을 가져오는 지출

해설 콕

④는 수익적 지출에 해당하며, 나머지 ① · ② · ③은 자본적 지출에 해당한다.

정답 ④

참고 자본적 지출 & 수익적 지출

자본적 지출	수익적 지출
1. 개념 고정자산의 내용연수를 연장시키거나 가치를 크게 향상시키는 지출	**1. 개념** 지출의 효과가 단시간에 종료되는 지출로 고정자산의 현 상태를 유지하기 위한 지출
2. 자본적 지출의 예 ① 본래의 용도를 변경하기 위한 개조 ② 엘리베이터 또는 냉 · 난방장치의 설치 ③ 빌딩 등에 있어서 피난시설 등의 설치 ④ 재해 등으로 인하여 건물 · 기계 · 설비 등이 멸실 또는 훼손되어 해당 자산의 본래의 용도에 이용가치가 없는 것의 복구 ⑤ 기타 개량 · 확장 · 증설 등의 전 각호와 유사한 성질의 것	**2. 수익적 지출의 예** ① 건물 또는 벽의 도장 ② 파손된 유리나 기와의 대체 ③ 기계의 소모된 부속품의 대체와 벨트의 대체 ④ 자동차 타이어의 대체 ⑤ 재해를 입은 자산에 대한 외장의 복구, 도장 및 유리 삽입

10

가맹거래사 2015

유동자산에 속하는 항목은?

☑ 확인
Check!

○
△
×

① 투자자산
② 유형자산
③ 무형자산
④ 매입채무
⑤ 매출채권

안심Touch

11

유형자산에 해당하는 항목을 모두 고른 것은?

ㄱ. 특허권	ㄴ. 건 물
ㄷ. 비 품	ㄹ. 라이선스

① ㄱ, ㄴ
② ㄴ, ㄷ
③ ㄱ, ㄴ, ㄷ
④ ㄴ, ㄷ, ㄹ
⑤ ㄱ, ㄴ, ㄷ, ㄹ

> 해설 콕
>
> 유형자산에 해당하는 항목은 건물과 비품이다. 특허권과 라이선스는 무형자산에 해당한다.
>
> 정답 ②

 참고 ● 자산의 분류

분 류		항 목
유동 자산	당좌자산	현금 및 현금성자산(보통예금), 단기금융상품, 매출채권, 미수금, 선급금, 선급비용 등
	재고자산	상품, 제품, 반제품, 재공품, 원재료, 미착품, 소모품 등
비유동 자산	투자자산	장기금융상품(정기예금), 매도가능증권, 만기보유증권, 장기대여금, 투자부동산 등
	유형자산	토지, 건물, 구축물, 기계장치, 건설 중인 자산, 차량운반구, 선박, 비품, 공기구 등
	무형자산	영업권, 산업재산권(특허권, 상표권, 디자인권 등), 광업권, 개발비, 라이선스 등
	기타 비유동자산	임차보증금, 전세권, 이연법인세자산, 장기미수금, 장기선급금 등

12

공인노무사 2018

당좌자산에 해당하는 것을 모두 고른 것은?

☑ 확인
Check!
○
△
×

ㄱ. 현 금	ㄴ. 보통예금
ㄷ. 투자부동산	ㄹ. 단기금융상품

① ㄱ, ㄴ　　　　　　　　　② ㄷ, ㄹ
③ ㄱ, ㄴ, ㄹ　　　　　　　④ ㄴ, ㄷ, ㄹ
⑤ ㄱ, ㄴ, ㄷ, ㄹ

🖑해설 콕 ·······

당좌자산은 유동자산 중에서 재고자산을 제외한 자산으로 제조나 판매의 과정을 거치지 않고 현금화되는 자산으로, 현금, 예금, 유가증권, 단기대여금, 미수금, 미수수익 등이 이에 속한다. 투자부동산은 비유동 자산 중에서 투자자산에 속한다.

정답 ③

13

가맹거래사 2018

다음 자료를 이용하여 계산한 자본의 합계는?

☑ 확인
Check!
○
△
×

• 외상매출금 : 150,000원	• 비품 : 450,000원
• 현금 : 600,000원	• 차입금 : 750,000원
• 건물 : 570,000원	• 대여금 : 300,000원
• 외상매입금 : 360,000원	• 받을어음 : 240,000원
• 지급어음 : 150,000원	• 당좌예금 : 600,000원

① 1,550,000원　　　　　　② 1,650,000원
③ 2,150,000원　　　　　　④ 2,950,000원
⑤ 3,150,000원

🖑해설 콕 ·······

• 자산=외상매출금 150,000원+현금 600,000원+건물 570,000원+비품 450,000원+대여금 300,000 원+받을어음 240,000원+당좌예금 600,000원=2,910,000원
• 부채=외상매입금 360,000원+지급어음 150,000원+차입금 750,000원=1,260,000원
∴ 자본=자산-부채=2,910,000원-1,260,000원=1,650,000원

정답 ②

안심Touch

14

공인노무사 2015

재무상태표에서 비유동자산에 해당하는 계정과목은?

① 영업권 　　　　　　　　　　　② 매입채무
③ 매출채권 　　　　　　　　　　④ 자기주식
⑤ 법정적립금

해설 콕

비유동자산이란 재무상태표 작성일을 기준으로 1년 이내에 현금화할 수 없는 자산을 말한다. 비유동자산은 크게 투자자산, 유형자산, 무형자산으로 구분할 수 있다.
'투자자산'은 기업의 본래 영업활동이 아닌 투자목적으로 보유하는 자산을 의미하고, '유형자산'은 토지, 건물 등 부동산 자산과 기계장치, 설비 등을 말한다. 그 외 영업권, 산업재산권 등을 '무형자산'이라고 한다.

정답 ①

15

가맹거래사 2017

자본잉여금에 해당하는 것은?

① 이익준비금 　　　　　　　　　② 결손보전적립금
③ 사업확장적립금 　　　　　　　④ 감채적립금
⑤ 주식발행초과금

해설 콕

주식발행초과금은 자본잉여금에 해당한다.

정답 ⑤

참고 　자본의 분류

분 류	계정과목
자본금	보통주자본금, 우선주자본금
자본잉여금	주식발행초과금, 감자차익, 자기주식처분이익 등
자본조정	주식할인발행차금, 감자차손, 자기주식처분손실, 자기주식, 배당건설이자, 미교부주식배당금 등
기타 포괄손익누계액	매도가능증권 평가손익, 해외사업환산손익, 위험회피파생상품 평가손익 등
이익잉여금	법정적립금, 임의적립금, 미처분이익잉여금

16

가맹거래사 2020

☑ 확인
Check!
○
△
✕

(주)가맹의 자본 항목이 다음과 같은 경우, 자본잉여금의 합계는?

- 이익준비금 : 80,000원
- 주식할인발행차금 : 200,000원
- 자기주식처분이익 : 50,000원
- 감자차익 : 20,000원
- 자기주식 : 100,000원
- 주식발행초과금 : 100,000원
- 자기주식처분손실 : 350,000원

① 120,000원
② 150,000원
③ 170,000원
④ 270,000원
⑤ 370,000원

 **해설 콕** ....

자본잉여금＝주식발행초과금＋감자차익＋자기주식처분이익
＝100,000원＋20,000원＋50,000원＝170,000원

정답 ③

17

공인노무사 2020

☑ 확인
Check!
○
△
✕

자본항목의 분류가 다른 것은?

① 주식할인발행차금
③ 자기주식
⑤ 자기주식처분이익
② 감자차손
④ 미교부주식배당금

 해설 콕 ....

주식할인발행차금, 감자차손, 자기주식, 미교부주식배당금을 자본조정이고, 자기주식처분이익은 자본잉여금이다.

정답 ⑤

18

☑ 확인
Check!

○
△
×

이익잉여금에 해당하지 않는 것은?

① 시설확장적립금
② 차기이월이익이여금
③ 이익준비금
④ 주식발행초과금
⑤ 임의적립금

👆해설 콕 ……………………………………………………………………

주식발행초과금은 자본잉여금이다.

정답 ④

19

☑ 확인
Check!

○
△
×

이익잉여금을 증가시키는 요소는?

① 배당금 지급   ② 당기순이익의 발생
③ 주식할인발행차금의 상각   ④ 자기주식처분손실의 상각
⑤ 감자차손 처리

👆해설 콕 ……………………………………………………………………

당기순이익은 이익잉여금을 증가시키지만 당기순손실, 배당금 지급, 주식할인발행차금의 상각, 자기주식처분손실의 상각, 감자차손 처리는 이익잉여금을 감소시킨다.

정답 ②

20

☑ 확인
Check!

○
△
×

자본항목에 해당하는 것은?

① 이익잉여금   ② 사 채
③ 영업권   ④ 미수수익
⑤ 선수수익

👆해설 콕 ……………………………………………………………………

자본항목은 기업의 총자산에서 지불해야 할 부채를 차감한 주주 귀속자본으로 자본금과 자본잉여금, 자본조정, 이익잉여금 등으로 구성된다. 영업권과 미수수익은 자산항목에 해당하며, 사채와 선수수익은 부채 항목에 해당한다.

정답 ①

21

공인노무사 2019

☑ 확인
Check!
○
△
×

다음 중 자본잉여금에 해당하는 항목은?

① 미교부주식배당금

② 법정적립금

③ 임의적립금

④ 미처분이익잉여금

⑤ 주식발행초과금

> **해설 콕** ....
>
> 주식발행초과금은 자본잉여금에 해당한다.
> ① **미교부주식배당금** : 자본조정
> ② **법정적립금** : 이익잉여금
> ③ **임의적립금** : 이익잉여금
> ④ **미처분이익잉여금** : 이익잉여금
>
> 정답 ⑤

22

공인노무사 2020

☑ 확인
Check!
○
△
×

재무상태표와 관련되는 것을 모두 고른 것은?

ㄱ. 수익・비용대응의 원칙	ㄴ. 일정 시점의 재무상태
ㄷ. 유동성배열법	ㄹ. 일정 기간의 경영성과
ㅁ. 자산, 부채 및 자본	

① ㄱ, ㄴ

② ㄱ, ㄹ

③ ㄴ, ㄷ, ㄹ

④ ㄴ, ㄷ, ㅁ

⑤ ㄷ, ㄹ, ㅁ

> **해설 콕** ....
>
> 수익・비용대응의 원칙과 일정 기간의 경영성과는 재무상태표가 아닌 손익계산서와 연관이 있다.
>
> 정답 ④

⚖ **참고** 재무상태표 & 손익계산서

재무상태표	일정 시점에 기업의 재무상태를 나타내는 보고서로 차변에는 자산, 대변에는 부채와 자본으로 구성되며, 작성방법은 기업회계기준인 유동성배열법을 원칙으로 하고 있다.
손익계산서	일정 기간동의 기업의 성과를 나타낸 재무제표로 일정 기간 동안에 발생한 수익과 이에 대응한 비용을 적정하게 표시하여 작성한다.

안심Touch

23

☑ 확인
Check!

○
△
✕

포괄손익계산서의 계정에 해당하지 않는 것은?

① 감가상각비   ② 광고비
③ 매출원가   ④ 자기주식처분이익
⑤ 유형자산처분이익

🖑 해설 콕

자기주식처분이익은 재무상태표 자본계정의 자본잉여금에 포함된다.

정답 ④

24

☑ 확인
Check!

○
△
✕

(주)가맹은 영업개시 후 첫 회계연도 말에 자산합계와 부채합계를 각각 250억원과 100억원으로 보고하였다. 첫 회계연도에 이 회사의 순이익은 80억원이었으며, 현금 지급된 배당금이 20억원이었을 경우, 첫 회계연도에 주주가 출자한 납입자본의 총액은?

① 50억원   ② 90억원
③ 110억원   ④ 150억원
⑤ 210억원

🖑 해설 콕

- 첫 회계연도 말 자본＝자산－부채＝250억원－100억원＝150억원
- 첫 회계연도 말 자본＝납입자본＋순이익－배당금＝납입자본＋80억원－20억원＝150억원
  ∴ 납입자본＝90억원

정답 ②

25

☑ 확인
Check!

○
△
✕

재무상태표의 항목에 해당되지 않는 것은?

① 차입금   ② 이익잉여금
③ 매출채권   ④ 판매비
⑤ 재고자산

🖑 해설 콕

판매비는 손익계산서의 항목이다.

정답 ④

26

가맹거래사 2015

☑ 확인
Check!
○
△
×

대손충당금의 과소설정이 재무제표에 미치는 영향으로 옳은 것은?

① 자산 감소
② 자본 감소
③ 부채 증가
④ 당기순이익 증가
⑤ 당기순이익 감소

👆해설 콕 ·······

대손충당금이란 회수불가능한 금액을 미리 설정해 둔 것으로 대손충당금이 클수록 당기순이익은 줄어든다. 따라서 대손충당금이 과소설정 되어 있다면 당기순이익은 증가할 것이다.

정답 ④

27

서울시 7급 2019

☑ 확인
Check!
○
△
×

회계오류의 수정에 대한 설명으로 가장 옳지 않은 것은?

① 매출채권을 미수금으로 처리하여 발생하는 오류는 당기순이익에 영향을 미치지 않는다.
② 포괄손익계산서의 수익과 비용계정 과목을 잘못 분류하여 발생하는 오류는 당기순이익에 영향을 미친다.
③ 재고자산오류, 선수수익 관련 오류는 자동조정오류로 재무상태표와 손익계산서 모두에 영향을 미친다.
④ 오류의 효과가 다음 연도에 자동적으로 상계되지 않는 비자동조정오류는 당기순이익에 영향을 미친다.

👆해설 콕 ·······

포괄손익계산서의 수익과 비용계정 과목을 잘못 분류하여 발생하는 오류는 당기순이익에 영향을 미치지 않는다.

정답 ②

⚖️ 참고 회계오류의 유형

1. **당기순이익에 영향이 없는 오류**
   계정과목을 잘못 분류하여 기록한 경우(재무상태표나 손익계산서 둘 중 하나에만 영향을 미치는 오류)

2. **당기순이익에 영향이 있는 오류**
   ① **자동조정적 오류** : 오류를 수정하지 않아도 두 회계기간이 지나면 자동적으로 수정되는 오류
   ② **비자동적 오류** : 두 회계기간이 지나도 오류가 자동적으로 수정되지 않는 오류

안심Touch

28

재무활동으로 인한 현금흐름에 해당하는 것은?

① 차입금의 상환에 따른 현금유출
② 무형자산의 처분에 따른 현금유입
③ 재화의 판매와 용역제공에 따른 현금유입
④ 재화와 용역의 구입에 따른 현금유출
⑤ 유형자산의 취득에 따른 현금유출

해설 콕

재무활동으로 인한 현금흐름

구 분	현금유입	현금유출
영업활동 현금흐름	• 제품 등의 판매 • 이자수익 • 배당금 수익	• 원재료 구입 • 인건비 지급 • 매입채무 결제 • 이자비용, 법인세 비용
투자활동 현금흐름	• 대여금 회수 • 무형자산, 유형자산, 투자자산 처분 • 유가증권 처분	• 현금의 대여 • 무형자산, 유형자산, 투자자산 취득 • 유가증권 취득
재무활동 현금흐름	• 현금의 차입 • 신주발행 • 회사채발행	• <u>차입금 상환</u> • 배당금 지급 • 유상감자

정답 ①

29

다음 자료를 이용하여 계산한 재무활동으로 인한 현금흐름은?

- 기초현금 : 2,000,000원
- 기말현금 : 2,700,000원
- 영업활동으로 인한 현금흐름 : 200,000원
- 투자활동으로 인한 현금흐름 : 100,000원

① 100,000원   ② 200,000원
③ 300,000원   ④ 400,000원
⑤ 500,000원

- 현금흐름=기말현금-기초현금=2,700,000원-2,000,000원=700,000원
- 현금흐름=재무활동으로 인한 현금흐름+영업활동으로 인한 현금흐름+투자활동으로 인한 현금흐름
  =재무활동으로 인한 현금흐름+200,000원+100,000원=700,000원
- ∴ 재무활동으로 인한 현금흐름=400,000원

정답 ④

30

가맹거래사 2017

자본예산(capital budgeting)을 수행하기 위한 현금흐름 추정에 관한 설명으로 옳은 것을 모두 고른 것은?

> ㄱ. 감가상각비는 현금유출에 포함한다.
> ㄴ. 감가상각비로 인한 법인세 절감효과는 현금유입에 포함한다.
> ㄷ. 주주에게 지급하는 배당금은 현금유출에 포함한다.
> ㄹ. 매몰비용(sunk cost)은 현금유출에 포함하지 않는다.

① ㄱ, ㄴ
② ㄱ, ㄷ
③ ㄴ, ㄷ
④ ㄴ, ㄹ
⑤ ㄴ, ㄷ, ㄹ

ㄱ. (×) 감가상각비는 현금지출을 동반하지 않는 비용으로 현금유입에 포함된다.
ㄷ. (×) 주주에게 지급하는 배당금은 현재가치로 할인하여 계산된 자본비용으로 현금유출에 포함되지 않는다.

정답 ④

03 CVP 분석

(1) 손익분기점

　① 의 의

　　영업이익이 0원이 될 때의 판매량 또는 생산량

　② 손익분기점 분석표

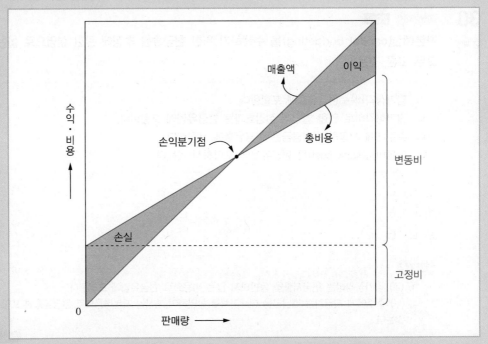

(2) 산출식

　① 공헌이익＝매출액－변동비＝고정비＋이익

　② 단위당 공헌이익＝$\dfrac{\text{총 공헌이익}}{\text{판매수량}}$＝판매가격－단위당 변동비＝판매가격×공헌이익률

　③ 공헌이익률＝$\dfrac{\text{공헌이익}}{\text{매출액}}=\dfrac{\text{단위당 공헌이익}}{\text{판매가격}}$

01

가맹거래사 2018

☑ 확인
Check!
○
△
✕

(주)가맹의 20×1년 기초상품 재고는 400만원이며, 20×1년 중에 총 3,460만원의 상품을 매입하였으나, 110만원의 매입할인을 받아 실제 지불한 상품매입대금은 3,350만원이었다. 20×1년에 판매 가능한 상품 중에서 410만원이 기말재고로 남아있다. 제시된 자료만을 사용하였을 때, (주)가맹의 20×1년의 매출원가는?

① 3,340만원
② 3,450만원
③ 3,750만원
④ 3,860만원
⑤ 3,960만원

해설 콕 ··

매출원가＝기초재고＋(당기매입액－매입할인)－기말재고
        ＝400만원＋(3,460만원－110만원)－410만원
        ＝3,340만원

정답 ①

02

가맹거래사 2019

☑ 확인
Check!
○
△
✕

단일종류의 상품을 취급하는 (주)가맹의 당기 재고자산 관련 자료는 다음과 같다. 이 회사가 실지재고조사법 하에서 가중평균법을 사용하는 경우 당기 매출원가는?

구 분		수량(개)	단 가
1월 1일	기초재고	100	11,000원(구입가)
3월 15일	매 입	120	12,000원(구입가)
5월 19일	매 출	160	20,000원(판매가)
12월 11일	매 입	140	14,000원(구입가)

① 1,847,200원
② 2,000,000원
③ 2,247,200원
④ 3,400,000원
⑤ 4,500,000원

해설 콕 ··

• 가중평균매입단가＝$\dfrac{\{(100 \times 11,000원)+(120 \times 12,000원)+(140 \times 14,000원)\}}{360}$＝12,500원
• 당기 매출원가＝12,500원×160＝2,000,000원

정답 ②

안심Touch

03

가맹거래사 2017

(   )에 들어갈 용어로 옳은 것은?

> (   )은 영업이익이 0원이 될 때의 판매량 또는 생산량을 말한다.

① 손익분기점
② 자본조달분기점
③ 목표판매량
④ 경제적 주문량
⑤ 최적 재고량

해설 콕

영업이익이 0원이 될 때의 판매량 또는 생산량을 손익분기점이라 한다.

정답 ①

04

경영지도사 2020

손익분기점(break-even point)이란?

① 고정비와 변동비가 일치하는 점
② 부채와 자본이 일치하는 점
③ 부채와 자산이 일치하는 점
④ 총비용과 총수익이 일치하는 점
⑤ 총비용과 총이익이 일치하는 점

해설 콕

손익분기점(break-even point)은 총비용과 총수익이 일치하는 점으로 순이익이 0이 되는 생산량을 말한다.

정답 ④

05

가맹거래사 2020

손익분기점(BEP) 분석에 관한 설명으로 옳지 않은 것은?

① 총수익과 총비용이 일치하는 매출액 수준을 의한다.

② 비용은 변동비와 고정비로 분류해야 한다.

③ 공헌이익으로 고정비를 모두 충당할 경우 매출액 수준이다.

④ 공헌이익률은 '1－변동비율'을 의미한다.

⑤ 매출총이익이 '0'이 되는 판매량 수준을 말한다.

> 해설 **콕**
>
> 손익분기점은 순이익이 '0'이 되는 판매량 수준을 말한다.
>
> 정답 ⑤

06

공인노무사 2016

다음과 같은 조건에서 손익분기점에 도달하기 위한 판매수량(단위)은?

- 단위당 판매가격 : 20,000원
- 단위당 변동비 : 14,000원
- 총고정비 : 48,000,000원

① 5,000   ② 6,000

③ 7,000   ④ 8,000

⑤ 9,000

> 해설 **콕**
>
> 손익분기점은 매출액과 비용이 동일하므로,
> 단위당 판매가격×판매수량＝(단위당 변동비×판매수량)＋총고정비
> 20,000원×판매수량＝(14,000원×판매수량)＋48,000,000원
> ∴ 판매수량＝8,000
>
> 정답 ④

07 가맹거래사 2016

다음 자료를 이용하여 계산한 손익분기점의 판매량과 매출액은?

• 총고정비용 : 20,000,000원
• 단위당 가격 : 50,000원
• 단위당 변동비용 : 10,000원

	판매량	매출액
①	400개	20,000,000원
②	500개	25,000,000원
③	600개	30,000,000원
④	700개	35,000,000원
⑤	800개	40,000,000원

해설 콕

손익분기점의 매출액과 비용이 동일
• 매출액＝판매량×단위당 가격＝판매량×50,000원
• 비용＝총고정비용＋(단위당 변동비용×판매량)＝20,000,000원＋(10,000원×판매량)
∴ 판매량×50,000원＝20,000,000원＋(10,000원×판매량)
∴ 판매량＝500개, 매출액＝25,000,000원

정답 ②

08 가맹거래사 2018

(주)가맹은 20×1년에 3가지 제품을 생산하여 판매하였는데, 각 제품의 판매단가, 단위당 변동비, 각 제품의 매출액이 총매출액에서 차지하는 비율은 아래와 같다. 이 회사의 20×1년 연간 총고정비용은 550,000원이며, 원가 – 조업도 – 이익분석의 일반적인 가정에 추가하여 각 제품의 매출액 구성 비율은 변하지 않는다고 가정한다. (주)가맹의 20×1년 손익분기점에서 3가지 제품 A, B, C의 매출액 합계는?

제 품	판매단가(원)	단위당 변동비(원)	매출액 구성 비율(%)
A	500	400	20
B	1,100	880	30
C	2,000	1,300	50

① 1,000,000원 ② 1,250,000원
③ 1,500,000원 ④ 1,750,000원
⑤ 2,000,000원

제품 A의 판매량 : x, 제품 B의 판매량 : y, 제품 C의 판매량 : z, 총 매출액 : T

• 제품 A의 매출액=$500x=0.2T$, ∴ $x=\dfrac{0.2T}{500}$

• 제품 B의 매출액=$1{,}100y=0.3T$, ∴ $y=\dfrac{0.3T}{1{,}100}$

• 제품 C의 매출액=$2{,}000z=0.5T$, ∴ $z=\dfrac{0.5T}{2{,}000}$

• 총 매출액(T)=$500x+1{,}100y+2{,}000z=550{,}000+400x+880y+1{,}300z$
 (∵손익분기점에서는 매출액과 비용이 동일)
• 총 매출액(T)의 매출액과 비용의 관계식을 이용하면

$550{,}000$원$=100x+220y+700z=\left(100\times\dfrac{0.2T}{500}\right)+\left(220\times\dfrac{0.3T}{1{,}100}\right)+\left(700\times\dfrac{0.5T}{2{,}000}\right)=0.275T$

∴ $T=2{,}000{,}000$원

정답 ⑤

09

다음 자료를 이용하여 당기순이익을 구하면?(단, 회계기간은 1월 1일부터 12월 31일까지 이다)

• 영업이익 : 300,000원
• 이자비용 : 10,000원
• 영업외 수익 : 50,000원
• 법인세 비용 : 15,000원

① 275,000원 ② 290,000원
③ 325,000원 ④ 335,000원
⑤ 340,000원

당기순이익=영업이익+영업외 수익−이자비용−법인세 비용
    =300,000원+50,000원−10,000원−15,000원
    =325,000원

정답 ③

안심Touch

10

사무용 의자를 생산하는 기업의 총 고정비가 1,000만원, 단위당 변동비가 10만원이며, 500 개의 의자를 판매하여 1,000만원의 이익을 목표로 한다면, 비용가산법(Cost Plus Pricing) 에 의한 의자 1개의 가격은?

① 100,000원 ② 120,000원

③ 140,000원 ④ 160,000원

> **해설 콕**
>
> 목표이익=(가격×판매량)−{(단위당 변동비×판매량)+총 고정비}
> 1,000만원=(가격×500)−{(10만원×500)+1,000만원}
> ∴ 가격=14만원
>
> 정답 ③

11

고정영업비 5억원, 5,000단위가 판매된 경우 영업이익이 5억원이라면 단위당 판매가격과 단위당 변동영업비의 차이는?

① 100,000원 ② 200,000원

③ 300,000원 ④ 400,000원

⑤ 500,000원

> **해설 콕**
>
> 영업이익={(단위당 판매가격−단위당 변동비)×판매량}−고정비
> ={(단위당 판매가격−단위당 변동비)×5,000}−5억원=5억원
> ∴ 단위당 판매가격−단위당 변동비=200,000원
>
> 정답 ②

12

(주)한국(결산일 : 12월 31일)은 2017년 초 기계장치를 2,000,000원에 취득하고, 잔존가치 200,000원, 내용연수 5년, 정액법으로 감가상각하였다. (주)한국은 2019년 초에 기계장치 를 1,300,000원에 처분하였다. (주)한국의 기계장치 처분으로 인한 손익은?

① 처분이익 20,000원 ② 처분손실 20,000원

③ 처분이익 100,000원 ④ 처분손실 100,000원

⑤ 처분손실 300,000원

- 정액법에 의한 매년 감가상각액 $=\dfrac{2{,}000{,}000원-200{,}000원}{5}=360{,}000원$

- 2017년 초에 구입해서 2019년 초에 팔았으므로 감가상각기간은 2년
- 2019년 초 기계장치 장부가액 $=2{,}000{,}000원-(360{,}000원\times2)=1{,}280{,}000원$
- 2019년 초에 기계장치 처분손익 $=1{,}300{,}000원-1{,}280{,}000원=20{,}000원$

정답 ①

13 국가직 7급 2017

두 기업 A와 B의 영업이익(EBIT ; Earnings Before Interest and Taxes)은 1억원, 이자비용 0원, 법인세율은 20%로 동일하다. A의 영업현금흐름(OCF ; Operating Cash Flow)이 B의 영업현금 흐름보다 클 때 옳은 것은?

① A의 영업현금흐름은 B의 세후영업이익보다 작다.
② B의 영업현금흐름은 B의 세후영업이익보다 작다.
③ A의 감각상각비는 B의 감가상각비보다 크다.
④ A의 감가상각비의 감세효과는 B의 감가상각비의 감세효과보다 작다.

영업현금흐름(OCF ; Operating Cash Flow)=EBIT+감가상각비-세금
기업 A와 기업 B의 영업이익이 같다면 기업 A와 기업 B의 법인세는 동일한데 기업 A의 영업현금흐름이 기업 B의 영업현금흐름보다 크다면 기업 A의 감가상각비가 더 크다는 것을 알 수 있다.

정답 ③

14 서울시 7급 2017

다음 중 영업현금흐름(OCF)의 정의로 옳은 것은?

① EBIT+ 감가상각비- 세금
② EBIT+ 감가상각비+ 유동자산
③ EBIT- 감가상각비+ 세금
④ 세금- 감가상각비- EBIT

영업현금흐름(OCF)=영업이익×(1- 법인세율)+현금지출 없는 비용- 현금유입 없는 수익
　　　　　　　=EBIT+감가상각비-세금

정답 ①

CHAPTER 9

재무관리

01 재무관리의 의의와 현가 계산

(1) 재무관리의 의의

기업조직이 필요로 하는 자금을 합리적으로 조달하고, 이렇게 조달된 자금을 효율적으로 운용하는 것을 말한다. 재무관리의 분석대상은 기업이며, 기업재무에서 다루게 되는 재무의사결정으로는 기업조직의 투자의사결정, 자본조달 및 배당의사결정, 기업조직의 지배구조 및 인수합병, 유동자산 또는 고정자산의 관리 등이 해당한다.

(2) 재무관리의 목표

재무관리의 목표는 기업 가치를 극대화시키는 것이다.

통상적으로 기업조직의 목표는 이익의 극대화를 추구하는 것이지만, 재무관리에서의 이익은 단순한 회계적 이익이 아닌 경제적인 이익을 의미한다.

(3) 현재가치의 계산

$$PV = \sum_{t=1}^{n} \frac{C_t}{(1+r)^t} \quad (C_t : t\text{시점의 금액}, \ r : \text{이자율})$$

01

현대 재무관리의 궁극적인 장기 목표는?

☑ 확인
Check!
○
△
✕

① 종업원 만족 극대화

② 기업가치 극대화

③ 고객만족 극대화

④ 조세납부 최소화

⑤ 협력업체 만족 극대화

> 👆 해설 콕 ···
>
> 현대 재무관리의 궁극적 장기목표는 기업가치 극대화이다(통상적으로 기업조직의 목표는 이익의 극대화
> 를 추구하는 것이지만, 재무관리에서의 이익은 단순한 회계적 이익이 아닌 경제적 이익을 의미).
>
> 정답 ②

02

재무관리의 주요한 영역에 포함되지 않는 것은?

☑ 확인
Check!
○
△
✕

① 투자결정 　　　　　　　　② 종업원관리

③ 위험관리 　　　　　　　　④ 운전자본관리

⑤ 자본조달결정

> 👆 해설 콕 ···
>
> 종업원관리는 인적자원관리에 해당한다.
>
> 정답 ②

03

**현금유입이 1년 후에는 500만원, 2년 후에는 800만원, 3년 후에는 900만원이 예상되는 투자
안이 있다. 할인율이 20%라고 할 때, 이 투자안의 현재가치는?(단, 가장 근사치를 선택한다)**

☑ 확인
Check!
○
△
✕

① 1,293만원 　　　　　　　　② 1,393만원

③ 1,493만원 　　　　　　　　④ 1,550만원

⑤ 1,833만원

안심Touch

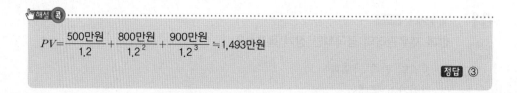

$$PV = \frac{500만원}{1.2} + \frac{800만원}{1.2^2} + \frac{900만원}{1.2^3} ≒ 1,493만원$$

정답 ③

04

☑ 확인 Check!
○
△
×

매년 말 200만원을 영원히 지급받는 영구연금의 현재가치는?(단, 연간 이자율은 10%)

① 1,400만원　　　　　　　　② 1,600만원

③ 1,800만원　　　　　　　　④ 2,000만원

⑤ 2,200만원

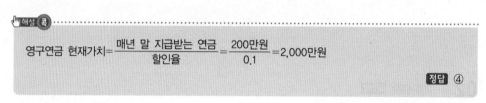

영구연금 현재가치 $= \dfrac{매년\ 말\ 지급받는\ 연금}{할인율} = \dfrac{200만원}{0.1} = 2,000만원$

정답 ④

05

☑ 확인 Check!
○
△
×

(주)XYZ의 주주는 1년 후에 2,000원의 배당을 예상하고 있다. 이 회사가 영구히 같은 규모의 배당을 연 1회 지급하리라고 예상할 때(A)와 1년 후부터 5%의 연간 성장률로 영구히 연 1회 배당을 지급하리라고 예상할 때(B)의 현재주가를 옳게 짝지은 것은?(단, 할인율은 (A), (B) 모두 연 10%라고 가정한다)

	(A)	(B)
①	10,000원	20,000원
②	20,000원	10,000원
③	20,000원	40,000원
④	40,000원	20,000원

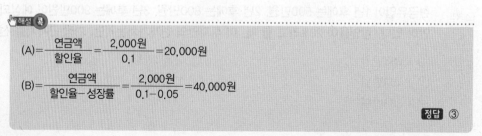

(A) $= \dfrac{연금액}{할인율} = \dfrac{2,000원}{0.1} = 20,000원$

(B) $= \dfrac{연금액}{할인율 - 성장률} = \dfrac{2,000원}{0.1 - 0.05} = 40,000원$

정답 ③

06

연초에 은행에서 100만원을 연 10%의 이자율로 2년간 차입하였다. 1년 후에 60만원을 상환해야 할 경우, 2년 후에 상환해야 할 금액은?

① 50만원

② 55만원

③ 60만원

④ 65만원

> **해설 콕**
>
> 2년 후에 상환해야 할 금액을 x라 하면
>
> $$100만원 = \frac{60만원}{1.1} + \frac{x}{(1.1)^2}$$
>
> $\therefore\ x = 55만원$
>
> 정답 ②

07

대한이는 오늘부터 매년 1백만원씩 5년간 지급받는 연금복권에 당첨되었고, 민국이는 1년 후부터 매년 1백만원씩 5년간 지급받는 연금복권에 당첨되었다. 대한이가 당첨된 연금복권의 현재가치와 민국이가 당첨된 연금복권의 현재가치의 차이는 얼마인가?(단, 연간 이자율은 10%이고, $(1.1)^{-5}$은 0.620921이다)

① 0원

② 379,079원

③ 620,921원

④ 1,000,000원

> **해설 콕**
>
> • 대한이 연금복권 현재가치
> $= 100만원 + 100만원(1.1)^{-1} + 100만원(1.1)^{-2} + 100만원(1.1)^{-3} + 100만원(1.1)^{-4}$
> • 민국이 연금복권 현재가치
> $= 100만원(1.1)^{-1} + 100만원(1.1)^{-2} + 100만원(1.1)^{-3} + 100만원(1.1)^{-4} + 100만원(1.1)^{-5}$
> • 대한이 연금복권 현재가치와 민국이 연금복권 현재가치 차이
> $= 100만원 - 100만원(1.1)^{-5} = 1,000,000원 - 620,921원 = 379,079원$
>
> 정답 ②

02 투자안 평가

(1) 현금흐름의 추정

① 현금흐름의 분류

㉠ 현금유입

제품의 판매로 인한 수익, 잔존가치, 투자세액공제에 따른 혜택 등

㉡ 현금유출

경상운영비, 최초투자지출액, 운전자본의 증가 등

② 현금흐름 추정시 고려사항

㉠ 인플레이션을 반영해야 한다.

㉡ 증분현금흐름을 반영해야 한다.

㉢ 세금효과를 고려해야 하며, 그 중에서도 감가상각 등의 비현금지출비용 등에 각별히 유의해야 한다.

㉣ 그 외에도 매몰원가, 기회비용 등에 대한 명확한 조정을 필요로 한다.

(2) 투자안 경제성 분석

① 회수기간법

기업에서 투자액을 회수하는데 있어 소요되는 기간을 의미하며, 특히 불확실성이 많은 상황에 이러한 방식이 적용된다. 회수기간이 짧으면 짧을수록 유리하다고 판단한다.

② 회계적 이익률법

연평균순이익을 연평균투자액으로 나눈 것을 말하는데, 회계적 이익률이 높으면 높을수록 양호하다고 판단한다.

③ 내부수익률법

현금유입 및 유출의 현가를 동일하게 해주는 할인율이므로, 이러한 방식에서는 순현재가치가 0이 되는 할인율을 찾는다.

④ 순현재가치법(순현가법)

투자안의 위험도에 상응하는 적정 할인율을 활용해서 계산한 현금유입 현가에서 현금유출 현가를 제한 값이다.

⑤ 현재가치지수 또는 수익성 지수

현금유입 현가를 현금유출 현가로 나눈 값으로, 이 값이 1보다 크게 되면 해당 투자안은 효율성이 있다고 판단되어 투자안을 선택한다.

01

경영지도사 2017

투자안 평가방법에 해당하지 않는 것은?

① 순현가법
② 회수기간법
③ 매출액백분율법
④ 회계적 이익률법
⑤ 내부수익률법

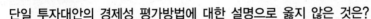

> 매출액백분율법은 투자안 평가방법이 아닌 재무제표를 추정하기 위한 방법이다.
> 투자안 평가방법으로는 순현재가치법(순현가법), 회계적 이익률법, 내부수익률법, 회수기간법 등이 있다.
>
> 정답 ③

02

국가직 7급 2020

단일 투자대안의 경제성 평가방법에 대한 설명으로 옳지 않은 것은?

① 순현가법(NPV)은 투자대안의 현금흐름을 현재가치로 할인하고 투자원금과 비교하여 채택 여부를 결정한다.
② 회계적 이익률법(AAR)은 장부상 연평균 회계적 이익이 장부상 총자산에서 차지하는 비율로 측정된다.
③ 내부수익률(IRR)로 투자대안의 현금흐름을 할인하면 순현재가치는 '0'이 된다.
④ 회수기간법(PB)은 투자대안의 현금흐름을 바탕으로 투자원금을 회수하는데 걸리는 기간을 측정하지만, 자의적인 판단기준이 필요하다.

> 회계적 이익률법(AAR)은 연평균순이익을 연평균투자액으로 나눈 것을 말하는데, 회계적 이익률이 높으면 높을수록 양호하다고 판단한다.
>
> 정답 ②

03

☑ 확인
Check!
○
△
×

투자안의 경제성 평가방법에 관한 설명으로 옳은 것은?

① 회수기간법은 시간적 가치를 고려한다.

② 순현가법은 투자를 하여 얻은 현금흐름의 현재가치와 추가 투자자금액을 비교하여 투자의 적정성을 평가한다.

③ 내부수익률은 미래의 현금흐름의 순현가를 1로 만드는 할인율이다.

④ 회계적 이익률법에서 회계적 이익률은 연평균투자액을 연평균순이익으로 나눈 것이다.

⑤ 수익성 지수법에서 수익성 지수는 투자비를 현금유출액으로 나눈 것이다.

해설 콕

① 회수기간법은 시간적 가치를 고려하지 않고 평가하는 방법이다.

③ 내부수익률은 미래의 현금흐름의 순현가를 0으로 만드는 할인율이다.

④ 회계적 이익률법에서 회계적 이익률은 연평균순이익을 연평균투자액으로 나눠 계산한다.

⑤ 수익성 지수법에서 수익성 지수는 현금유입액 현재가치를 투자비(현금유출액의 현재가치)로 나눠 계산한다.

정답 ②

04

☑ 확인
Check!
○
△
×

다음에서 설명하는 투자안의 경제적 평가방법은?

- 투자안으로부터 예상되는 미래 기대현금 유입액의 현재가치와 기대현금 유출액의 현재가치를 일치시키는 할인율을 구한다.
- 산출된 할인율, 즉 투자수익률을 최소한의 요구수익률인 자본비용 또는 기회비용과 비교하여 투자안의 채택 여부를 결정한다.

① 순현가법

② 수익성 지수법

③ 회수기간법

④ 내부수익률법

⑤ 평균회계이익률법

해설 콕

내부수익률은 미래의 현금흐름의 순현가를 0으로 만드는 할인율이다.

① 순현가법은 투자안의 위험도에 상응하는 적정 할인율을 활용해서 계산한 현금유입 현가에서 현금유출 현가를 제한 값이다.

② 수익성 지수법은 현금유입 현가를 현금유출 현가로 나눈 값으로, 이 값이 1보다 크게 되면 해당 투자안은 효율성이 있다고 판단되어 투자안을 선택한다.

③ 회수기간법은 기업에서 투자액을 회수하는데 있어 소요되는 기간을 의미하며, 특히 불확실성이 많은 상황에 이러한 방식이 적용된다. 회수기간이 짧으면 짧을수록 유리하다고 판단한다.

⑤ 평균회계이익률법은 연평균순이익을 연평균투자액으로 나눈 것을 말하는데, 회계적 이익률이 높으면 높을수록 양호하다고 판단한다.

정답 ④

투자안 평가에 사용되는 현금흐름 추정에 대한 설명으로 가장 옳지 않은 것은?

① 감가상각비는 인위적으로 배분된 회계적 비용으로서 기업이 실제로 지출하는 것은 아니지만 현금유출에 포함시켜야 한다.

② 이자비용과 배당금은 할인율에 적절하게 반영되어 차감되므로 현금유출에 포함시키지 않는다.

③ 기업의 순운전자본은 현금흐름에 포함시켜야 한다.

④ 자본적 지출은 현금지출을 수반하므로 자본적 지출이 발생하는 시점의 현금유출에 포함시켜야 한다.

 해설 콕 ......

실제로 지출하지 않는 회계상의 비용인 감가상각비는 현금유입에 포함시켜야 한다.

정답 ①

06 가맹거래사 **2017**

투자안의 경제성 평가에 이용되는 지표 중 현금유입의 현재가치에서 현금유출의 현재가치를 차감한 것은?

① 내부수익률

② 순현재가치

③ 회수기간

④ 수익성 지수

⑤ 평균회계이익률

해설 콕 ......

현금유입의 현재가치와 현금유출의 현재가치의 차이로 투자안을 평가하는 방법은 순현재가치이다.

정답 ②

투자안의 경제성 평가 방법에서 상호배타적 투자안에 대한 의사결정으로 적절한 것은?

① 투자안의 수익성 지수(PI)가 0보다 큰 투자안 중에서 가장 낮은 투자안을 선택한다.
② 투자안의 내부수익률(IRR)이 할인율보다 낮은 투자안 중에서 가장 높은 투자안을 선택한다.
③ 투자안의 평균회계이익률(ARR)이 목표 ARR보다 큰 투자안 중에서 가장 낮은 투자안을 선택한다.
④ 투자안의 순현재가치(NPV)가 0보다 큰 투자안 중에서 가장 높은 투자안을 선택한다.

> 해설 콕
>
> ① 투자안의 수익성 지수(PI)가 1보다 큰 투자안 중에서 가장 높은 투자안을 선택한다.
> ② 투자안의 내부수익률(IRR)이 할인율보다 높은 투자안 중에서 가장 높은 투자안을 선택한다.
> ③ 투자안의 평균회계이익률(ARR)이 목표 ARR보다 큰 투자안 중에서 가장 높은 투자안을 선택한다.
>
> 정답 ④

100% 자기자본만으로 구성되어 있는 X회사와 Y회사의 현재 기업가치는 각각 70억원, 30억원이다. X회사가 Y회사를 합병하여 XY회사가 탄생하면 합병 후 기업가치는 120억원이 될 것으로 추정된다. X회사의 Y회사 인수가격이 40억원일 경우 X회사의 입장에서 합병의 순현가는?(단, 다른 조건은 고려하지 않는다)

① 10억원
② 20억원
③ 50억원
④ 80억원

> 해설 콕
>
> 합병의 순현가＝(합병 후 기업가치－인수가격)－현재의 기업가치
> ＝(120억원－40억원)－70억원
> ＝10억원
>
> 정답 ①

09

☑ 확인
Check!
○
△
✕

A 기업이 현금 1,000만원을 투자하여 1년 후 2,000만원의 현금유입이 발생하였다. 투자안의 순현재가치(NPV)는 약 얼마인가?(단, 요구수익률은 10%이다)

① 618만원 ② 668만원
③ 718만원 ④ 768만원
⑤ 818만원

해설 콕

- 현금유입의 현재가치 = $\dfrac{2,000만원}{1.1}$ ≒ 1,818만원

- 현금유출의 현재가치 = 1,000만원

∴ 순현재가치(NPV) = 현금유입의 현재가치 − 현금유입의 현재가치
= 1,818만원 − 1,000만원 = 818만원

정답 ⑤

10

☑ 확인
Check!
○
△
✕

A기업은 2019년 1월 1일에 150만원을 투자하여 2019년 12월 31일과 2020년 12월 31일에 각각 100만원을 회수하는 투자안을 고려하고 있다. A기업의 요구수익률이 연 10%일 때, 이 투자안의 순현재가치(NPV)는 약 얼마인가?(단, 연 10% 기간이자율에 대한 2기간 단일현가계수와 연금현가계수는 각각 0.8264, 1.7355이다)

① 90,910원 ② 173,550원
③ 182,640원 ④ 235,500원
⑤ 256,190원

해설 콕

순현재가치(NPV) = 현금유입 현재가치 − 현금유출 현재가치
= (100만원 × 1.7355) − 150만원 = 235,500원

정답 ④

11

공인노무사 2015

투자안의 순현가를 0으로 만드는 수익률(할인율)은?

① 초과수익률

② 실질수익률

③ 경상수익률

④ 내부수익률

⑤ 명목수익률

> **해설 콕** ....
>
> 내부수익률은 현금유입의 현가와 현금유출의 현가를 같게 만드는 할인율로서 투자안의 순현재가치를
> 0으로 만드는 할인율이다.
> ① 초과수익률은 자본자산가격결정모형에서 개별자산 또는 포트폴리오의 수익률이 무위험이자율을 초
>   과하는 부분이다.
> ② 실질수익률은 인플레이션율이 고려되어 조정된 투자수익률이다.
> ③ 경상수익률은 채권수익률의 일종으로 채권매입가격 대비 표면이자의 비율이다.
> ⑤ 명목수익률은 인플레이션에 의한 화폐가치의 변동을 고려하지 않은 투자수익률이다.
>
> **정답** ④

12

경영지도사 2016

투자안의 경제성 평가방법에 관한 설명으로 옳은 것은?

① 회수기간법은 회수기간 이후의 현금흐름을 고려한다.

② 회계적 이익률법은 화폐의 시간적 가치를 고려한다.

③ 수익성 지수법에 의하면 수익성 지수는 투자비/현금유입액의 현재가치이다.

④ 순현재가치법에 의하면 순현재가치는 현금유입액의 현재가치에다 투자비를 더한 것이다.

⑤ 내부수익률법에 의하면 개별 투자안의 경우 내부수익률이 자본비용보다 커야 경제성이 있다.

> **해설 콕** ....
>
> ① 회수기간법은 회수기간 이후의 현금흐름을 고려하지 않고 평가한다.
> ② 회계적 이익률법은 화폐의 시간적 가치를 고려하지 않고 연평균 순이익을 연평균 투자액으로 나누어
>   계산한다.
> ③ 수익성 지수법에 의하면 수익성 지수는 현금유입액의 현재가치를 현금유출액의 현재가치로 나누어
>   계산한다.
> ④ 순현재가치법에 의하면 순현재가치는 현금유입액의 현재가치와 현금유출액의 현재가치를 차감한 것
>   이다.
>
> **정답** ⑤

13

가맹거래사 2018

투자안의 경제성 평가에 사용하는 자본예산기법에 관한 설명으로 옳은 것은?

☑ 확인
Check!

○
△
✕

① 회수기간법은 화폐의 시간가치를 고려한 자본예산기법이다.

② 회수기간의 역수는 항상 내부수익률의 대용치로 사용해야 한다.

③ 순현재가치법은 'NPV(A+B)＝NPV(A)＋NPV(B)'와 같은 가치가산의 원리가 성립하지 않는다.

④ 수익성 지수는 현금유출액의 현재가치를 현금유입액의 현재가치로 나누어 산출한다.

⑤ 내부수익률은 현금유입액의 현재가치와 현금유출액의 현재가치를 일치시켜 주는 할인율을 의미한다.

> 🖑해설 **콕** ··
> ① 회수기간법은 화폐의 시간가치를 고려하지 않는다.
> ② 회수기간의 역수는 내부수익률의 추정치를 구하는 계산법으로 항상 내부수익률의 대용치로 사용하는 것은 아니다.
> ③ 순현재가치법은 가치가산의 원리가 성립한다.
> ④ 수익성 지수는 현금유입액의 현재가치를 현금유출액의 현재가치로 나누어 계산한다.
>
> 정답 ⑤

14

가맹거래사 2019

자본예산에 관한 설명으로 옳지 않은 것은?

☑ 확인
Check!

○
△
✕

① 순현재가치는 현금유입의 현재가치에서 현금유출의 현재가치를 차감한 값이다.

② 상호배타적 투자안 평가시 순현재가치법과 내부수익률법에 의한 평가 결과는 서로 다를 수 있다.

③ 내부수익률법을 이용한 상호배타적 투자안 평가시 최적의 투자결정은 내부수익률이 가장 큰 투자안을 선택하는 것이다.

④ 수익성 지수가 1보다 큰 투자안의 순현재가치는 0보다 크다.

⑤ 회수기간법은 사용하기에 간편하나 현금흐름에 대한 화폐의 시간적 가치를 반영하지 못한다.

> 🖑해설 **콕** ··
> 내부수익률법을 이용한 상호배타적 투자안 평가시 최적의 투자결정은 내부수익률이 가장 큰 투자안을 선택하는 것이 아니라, 투자안의 내부수익률이 자본비용보다 큰 투자안 중에서 내부수익률이 가장 큰 투자안을 선택하는 것이다.
>
> 정답 ③

안심Touch

15

내부수익률법에 관한 설명으로 옳은 것은?

① 수익률은 순현재가치를 0으로 만드는 할인율이다.

② 수익률이 1보다 크면 투자안을 채택하고, 1보다 작으면 기각한다.

③ 투자안의 현재가치를 초기투자비용으로 나누어 구한다.

④ 상호배타적인 투자안을 쉽게 분별할 수 있게 한다.

⑤ 화폐의 시간적 가치를 고려하지 않는다.

해설 콕

② 내부수익률과 (시장)할인율을 비교하여 내부수익률이 더 클 때 투자안을 선택한다.

③ 내부수익률은 현금유입액 현재가치와 현금유출액 현재가치를 동일하게 만드는 할인율이다.

④ 내부수익률은 상호배타적인 투자안을 쉽게 분별하지 못한다.

⑤ 내부수익률은 화폐의 시간적 가치를 고려한다.

정답 ①

16

내부수익률(IRR)에 대한 설명으로 가장 옳은 것은?

① 현금유입의 현재가치에서 현금유출의 현재가치를 뺀 값으로 정의된다.

② 투자안으로부터 얻어지게 될 미래 순현금흐름의 현재가치를 최초투자액으로 나누어 구한다.

③ 한 가지 투자안에서 복수의 값이 얻어질 수도 있다.

④ 상호배타적인 투자안들의 우선순위를 결정하고자 할 경우, 순현재가치 방법과 항상 동일한 결론을 가져다 준다.

해설 콕

내부수익률(IRR)은 투자로부터 발생하는 현금유입과 현금유출의 현재가치를 같게 해주는 할인율로 복수의 투자안의 결과물이 발생하기도 한다.

① 현금유입의 현재가치에서 현금유출의 현재가치를 뺀 값은 순현재가치이다.

② 투자안으로부터 얻어지게 될 미래 순현금흐름의 현재가치를 최초투자액으로 나누는 것은 수익성 지수이다.

④ 상호배타적인 투자안들의 우선순위를 결정하고자 할 경우, 순현재가치 방법과 다른 결과를 가져다 주기도 한다.

정답 ③

17

공인노무사 2019 가맹거래사 2020

투자안의 경제성 분석방법 중 화폐의 시간가치를 고려한 방법을 모두 고른 것은?

☑ 확인
Check!
○
△
×

ㄱ. 회수기간법	ㄴ. 수익성 지수법
ㄷ. 회계적 이익률법	ㄹ. 순현재가치법
ㅁ. 내부수익률법	

① ㄱ, ㄴ　　　　　　　　　　　　② ㄱ, ㄹ

③ ㄴ, ㄷ　　　　　　　　　　　　④ ㄴ, ㄹ, ㅁ

⑤ ㄷ, ㄹ, ㅁ

해설 콕

화폐의 시간가치를 고려한 경제성 분석방법은 수익성 지수법, 순현재가치법, 내부수익률법이다.
ㄱ. (×) **회수기간법** : 투자에 소요되는 자금을 그 투자안의 현금흐름으로 회수하는 기간이 짧은 투자안을
　　선택하는 기법인데, 그 시간가치를 고려하지 않고, 이후의 현금흐름을 무시한다는 단점이 있다.

ㄷ. (×) 회계적 이익률법$= \dfrac{연평균순이익}{연평균투자액} \times 100$

투자안의 회계적 이익률이 기업이 목표로 하고 있는 목표이익률보다 큰 경우에는 투자안을 채택하고
낮은 경우에는 투자안을 기각하는 투자방법이다. 회계적 이익률법의 가장 큰 장점은 회계상의 자료
를 그대로 사용하기 때문에 간편하고 이해하기 쉽다는 것이지만, 화폐의 시간적 가치를 무시한 채
투자의사결정을 하게 되는 단점을 갖는다.

정답 ④

18

공인노무사 2018

**자본예산은 투자로 인한 수익이 1년 이상에 걸쳐 장기적으로 실현될 투자결정에 관한 일련의
과정을 말한다. 투자안의 평가방법에 해당하지 않는 것은?**

☑ 확인
Check!
○
△
×

① 유동성 분석법　　　　　　　　　② 수익성 지수법

③ 순현재가치법　　　　　　　　　　④ 내부수익률법

⑤ 회수기간법

해설 콕

유동성 분석법은 1년 이내의 단기간에 대해서 분석한다.
② **수익성 지수법** : 비용의 크기가 서로 매우 다른 여러 투자안들이 있거나 투자할 수 있는 여력이 제한되
　　어 자본할당을 해야 하는 경우에 이용될 수 있는 투자안 평가방법
③ **순현재가치법** : 투자로 인해 발생하는 현금흐름의 총 유입액 현재가치에서 총 유출액 현재가치를
　　차감한 가치인 순현가(순현재가치)를 이용하여 투자안을 평가하는 방법
④ **내부수익률법** : 내부수익률을 투자자의 요구수익률과 비교하여 투자 의사결정을 하는 방법
⑤ **회수기간법** : 투자에 소요된 자금을 그 투자로 인하여 발생하는 현금흐름으로부터 모두 회수하는데
　　걸리는 기간을 재무관리자가 사전에 정해놓은 회수기간과 비교하여 투자안을 평가하는 방법

정답 ①

안심Touch

K사는 A, B, C 세 투자안을 검토하고 있다. 모든 투자안의 내용연수는 1년으로 동일하며, 투자안의 자본비용은 10%이다. 투자액은 투자실행시 일시에 지출되며, 모든 현금흐름은 기간 말에 발생한다. 투자안의 투자액과 순현재가치(NPV)가 다음과 같은 경우 내부수익률(IRR)이 높은 순서대로 나열한 것은?

투자안	A	B	C
투자액	100억원	200억원	250억원
순현재가치	20억원	30억원	40억원

① A, B, C
② A, C, B
③ B, A, C
④ C, A, B
⑤ C, B, A

내부수익률은 미래 현금유입의 현재가치와 현금유출의 현재가치, 즉 수익과 투자액의 현재가치를 일치시켜 투자안의 순현재가치를 0으로 만드는 할인율인데, 문제에서 주어진 조건은 수익이 아닌 순현재가치이므로, 순현재가치법을 이용해 수익을 구하면 다음과 같다.

$$순현재가치 = \frac{수익}{1 + 자본비용} - 투자액 \rightarrow 수익 = (순현재가치 + 투자액) \times (1 + 자본비용)$$

- 투자안 A의 수익 = (20억원 + 100억원) × 1.1 = 132억원
- 투자안 B의 수익 = (30억원 + 200억원) × 1.1 = 253억원
- 투자안 C의 수익 = (40억원 + 250억원) × 1.1 = 319억원

각 투자안의 수익과 투자액을 이용해 내부수익률법으로 내부수익률(IRR)을 구하면 다음과 같다.

$$투자액 - \frac{수익}{1 + IRR} = 0 \rightarrow IRR = \frac{수익}{투자액} - 1$$

- 투자안 A의 IRR = $\frac{132억원}{100억원} - 1 = 0.320 = 32.0\%$

- 투자안 B의 IRR = $\frac{253억원}{200억원} - 1 = 0.265 = 26.5\%$

- 투자안 B의 IRR = $\frac{319억원}{250억원} - 1 = 0.276 = 27.6\%$

따라서 내부수익률이 높은 투자안을 순서대로 나열하면 A, C, B이다.

정답 ②

03 위험과 수익률

(1) 포트폴리오 이론

① 의 의

마코위츠(H. M. Markowitz)에 의해 포트폴리오 이론이 처음으로 정립이 되었으며, 증권투자에서 리스크를 최소화하면서 기대수익률을 높이는 문제를 평균 및 분산기준에 의해 확립하였다.

② 체계적 위험과 비체계적 위험

㉠ 체계적 위험

체계적 위험은 아무리 노력을 해도 피할 수 없는 위험을 말한다. 즉 시장이자율의 변동, 경기변동, 인플레이션 등과 같은 시장위험은 아무리 분산투자를 해도 피할 수 없는 위험이다.

㉡ 비체계적 위험

비체계적 위험은 분산투자를 통하여 피할 수 있는 위험을 말한다. 즉 경영능력, 재무구조, 상품의 특성, 파업 등이 있다.

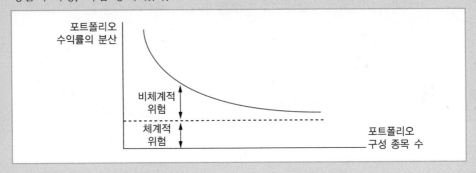

(2) 자본시장선(CML ; Capital Market Line)

① 무위험자산을 시장포트폴리오와 결합한 자본배분선이다.

② 개인투자자들이 리스크가 포함되어 있는 주식뿐만 아니라, 정기예금 또는 국공채 등과 같은 무위험자산도 투자대상에 포함시킬 때, 균형상태의 자본시장에서 효율적 포트폴리오의 기대수익과 리스크의 선형관계를 표현하는 것을 자본시장선이라고 한다.

(3) 자본자산가격결정모형(CAPM)

$$E(R_i) = R_f + [E(R_M) - R_f] \beta_i = R_f + \left[\frac{E(R_M) - R_f}{\sigma_M^2} \right] \sigma_{M,i}$$

R_f : 무위험 이자율

$E(R_M)$: 시장포트폴리오의 기대수익률

β_i : i 주식의 베타(체계적 위험)

σ_M^2 : 시장포트폴리오 수익률의 분산

$\sigma_{M,i}$: i 주식과 시장포트폴리오 수익률의 공분산

(4) 평균 – 분산 모형

① 개 념

기대수익률과 위험(분산, 표준편차)을 이용하여 기대효용이 극대화되는 투자안을 선택하는 모형

② 투자결정 방법

㉠ 기대수익률이 동일한 경우 : 위험(분산, 표준편차)이 작은 투자안을 선택

㉡ 위험(분산, 표준편차)이 동일한 경우 : 기대수익률이 더 큰 투자안을 선택

③ 투자 성향에 따른 무차별곡선

투자자의 위험회피 성향이 클수록 모든 위험수준에서 무차별곡선의 기울기는 더 커진다.

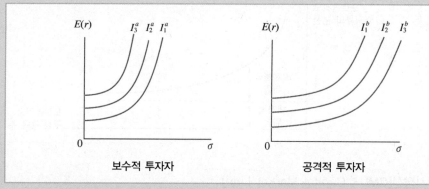

④ 무차별곡선의 특징

㉠ 우상향한다.

㉡ 아래록 볼록하다.

㉢ 좌상방으로 이동할수록 효용이 커진다.

㉣ 무차별곡선은 서로 겹쳐지거나 교차할 수 없다.

01 경영지도사 2017

분산투자를 함으로써 제거할 수 있는 위험은?

① 베타위험(beta risk)
② 시장위험(market risk)
③ 체계적 위험(systematic risk)
④ 비체계적 위험(unsystematic risk)
⑤ 분산불가능위험(non-diversifiable risk)

해설 콕

분산투자로 제거 가능한 위험을 비체계적 위험이라 하고, 제거할 수 없는 위험을 체계적 위험이라 한다.

정답 ④

02 가맹거래사 2018

주식투자시 분산투자를 통해 회피할 수 있는 위험은?

① 시장위험
② 마케팅 위험
③ 체계적 위험
④ 비체계적 위험
⑤ 분산불가능위험

해설 콕

분산투자로 제거 가능한 위험을 비체계적 위험이라 하고, 제거할 수 없는 위험을 체계적 위험이라 한다.

정답 ④

03 서울시 7급 2016

금융시장의 위험관리(risk management)기법에 대한 설명으로 가장 옳은 것은?

① 분산투자를 통해 체계적 위험을 없앨 수 있지만, 비체계적 위험은 없앨 수 없다.
② 두 자산의 상관관계가 높을수록 분산투자효과가 크다.
③ 헤지(hedge)가 모든 위험을 없애고자 하는 전략이라면, 보험(insurance)은 하방위험을 없애고자 하는 전략이다.
④ 헤지대상과 헤지수단 간의 상관관계가 낮을수록 헤지(hedge)효과가 크다.

해설 콕

① 분산투자로 제거가 가능한 위험을 비체계적 위험이라 하며, 제거할 수 없는 위험을 체계적 위험이라 한다.
② 포트폴리오를 구성한 주식들 사이에 상관계수가 작을수록 분산투자효과는 크게 나타난다.
④ 헤지대상과 헤지수단 간의 상관계수가 +1에 가까울수록 효과적이다.

정답 ③

04

자본시장에 다음과 같은 포트폴리오(A~E)가 존재한다.

구 분	A	B	C	D	E
기대수익률	25%	25%	15%	15%	10%
분 산	0.2	0.1	0.2	0.1	0.1

위 포트폴리오 중 효율적(efficient) 포트폴리오에 해당하는 것은?(단, 평균 − 분산 기준의 포트폴리오 이론이 성립한다고 가정함)

① A   ② B
③ C   ④ D
⑤ E

해설 콕

효율적(efficient) 포트폴리오는 기대수익률이 높고 분산이 낮은 포트폴리오이므로, 이에 해당하는 것은 포트폴리오 B이다.

정답 ②

05

포트폴리오의 위험분산효과에 대한 설명으로 옳지 않은 것은?

① 자산을 결합하여 포트폴리오를 구성함으로써 위험이 감소하는 현상이다.
② 위험분산효과가 나타나는 이유는 포트폴리오를 구성하는 자신들의 변동성이 상쇄되기 때문이다.
③ 포트폴리오의 위험 중에서 분산투자로 줄일 수 없는 위험을 체계적 위험이라고 한다.
④ 포트폴리오의 위험은 일반적으로 포트폴리오를 구성하는 투자종목수가 많을수록 증가한다.

해설 콕

일반적으로 포트폴리오를 구성하는 투자종목수가 많을수록 위험분산효과가 커지므로 포트폴리오의 위험의 크기는 작아진다.

정답 ④

06

서울시 7급 2019

주식의 기대수익률을 자본자산가격결정모형(CAPM)을 통하여 계산하고자 한다. 어떤 주식의 수익률과 시장포트폴리오 수익률의 공분산이 0.4이고, 시장포트폴리오 수익률의 분산이 0.2라고 한다. 이때 시장포트폴리오의 기대수익률이 4%, 무위험 수익률이 2%라고 하면, 이 주식의 기대수익률은?

① 2%

② 4%

③ 6%

④ 8%

주식의 기대수익률=무위험 수익률+(기대수익률−무위험 수익률)$\times\dfrac{\sigma_{i,M}}{\sigma_M^2}$

$$=2\%+(4\%-2\%)\times\dfrac{0.4}{0.2}=6\%$$

정답 ③

07

국가직 7급 2018

두 자산 A, B의 베타(β, 체계적 위험)는 각각 1.35와 0.9이다. 자산 A에 40%, 자산 B에 60%를 투자하여 구성한 포트폴리오의 베타는?

① 0.45

② 1.08

③ 1.17

④ 2.25

포트폴리오의 베타=(1.35×0.4)+(0.9×0.6)=1.08

정답 ②

포트폴리오의 베타

β_P(포트폴리오의 베타)$=w_1\beta_1+w_2\beta_2+\cdots+w_k\beta_k$

08

가맹거래사 2015

시장포트폴리오 수익률의 표준편차가 0.10이고, 주식 A의 수익률과 시장포트폴리오 수익률 간의 공분산이 0.02일 경우 주식 A의 베타(β)는?

① 0.8　　　　　　　　　　② 1

③ 2　　　　　　　　　　　④ 2.5

⑤ 3

주식 A의 베타(β) $= \dfrac{\sigma_{M,A}}{\sigma_M^2} = \dfrac{0.02}{0.1^2} = 2$

정답 ③

09

공인노무사 2021

주식 A와 B의 기대수익률은 각각 10%, 20%이다. 총투자자금 중 40%를 주식 A에, 60%를 주식 B에 투자하여 구성한 포트폴리오 P의 기대수익률은?

① 15%　　　　　　　　　② 16%

③ 17%　　　　　　　　　④ 18%

⑤ 19%

포트폴리오의 기대수익률 $= \sum$(각 자산의 구성비율 × 각 자산의 기대수익률)
　　　　　　　　　　 $= (0.4 \times 0.1) + (0.6 \times 0.2) = 0.16 = 16\%$

정답 ②

10

가맹거래사 2019

(주)가맹 주식은 현재 주당 10,000원에 거래되고 있다. 미래 경기 상황에 따른 (주)가맹 주식의 수익률 확률분포가 다음과 같을 때, 이 주식의 기대수익률은?

경기 상황	(주)가맹 주식의 수익률	확 률
호 황	20%	40%
불 황	5%	60%

① 10%　　　　　　　　　② 11%

③ 12%　　　　　　　　　④ 13%

⑤ 14%

기대수익률=(0.2×0.4)+(0.05×0.6)=0.11=11%

정답 ②

11

시장포트폴리오의 기대수익률이 5%, 무위험이자율이 3%, 주식 A의 기대수익률이 8%이다. 증권시장선(SML)이 성립할 때 주식 A의 베타는?

① 0.5   ② 1.0

③ 1.5   ④ 2.0

⑤ 2.5

주식 A의 기대수익률=무위험이자율+(시장포트폴리오 기대수익률-무위험이자율)×주식 A의 베타
$$=0.03+(0.05-0.03)\times \beta_A=0.08$$
∴ $\beta_A=2.5$

정답 ⑤

12

다음에서 증권시장선(SML)을 이용하여 A 주식의 균형기대수익률을 구한 값은?

- 무위험이자율 : 5%
- 시장포트폴리오 기대수익률 : 10%
- A 주식의 베타 : 1.2

① 5%   ② 7%

③ 9%   ④ 11%

⑤ 13%

A 주식의 균형기대수익률
=무위험이자율+(시장포트폴리오 기대수익률-무위험이자율)×A 주식의 베타
=5%+(10%-5%)×1.2=11%

정답 ④

13 가맹거래사 2017

증권시장선(security market line)이 성립한다고 할 경우 시장포트폴리오(market portfolio)의 베타(β)는?

① -1 ② -0.5

③ 0   ④ 0.5

⑤ 1

 해설 콕

시장포트폴리오의 베타(β) $= \dfrac{\sigma_{M,M}}{\sigma_M^2} = \dfrac{\sigma_M^2}{\sigma_M^2} = 1$

정답 ⑤

---

14 가맹거래사 2018

(주)가맹 주식의 베타가 1.4, 무위험이자율이 4%, 시장포트폴리오의 기대수익률이 8%일 때, 증권시장선(SML)을 이용하여 산출한 (주)가맹 주식의 기대수익률은?(단, 문제에서 주어지지 않은 조건은 고려하지 않는다)

① 6.4%   ② 7.6%

③ 9.6%   ④ 10.4%

⑤ 12.0%

해설 콕

기대수익률 = 무위험이자율 + (시장포트폴리오의 기대수익률 − 무위험이자율) × 주식의 베타
     = 4% + (8% − 4%) × 1.4 = 9.6%

정답 ③

---

15 가맹거래사 2015

포트폴리오의 기대수익률과 표준편차 간의 선형관계를 나타내는 선은?

① 자본시장선   ② 증권시장선

③ 증권특성선   ④ 순현가곡선

⑤ 무차별곡선

해설 콕

• 자본시장선 : 기대수익률과 위험(표준편차) 간의 선형관계를 나타내는 선이다.
• 증권시장선 : 자본시장선은 효율적인 포트폴리오에서만 성립한 것으로 효율적이지 않은 포트폴리오까지 포함한 기대수익률과 위험(표준편차) 간의 관계를 나타내는 선이다.

정답 ①

16

가맹거래사 2020

증권시장선(SML)에 관한 설명으로 옳지 않은 것은?

① 균형시장에서 자산의 체계적 위험(β)과 기대수익률은 선형관계를 갖는다.

② 어떠한 경우에도 과소 또는 과대평가된 증권은 존재할 수 없다.

③ 투자자들에게 중요한 위험은 분산투자에 의해 제거되지 않는 체계적 위험이다.

④ 개별 위험자산의 위험프리미엄은 시장위험프리미엄에 개별 위험자산의 베타(β)를 곱한 것이다.

⑤ 증권시장선상의 개별증권 가격은 증권의 수요와 공급을 일치시키는 균형가격이다.

> **해설 콕**
>
> 증권시장선(SML)에 벗어난 증권은 과소 또는 과대평가된 증권이다.
>
> 정답 ②

17

공인노무사 2021

증권시장선(SML)과 자본시장선(CML)에 관한 설명으로 옳지 않은 것은?

① 증권시장선의 기울기는 표준편차로 측정된 위험 1단위에 대한 균형가격을 의미한다.

② 증권시장선 아래에 위치한 자산은 과대평가된 자산이다.

③ 자본시장선은 효율적 자산의 기대수익률과 표준편차의 선형관계를 나타낸다.

④ 자본시장선에 위치한 위험자산은 무위험자산과 시장포트폴리오의 결합으로 구성된 자산이다.

⑤ 자본시장선에 위치한 위험자산과 시장포트폴리오의 상관계수는 1이다.

> **해설 콕**
>
> 증권시장선은 기대수익률과 체계적 위험(표준편차) 간의 균형관계를 나타내는데, 증권시장선의 기울기는 시장포트폴리오에 대한 위험프리미엄을 의미한다.
>
> 정답 ①

18

가맹거래사 2015

자본자산가격결정모형(CAPM)의 가정으로 옳지 않은 것은?

① 투자자들은 기대효용을 극대화하고자 하는 위험회피자이다.

② 투자자들의 투자기간은 1기간이다.

③ 투자자들은 투자대상의 미래수익률 확률분포에 대하여 동질적으로 예측(homogeneous expectation)한다.

④ 세금과 거래비용이 존재한다.

⑤ 투자자들은 무위험이자율로 아무런 제한 없이 차입과 대출이 가능하다.

19

자본자산가격결정모형(CAPM)에 관한 설명으로 옳은 것을 모두 고른 것은?

> ㄱ. 증권시장선(SML)은 위험자산의 총위험과 기대수익률 간의 선형적인 관계를 나타낸다.
> ㄴ. 증권시장선의 균형기대수익률보다 낮은 수익률이 기대되는 자산은 과대평가된 자산이다.
> ㄷ. 무위험자산의 베타는 0이다.
> ㄹ. 증권시장선에 위치한 위험자산과 시장포트폴리오 간의 상관계수는 항상 1이다.

① ㄱ, ㄴ 　　　　　　　　　② ㄴ, ㄷ
③ ㄱ, ㄴ, ㄷ 　　　　　　　④ ㄱ, ㄷ, ㄹ
⑤ ㄱ, ㄴ, ㄷ, ㄹ

20

자본시장선(CML)에 관한 설명으로 옳은 것을 모두 고른 것은?

> ㄱ. 위험자산과 무위험자산을 둘 다 고려할 경우의 효율적 투자 기회선이다.
> ㄴ. 자본시장선 아래에 위치하는 주식은 주가가 과소평가된 주식이다.
> ㄷ. 개별주식의 기대수익률과 체계적 위험 간의 선형관계를 나타낸다.
> ㄹ. 효율적 포트폴리오의 균형가격을 산출하는데 필요한 할인율을 제공한다.

① ㄱ, ㄴ 　　　　　　　　　② ㄴ, ㄷ
③ ㄱ, ㄹ 　　　　　　　　　④ ㄷ, ㄹ
⑤ ㄴ, ㄷ, ㄹ

21

공인노무사 2017

자본자산가격결정모형(CAPM)의 가정으로 옳지 않은 것은?

① 투자자는 위험회피형 투자자이며, 기대효용 극대화를 추구한다.

② 무위험자산이 존재하며, 무위험이자율로 무제한 차입 또는 대출이 가능하다.

③ 세금과 거래비용이 존재하는 불완전 자본시장이다.

④ 투자자는 평균 - 분산 기준에 따라 포트폴리오를 선택한다.

⑤ 모든 투자자는 투자대상의 미래 수익률의 확률분포에 대하여 동질적 예측을 한다.

🖐해설 콕

자본자산가격결정모형(CAPM)은 세금과 거래비용이 발생하지 않는 완전 자본시장을 가정하고 있다.

정답 ③

22

국가직 7급 2019

주식 또는 포트폴리오의 기대수익률과 체계적 위험인 베타(β) 사이의 관계를 보여 주는 증권시장선(SML ; Security Market Line)에 대한 설명으로 옳은 것은?

① 증권시장선의 기울기를 나타내는 베타(β)는 체계적 위험의 크기를 의미한다.

② 베타(β)는 체계적 위험을 나타내는 척도이므로 0 이상의 값을 가져야 한다.

③ 증권시장선의 기울기는 음($-$)이 될 수 없다.

④ 시장포트폴리오의 베타(β)는 증권시장의 호황 또는 불황 여부에 따라 그 값이 달라진다.

🖐해설 콕

① 증권시장선의 기울기는 위험프리미엄이다.

② 베타(β)는 개별주식과 시장포트폴리오의 공분산을 시장포트폴리오의 분산으로 나눈 값으로 일반적으로 개별주식과 시장포트폴리오의 공분산이 양의 값을 가지므로 양의 값을 갖는다.

④ 시장포트폴리오의 베타(β)는 개별주식자산과 전체 시장의 수익성이 어느 정도 같은 방향으로 움직이는지 나타낸 것이다.

정답 ③

23

국가직 7급 2018

☑ 확인
Check!
○
△
✕

1달러=1,150원이고, 1유로=1.6달러인 경우, 원화와 유로화 간의 재정환율(Arbitrage Rate)은?

① 1유로=718.75원

② 1유로=1,150원

③ 1유로=1,265원

④ 1유로=1,840원

해설 콕 ....

1유로=1.6달러=1.6달러×1,150원/달러=1,840원

정답 ④

24

국가직 7급 2018

☑ 확인
Check!
○
△
✕

환율결정이론에 대한 설명으로 옳지 않은 것은?

① 한 국가의 물가상승률이 높을수록 그 국가의 환율은 장기적으로 평가절상된다.

② 구매력평가설이 성립하는 상황에서 환율의 변동은 국내물가상승률과 외국물가상승률의 차이로 결정된다.

③ Big Mac지수는 같은 비용을 지불하여 전 세계 어디에서나 동일한 품질의 햄버거를 구매할 수 있다는 가정하에 균형환율을 계산한 것이다.

④ 구매력평가설은 일물일가 법칙이 성립하고, 관세를 포함한 무역장벽이 없으며, 수송비용이 크지 않은 경쟁적인 시장을 가정한다.

해설 콕 ....

한 국가의 물가상승률이 높을수록 화폐가치는 하락하게 된다. 따라서 그 국가의 환율은 장기적으로 평가절하된다.

정답 ①

04 재무비율

(1) 유동성 비율

- 유동비율 $= \dfrac{\text{유동자산}}{\text{유동부채}}$

- 당좌비율 $= \dfrac{\text{당좌자산}}{\text{유동부채}}$

(2) 안정성 비율(레버리지 비율)

- 부채비율 $= \dfrac{\text{부채}}{\text{자본}}$

- 자기자본비율 $= \dfrac{\text{자본}}{\text{자산}}$

- 고정비율 $= \dfrac{\text{비유동자산}}{\text{자본}}$

- 이자보상비율 $= \dfrac{\text{영업이익}}{\text{이자비용}}$

- 고정장기적합률 $= \dfrac{\text{비유동자산}}{\text{자기자본} + \text{비유동부채}}$

(3) 수익성 비율

- 매출액이익률 $= \dfrac{\text{당기순이익}}{\text{매출액}}$

- 총자산이익률 $= \dfrac{\text{당기순이익}}{\text{평균총자산}}$

- 총자본순이익률 $= \dfrac{\text{당기순이익}}{\text{평균총자본}}$

- 자기자본순이익률 $= \dfrac{\text{당기순이익}}{\text{평균자기자본}}$

(4) 활동성 비율

- 매출채권회전율 $= \dfrac{\text{매출액}}{\text{평균매출채권}}$

- 재고자산회전율 $= \dfrac{\text{매출원가}}{\text{평균재고자산}}$

- 총자산회전율 $= \dfrac{\text{매출액}}{\text{평균총자산}}$

- 자기자본회전율 $= \dfrac{\text{매출액}}{\text{평균자기자본}}$

(5) 주가관련 재무비율

- 주당순이익(EPS) $= \dfrac{\text{당기순이익}}{\text{보통주식총수}}$

- 주가수익률 $= \dfrac{\text{보통주 1주당 시가}}{\text{주당순이익(EPS)}}$

- 주가장부금액비율 $= \dfrac{\text{보통주 1주당 시가}}{\text{주당 순자산 장부가액}}$

- 배당수익률 $= \dfrac{\text{보통주 1주당 현금배당액}}{\text{보통주 1주당 시가}}$

- 배당성향 $= \dfrac{\text{배당총액}}{\text{당기순이익}} = \dfrac{\text{주당배당액}}{\text{주당순이익(EPS)}}$

(6) 재무비율 분석의 특징

① 비교적 용이하게 어떠한 기업의 경영성과 및 재무 상태를 살펴볼 수 있다.

② 기존의 회계정보에 의존하게 된다.

③ 회계처리 방법이 다른 기업들 간의 비교가 어렵다.

④ 비교기준이 되는 표준비율에 대한 선정이 까다롭다.

⑤ 종합적 분석이 어렵다.

재무비율이란 재무제표에 포함된 유용한 정보를 통하여 중요한 의사결정에 도움을 주도록 고안된 것이다. 재무비율에 대한 설명으로 가장 옳지 않은 것은?

① 부채비율(debt to equity ratio)은 총부채를 자기자본으로 나눈 비율로서 기업의 재무안정성을 측정하는 지표이다.

② 유동비율은 단기 채무를 상환할 수 있는 능력을 측정하는 재무비율로서 여기서 단기는 1분기, 즉 통상 3개월의 기간을 의미한다.

③ 자기자본순이익률은 자기자본의 성과를 나타내는 지표로서 주주들이 요구하는 투자수익률을 의미한다.

④ 총자산증가율은 일정기간 동안 총자산이 얼마나 증가하였는가를 나타내는 비율로서 총자산 증가율이 높을수록 투자활동이 적극적으로 이루어져 기업규모가 증가하고 있음을 의미한다.

해설 콕 ....

유동비율은 단기 채무를 상환할 수 있는 능력을 측정하는 재무비율로서 여기서 단기는 통상 1년의 기간을 의미한다.

정답 ②

기업의 단기채무 지급능력을 측정하기 위해 가장 많이 이용하는 재무비율은?

① 부채비율
② 유동비율
③ 매출액순이익률
④ 자기자본순이익률
⑤ 총자산회전율

해설 콕 ....

단기채무 변제 능력을 평가하는 비율은 유동비율이다.

정답 ②

03

경영지도사 2018

☑ 확인
Check!

○
△
✕

기업의 장기채무지급능력을 나타내는 레버리지비율(자본구조비율)에 해당되지 않는 것은?

① 당좌비율
② 부채비율
③ 자기자본비율
④ 비유동비율
⑤ 이자보상비율

🖐 해설 콕

당좌비율은 유동성 비율에 해당한다.

정답 ①

04

경영지도사 2016

☑ 확인
Check!

○
△
✕

유동자산 20억원, 유동부채 10억원, 재고자산 5억원인 경우 당좌비율은?

① 50%
② 80%
③ 100%
④ 150%
⑤ 200%

🖐 해설 콕

$$당좌비율 = \frac{당좌자산}{유동부채} = \frac{유동자산 - 재고자산}{유동부채} = \frac{20억원 - 5억원}{10억원} = 1.5(=150\%)$$

※ **당좌자산** : 유동자산 중 단시간내 현금화 가능한 자산

정답 ④

05

서울시 7급 2020

☑ 확인
Check!

○
△
✕

ROI(Return on Investment) 분석에 대한 설명으로 가장 옳지 않은 것은?

① ROI분석은 기업의 경영성과를 여러 부분의 재무요인으로 분해하여 경영성과의 변동요인을 분석하는 것이다.
② ROI는 경영관리의 효율성을 나타내는 지표이다.
③ ROI는 총자산순이익률(ROA)로 정의할 수도 있고, 자기자본순이익률(ROE)로 정의할 수도 있다.
④ ROI는 기업의 여러 사업부분의 성과에 대한 평가에는 활용되지 못한다.

🖐 해설 콕

ROI는 기업의 여러 사업부분의 성과에 대한 평가에는 활용된다.

정답 ④

06 국가직 7급 2019

☑ 확인
Check!
○
△
✕

투자수익률(ROI ; Return On Investment) 분석 기법의 하나인 자기자본수익률(ROE ; Return On Equity)에 대한 설명으로 옳지 않은 것은?

① 매출액에서 차지하는 순이익의 비중이 높아지면 자기자본수익률이 높아진다.
② 매출액을 기준으로 총자산이 1년 동안 반복 운용되는 횟수가 증가하면 자기자본수익률이 높아진다.
③ 부채비율이 높아지면 자기자본수익률이 낮아진다.
④ 자기자본수익률은 순이익을 자기자본으로 나누어 자기자본의 효율적 이용도를 측정하는 투자 지표이다.

해설 콕

부채비율이 높아지기 위해선 부채비율의 공식에서 자기자본(자본)이 감소하여야 한다.
자기자본수익률 공식에서 자기자본(자본)이 감소하면 자기자본수익률은 증가하게 된다.

정답 ③

07 가맹거래사 2015

☑ 확인
Check!
○
△
✕

유동자산 1,200,000원, 유동부채 1,000,000원, 당좌비율이 80%인 경우 재고자산은?(단, 유동자산은 당좌자산과 재고자산으로만 구성된다고 가정한다)

① 200,000원
② 300,000원
③ 400,000원
④ 500,000원
⑤ 800,000원

해설 콕

$$당좌비율 = \frac{당좌자산}{유동부채} = \frac{유동자산 - 재고자산}{유동부채} = \frac{1,200,000원 - 재고자산}{1,000,000원} = 0.8$$

∴ 재고자산 = 400,000원

정답 ③

08 2015

(주)가맹의 20×1년도 자료는 다음과 같다.

• 매출액 : 1,600,000원

• 기초매출채권 : 120,000원

• 기말매출채권 : 200,000원

매출채권이 1회전 하는데 소요되는 기간은?(단, 회계기간은 1월 1일부터 12월 31일까지이다)

① 28.5일　　　　　　　　　② 32.5일

③ 36.5일　　　　　　　　　④ 42.5일

⑤ 48.5일

해설 콕

• 매출채권회전율$=\dfrac{\text{매출액}}{\text{평균매출채권}}=\dfrac{1,600,000원}{(120,000원+200,000원)/2}=10$

• 매출채권이 1회전 하는데 소요되는 기간$=\dfrac{365일}{10}=36.5일$

정답 ③

---

09 2020

(주)가맹의 매출액 48,000,000원, 매출채권 8,000,000원인 경우, 매출채권을 회수하는데 걸리는 평균기간은?(단, 매출채권은 매출액 발생연도의 기초와 기말의 평균값이며, 1년은 360일로 가정한다)

① 40일　　　　　　　　　② 45일

③ 50일　　　　　　　　　④ 55일

⑤ 60일

해설 콕

• 매출채권회전율$=\dfrac{\text{매출액}}{\text{평균매출채권}}=\dfrac{48,000,000원}{8,000,000원}=6$

• 매출채권 회수기간$=\dfrac{360일}{6}=60일$

정답 ⑤

10

☑ 확인
Check!
○
△
✕

제조원가가 109,500원, 기초재고가 18,000원, 기말재고가 15,000원인 경우, 재고자산 회전율은?(단, 소숫점 둘째자리에서 반올림한다)

① 6.2회
② 6.4회
③ 6.6회
④ 6.8회
⑤ 7.0회

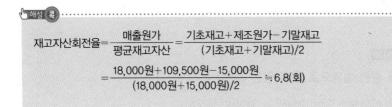

재고자산회전율 $= \dfrac{\text{매출원가}}{\text{평균재고자산}} = \dfrac{\text{기초재고}+\text{제조원가}-\text{기말재고}}{(\text{기초재고}+\text{기말재고})/2}$

$= \dfrac{18{,}000원+109{,}500원-15{,}000원}{(18{,}000원+15{,}000원)/2} ≒ 6.8(회)$

정답 ④

11

☑ 확인
Check!
○
△
✕

(주)가맹의 영업레버리지도(DOL)가 3이고 매출액 증가율이 5% 변동하는 경우, 영업이익 증가율은?

① 1%
② 5%
③ 10%
④ 15%
⑤ 25%

영업레버리지도 $= \dfrac{\text{영업이익 변화율}}{\text{매출액 변화율}} = \dfrac{\text{영업이익 변화율}}{5\%} = 3$

∴ 영업이익 변화율 $= 15\%$

정답 ④

12

☑ 확인
Check!
○
△
✕

A사의 제품 단위당 판매가격 2,000원, 제품 단위당 변동영업비 1,000원, 고정영업비 8,000,000원일 경우 10,000개를 판매하면 A사의 영업레버리지도는?

① 1
② 2
③ 3
④ 4
⑤ 5

- 공헌이익 = (2,000 − 1,000) × 10,000 = 10,000,000(원)
- 영업이익 = {(2,000 − 1,000) × 10,000} − 8,000,000 = 2,000,000(원)
- 영업레버리지도 = $\dfrac{\text{영업이익 변화율}}{\text{매출액 변화율}}$ = $\dfrac{\text{공헌이익}}{\text{영업이익}}$ = $\dfrac{10,000,000}{2,000,000}$ = 5

정답 ⑤

13

재무비율에 관한 설명으로 옳지 않은 것은?

① 자기자본이익률은 당기순이익을 높이면 향상된다.
② 매출채권회전율은 매출채권이 현금으로 회수되는 기간을 나타낸다.
③ 부채비율은 재무적 안정성을 평가하는 비율 중 하나이다.
④ 유동비율은 유동자산을 유동부채로 나누어 측정한다.
⑤ 기업의 위험이 동일한 경우, 성장성이 높은 기업일수록 주가수익비율이 높게 나타나는 경향이 있다.

매출채권이 현금으로 회수되는 기간은 매출채권 회수기간이다. 매출채권회전율은 매출채권 회수가 잘되고 있는지 보여주는 비율이다.

정답 ②

14

영업부분에서 손익 확대효과가 존재하지 않는 기업의 영업레버리지도는?

① 0
② 1
③ 2
④ 3
⑤ 4

영업레버리지도 = $\dfrac{\text{영업이익 변화율}}{\text{매출액 변화율}}$ = $\dfrac{\text{공헌이익}}{\text{영업이익}}$

⇒ 손익 확대효과가 존재하지 않는다고 했으므로 대부분의 비용이 변동비로서 공헌이익과 영업이익이 동일해지게 된다. 따라서 영업레버리지도는 1이 된다.

정답 ②

15

☑ 확인
Check!

○
△
✕

(주)가맹의 20×7년도 말의 재무자료는 다음과 같다. (주)가맹의 유동자산은?

- 자산총계 : 100,000,000원
- 자본총계 : 40,000,000원
- 유동부채 : 20,000,000원
- 유동비율 : 150%

① 15,000,000원

② 20,000,000원

③ 25,000,000원

④ 30,000,000원

⑤ 35,000,000원

해설 콕

$$유동비율 = \frac{유동자산}{유동부채} = \frac{유동자산}{20,000,000원} = 1.5$$

∴ 유동자산 = 30,000,000원

정답 ④

16

☑ 확인
Check!

○
△
✕

(주)한국의 총자산이 40억원, 비유동자산이 25억원, 유동부채가 10억원인 경우 유동비율은?

① 50%

② 70%

③ 100%

④ 150%

⑤ 200%

해설 콕

$$유동비율 = \frac{유동자산}{유동부채} = \frac{40억원 - 25억원}{10억원} = 1.5 = 150\%$$

정답 ④

17

☑ 확인
Check!
○
△
×

재무비율을 계산하는 방법으로 옳지 않은 것은?

① 배당수익률(%) = $\dfrac{\text{총배당액}}{\text{당기순이익}} \times 100$

② 당좌비율(%) = $\dfrac{\text{당좌자산}}{\text{유동부채}} \times 100$

③ 비유동장기적합율(%) = $\dfrac{\text{비유동자산}}{\text{자기자본}+\text{비유동부채}} \times 100$

④ 유동비율(%) = $\dfrac{\text{유동자산}}{\text{유동부채}} \times 100$

⑤ 주가수익비율(배) = $\dfrac{\text{주당주가}}{\text{주당순이익}}$

👆해설 콕

- 배당수익률 = $\dfrac{\text{보통주 1주당 현금배당액}}{\text{보통주 1주당 시가}}$

- 배당성향 = $\dfrac{\text{배당총액}}{\text{당기순이익}} = \dfrac{\text{주당배당액}}{\text{주당순이익(EPS)}}$

정답 ①

18

☑ 확인
Check!
○
△
×

(주)경지사의 보통주 주가는 100원, 순이익 10,000원, 평균발행주식(보통주) 500주, 우선주 배당금은 없을 경우의 주가수익비율(PER)은?(단, 주어진 조건 외에 다른 조건은 가정하지 않음)

① 1배   ② 2배
③ 3배   ④ 4배
⑤ 5배

👆해설 콕

주가수익비율(PER) = $\dfrac{\text{보통주 1주당 시가}}{\text{주당순이익(EPS)}} = \dfrac{100원/주}{10,000원/500주} = 5배$

정답 ⑤

19

공인노무사 2015

☑ 확인
Check!
○
△
×

매출액순이익률이 2%이고 총자본회전율이 5인 기업의 총자본순이익률은?

① 1%
② 2.5%
③ 5%
④ 7%
⑤ 10%

해설 콕 ....

총자본순이익률(ROA)＝매출액순이익률×총자본회전율＝2%×5＝10%

정답 ⑤

20

공인노무사 2017

☑ 확인
Check!
○
△
×

유동비율＝$\dfrac{A}{\text{유동비율}}$×100, 자기자본순이익률(ROE)＝(1＋부채비율)×(B)일 때, 각각 옳게 짝지어진 것은?

	A	B
①	유동자산	총자본순이익률
②	유동자산	매출액순이익률
③	유동자산	총자본회전율
④	유형자산	총자본회전율
⑤	유형자산	매출액영업이익률

해설 콕 ....

• 유동비율＝$\dfrac{\text{유동자산}}{\text{유동부채}}$×100

• 자기자본순이익률(ROE)＝매출액순이익률×총자산회전율×$\dfrac{1}{\text{자기자본비율}}$

$$＝\dfrac{\text{순이익}}{\text{매출액}}×\dfrac{\text{매출액}}{\text{총자산}}×\dfrac{\text{총자산}}{\text{자기자본}}＝\dfrac{\text{순이익}}{\text{총자본}}×\dfrac{\text{총자본}}{\text{자기자본}}$$

＝총자본순이익률×(1＋부채비율)

정답 ①

안심Touch

21

공인노무사 2019

(주)한국의 유동자산은 1,200,000원이고, 유동비율과 당좌비율은 각각 200%와 150%이다. (주)한국의 재고자산은?

① 300,000원

② 600,000원

③ 900,000원

④ 1,800,000원

⑤ 2,400,000원

해설 콕

- 유동비율 = $\dfrac{유동자산}{유동부채}$ = $\dfrac{1,200,000원}{유동부채}$ = 2, ∴ 유동부채 = 600,000원

- 당좌비율 = $\dfrac{당좌자산}{유동부채}$ = $\dfrac{당좌자산}{600,000원}$ = 1.5, ∴ 당좌자산 = 900,000원

- 재고자산 = 유동자산 − 당좌자산 = 1,200,000원 − 900,000원 = 300,000원

정답 ①

22

공인노무사 2016

총자산회전율의 산식은?

① 매출액/매출채권

② 매출액/총자산

③ 순이익/자기자본

④ 총자산/매출액

⑤ 자기자본/순이익

해설 콕

총자산회전율(총자본회전율)은 매출액을 총자산으로 나눈 것으로, 이는 기업이 소유하고 있는 자산을 얼마나 효과적으로 이용하고 있는지를 측정하는 것이다.

정답 ②

23

국가직 7급 2017

☑확인 Check!
○
△
×

기업의 재무제표분석과 관련된 내용으로 옳지 않은 것은?

① 주당순이익(Earnings Per Share)을 통해 기업이 주주에게 배당할 수 있는 역량을 파악할 수 있으며, 주당순이익이 높을수록 주주들은 높은 배당금을 받게 된다.

② 유동비율(Current Ratio)은 유동부채 대비 유동자산의 비율을 의미한다.

③ 재고자산회전율(Inventory Turnover Ratio)이 높다는 것은 재고자산관리가 효율적임을 의미한다.

④ 부채비율(Debt to Equity Ratio)은 타인자본과 자기자본 사이의 관계를 측정하는 것으로 낮을수록 재무상태가 건전하다고 볼 수 있다.

해설 콕 ....

기업의 배당정책을 판단하는 지표로는 배당성향이 있다.

정답 ①

24

국가직 7급 2018

☑확인 Check!
○
△
×

경제적 부가가치(EVA ; Economic Value Added)에 대한 설명으로 옳지 않은 것은?

① EVA를 증가시키기 위해서는 세후 영업이익을 늘려야 한다.

② EVA는 장기성과를 측정하는데 유용하다.

③ EVA가 0보다 큰 기업은 자본비용 이상을 벌어들인 기업으로 평가된다.

④ 다각화된 기업은 사업단위별로 EVA를 평가하여 핵심사업과 한계사업을 분류할 수 있다.

해설 콕 ....

EVA는 단기성과를 측정하는데 유용한 척도이며, 장기성과를 측정하는 데에는 유용하지 못하다.

정답 ②

05 채권 & 주식

(1) 채 권

① 의 의
발행기관이 계약에 의해 일정한 이자를 지급하면서 만기에 원금을 상환하기로 한 일종의 증서

② 분 류
- ㉠ 이자지급 유무에 따른 분류 : 할인사채, 쿠폰부사채
- ㉡ 담보유무에 따른 분류 : 담보부사채, 무담보사채
- ㉢ 제3자의 보증유무에 따른 분류 : 무보증사채, 보증사채
- ㉣ 상환시기, 방법 등에 따른 분류 : 정시분할사채, 만기전액상환사채, 감채기금부사채, 수의 상환사채, 연속상환사채 등

③ 가치평가

- 순수할인채 현재가치 $= \dfrac{F}{(1+r)^n}$ (F : 액면가, n : 만기, r : 이자율)

- 영구채의 현재가치 $= \displaystyle\sum_{t=1}^{\infty} \dfrac{I}{(1+r)^t} = \dfrac{I}{r}$ (I : 이자, r : 이자율)

④ 채권의 만기수익률(yield to maturity)
- ㉠ 만기수익률은 채권을 만기까지 보유할 경우 얻게 될 미래 현금흐름을 채권의 현재가격과 일치시키는 할인율이다(= 약속수익률).
- ㉡ 액면가(face value)보다 높게 발행된 할증채권의 만기수익률은 액면이자율(coupon rate) 보다 작다.
- ㉢ 만기수익률이 상승하면 채권가격은 하락한다.
- ㉣ 채무불이행위험은 채권 발행자가 투자자에게 약속한 액면금액과 이자를 지급하지 못할 위험으로서 만기수익률은 채무불이행위험이 없을 경우의 수익률이다.

(2) 주 식

① 의 의
- ㉠ 주식회사의 자본을 이루는 단위로서의 금액을 말하고, 이를 전제로 한 주주의 권리와 의무를 뜻한다.
- ㉡ 주주는 투자한 금액 내에서 유한책임을 진다.
- ㉢ 기업의 이익 중 일부를 주주에게 분배하는 것을 배당이라 한다.
- ㉣ 기업은 발행한 보통주에 대한 상환의무를 갖지 않는다.
- ㉤ 주식은 자금조달이 필요한 경우 추가로 발행될 수 있다.

② 주식의 가치평가
    ㉠ 배당성평가 모형
    주식의 가치는 미래의 배당금을 할인율로 할인한 현재가치

$$P = \sum_{t=1}^{\infty} \frac{d_t}{(1+r)^t} \quad (r : 요구수익률(할이율),\ d_t : t시점의\ 배당금)$$

    ㉡ 무성장 모형
    매년 일정하게 지급되는 배당금을 영구채의 현재가치를 구하는 계산식을 이용해 현재가치
    를 계산

$$P = \sum_{t=1}^{\infty} \frac{D}{(1+r)} = \frac{D}{r} \quad (r : 요구수익률(할인율),\ D : 배당금)$$

    ㉢ 항상성장 모형
    매년 일정비율(g)로 배당금이 성장하는 모형

$$P = \frac{D}{1+r} + \frac{D(1+g)}{(1+r)^2} + \frac{D(1+g)^2}{(1+r)^3} + \cdots = \frac{D}{r-g} \quad (단,\ r > g)$$

안심Touch

01

가맹거래사 2015

액면금액이 1,000,000원, 표면이자율 연 8%, 만기가 2년인 채권이 있다. 이자는 연말에 지급되고, 채권에 대한 요구수익률이 연 8%인 경우 이 채권의 균형가격은?

① 800,000원

② 900,000원

③ 1,000,000원

④ 1,200,000원

⑤ 1,500,000원

> **해설 콕**
>
> 표면이자율과 액면이자율이 같은 액면채권으로 채권의 균형가격은 액면금액인 1,000,000원이다.
>
> 정답 ③

> **참고** 만기수익률(요구수익률)과 표면이자율에 의한 채권가격
> - **할인채권** : 만기수익률(요구수익률) > 표면이자율 → 채권가격 < 액면가
> - **할증채권** : 만기수익률(요구수익률) < 표면이자율 → 채권가격 > 액면가
> - **액면채권** : 만기수익률(요구수익률)=표면이자율 → 채권가격=액면가

02

서울시 7급 2016

(주)서울은 만기 1년, 액면금액 100,000원인 무이표채(zero coupon bond)를 발행하려 한다. 무이표채의 만기수익률(YTM)이 연 10%라고 할 때, 동 채권 발행시 조달할 수 있는 자금은 얼마인가?

① 82,645원

② 90,909원

③ 99,000원

④ 110,000원

> **해설 콕**
>
> 무이표채(zero coupon bond) 현재가치 $= \dfrac{100,000원}{1.1} = 90,909원$
>
> 정답 ②

03 공인노무사 **2018**

☑ 확인
Check!
○
△
×

A기업은 액면가액 10,000원, 만기 2년, 액면이자율 연 3%인 채권을 발행하였다. 시장이자율이 연 2%라면, 이 채권의 이론가격은?(단, 가격은 소수점 첫째 자리에서 반올림한다)

① 9,194원

② 9,594원

③ 10,194원

④ 10,594원

⑤ 10,994원

 해설 콕 ....

$$P = \frac{10,000원 \times 0.03}{(1+0.02)} + \frac{10,000원 \times 0.03}{(1+0.02)^2} + \frac{10,000원}{(1+0.02)^2} = 10,194원$$

정답 ③

04 가맹거래사 **2019**

☑ 확인
Check!
○
△
×

(주)가맹은 20×1년 1월 1일에 만기 3년, 액면이자율 연 8%, 액면금액 10,000,000원의 사채를 발행하였다. 사채발행 시의 유효이자율은 연 10%이고, 이를 적용한 사채발행금액은 9,502,440원이었다. (주)가맹이 유효이자율법에 따라 사채할인발행차금을 상각하는 경우, 결산일인 20×1년 12월 31일 사채의 장부가액은?

① 9,115,124원

② 9,652,684원

③ 9,849,756원

④ 10,722,353원

⑤ 11,035,462원

해설 콕 ....

20×1년 12월 31일 사채의 장부가액
=9,502,440원+{(9,502,440원×10%)−(10,000,000원×8%)}=9,652,684원

정답 ②

05

가맹거래사 2019

☑ 확인
Check!
○
△
×

채권의 만기수익률(yield to maturity)에 관한 설명으로 옳은 것은?

① 액면가(face value)보다 높게 발행된 할증채권의 만기수익률은 액면이자율(coupon rate)과 같다.

② 만기수익률은 액면이자(coupon)를 채권가격으로 나누어 구한다.

③ 만기수익률은 채무불이행위험과 무관하다.

④ 만기수익률은 액면가의 현재가치와 채권가격을 일치시키는 할인율을 의미한다.

⑤ 만기수익률이 상승하면 채권가격은 하락한다.

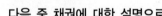
해설 콕

① 액면가(face value)보다 높게 발행된 할증채권의 만기수익률은 액면이자율(coupon rate)보다 작다.
②·④ 만기수익률은 채권을 만기까지 보유할 경우 얻게 될 미래 현금흐름을 채권의 현재가격과 일치시키는 할인율이다.
③ 채무불이행위험은 채권 발행자가 투자자에게 약속한 액면금액과 이자를 지급하지 못할 위험으로서 만기수익률은 채무불이행위험이 없을 경우의 수익률이다.

정답 ⑤

06

서울시 7급 2016

☑ 확인
Check!
○
△
×

다음 중 채권에 대한 설명으로 가장 옳지 않은 것은?

① 채권의 이표율과 채권수익률이 동일한 경우 채권가격은 액면가와 같다.

② 채권의 이표율이 채권수익률보다 높은 경우 채권가격은 액면가보다 낮다.

③ 채권의 구입 가격은 채권보유로부터 얻어지는 현금흐름을 이자율로 할인한 것과 같다.

④ 만기수익률은 보통 약속수익률이라 한다.

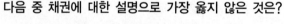
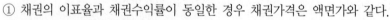

해설 콕

채권의 이표율이 채권수익률보다 높다는 것은 채권의 표면이자율이 채권의 수익률보다 크다는 의미가 되므로 채권가격은 액면가보다 높다.

정답 ②

07

가맹거래사 2017

매년 1,200원의 주당 배당금을 영구히 지급하여야 하는 우선주가 현재 주당 12,000원에 거래된다. 이 우선주의 자본비용은?

① 6%

② 8%

③ 10%

④ 12%

⑤ 14%

해설 콕

$$12,000원 = \frac{1,200원}{자본비용} \quad \therefore \ 자본비용 = 10\%$$

정답 ③

08

서울시 7급 2018

(주)서울은 올해 말에 배당을 2,000원 지급할 예정이고, 배당은 매년 일정할 것으로 예상된다. 이 회사의 베타계수가 1.6, 시장포트폴리오(market portfolio)의 기대수익률이 14%이고, 무위험이자율이 4%일 경우에 자본자산가격결정모형(CAPM)과 배당평가모형(dividend discount model)을 이용하여 계산한 올해 초 (주)서울의 적정주가는?

① 10,000원

② 12,500원

③ 100,000원

④ 125,000원

해설 콕

- 주식수익률 = 무위험이자율 + (기대수익률 - 무위험이자율) × 베타계수
  = 4% + (14% - 4%) × 1.6 = 20%

- 적정주가 = $\dfrac{배당금}{주식의\ 할인율}$ = $\dfrac{2,000원}{20\%}$ = 10,000원

※ 주식의 할인율 = 주식수익률

정답 ①

09 가맹거래사 2020

☑ 확인
Check!
○
△
✕

(주)가맹의 기말 현재 당기순이익 100억원, 발행주식수 200만주, 주가수익비율(PER)이 10인 경우 주가는?(단, 발행주식수는 가중평균유통보통주식수를 말하며, 우선주 및 우선주배당금은 없는 것으로 한다)

① 30,000원　　　　　　　　　　② 35,000원

③ 40,000원　　　　　　　　　　④ 45,000원

⑤ 50,000원

해설 콕 ···········

• 보통주순이익=당기순이익－우선주배당액=100억원－0원=100억원

• 주당순이익=$\dfrac{\text{보통주순이익}}{\text{유통보통주식수}}=\dfrac{100억원}{200만주}$=5,000원/주

• 주가수익률=$\dfrac{\text{보통주 1주당 가격}}{\text{주당순이익}}=\dfrac{\text{보통주 1주당 가격}}{5,000원/주}$=10

∴ 보통주 1주당 가격(주가)=50,000원

정답 ⑤

10 가맹거래사 2019

☑ 확인
Check!
○
△
✕

(주)가맹은 지난 해 말에 주당 1,500원의 현금배당을 실시하였다. 그리고 이 회사 배당금의 성장률은 매년 5%이며, 이러한 성장률은 앞으로도 계속 유지될 것으로 기대된다. 이 회사 주식의 요구수익률이 15%라고 할 경우 주식의 현재가치는?

① 15,000원　　　　　　　　　　② 15,750원

③ 16,000원　　　　　　　　　　④ 16,250원

⑤ 16,500원

해설 콕 ···········

올해 말 주당 현금배당액=1,500원×1.05=1,575원

주식의 현재가치=$\dfrac{1,575원}{(0.15-0.05)}$=15,750원

정답 ②

11

가맹거래사 2018

(주)가맹의 올해 말 주당순이익은 1,000원으로 예상되며, 주주들의 요구수익률은 20%이다. 성장이 없다고 가정하는 무성장모형(zero growth model)을 적용할 경우, (주)가맹의 현재 주가는?

① 2,000원

② 4,000원

③ 5,000원

④ 7,000원

⑤ 10,000원

 해설 콕

$$(주)가맹의 \ 현재주가 = \frac{주당순이익}{요구수익률} = \frac{1,000원}{0.2} = 5,000원$$

정답 ③

12

공인노무사 2021

올해 말($t = 1$)에 예상되는 A사 보통주의 주당 배당금은 1,000원이며, 이후 배당금은 매년 10%씩 영구히 증가할 것으로 기대된다. 현재($t = 0$) A사 보통주의 주가(내재가치)가 10,000원이라고 할 경우 이 주식의 자본비용은?

① 10%

② 15%

③ 20%

④ 25%

⑤ 30%

 해설 콕

고든의 항상성장모형에 따르면, 주당 현재가치 $= \dfrac{주당 \ 배당금}{요구수익률 - 배당금성장률}$

$\therefore$ 요구수익률(주식의 자본비용) $= \dfrac{주당 \ 배당금}{주당 \ 현재가치} + 배당금성장률 = \dfrac{1,000}{10,000} + 0.1 = 0.2 = 20\%$

정답 ③

13

공인노무사 2016

주식에 관한 설명으로 옳지 않은 것은?

① 기업의 이익 중 일부를 주주에게 분배하는 것을 배당이라 한다.

② 기업은 발행한 보통주에 대한 상환의무를 갖지 않는다.

③ 주식은 자금조달이 필요한 경우 추가로 발행될 수 있다.

④ 모든 주식은 채권과 달리 액면가가 없다.

⑤ 주주는 투자한 금액 내에서 유한책임을 진다.

> **해설 콕**
>
> 액면가는 주권표면에 적힌 금액으로 주식도 액면가가 있다.
>
> 정답 ④

14

가맹거래사 2016

다음 포트폴리오와 관련된 설명으로 옳은 것은?

	매입시점		매도시점		표준편차(%)
	주 가	주식수	주 가	주식수	
주식 A	10,000원	400주	15,000원	400주	10
주식 B	20,000원	200주	20,000원	200주	13

① 매입시점에서 주식 A와 주식 B의 구성 비율은 주식 A=33.3%, 주식 B=66.6%이다.

② 매도시점에서 주식 A와 주식 B의 구성 비율은 주식 A=60%, 주식 B=40%이다.

③ 주식 A와 주식 B의 구성 비율을 계산할 때 주식수만 고려한다.

④ 주식 A와 주식 B의 구성 비율을 계산할 때 주가만 고려한다.

⑤ 위험을 싫어하는 투자자들은 주식 A보다 주식 B를 선호한다.

> **해설 콕**
>
> ① 매입시점 주식 A와 주식 B의 매입액을 구해보면,
> - 주식 A의 매입액=10,000원/주×400주=4,000,000원
> - 주식 B의 매입액=20,000원/주×200주=4,000,000원
> ∴ 매입시점 주식 A와 주식 B의 매입액이 동일하므로 구성비율은 각각 50%이다.
> ② 매입시점 주식 A와 주식 B의 매도액을 구해보면,
> - 주식 A의 매도액=15,000원/주×400주=6,000,000원
> - 주식 B의 매도액=20,000원/주×200주=4,000,000원
> ∴ 매도시점 주식 A와 주식 B의 구성비율은 주식 A=60%, 주식 B=40%이다.
> ③·④ 주식 A와 주식 B의 구성 비율을 계산할 때 주가와 주식수를 고려해야 한다.
> ⑤ 위험을 싫어하는 투자자들은 표준편차가 더 작은 주식 A를 주식 B보다 더 선호한다.
>
> 정답 ②

15

서울시 7급 2019

우선주에 대한 설명으로 가장 옳은 것은?

① 기업의 입장에서 볼 때 우선주는 사채에 비해 일반적으로 자본비용이 높다.

② 일반적으로 우선주는 보통주와 달리 만기가 있는 자본이다.

③ 기업은 우선주에 대해 당기에 배당을 지급하지 않으면 파산상태가 된다.

④ 우선주는 일반적으로 의결권이 주어진다.

> **해설 콕**
>
> 기업은 타인자본을 사용할 경우에는 법인세 감면효과를 얻을 수 있지만 자기자본을 사용할 경우에는 법인세 감면효과를 얻을 수 없다. 따라서 자기자본인 우선주는 타인자본인 사채에 비해 자본비용이 높다.
> ② 우선주는 만기가 없는 자본이었으나, 1996년 이후부터 만기가 있는 우선주를 발행하고 있다.
> ③ 회사 사정으로 우선주에 대해 배당을 지급하지 못할 경우 파산 되는 것이 아니라, 배당금 지급의무가 누적되어 다음해에 밀린 배당금을 지급하게 된다.
> ④ 우선주는 의결권이 없다.
>
> **정답** ①

16

국가직 7급 2016

주식배당과 주식분할에 대한 설명으로 옳지 않은 것은?(단, 주식배당과 주식분할 전후 순이익은 변화가 없다)

① 주식분할 후 주당순이익이 감소한다.

② 주식배당 후 주식의 액면가는 변화가 없지만, 주식분할 후 주식의 액면가는 감소한다.

③ 주식배당 후 주당순이익은 변화가 없다.

④ 주식배당 후 이익잉여금은 감소하지만, 주식분할 후 이익잉여금은 변화가 없다.

> **해설 콕**
>
> 주당순이익은 당기순이익을 보통주주식 총수로 나누어 계산하게 되는데 주식배당을 하게 되면 주식수가 증가하므로 주당순이익은 하락한다.
>
> **정답** ③

안심Touch

06 자본비용과 가치평가

(1) 자본비용의 의의

자본비용은 기업에 자본을 투자한 투자자들이 요구하는 수익률로서 요구수익률, 할인율 등으로 불린다.

(2) 가중평균자본비용 : WACC

가중평균자본비용은 기업전체의 자본비용으로 자본조달원천으로부터 발생하는 자본비용을 가중평균한 것으로 가중평균자본비용의 공식은 다음과 같다.

$$\text{WACC} = \left(\frac{S}{S+P+B}\right)r_S + \left(\frac{S}{S+P+B}\right)r_P + \left(\frac{S}{S+P+B}\right)r_S(1-t)$$

*S : 보통주 시장가치, P : 우선주 시장가치, B : 부채의 시장가치
r_S : 보통주 자본비용, r_P : 우선주 자본비용, r_B : 부채의 자본비용, t : 법인세율

(3) MM의 자본구조이론

1958년 모딜리아니(F. Modigliani)와 밀러(M. H. Miller)가 자본구조 무관계론을 발표하면서 본격적 발전을 시작하였다. 기업조직의 가치는 해당 기업이 하고 있는 사업의 수익성 및 위험도에 의해 결정될 뿐 투자에 있어 필요한 자금을 어떠한 방식으로 조달하였는가와는 무관하다.

> **MM의 3가지 명제**
> ① 기업 가치는 자본구조와는 무관하다.
> ② 투자안 평가는 자본조달과는 관련이 없으며, 가중평균자본비용에 의한다.
> ③ 부채의 증가에 의해 재무위험이 증가하며, 재무위험의 증가는 기업 주인인 주주들이 부담하게 되므로 자기자본비용의 상승을 초래하게 된다.

(4) MM의 수정이론

부채에 대한 이자는 비용처리가 되므로 세금에 대한 절약효과가 발생하는 반면에 자기자본에 대한 배당은 비용처리가 되지 않으므로 부채를 많이 사용하면 할수록 기업의 가치가 증가하는 것을 의미한다.

(5) 배당정책

① 배당관계론

배당정책이 기업조직의 가치에 영향을 준다는 배당관계로, 재투자 수익률 및 기업조직의 자본비용간 관계를 고려해서 배당이나 또는 사내유보의 규모 및 비율 등을 결정하는 것이다.

② 배당무관계론

MM은 기업조직의 가치는 기본적으로 투자결정의 결과 기업조직이 소유하고 있는 자산 수익력에 의해 결정되는 경향을 보이며, 기업가치 및 배당정책은 관련이 없음을 증명하였다.

기업의 배당전략

- 기업의 배당에는 기업의 수익성, 투자활동, 자본구조 등 기업의 다양한 재무적 요인들이 영향을 미친다.
- 수동적 잔고정책(passive residual policy)에 따르면, 수행할 만한 투자대상에 먼저 자원을 할당하고 그 이후에 배당을 한다.
- 배당률은 이익의 증가를 따라가는 경향을 보이지만, 기업들은 대체로 안정적인 배당정책을 선호한다.
- 장래의 전망이 밝은 기업의 경영자들은 자신들의 장래 전망에 대한 정보를 투자자들에게 알리는 수단으로서 배당정책을 사용한다.
- 분기마다 배당을 지급하는 경우에 매 사분기마다 지급하는 배당금은 작게 하고, 회계연도 말이 되어서 추가배당을 하는 정책은 연도별 이익규모와 현금수요가 각각 변동이 심한 기업들에게 적합하다.

01

국가직 7급 2015

A주식회사는 우선주 1만주와 보통주 5만주를 발행하였으며, 우선주의 시장가격은 주당 5,000원, 보통주의 시장가격은 주당 2,000원이다. 또한 A주식회사가 발행한 회사채의 시장가치는 1억원이다. 우선주 자본비용이 6%, 보통주 자본비용이 8%, 회사채 자본비용이 5%이고, 법인세율이 40%일 때 A주식회사의 가중평균자본비용은?

① 5.00% ② 5.60%

③ 6.00% ④ 6.40%

해설 콕

- 우선주 시장가치=10,000주×5,000원/주=5천만원
- 보통주 시장가치=50,000주×2,000원/주=1억원
- 회사채의 시장가치=1억원
- $\text{WACC} = \left(\dfrac{5천만원}{2억5천만원}\right) \times 6\% + \left(\dfrac{1억원}{2억5천만원}\right) \times 8\% + \left(\dfrac{1억원}{2억5천만원}\right) \times 5\% \times (1-0.4) = 5.6\%$

정답 ②

02

가맹거래사 2020

(주)가맹은 20×1년도에 점포창업을 위하여 필요한 자금 1억원을 다음과 같이 조달하였다. 가중평균자본비용(WACC)은?

구 분	금 액	세후 자본비용
차입금	50,000,000원	4%
보통주	30,000,000원	5%
우선주	15,000,000원	6%
사내유보금	5,000,000원	5%
합 계	100,000,000원	

① 2% ② 3.5%

③ 4.4% ④ 4.65%

⑤ 5%

$\text{WACC} = \left(\dfrac{5천만원}{1억원}\right) \times 4\% + \left(\dfrac{3천만원}{1억원}\right) \times 5\% + \left(\dfrac{1천5백만원}{1억원}\right) \times 6\% + \left(\dfrac{5백만원}{1억원}\right) \times 5\% = 4.65\%$

정답 ④

가맹거래사 2015

다음 자료를 이용하여 가중평균자본비용을 구하면?

구 분	가치(억원)	자본비용(%)
부 채	300	6
우선주	200	8
보통주	500	10
합 계	1,000	–

① 6.4% ② 7.4%

③ 8.4% ④ 9.4%

⑤ 10.4%

👆해설 콕

$$\text{WACC} = \left(\frac{300억원}{1,000억원}\right) \times 6\% + \left(\frac{200억원}{1,000억원}\right) \times 8\% + \left(\frac{500억원}{1,000억원}\right) \times 10\% = 8.4\%$$

정답 ③

04

☑ 확인
Check!

○

△

×

국가직 7급 2020

표면이자율 연 10%, 이자 연 2회 지급, 만기 20년인 채권은 기업의 유일한 부채이고 액면가에 거래되고 있으며 부채비율(부채/자기자본)은 0.5이다. 이 기업의 가중평균자본비용(WACC)은 12%이고 법인세율은 20%일 때, 자기자본비용은?

① 8% ② 10%

③ 13% ④ 14%

👆해설 콕

• 부채비율=0.5, ∴ 부채와 자본의 구성비는 1 : 2이다.
• 가중평균자본비용(WACC)=(세후타인자본비용×구성비율) + (자기자본비용×구성비율)

$$= \left[10\% \times (1-0.2) \times \frac{1}{3}\right] + \left(자기자본비용 \times \frac{2}{3}\right) = 12\%$$

∴ 자기자본비용=14%

정답 ④

CHAPTER 9 재무관리

05

(주)한국의 자기자본 시장가치와 타인자본 시장가치는 각각 5억원이다. 자기자본비용은 16%이고, 세전 타인자본비용은 12%이다. 법인세율이 50%일 때 (주)한국의 가중평균자본비용 (WACC)은?

① 6% ② 8%
③ 11% ④ 13%
⑤ 15%

해설 콕

$$\text{가중평균자본비용(WACC)} = \frac{5억}{10억} \times 16\% + \frac{5억}{10억} \times 12\% \times (1-0.5) = 11\%$$

정답 ③

06

기업의 세후 타인자본비용 5%, 자기자본비용 10%, 타인자본의 시장가치 20억원, 자기자본의 시장가치 80억원인 경우 가중평균자본비용은?

① 5% ② 7%
③ 9% ④ 11%
⑤ 13%

해설 콕

$$\text{WACC} = \left(\frac{20억원}{20억원 + 80억원}\right) \times 5\% + \left(\frac{80억원}{20억원 + 80억원}\right) \times 10\% = 9\%$$

정답 ③

07

모딜리아니(F. Modigliani)와 밀러(M. H. Miller)의 무관련이론(MM이론)에 대한 설명으로 가장 옳지 않은 것은?

① 법인세가 없는 완전자본시장을 가정한다.
② 자기자본비용은 부채비율에 비례하므로 가중평균자본비용(WACC)은 부채비율에 대해 일정하게 된다.
③ 기업의 가치는 자본구조와 무관하다.
④ 법인세가 있는 경우를 상정한 수정 MM이론에서는 부채가 증가함에 따라 비례적으로 기업의 가치가 낮아진다고 주장한다.

해설 콕

법인세가 있는 경우를 상정한 수정 MM이론에서는 부채를 사용함으로써 얻게 되는 이자비용의 법인세 절감효과로 무부채기업보다 부채기업의 가치가 더 크다고 주장한다.

정답 ④

08 국가직 7급 2019

확인 Check!
○ △ ×

기업의 자본구조와 자본조달에 대한 설명으로 옳은 것은?

① 5 : 1로 주식을 분할(stock split)할 경우, 장부상 자본잉여금이 보통주 자본금으로 전입될 뿐 자기자본 총액에는 변동이 없다(단, 주식분할과 관련된 모든 비용은 무시한다).
② 기업의 입장에서 볼 때 사채에 비해 우선주는 세후 자본비용이 높다는 단점을 가지고 있다.
③ 수정된 MM 이론에 의하면 불완전시장요인으로 법인세만을 고려하는 경우, 부채를 사용하는 기업의 가치는 부채를 사용하지 않는 기업의 가치보다 법인세의 현재가치만큼 크다.
④ 현금배당으로 유보이익이 작을 경우, 투자 자금을 외부에서 조달하기 위해 보통주를 발행하여도 기업경영의 지배권과 지분율에는 영향이 없다.

해설 콕

① 주식을 분할하게 되면 발행주식수가 늘어나는 대신에 액면가는 줄어들게 된다. 따라서 자본구성 항목인 보통주 자본금, 자본잉여금은 변하지 않는다.
③ 수정된 MM 이론에 의하면 부채를 사용하는 기업의 가치는 부채를 사용하지 않는 기업보다 법인세 감면효과만큼 크다.
④ 보통주를 발행하게 되면 주주 수의 증가로 주주의 지분율에 변화가 생긴다.

정답 ②

09 서울시 7급 2018

확인 Check!
○ △ ×

자본구조에 대한 설명 중 가장 옳지 않은 것은?

① Modigliani-Miller(MM)의 제1명제(세금이 없는 경우)에서는 부채가 있는 기업 A의 가치는 부채가 없는 기업 B의 가치와 같다(단, 기업 A와 기업 B의 영업이익은 매년 같다).
② 자본조달 계층이론(pecking order theory)에서는 최적 부채수준이 존재하며, 이를 목표부채수준으로 삼아 자본을 조달한다.
③ 자본조달 계층이론(pecking order theory)에 따르면 가장 먼저 내부자본을 사용해야 한다.
④ MM의 제1명제(세금이 없는 경우)하에서는 기업의 가치가 자본구조와 무관하다.

해설 콕

최적 부채수준이 존재하며, 이를 목표부채수준으로 삼아 자본을 조달할 것을 주장한 이론은 파산비용이론이다.

정답 ②

10

마이어스(C. Myers)의 자본조달순서이론(pecking order theory)에 따를 경우, 기업이 가장 선호하는 투자자금 조달방식은?

① 회사채   ② 내부유보자금(유보이익)

③ 우선주   ④ 보통주

1984년 Myers & Majluf에 의해 제시된 자본조달순위이론(pecking order theory)에 의하면 기업이 자본조달을 하는 경우에 순서가 있는데 외부자본보다는 내부자본을 선호하며, 내부자본이 고갈된 경우에 외부자본을 이용한다는 것이다. 따라서 외부자본인 회사채, 우선주, 보통주보다는 내부유보자금을 기업이 선호한다.

정답 ②

11

다음 중 기업의 배당전략에 대한 설명으로 가장 옳지 않은 것은?

① 수동적 잔고정책(passive residual policy)에 따르면, 수행할 만한 투자기회의 존재와 상관없이 배당금이 일정하다.

② 배당률은 이익의 증가를 따라가는 경향을 보이지만, 기업들은 대체로 안정적인 배당정책을 선호한다.

③ 장래의 전망이 밝은 기업의 경영자들은 자신들의 장래 전망에 대한 정보를 투자자들에게 알리는 수단으로서 배당정책을 사용하며, 투자자들은 배당정책의 변화를 기업내용 변화의 신호로 인식함으로써 주가에 변화를 가져온다.

④ 분기마다 배당을 지급하는 경우에 매 사분기마다 지급하는 배당금은 작게 하고 회계연도 말이 되어서 추가배당을 하는 정책은 연도별 이익규모와 현금수요가 각각 변동이 심한 기업들에게 적합하다.

수동적 잔고정책(passive residual policy)에 따르면, 수행할 만한 투자대상에 먼저 자원을 할당하고 그 이후에 배당을 한다.

정답 ①

07 파생상품

(1) 선 물

① 매매쌍방간 미래의 일정시점에 약정된 제품을 기존에 정한 가격에 일정수량을 매매하기로 계약을 하고, 계약의 만기 이전에 반대매매를 수행하거나 만기일에 현물을 실제로 인수 및 인도함으로써 계약을 수행하는 것이다.

② 선물이 거래되는 공인 상설시장을 선물시장 또는 상품거래소라고 한다. 선물계약을 매도하는 것은 해당 상품을 인도할 의무를 지는 것이 되며, 반대급부로 선물을 매입하게 되는 것은 해당 상품을 인수할 의무를 지게 되는 것을 말한다.

(2) 옵 션

① 약정한 기간 동안 미리 정해진 가격으로 약정된 상품 및 증권을 사거나 또는 팔수 있는 권리이다. 이러한 권리를 매입하고 보유한 사람은 옵션매입자라 하며, 이때 지불되는 가격을 옵션가격 또는 옵션프리미엄이라고 한다.

② 옵션의 경우 결합 형태에 따라 기본포지션, 헤지포지션, 콤비네이션, 스프레드포지션 등으로 구분이 가능하며, 주식과의 결합을 통해 적은 금액으로 주식의 투자에 따른 리스크를 줄일 수 있는 수단으로서 주목되고 있다.

③ 종 류

　㉠ 콜옵션(Call Option)

　　특정 증권 또는 상품 등을 살 수 있는 권리

　㉡ 풋옵션(Put Option)

　　특정 증권 또는 상품 등을 팔 수 있는 권리

(3) 선물과 옵션의 비교

구 분	선 물	옵 션
권리와 의무 관계	매입자와 매도자 모두 계약이행 의무 부담	매입자에는 권리가 있고 매도자는 의무를 부담함
대가의 수급	매입자와 매도자 모두 증거금을 납부하지만 둘 사이의 주고받는 대가는 없음	매입자는 매도자에게 옵션의 대가를 지급하고 매도자는 증거금을 납부함
위험의 범위	매입자와 매도자 모두 계약을 이행해야 하기에 위험의 한계는 없음	매입자는 불리한 상황에서는 권리행사를 포기할 수 있기에 위험의 크기가 한정적임

01

가맹거래사 2016

미리 정해놓은 일정한 시점에 양, 등급, 가격, 만기일 등에 대하여 계약을 맺고, 이 계약의 만기일 이전에 반대매매를 행하거나 또는 만기일에 현물을 인수 및 인도함으로써 그 계약을 종결하는 거래 형태는?

① 교환사채(exchangeable bond) 거래

② 선물(futures) 거래

③ 스왑(swap) 거래

④ 워런트(warrant) 거래

⑤ 주식(stock) 거래

미리 정해놓은 일정한 시점에 양, 등급, 가격, 만기일 등에 대하여 계약을 맺고, 이 계약의 만기일 이전에 반대매매를 행하거나 또는 만기일에 현물을 인수 및 인도함으로써 그 계약을 종결하는 거래 형태는 선물(futures) 거래이다.

① 교환사채(exchangeable bond) 거래는 발행한 회사의 주식이 아닌 다른 회사의 주식과도 교환 가능한 채권이다.

③ 스왑(swap) 거래는 특정일에 미리 정한 가격으로 자신의 기초자산을 거래 당사자 사이에 교환하기로 약정한 계약이다.

④ 워런트(warrant) 거래는 특정 대상물을 미리 정한 시기에 미리 정한 가격으로 사거나 팔 수 있는 권리이다.

정답 ②

02

공인노무사 2020

선물거래에 관한 설명으로 옳지 않은 것은?

① 조직화된 공식시장에서 거래가 이루어진다.

② 다수의 불특정 참가자가 자유롭게 시장에 참여한다.

③ 거래대상, 거래단위 등의 거래조건이 표준화되어 있다.

④ 계약의 이행을 보증하려는 제도적 장치로 일일정산, 증거금 등이 있다.

⑤ 반대매매를 통한 중도청산이 어려워 만기일에 실물의 인수·인도가 이루어진다.

선물거래는 시장상황에 따라 자유롭게 반대매매를 통한 중도청산이 가능하므로 만기일 이전에도 반대매매를 통한 중도청산이 이루어진다.

정답 ⑤

03

가맹거래사 2020

선물거래의 특징에 해당하지 않는 것은?

① 규제기관에 의한 공식적 규제
② 1일 가격변동폭의 무제한
③ 거래대상, 단위 등 거래조건의 표준화
④ 청산소의 거래이행 보증
⑤ 증거금의 납입과 유지

선물거래는 전일 종가 기준으로 당일 등락가능한 최대한의 가격제한폭이 설정되어 있다.

정답 ②

04

서울시 7급 2016

파생상품(derivatives)에 대한 설명으로 가장 옳지 않은 것은?

① 풋옵션은 팔 수 있는 권리로 만기일에 기초자산의 시장가격이 행사가격보다 낮으면 행사하여 이익을 본다.
② 옵션매입자에게는 거래를 할 수 있는 권리가 부여되고, 옵션매도자는 옵션매입자가 권리를 행사하며, 거래 요구시 거래에 응하여야 할 의무를 가진다.
③ 만기일 이전에 언제든지 그 권리를 행사할 수 있는 옵션을 미국식 옵션(American option)이라 한다.
④ 선물의 계약가치는 선물가격이기 때문에 선물매입계약 체결시 매입자는 매도자에게 선물가격을 지불하여야 한다.

선물의 계약가치는 선물가격이 아니라 선물가격과 현물가격의 차이이다.

정답 ④

05 국가직 7급 2017

☑ 확인
Check!
○
△
×

1년 후에 현물가격이 변동하면 발생할 수 있는 손해를 제거하기 위해 선물(Futures)계약을 이용하여 헤지(Hedge)를 할 경우 포지션이 다른 것은?

① 주식을 공매하고 1년 후에 공매한 주식을 상환할 경우
② 해외골동품 대금을 1년 후에 유로화로 지급할 경우
③ 유학을 가기 위해 1년 후에 미국 달러화로 환전할 경우
④ 보유 중인 채권을 1년 후에 매각할 경우

 해설 콕

보유 중인 채권을 1년 후에 매각할 경우만 현물가격의 상승 예상하고 행동한 것이고, ①·②·③은 현물가격의 하락을 예상하고 행동한 것이다.

정답 ④

06 가맹거래사 2015

☑ 확인
Check!
○
△
×

옵션에 관한 설명으로 옳은 것은?

① 풋옵션은 기초자산을 살 수 있는 권리가 부여된 옵션이다.
② 유럽형 옵션은 만기시점 이전이라도 유리할 경우 행사가 가능한 옵션이다.
③ 콜옵션은 기초자산의 가격이 낮을수록 유리하다.
④ 풋옵션의 경우 행사가격이 낮을수록 유리하다.
⑤ 콜옵션의 경우 기초자산의 현재가격이 행사가격보다 작을 경우 내재가치는 0이다.

 해설 콕

① 풋옵션은 기초자산을 팔 수 있는 권리가 부여된 옵션이고, 콜옵션은 기초자산을 살 수 있는 권리가 부여된 옵션이다.
② 유럽형 옵션은 만기시점에만 행사가 가능하다.
③·⑤ 콜옵션의 행사가격보다 기초자산의 가격이 더 높아야 행사 후 수익이 발생한다. 따라서 콜옵션의 경우 기초자산의 가격이 높을수록 유리하다. 만약 콜옵션에서 기초자산의 현재가격이 행사가격보다 작다면 콜옵션의 행사할 명분이 없기에 콜옵션의 내재가치는 0이다.
④ 풋옵션의 행사가격이 기초자산의 가격보다 더 높아야 행사 후 수익이 발생한다. 따라서 풋옵션의 경우 행사가격이 높을수록 유리하다.

정답 ⑤

07 서울시 7급 2017

☑ 확인
Check!
○
△
✕

옵션포지션의 위험을 측정하는 그릭문자(Greeks)에 관한 설명으로 가장 옳지 않은 것은?

① 델타는 기초자산의 가격변화에 대한 옵션가격의 변화로 정의된다.

② 옵션포트폴리오의 세타는 거래비용의 변화에 대한 옵션 가격의 변화로 정의된다.

③ 옵션포트폴리오의 감마는 기초자산의 가격변화에 대한 포트폴리오 델타의 변화로 정의된다.

④ 파생상품으로 구성된 포트폴리오의 베가는 기초자산의 변동성 변화에 대한 포트폴리오의 가치 변화로 정의된다.

🖑해설 콕 ....

옵션포트폴리오의 세타는 시간이 경과함에 따라 옵션가격이 어느 정도 변화하는지를 나타낸다.

정답 ②

08 가맹거래사 2017

☑ 확인
Check!
○
△
✕

(주)가맹의 주식을 기초자산으로 하며, 만기가 1개월이고 행사가격이 10,000원인 유럽형 콜옵션이 있다. 이 옵션의 만기일에 (주)가맹의 주가가 12,000원인 경우 만기일의 옵션 가치는?

① −2,000원

② 0원

③ 2,000원

④ 10,000원

⑤ 12,000원

🖑해설 콕 ....

콜옵션은 기초자산을 살 수 있는 권리가 부여된 옵션으로 12,000원인 주식을 행사가격 10,000원에 산다면 2,000원의 수익이 생긴다. 따라서 옵션의 가치는 2,000원이다.

정답 ③

09

☑ 확인
Check!
○
△
×

(주)서울의 보통주에 대한 콜옵션과 풋옵션의 행사가격이 모두 22,000원으로 동일하며, 두 옵션은 유러피언옵션으로 만기일 이전에 행사할 수 없다고 가정한다. 만기일은 1년 후, 현재의 주가는 16,000원이며, 주식에 대한 배당은 없다. 1년 간의 무위험 이자율이 10%이고 풋 – 콜 등가(Put–Call parity)가 성립할 때 콜옵션의 현재가치가 4,000원이면 풋옵션의 현재가치는 얼마인가?

① 5,000원
② 6,000원
③ 7,000원
④ 8,000원

해설 콕

$$\frac{22,000원}{1.1} = 16,000원 + P - 4,000원$$

∴ $P = 8,000원$

정답 ④

참고 풋 – 콜 등가 공식

$$S + P - C = PV(E)$$

* S : 현재주가, P : 풋옵션의 현재가치, C : 콜옵션 현재가치, $PV(E)$: 옵션의 행사가격 현재가치

10

☑ 확인
Check!
○
△
×

기업이 보유하고 있는 매출채권을 매도하는 방식으로 이루어지는 단기자금조달 방법은?

① 신용거래(trade credit)
② 회전신용약정(revolving credit agreement)
③ 팩토링(factoring)
④ 상업어음(commercial paper)
⑤ 무담보대출(unsecured loan)

해설 콕

팩토링(factoring)은 금융기관이 기업의 매출채권을 매입한 대가로 기업에게 자금을 빌려주는 제도를 말한다.

정답 ③

참고문헌 및 사이트

[참고문헌]

- CPA 경영학, 이인호 저, 새흐름, 2021
- 김윤상 CPA 경영학, 김윤상 저, 도서출판현, 2021
- 2021 EBS 공인노무사 1차시험 한권으로 끝내기, EBS 교수진 저, 시대고시기획 시대교육, 2021
- 2021 EBS 공인노무사 1차시험 경영학개론, EBS 교수진 저, 시대고시기획 시대교육, 2020
- 2021 경영지도사 1차 한권으로 끝내기, 송홍민, 백승범 외 편저, 시대고시기획 시대교육, 2021
- 2021 가맹거래사 1차필기 한권으로 끝내기, 김선조, 김완중 외 편저, 시대고시기획 시대교육, 2020
- 박도준의 CPA 경영학, 박도준 저, 배움, 2020
- 전수환 경영학 핵심요약노트 STEP 4, 전수환 저, 밀더북, 2019
- 전수환 경영학 기본이론 : STEP 1, 전수환 저, 밀더북, 2018

[사이트]

- 법제처 www.moleg.go.kr
- 고용노동부 www.moel.go.kr
- 국민건강보험공단 www.nhic.or.kr
- 국민연금공단 www.nps.or.kr
- 근로복지공단 www.kcomwel.or.kr

좋은 책을 만드는 길
독자님과 함께하겠습니다.

도서나 동영상에 궁금한 점, 아쉬운 점, 만족스러운 점이
있으시다면 어떤 의견이라도 말씀해 주세요.
시대고시기획은 독자님의 의견을 모아 더 좋은 책으로 보답하겠습니다.

www.sidaegosi.com

2022 경영학 문제로 끝내기

개정1판1쇄 발행	2021년 08월 05일(인쇄 2021년 07월 16일)
초 판 발 행	2020년 07월 30일(인쇄 2020년 06월 30일)
발 행 인	박영일
책 임 편 집	이해욱
저 자	경제경영교육연구회
편 집 진 행	서정인
표지디자인	김도연
편집디자인	김민설 · 장성복
발 행 처	(주)시대고시기획
출 판 등 록	제 10-1521호
주 소	서울시 마포구 큰우물로 75 [도화동 538 성지 B/D] 9F
전 화	1600-3600
팩 스	02-701-8823
홈 페 이 지	www.sidaegosi.com
I S B N	979-11-383-0252-4 (13320)
정 가	21,000원